JN440671

東아시아 文明交流史 I

동북아시아의 문명 기원과 교류

東아시아 文明交流史 I

동북아시아의 문명 기원과 교류

최몽룡, 신숙정, 짜오빈푸, 하문식, 이종수,
클류예프 니꼴라이, 미야모토 카즈오, 투멘 다쉬베렉

단국대 동양학연구원

학연문화사

-東아시아 文明交流史 I -

동북아시아의 문명 기원과 교류

2011년 10월 26일 초판 1쇄 인쇄
2011년 10월 30일 초판 1쇄 발행

엮은이 · 최몽룡, 신숙정, 짜오빈푸, 하문식, 이종수,
클류예프 니꼴라이, 미야모토 카즈오, 투멘 다쉬베렉
단국대 동양학연구원
펴낸이 · 권혁재

책임 편집 · 윤석우
편집 · 조혜진, 김현미
출력 · 엘렉스출력센터
인쇄 · 한영인쇄

펴낸곳 · 학연문화사
등록 · 1988년 2월 26일 제2-501호
주소 · 서울시 금천구 가산동 371-28 우림라이온스밸리 B동 712호
전화 · 02-2026-0541~4 | 팩스 · 02-2026-0547
E-mail · hak7891@chollian.net

책값은 뒤표지에 있습니다.
잘못된 책은 바꾸어 드립니다.

ISBN 978-89-5508-250-0 94910

* 이 책은 2010년도 동북아역사재단의 지원으로
개최된 '동양학학술회의' 의 성과를 정리한 것이다.

간행사

단국대학교 동양학연구소는 1970년 한국문화를 기축으로 동아시아의 역사와 전통문화에 관한 제 문제를 연구하기 위한 목적으로 출범하였다. 그동안 희귀자료를 발굴 정리한 〈동양학총서〉(총 41집)와 전문연구 학술지인 『동양학』(50집)을 매년 발간하였으며, 30여 년 동안 심혈을 기울여 세계최대의 한문사전인 『漢韓大辭典』(전 16권)을 완간하여 동양학 관련 최고 권위의 연구소로 명성과 업적을 쌓아왔다.

출범 이래 동양학연구소는 '동아시아문화의 정체성'을 밝히는 일과 '동아시아의 문화교류' 현상을 지속적으로 연구하였다. 이러한 연구를 통해 우리문화의 정체성을 밝히는 한편, 한 · 중 · 일 3국 학계를 중심으로 동양학연구의 국제화를 지속적으로 추진하여왔다. 이러한 목표를 달성하기 위하여 연구소에서는 매년 다양한 형태의 학술대회를 개최하여 왔는데, 지난 40년 동안은 〈한국문화의 특징〉이라는 대 주제를 설정하고 우리나라 전시대에 걸쳐 문학, 역사, 철학, 예술, 민속문화 등 주제별 연구 발표를 통해 괄목할 만한 학술적 성과를 올린 바 있다.

2010년 동양학연구소 개소 40주년을 맞이하여 그동안의 학술적 성과를 정리하고, 학술대회의 위상을 동아시아 인문학의 발전과 동아시아 학문 교류의 장으로 확대시키고자 새로운 주제의 국제학술대회를 기획하게 되었다. 새롭게 시작하는 국제학술회의는 객관적이고 균형 잡힌 시각에서 동아시아 주변국들 간에 화해와 교류를 위한 초석을 마련하고, 나아가 동아시아의 평화와 번영에 기여하고자 기획시리즈의 대 주제를 〈동아시아의 문명교류〉로 설정하였다.

〈동아시아의 문명교류〉의 첫 번째 국제학술회의는 고대 동아시아 속에서 한민족의 정체성을 확립하는 데 도움이 될 수 있는 연구주제인 〈동아시아의 문명 기원과 교류〉로 결정하였다. 이번 학술회의를 통해 우리 민족의 발상지와 활동 영역으로 인식되는 몽골초원지역, 만주지역, 연해주지역을 비롯해 한반도와 일본열도에 이르기까지 이들 지역의 문명과 종족(민족)의 발생과 전개 및 교류에 대한 종합적인 연구 성과가 나올 것으로 기대하였다.

2010년 10월 29일 중국, 일본, 러시아, 몽골 등의 해외석학들과 국내의 관련 저명학자들이 참석하여 〈동아시아의 문명 기원과 교류〉라는 주제로 국제학술회의가 진행되었다. 동북아시아를 북방초원지역, 요서, 요동, 송눈평원, 연해주, 한반도, 일본열도 등으로 구분하여 각 지역의 문명 기원과 주변지역과의 교류 관계에 대한 발제와 토론이 이루어졌다.

발표와 토론에 참석해 주신 분들은 관련분야에서 국내외를 대표하는 학자들로, 기조발표는 한국고고학계의 대표적인 석학이신 서울대학교 고고미술사학과 최몽룡 교수가 맡아 「韓國 文化起源의 多元性 –구석기시대에서 철기시대까지 동아시아의 諸 文化 · 文明으로부터 傳播–」라는 제목으로 한반도내의 유적과 유물들을 아시아문화권 전체의 유적 유물과 비교하여 한국 문화기원의 다양성을 밝힌 발제가 있었다.

두 번째 발표는 중국 동북지역 신석기시대 대표 연구자인 길림대학의 짜오빈푸(趙賓福) 교수가 「한 이전 요서지역의 문화 발전 단계의 건립 및 문화 전승과 교류 관계 연구(遼西地區漢以前文化發展序列的建立及文化傳承与交流關系的探討)」라는 제목으로 발표를 진행하였다. 요서지역의 신석기시대부터 한 이전 시기까지의 주요 문화내용을 12기로 나누고 그 특징과 발전단계 및 고고학 문화 간의 시기적 공간적 교류관계에 대해 체계적인 발표가 이루어졌고, 이에 대해 충주대학교 백종오 교수의 토론이 있었다.

세 번째는 「동북아시아의 고고학적 인종에 대한 인류학적 검토(Anthropology of Archaeological Populations from Northeast Asia)」라는 제목으로 북방초원지역의 문명 기원과 교류와 관련하여 몽골 국립 울란바토르 대학교의 투멘 다쉬베렉(Tumen Dashvereg) 교수의 발표가 있었다. 발표에서는 기존에 조사된 고고학 조사에서 확인된 인골자료에 대한 인류학적 분석을 통해 북방초원 지역의 서쪽지역은 몽골인과 코카서스인이 혼합된 인류학적 특징을 가지고 있는 사람들이 거주했던 반면, 동쪽지역은 몽골인의 인류학적 특성을 가진 인종이 점유하고 있었음과 몽골인의 이동시기를 설명하였다. 이에 대해 한국전통문화학교 정석배 교수의 토론이 있었다.

네 번째는 요동지역의 문명 기원과 교류와 관련하여 고인돌 연구의 대가인 세종대학교 하문식 교수의 발표가 있었다. 「요동지역의 문명기원과 교류」라는 주제로 이 지역 문명 형성 이전의 기층문화에서부터 청동기시대문화까지 체계적으로 정리하였으며, 요동지역과 요서지역의 홍산문화를 비교하여 둘 사이의 지리 · 환경의 차이로 인해 두 문화에 동일한 잣대를 적용하기 어렵다는 점을 밝혔다. 요령성문물고고연구소의 李光明 연구원이 토론을 담당하였다.

다섯 번째는 연해주지역의 문명기원 및 교류와 관련하여 러시아과학원 역사·고고학·민속학연구소의 클류예프 니꼴라이(Klyuev Nikolai. A.) 교수가 「연해주 지역의 고대문화-문명으로의 길-(Древнее Приморье: на пути к цивилизации)」이라는 주제로 발표를 진행하였다. 그는 최근의 발굴성과를 토대로 이 지역 고고 문화의 발생과 발전 과정에 대한 분석과 문명으로의 발전 과정을 분석하여 연해주에서는 청동기문화와 철기문화가 함께 진행되었고 연해주의 석관묘 묘제가 한국과 중국으로부터 들어왔으며, 연해주의 역사에서 발해의 건국이 매우 중요하다는 점을 부각시켰다. 이에 대해 부경대학교의 김재윤 박사가 토론을 맡아주었다.

여섯 번째는 규슈대학의 미야모토 카즈오(宮本一夫) 교수의 「일본열도의 문명 기원과 교류(日本列島の文明起源と交流)」라는 제목으로 일본열도의 문명기원과 교류에 대한 발표가 있었다. 농경의 전파가 곧 문명의 시작이라는 관점에 입각하여 일본열도 문명의 시작과 발전, 그리고 한반도를 비롯한 주변지역과의 교류와 관련된 내용을 발표하였고, 이에 대해 영남대학교의 이청규 교수의 심도 있는 토론이 있었다.

일곱 번째는 송눈평원지역 문명 기원과 관련하여 중국에서 오랫동안 연구한 단국대학교 이종수 교수가 「송눈평원지역 문명의 기원과 교류」라는 제목으로 발표를 진행하였다. 이 지역은 기존 우리 학계에 잘 알려져 있지 않은 지역으로, 이 지역의 신석기·청동기문화의 특징을 앙앙계문화, 백금보문화를 중심으로 검토하고 주변지역 문화와의 문화 교류 등에 대해 심도 있는 발표가 있었다. 한국교원대학교의 송호정 교수의 토론이 있었다.

여덟 번째는 한반도의 문명 기원과 교류와 관련해서 한국 신석기시대 연구의 대표 학자인 신숙정 원장의 「한국 신석기시대 대외 교류 시론」이란 제목의 발표가 있었다. 기존의 신석기시대 연구를 종합 정리하고, 특히 요동과 요서 및 한반도를 잇는 유물로서 지(之)자문 토기를 주목하여 중국 동북지방과 러시아 연해주지역은 교차지역으로서 이 지역에서 신석기시대 이래 지속적인 교류가 있었음을 밝혔다. 이에 대해 한남대학교 한창균 교수와 열띤 토론이 이루어졌다.

이 책은 이 학술대회에서 발표된 자료를 수정 · 보완하여 〈동아시아문명교류사 1-동북아시아의 문명 기원과 교류〉라는 제명으로 정리한 것이다. 책의 순서는 독자의 이해를 돕기 위해 학술대회 발표순서와 관계없이 3Part로 분류하였다. 첫 번째는 "한반도의 문명 기원과 교류", 두 번째는 "중국 동북지역의 문명 기원과 교류", 세 번째는 "동북아지역의 문명 기원과 교류"로 설정하였다.

첫 번째 "한반도의 문명 기원과 교류"에서는 한반도지역의 문명 기원과 교류와 관련된 논고, 즉 최몽룡 교수의 「韓國 文化起源의 多元性」과 신숙정 원장의「한국 신석기시대 대외 교류 시론」등 두 편의 논문을 실었다.

두 번째 "중국 동북지역의 문명 기원과 교류"에서는 우리 민족의 기원과 관련된 만주지역, 즉 요서 · 요동 · 송눈평원 지역의 문명 기원과 교류에 대한 논고들로, 짜오빈푸 교수의 「요서지역의 문명 기원과 교류」, 하문식 교수의 「요동지역의 문명 기원과 교류」, 이종수 교수의 「송눈평원지역의 문명 기원과 교류」등 세 편의 논문을 실었다.

세 번째 "동북아지역의 문명기원과 교류"는 연해주, 일본열도 및 북방초원지역의 문명 기원과 교류와 관련된 논고들로, 클류예프 니꼴라이 교수의 「연해주 지역의 고대문화」, 미야모토 카즈오 교수의 「일본열도의 문명 기원과 교류」, 투멘 다쉬베렉 교수의 「동북아시아의 고고학적 인종에 대한 인류학적 검토」등 세 편의 논문을 실었다.

최근 중국학계에서 '홍산문화'를 비롯한 요하유역의 여러 문화를 〈요하문명〉으로 명명하는 동시에 중국역사의 한 축으로 설정하여 동아시아의 역사연구에 새로운 갈등을 불러일으키고 있다. 이 책은 그동안 많은 논란이 되어왔던 동북아시아 지역의 신석기 · 청동기시대의 고고학 자료를 객관적인 입장에서 지역별, 특성별로 정리하고 그것을 토대로 그 담당자 문제 및 종족문제를 좀더 세부적으로 파악하여 동북아시아 일대에서 펼쳐진 고대 역사의 실체를 보다 명확히 밝힐 수 있는 균형적인 역사인식의 자료를 제공해 주고 있다. 뿐만 아니라 이 책을 통해 한국의 고대문화가 동북아시아에서 어떠한 위상을 갖고 있었는가에 대해 폭넓은 이해가 가능해졌다고 생각된다.

지난 2007년 서울 한남동을 떠나 용인시 죽전동에 새 터전을 마련해 자리를 잡은 동양학연구소는 지난 40여 년 동안의 연구를 성찰하고 반성하면서 새로운 웅비를 준비해왔다. 1970년 개소한 이래 축적해온 다양하고 깊이 있는 연구 성과들을 바탕으로 지금 연구소의 외연을 넓혀 아시아문화 전반을 연구하기 위한 동양학연구원으로 확대 개편하여 거듭나려는 이 시점에서 〈동아시아 문명교류사〉의 간행은 하나의 이정표가 될 것으로 기대된다.

이 책이 나오기까지 많은 분들의 도움과 수고가 있었다. 국제학술대회를 개최할 수 있도록 물심양면으로 도움을 주신 단국대학교 장호성 총장님과 동북아역사재단의 정재정 이사장님께 먼저 고마움을 전하며, 발표문의 출판을 허락해 주신 최몽룡 교수님 이하 국내외의 모든 발표자들과 책의 전체 편집에 힘써 준 동양학연구원 식구들에게 진심으로 감사의 말씀을 드린다. 끝으로 어려운 출판 여건에도 불구하고 이 책의 출간을 기꺼이 응해주신 학연문화사 권혁재 사장님과 편집부 직원 여러분께도 감사의 인사를 올린다.

2011년 10월

단국대학교 동양학연구원장 서영수

차 례

Part 2 중국 동북지역의 문명 기원과 교류

Part 1, 한반도의 문명 기원과 교류

韓國 文化起源의 多元性

-구석기시대에서 철기시대까지 동아시아의 諸 文化 · 文明으로부터 傳播[1]-

崔夢龍

최몽룡(崔夢龍)

서울대학교 고고인류학과 및 동 대학원 졸. 하버드대학교 대학원 인류학과 졸. 철학박사. 문화재위원회 위원, 한국상고사학회 회장 역임. 현) 서울대학교 고고미술사학과 교수.

주요저서 : 『21세기의 한국고고학 Ⅰ~Ⅳ』, 『인류문명발달사』, 『인물로 본 고고학사』, 『한국 청동기 철기시대와 고대사회의 복원』, 『韓國 考古學硏究의 諸 問題』.

Ⅰ. 머리말

고고학으로 보는 세계문화사 중에서도 문명발달사[2]는 불가에서 이야기하듯 허공

---

1) 이 글은 필자가 2002년에 쓴 "고고학으로 본 문화계통"-문화계통의 다원론적 입장-(한국사 1 총설, 서울 :국사편찬위원회, pp.89~110)과 동북 아시아적 관점에서 본 한국 청동기 · 철기시대연구의 신경향"-다원론적 입장에서 본 한국문화의 기원과 편년설정-(21세기의 한국고고학 vol. I pp.13~96)의 확대 · 개편에 해당한다. 이는 그 당시보다 청동기시대의 기원이 기원전 2000년~기원전 1500년으로 상향 · 조정되고 이에 해당하는 돌대문토기도 전국 각지에서 나와 신석기시대 말기에 빗살문토기와 공반하고 있는 청동기시대 早期의 설정이 불가피하게 되었고, 철기시대의 기원도 기원전 400년으로 올라가게 되었다. 이는 중국과 러시아에서 발굴 · 보고 되는 새로운 고고학 자료가 한국문화의 기원과 다원적인 폭에 대한 생각을 더욱더 深化시켜주고 있기 때문이다. 그러나 이러한 글과 생각은 이제 시작에 불과하다. 앞으로 계속 나올 새로운 자료에 따라 한국문화의 기원이 좀더 多樣 · 多元化될 것으로 믿기 때문이다. 이는 필자가 쓴 〈인류문명발달사 -고고학으로 본 세계문화사- 3판 개정판, 540쪽〉(2009, 서울: 주류성)의 계속적인 보완에 따라 필연적으로 얻어진 생각이다.

2) 고고학의 서술에 있어서 문화(culture)와 문명(civilization)의 구분은 필수적이다. 이를 토대로 국가(state), 도시(city)란 개념도 정의 할 수 있다. 그러나 우리나라를 포함한 동북아시아의 문화와 전파를 설명하는데 이러한 개념설정이 없어 서술해 나가기가 무척 어렵다. 따라서 이에 대한 필자 나름대로의 개념설정이 중요하다. 1960년대 이래 미국과 유럽에서 고고학연구의 주제로, "농업의 기원" 과 마찬가지로 "문명의 발생" 이 커다란 주류를 형성해 왔다. 최근에는 생태학적인 연구에 힘입어 그들의 발생은 독립적인 것보다 오히려 상호 보완적인 점에서 찾는 쪽으로 나아가고 있다. 고고학의 연구목적은 衣 · 食 · 住를 포함하는 생활양식의 복원, 문화과정과 문화사의 복원에 있다. 문화는 인간이 환경에 적응해서 나타난 결과인 모든 생활양식의 표현이며, 衣 · 食 · 住로 대표된다. 생태학적으로 문화란 인간이 환경에 적응해 살아남자고 하는 전략이라고도 할 수 있다. 반면에 문명의 정의는 故 張光直(Chang Kwang-Chih, 1931~2001) 교수의 이야기대로 "기념물이나 종교적 예술과 같은 고고학적 자료, 즉 물질문화에서 특징적으로 대표되는 양식(style)이며 하나의 질(quality)" 이라고 할 수 있다. 그리고 國家란 지리학에서 '국민, 영토와 주권' 을 국가의 기본으로 삼는다. 인류학의 Elman Service의 모델인 統合論(Integration theory)에서는 인류사회는 경제나 기술이 아닌 조직이나 구조에 기반을 두어 군집사회(band)-부족사회(tribe)-족장사회(chiefdom)-고대국가(ancient state)로 구분하고 있다. 그리고 기본자원에 대한 불평등한 접근에서 일어나는 갈등에 기반을 둔 Morton Fried의 갈등론(Conflict theory)의 도식인 평등사회(egalitarian society)-서열사회(ranked society)-계층사회(stratified society)-국가(state)라는 발전단계도 만들어진다. 서비스는 국가단계에 앞선 족장사회를 잉여생산에 기반을 둔 어느 정도 전문화된 세습지위들로 조직된 위계사회이며 재분배 체계를 경제의 근간으로 한다고 규정한 바 있다. 족장사회에서는 부족사회 이래 계승된 전통적이며 정기적인 의

식행위(calendric ritual, ritual ceremony, ritualism)가 중요한 역할을 하는데, 의식(ritualism)과 상징(symbolism)은 최근 후기/탈과정주의 고고학(post-processual)의 주요 주제이기도 하다. 국가단계 사회에 이르면, 이는 권력(power), 경제(economy)와 함께 종교형태를 띤 이념(ideology)으로 발전한다. 족장사회는 혈연 및 지역공동체 개념을 기반으로 한다는 점에 있어서는 부족사회의 일면을 지니나 단순한 지도자(leader)가 아닌 지배자(ruler)의 지위가 존재하며 계급서열에 따른 불평등 사회라는 점에서는 국가 단계 사회의 일면을 지닌다. Timothy Earle은 국가를 '무력을 합법적으로 사용하고 통치권을 행사할 수 있는 지배체제의 존재와 힘/무력(power) · 경제(economy)와 이념(ideology, 또는 religion)을 바탕으로 한 중앙집권화 되고 전문화된 정부제도' 라 정의하였다. 한편 Kent Flannery는 '법률, 도시, 직업의 분화, 징병제도, 세금징수, 왕권과 사회신분의 계층화를 국가를 특징짓는 요소들로 추가로 하였다. Jonathan Haas, Timothy Earle, Yale Ferguson과 같은 절충론(eclecticism)자들도 "경제 · 이념 · 무력의 중앙화, 그리고 새로운 영역(new territorial bounds)과 정부의 공식적인 제도로 특징지어지는 정치진화 발전상 뚜렷한 단계"가 있는 것으로 정의한다. 도시(city, urban)는 Clyde Kluckhohn이 언급하듯이 약 5000명 이상 주민, 문자와 기념비적인 종교 중심지 중 두 가지만 있어도 정의할 수 있다고 한다. 또 그들 사이에 있어 노동의 분화, 복잡한 계급제도와 사회계층의 분화, 중앙집권화 된 정부구조, 기념비적인 건물의 존재, 그리고 문자가 없는 경우 부호화된 상징체계나 당시 풍미했던 미술양식과 지역 간의 교역의 존재"를 통해 찾아질 수 있다. 그리고 이를 유지해 나가기 위해 사회신분의 계층화를 비롯해 조세와 징병제도, 법률의 제정과 아울러 혈연을 기반으로 하지 않는 왕의 존재와 왕권, 그의 집무소, 공공건물 등이 상징적으로 부가된다. 따라서 도시, 국가와 문명은 상호 유기체적이고 보완적인 것으로, 이것들을 따로 떼어내서 독립적으로 연구할 수 없는 불가분의 것이다(최몽룡 2009, 인류문명발달사 3판, pp.28~30).

큰 강 유역에서 관개농업에 의존하여 발생하였다 하여 Karl Wittfogel에 의해 불려진, "관개문명" 또는 "4대 하천문명"을 포함한 일차적인 고대 문명(primary civilization)은 7개나 된다. 이들은 시간과 공간에 관계없이 전 세계적으로 발생하였는데, 수메르(기원전 3000년~기원전 2370년 아카드의 사르곤 왕의 통치 이후 기원전 1720년까지 우르 3왕조가 존속), 이집트(기원전 3000년경~기원전 30년, 기원전 2993년 상 · 하 이집트가 통일되었다는 설도 있음), 인더스(기원전 2500년~기원전 1800년), 商(기원전 1750년~기원전 1100년 또는 기원전 1046년), 마야(고전기: 서기 300년~서기 700년), 아즈텍(후기고전기: 서기 1325년~서기 1521년)과 잉카(후기고전기: 서기 1438년~서기 1532년)가 바로 그들이다.

이러한 문명이란 사전적인 용어의 해석대로 인류역사상 문화발전의 한 단계이며 엄밀한 의미에서 도시와 문자의 사용을 필요 · 충분조건으로 삼고, 여기에 고고학상의 특징적인 문화인 공공건물(기념물), 시장, 장거리무역, 전쟁, 인구증가와 기술의 발전 같은 것에 근거를 두게 된다. 이들 상호작용에 의한 승수효과(multiplier effect)가 都市, 文明과 國家를 형성하게 된다. 이들의 연구는 歐美학계에서 1960년대 이후 신고고학(New Archaeology)에서 Leslie White와 Julian Steward의 新進化論(neo-evolutionary approach; a systems view of culture)과 체계이론(system theory)을 받아들임으로써 더욱더 발전하게 된다. 이들 연구의 주제는 農耕의 起源과 文明의 發生으로 대표된다. 이들의 관점은

(虛空, 時 · 空)을 끈 삼아 모두 이어져 있음을 알게 된다. 다시 말해 지구에서 일어난 모든 사건들을 좀더 시야를 넓혀보면 다 맥락(context)으로 이어져 있음을 알게 된다. 이 글에서도 시대(時間/tradition/time/temporal/diachronic/lineal)와 장소(空間/horizon/space/ spatial/synchronic/collateral)를 각각 독립시켜 따로 따로 떼어내서 설명하기보다는 가능하면 서로 연결될 수 있는 고리를 찾아 이어보고자 하였다.

Ⅱ. 시대 구분

필자는 청동기, 철기시대 전기와 후기(삼국시대 전기)의 고고학과 고대사의 흐름의 일관성에 무척 관심을 가져 몇 편의 글을 발표한 바 있다. 서기 1988년~서기 2011년의 제5 · 6 · 7차 고등학교 국사교과서에서부터 서기 1997년~서기 2002년 국사편찬위원회에서 간행한 한국사 1, 3과 4권에 이르기까지 초기 철기시대와 원삼국시대란 용어대신 새로운 편년을 설정해 사용해오고 있다.

한국고고학 편년은 구석기시대-신석기시대-청동기시대(기원전 2000년~기원전 400년)-철기시대 전기(기원전 400년~기원전 1년)-철기시대 후기(삼국시대전기 또는 삼한시대: 서기 1년~서기 300년: 종래의 원삼국시대[3])-삼국시대 후기(서기 300년~서기 660/668년)로 설정된다.

生態學的인 接近에서 나타난 自然全體觀(holistic view)으로 物理的環境(physical environment), 生物相(biota; fauna, flora)과 文化(culture)와의 相互 적응하는 생태체계(ecosystem)로 이루어진다. 즉 文化는 환경에 적응해 나타난 結果이다. 보편적인 문화에서 量的 · 質的으로 變化하는 다음 段階, 즉 都市와 文字가 나타나면 文明인 것이다. 여기에 武力을 合法的으로 使用하고 中央集權體制가 갖추어져 있거나, 힘/武力(power), 경제(economy)와 이념(ideology)이 함께 나타나면 國家段階의 出現을 이야기한다. 따라서 都市, 文明과 國家는 거의 동시에 나타난다고 본다. 이 시기를 世界 考古學의 일반적인 通念으로 青銅器時代로 언급한다. 이상에서 본바와 같이 우리는 앞으로 文明이나 國家라는 用語를 韓國 포함하는 東亞細亞의 考古學에 적용할 때 비록 西歐的인 것은 아닐지 몰라도 나름대로의 說得力있는 定義를 하고 理論의 틀을 갖추고 언급하는 것이 바람직하다.

3) 원삼국시대란 용어를 삼국시대전기(또는 철기시대후기, 서기 1년~서기 300년)라는 용어로 대체해 사용하자는 주장은 서기 1987년부터이다(최몽룡, 1987 한국고고학의 시대구분에 대한 약간의 제언,

◇ 구석기시대 : 구석기시대를 전기 · 중기 · 후기로 구분하는 데에는 별다른 이견이 없으나 전기 구석기시대의 상한에 대해서는 연구자들 사이에 상당한 이견이 있다.

전기 구석기시대 유적들로는 평양 상원 검은모루, 경기도 연천 전곡리(全谷里, 사적 268호)[2003년 5월 5일 日本 同志社大學 마쯔후지 가즈도(松藤和人) 교수팀에 의해 최하층이 30만 년~35만 년 전으로 측정됨. 산소동위원소층서/단계(Oxygen Istope Stage, OIS, 사적 268호) 또는 해양동위원소층서/단계(Marine Istope Stage, MIS)로는 9기(334000년 B.P.~301000 B.P.)에 해당함], 충북 단양 금굴과 청원 강외면 만수리(오송 만수리), 파주 교하읍 와동유적 등이 있으나 그 상한은 학자에 따라 70~20만 년 전으로 보는 등 상당한 이견이 있다.

최근 충청북도 청원군 강외면 만수리 구석기시대 제 5 문화층의 연대가 일본 마쯔후지 가즈도 교수팀에 의해 55만 년 전의 연대가 나와 그곳 만수리와 파주 교하읍 와동 출토 주먹도끼의 제작연대가 50만 년 전 가까이 갈 수 있음이 추정되고 있다. 산소동위원소층서/단계[Oxygen Isotope Stage, 유공충(有孔蟲)의 O16/O18 포함으로 결정], 또는 해양동위원소층서/단계(Marine Isotope Stage, MIS)로는 14기(568000년 B.P.~528000년 B.P.)에 해당한다.

그리고 후기에 속하는 남양주 호평동에서는 벽옥(jasper), 옥수(chalcedony)를 비롯한 흑요석(obsidian)으로 만들어진 석기들이 많이 출토되었으며, 유적의 연대는 30000 B.P.~16000 B.P.로 후기 구석기시대에 속하는데 응회암제 돌날, 석영제 밀개가 나오는 1문화층(30000년 B.P.~27000년 B.P.)과 흑요석제석기와 좀돌날 제작이 이루어진 2문화층(24000년 B.P.~16000 B.P.)의 두 층으로 나누어진다.

다음의 중석기시대는 구석기시대에서 신석기시대로 넘어오는 과도기시대(transitional period)로 이 시기는 기원전 8300년경 빙하의 후퇴로 나타나는 새로운 환경에도 여전히 구석기시대의 수렵과 채집의 생활을 영위하고 도구로서 세석기가 많이 나타나며, 신석기시대의 농경과 사육의 점진적인 보급으로 끝난다. 지속되는 기간은 각 지방마다 달라 빙하기와 관련이 없던 근동지방의 경우 갱신세(홍적세)가 끝나자마자 농경

최영희 선생 회갑기념 한국사학논총, 서울: 탐구당, pp.783~788). 그리고 국립중앙박물관에서도 2009년 11월 3일(화)부터 이 용어를 공식적으로 사용하지 않기로 결정하였다.

이 시작되었으며 영국의 경우 기원전 3000년경까지도 전환이 이루어지지 않았다.

우리나라에서는 유럽의 편년체계를 받아들여 중석기시대의 존재의 가능성을 이야기하게 되었으며 통영 상노대도, 공주 석장리, 거창 임불리, 홍천 화화계리 등의 유적이 증가함에 따라 고등학교 국사교과서에서도 주로 그 존재 가능성을 언급하게 되었다. 북한에서도 종래 후기 구석기시대의 늦은 시기로 보던 평양시 승호구역 만달리와 웅기 부포리 유적도 중석기시대에 포함할 수 있게 되었다.

그러나 유럽의 중석기시대의 개념이 동북아시아 전역에서 보편적인 것으로 수용될 수 있는지에 대하여는 회의적인 견해도 있다. 하나의 시대로 보기보다는 구석기시대에서 신석기시대로 넘어가는 과도기적인 것으로 보는 견해도 있다. 그 이유는 전형적인 유럽식 석기문화가 나타나지 않으며 극동지역에서 가장 연대가 올라가는 하바로브스크시 근처 아무르강 유역의 오시포프카(이와 동시기의 문화로 노보뻬트로프스카, 가샤와 그라마뚜하 문화를 들 수 있다)문화의 토기와 비교될 수 있는 토기가 제주도 한경면 고산리(사적 412호)에서 나오고 있는 점도 들 수 있다. 오시포프카 문화의 대표적인 유적은 아무르강 사카치알리안 근처에 있으며, 이들은 갱신세 최말기에 속한다는 점도 들 수 있다. 여기에 비해 근동지방의 경우 토기의 출현은 간즈다레 유적이 처음으로 그 연대도 기원전 7000년에 해당한다. 만약에 극동지방에서 가장 연대가 올라가는 오시포프카문화의 설정을 보류한다 하더라도 지금부터 7~8000년 전 극동지역 신석기-청동기시대를 아우르는 大貫靜夫의 평저의 심발형토기(深鉢形土器)를 자비구(煮沸具)로 갖고 수혈주거(竪穴住居)에 살고 있던 독자적인 고고학 문화인 '극동평저토기(極東平底土器)' 문화권이나 그에 해당하는 문화 설정도 가능한 시점에 이르고 있다.

그리고 구석기시대의 낮은 해수면의 시기로부터 빙하가 서서히 소멸되기 시작하면서 해수면도 따라서 상승하기 시작하였으며 지난 10,000년 전에는 현재보다 약 20m 아래에 위치하였다. 결과적으로 15,000년 전에서 10,000년까지의 약 5,000년 사이에 약 100m의 해수면 급상승이 일어났던 것이다. 10,000년 전부터는 해수면의 상승속도는 점차 줄어들었으며 지난 5,000년 전에는 현재와 유사한 위치까지 해수면이 올라오면서 경사가 낮은 구릉들 사이의 계곡들이나 해안지역에서는 충적층이 형성되기 시작하여 현재와 유사한 지형을 만들었던 것이다. 그래서 Blytt와 Sernander

의 빙하기 이후의 식물에 의한 해안선과 기후대의 거시적인 연구결과(macroscopic study)인 Preboreal, Boreal, Atlantic, Subboreal과 Subatlantic의 다섯가지 기(期)는 이 시기를 연구하는 데 매우 도움이 된다.

◇ 신석기시대 : 기원전 10000/8000년~기원전 2000년. 신석기시대의 경우 제주도 한경면 고산리유적(사적 제412호, 제주시 오등동 병문천 제4저류지에서도 나옴)에서 우리나라에서 가장 연대가 올라가는 기원전 9000년(10500 B.P.)이란 연대측정결과가 나왔는데, 이 유적에서는 융기문토기와 유경삼각석촉이 공반되고 있다(또 이와 유사한 성격의 유적이 제주시 오등동 병문천 제4저류지에서도 발견되고 있다).

강원도 고성 문암리(사적 제426호)와 양양 오산리유적(사적 394호, 기원전 6000년/기원전 5200년)은 이와 비슷한 시기에 속한다. 부산 동삼동(사적 266호)의 최하층(Ⅰ층, 조기)의 연대는 기원전 6000년~기원전 5000년에 속한다(조기층은 5910±50, 6910±60 B.C./기원전 5785년, 기원전 5650년임, 그리고 그 다음의 전기층은 5640±90, 5540±40 B.C./기원전 4450년, 기원전 4395년임). 그리고 전형적인 빗살문토기가 나오는 서울 암사동(사적 267호)유적의 연대는 기원전 4000년경이다.

◇ 청동기시대 : 기원전 2000/1500년~기원전 400년. 기원전 1500년은 남북한 모두에 적용되는 청동기시대 전기의 상한이며, 연해주지방(자이사노프카, 리도프카 유적 등)-아무르 하류지역, 만주지방과 한반도 내의 최근 유적 발굴조사의 성과에 따라 이에 앞서는 청동기시대 조기의 상한은 기원전 2000년까지 올라간다.

이 시기에는 빗살문토기와 무문토기의 결합으로 과도기적인 토기가 나오고 있는데 인천 옹진 백령도 말등패총, 시흥 능곡동, 가평 청평면 대성리와 산청 단성면 소남리가 대표적이다. 또 현재까지 확인된 고고학 자료에 따르면 빗살문토기시대 말기에 약 500년간 청동기시대의 시작을 알려주는 돌대문토기가 공반한다[청동기시대 조기: 기원전 2000년~기원전 1500년, 돌대문/각목돌대문(덧띠새김무늬)토기의 경우 소주산(小珠山)유적의 상층에 해당하는 대련시 석회요촌(大連市 石灰窯村), 교류도 합피지(交流島 蛤皮地), 요녕성 와방점시(遼宁省 瓦房店市) 장흥도 삼당촌(長興島 三堂村)유적(이상 기원전 2450년~기원전 2040년), 길림시 회룡현 동성향 홍성촌 삼사(吉林省 和龍縣 東城鄕 興城村 三社, 조기 홍성삼기, 기원전 2050년~기원전 1750년)에서, 그리고 연해주의 자이사노프카의 올레니와 시니가이 유적(이상 기원전 3420년~기원전 1550년)과 아무르강의 보즈네세노프까, 리도프카와 우릴 문화(우릴 문화는 철기시대로 기원전 15세기까지 올라가는 연대가 나오고 있어 주목을 받고 있다)].

한국에서는 돌대문토기가 강원도 춘성군 내평(현 소양강댐내 수몰지구), 춘천 하중도 D-E지구, 춘천 산천리, 정선 북면 여량 2리(아우라지), 춘천 천전리(기원전 1440년), 춘천 현암리, 춘천 신매리, 춘천 우두동 직업훈련원 진입도로, 홍천 두촌면 철정리, 홍천 화촌면 외삼포리(기원전 1330년, 기원전 1350년), 평창 평창읍 천동리, 강릉시 초당동 391번지 허균·허난설헌 자료관 건립부지, 경상북도 경주 충효동, 경기도 가평 상면 연하리, 인천 계양구 동양동, 경상남도 진주 남강댐내 옥방 5지구 등(동아대·선문대 등 조사단 구역, 기원전 1590년~기원전 1310년, 기원전 1620년~기원전 1400년), 충남 연기 금남 대평리 유적(2970±150 B.P. 기원전 1300년~기원전 1120년), 충청남도 대전시 용산동(단사선문이 있는 돌대문토기로 조기말~전기 초)을 비롯한 여러 곳에서 새로이 나타나고 있기 때문이다.

현재까지 확인된 고고학 자료에 따르면 즐문토기시대 말기에 약 500년간 청동기시대의 시작을 알려주는 돌대문(덧띠새김무늬)토기가 공반하며(청동기시대 조기: 기원전 2000년~기원전 1500년), 그 다음 단사선문(單斜線文)이 있는 이중구연(二重口緣)토기(청동기시대 전기: 기원전 1500년~기원전 1000년), 구순각목이 있는 공렬(孔列)토기(청동기시대 중기: 기원전 1000년~기원전 600년)와 경질(硬質)무문토기(청동기시대 후기: 기원전 600년~기원전 400년)로의 이행과정이 나타나고 있다. 공렬토기와 구순각목토기는 러시아의 동부 시베리아(프리바이칼 지역)의 신석기시대인 이사코보(Isakovo, 기원전 4000년~기원전 3000년)와 세르보(Servo, 기원전 3000년~기원전 2000년)에 나타나기 시작한다. 이들은 현재까지 우리나라의 청동기 중기에 나타나는 공렬토기와 구순각목토기로는 시대가 가장 올라간다.[4] 그 기원이 될 가능성이 매우 높다. 그리고 비파형동검(고조선식동검)을 포함하는

---

4) 특히 〈한국 청동기·철기시대와 고대사회의 복원〉(최몽룡, 2008, 주류성, pp.90~99)에 실린 지명표에 새로이 보완된 한국 청동기시대의 유적들은 다음과 같다.

가. 조기(기원전 2000년~기원전 1000년: 돌대문토기)

강원도 강릉시 초당동 391(허균 · 허난설헌 자료관 건립부지)

강원도 춘천 천전리 샘발 막국수집(기원전 1440년, 한림대박물관)

강원도 춘천 천전리(A-9호, 10호 주거지, 7호 수혈유구, 예맥문화재연구원)

강원도 춘천 산천리(강원대 박물관)

강원도 춘천 신매리(한림대 박물관)

강원도 춘천 우두동 직업훈련원 진입도로

강원도 춘천 하중도 D-E지구

강원도 춘천 현암리(예맥문화재연구원)

강원도 춘성군 내평리(현 소양강댐내 수몰지구)

강원도 영월 남면 연당2리 피난굴(쌍굴, 신석기층의 연대는 2230년, 2270년, 청동기시대 층의 연대는 기원전 2010년이 나옴)

강원도 정선 북면 여량 2리(아우라지 1호 주거지: 기원전 1240년)

강원도 원주 가현동 국군병원

강원도 홍천 두촌면 철정리 II(철기시대 유물은 기원전 620년/640년이 나옴)

강원도 홍천 화촌면 외삼포리(기원전 1350년, 기원전 1330년)

강원도 평창 평창읍 천동리 220번지(강원문화재연구소)

강원도 평창 평창읍 천동리 평창강 수계 복구지역(예맥문화재연구원)

강원도 화천 하남 원천리(예맥문화재연구원)

경기도 가평 청평면(외서면) 대성리

경기도 가평 상면 덕현리

경기도 가평 상면 연하리

경기도 파주 주월리 육계토성

경기도 시흥시 능곡동

인천광역시 계양구 동양동

인천광역시 중구 용유도

인천광역시 옹진군 백령도 말등패총

인천광역시 옹진군 연평 모이도(2790±60 BP, 기원전 1180년~기원전 820년)

충청북도 제천 신월리(기원전 2050년)

충청남도 대전시 용산동(단사선문이 있는 돌대문토기로 조기말)

충청남도 서산군 해미면 기지리

충청남도 연기군 금남면 대평리(2970±150 B.P., 기원전 1300년~기원전 1120년)

대구광역시 달서구 대천동(기원전 3090년~기원전 2900년, 기원전 3020년~기원전 2910년)

경상북도 경주 신당동 희망촌.

경상북도 경주 충효동 640번지와 100-41번지 일원

경상북도 금릉 송죽리

경상남도 산청 단성면 소남리

경상남도 진주 남강댐내 옥방 5지구 등(동아대 · 선문대 등 조사단 구역, 기원전 1590년~기원전 1310년, 기원전 1620년~기원전 1400년의 연대가 나왔으나 돌대문토기와의 관련은 아직 부정확함)

나. 전기(기원전 1500년~기원전 1000년: 단사선문이 있는 이중구연토기)

경기도 강화도 내가면 오상리 고인돌(인천광역시 기념물 제5호)

경기도 가평 가평읍 달전 2리(가평역사부지)

경기도 김포시 양촌면 양곡리 · 구례리

경기도 성남시 분당구 판교동

경기도 평택 현곡 토진리

경기도 안성 원곡 반제리

경기도 안성 공도면 만정리

경기도 여주 점동면 흔암리[경기도 기념물 155호, 기원전 1650년~기원전 1490년(12호), 기원전 1390년~기원전 1170년(12호) 기원전 1100년~기원전 780년(8호) 등]

경기도 연천 군남면 강내리(고려문화재연구원)

경기도 파주 교하읍 운정리

경기도 화성시 동화리

인천광역시 서구 검단 2지구

인천광역시 옹진군 덕적면 소야도(기원전 2085년, 기원전 2500년~기원전 1650년)

대전광역시 유성구 궁동 및 장대동

강원도 춘천 신매리(17호 : 기원전 1510년, 기원전 1120~840년)

강원도 강릉 교동(1호: 기원전 1878~1521년/2호 : 기원전 1495~1219년/3호 기원전 1676~1408년)

강원도 원주 가현동 국군병원

강원도 고성 현내면 송현리

강원도 속초 대포동

강원도 평창 평창읍 천동리 220번지(구순각목, 이중구연, 단사선문, 반관통 공렬문: 기원전 11~10세기경)

충청북도 충주 동량면 조동리(1호 : 2700±165 B.P., 2995±135 ; 기원전 11세기경)

충청북도 청주 내곡동

충청남도 부여 구봉면 구봉리(기원전 1450년)

충청남도 청주 용암동

충청남도 서산군 음암 부장리

충청남도 공주시 장기면 제천리

충청남도 공주시 장기면 당암리

충청남도 계룡시 두마면 두계리
충청남도 천안 백석동 고재미골
충청남도 아산 탕정면 LCD 단지 1지점
충청남도 아산 탕정면 용두리
충청남도 연기군 남면 중촌리 도림말
충청남도 연기군 남면 송담 2리
충청남도 연기군 남면 송원리
충청남도 연기군 남면 연기리 임천
경상남도 울산광역시 북구 신천동
경상남도 진주 대평 옥방지구(기원전 1590년~기원전 1310년, 기원전 1620년~기원전 1400년)
경상남도 밀양 산외면 금천리
경상북도 대구 수성구 상동
경산북도 경주 충효동 640번지 일원
경상북도 포항시 남구 구룡포읍 삼정리
전라북도 군산시 내흥동 군산역사
전라북도 익산 영등동(1-3호)
광주광역시 북구 동림동 2택지개발지구
전라남도 여천 적량동 상적 지석묘(청동기시대 전기말~중기초, 기원전 10세기경, 이중구연단사선문, 구순각목, 공렬토기, 비파형동검 6점)
전라남도 여수시 월내동 상촌 II 지석묘(이중구연 단사선문, 공렬토기, 비파형동검 3점, 청동기시대 전기말~중기초, 기원전 10세기경)
전라남도 고흥 두원면 운대리 중대 지석묘(비파형동검)
전라남도 여천 화장동 고인돌(비파형동검, 기원전 1005년)
제주도 서귀포시 대정읍 하모리

다. 중기(기원전 1000년~기원전 600년: 공렬토기, 구순각목토기)
강원도 강릉 입암동
강원도 속초 조양동(사적 제376호)
강원도 양구군 양구읍 하리 및 고대리
강원도 정선 북면 여량 2리(아우라지, 기원전 970년)
강원도 영월 남면 연당 2리 피난굴(쌍굴, 공렬토기)
강원도 정선 신동읍 예미리
강원도 원주 가현동(국군병원) 및 태장동 4지구
강원도 춘성군 내평리(현 소양강댐내 수몰지구, 기원전 980년, 기원전 640년)
강원도 춘천 거두리(1리 및 2리)

강원도 춘천 신매리
강원도 춘천 율문리
강원도 춘천 천전리
강원도 화천 용암리
강원도 화천 하남 원천리(예맥문화재연구원)
강원도 홍천 화촌면 외삼포리
강원도 홍천 화촌면 성산리
강원도 춘천 우두동 직업훈련원 진입도로(비파형동검)
강원도 춘천 삼천동
경기도 가평 청평면(외서면) 대성리
경기도 가평 설악면 신천리
경기도 광주시 역동(비파형동검)
경기도 광주시 장지동
경기도 군포 부곡지구
경기도 가평 설악면 신천리
경기도 김포시 양촌면 양곡리 · 구래리
경기도 성남시 분당구 판교동
경기도 여주 점동면 흔암리(경기도 기념물 155호)
경기도 파주 교하읍 운정리
경기도 하남시 덕풍골(종교 · 제사유적, 기원전 1065년~기원전 665년)
경기도 하남시 미사동(사적 제269호 옆)
경기도 부천 고강동
경기도 시흥 논곡동 목감중학교
경기도 시흥 능곡동
경기도 안성 공도 만정리
경기도 안성 공도 마정리
경기도 안양 관양동(1호 주거지 : 기원전 1276~1047년, 1375년~945년/5호 주거지 : 기원전 1185년~940년, 1255년~903년)
경기도 의왕시 고천동 의왕 ICD 부근(기원전 990년~기원전 870년)
경기도 양평군 개군면 공세리 대명콘도 앞
경기도 양평군 개군면 상자포리
경기도 양평군 양서면 도곡리
경기도 양평군 양수리(기전문화재연구원 2001년 3월 26일 발굴, 공렬 및 구순각목)
경기도 연천 통현리 · 은대리 · 학곡리 지석묘
경기도 연천 삼거리 주거지(기원전 1130년, 이중구연과 공렬이 한 토기에 같이 나옴, 청동기시대

전기말 중기초)

경기도 연천 군남면 강내리(고려문화재연구원)

경기도 용인시 수지읍 죽전 5리 현대아파트 및 어린이 공원 부지(기전문화재연구원 2001년 3월 26일 및 12월 6일 및 발굴, 공렬 및 구순각목)

경기도 평택 지제동(기원전 830년, 기원전 789년)

경기도 평택 서탄면 수월암리(북방식 지석묘)

경기도 평택 토진 현곡동

경기도 파주 옥석리 고인돌(기원전 640년경)

경기도 화성 천천리(공렬토기가 나오는 7호주거지는 기원전 950년~기원전 820년에 속함, 11호 주거지는 기원전 1190년으로 연대가 가장 올라감)

경기도 화성 동탄 동학산

인천광역시 연수구 선학동 문학산

인천광역시 서구 검단 2지구

인천광역시 서구 원당 4지구(풍산 김씨 묘역)

인천광역시 서구 불로지구(4구역)

대구광역시 달서구 진천동(사적 제411호 옆)

대구광역시 달서구 상인동, 대천동

대구광역시 수성구 상동

경상북도 경주 내남면 월산동(기원전 1530~1070년, 기원전 970~540년)

경상북도 경주 충효동 640번지와 100-41번지 일원(기원전 1010년~기원전 800년, 기원전 920년 ~기원전 810년)

경상북도 안동시 서후면 저전리(저수지, 관개수리시설, 절구공이)

경상북도 포항시 남구 지곡동

경상북도 포항 호동

경상북도 흥해읍 북구 대련리

경상북도 청도 송읍리

경상북도 청도 화양 진라리

울산광역시 북구 연암동(환호가 있는 종교・제사유적)

울산광역시 북구 신천동

울산광역시 남구 야음동

경상남도 울주 두동면 천전리(국보 제147호), 언양 반구대(국보 제285호) 진입로

경상남도 울주 검단리(사적 제332호)

경상남도 밀양 상동 신안 고래리

전라북도 군산 내흥동

전라북도 진안 오라동

전라북도 진안 모정리 여의곡
전라북도 진안 삼락리 풍암
광주광역시 북구 동림 2택지
전라남도 고흥 과역 석북리
전라남도 곡성 겸면 현정리
전라남도 광양 원월리
전라남도 구례군 구례읍 봉북리
전라남도 승주 대곡리
전라남도 승주 죽내리
전라남도 여수 적량동
전라남도 여수 봉계동 월암
전라남도 여수 월내동
전라남도 여천 화장동 화산
전라남도 순천 우산리 내우 지석묘(비파형동검)와 곡천
전라남도 해남 현산 분토리 836번지(공렬토기, 구순각목)
충청북도 청주 용암동(기원전 1119년)
충청북도 충주 동량면 조동리(7호 기원전 750년)
충청남도 천안 백석동(94-B : 기원전 900~600년, 95-B : 기원전 890~840년)
충청남도 천안 백석동 고재미골
충청남도 천안 운전리
충청남도 천안 입장리 1호 고속국도 IC
충청남도 공주시 장기면 제천리 감나무골
충청남도 운산 여미리
충청남도 아산 명암리(기원전 1040~940년, 780~520년)
충청남도 아산 탕정면 LCD 단지 2지점
충청남도 아산 탕정면 제2일반지방산업단지 1지역 1지점
충청남도 아산 탕정면 용두리(기원전 11세기~기원전 10세기경)
충청남도 당진 석문면 통정리(기원전 11세기~기원전 10세기경)
충청남도 청양 학암리
충청남도 보령시 웅천면 구룡리
충청남도 대전 대덕구 비래동 고인돌(기원전 825, 795, 685년)
충청남도 대전 유성구 관평동 · 용산동
충청남도 대전 유성구 서둔동 · 궁동 · 장대동
충청남도 유성구 자운동 · 추목동
충청남도 대전 동구 가오동 · 대성동 일원

충청남도 아산 신창면 남성리
충청남도 서산군 해미면 기지리
제주도 남제주군 신천리 마장굴
제주고 서귀포시 대정읍 상모리
제주시 삼화지구(비파형 동검편)
제주시 삼양동

라. 후기(기원전 600년~기원전 400년: 경질무문토기)
경기도 성남 판교지구 9지점
경기도 양평 개군면 공세리
경기도 파주 덕은리(사적 148호, 기원전 640년)
경기도 평택 서탄면 수월암리(개석식 지석묘)
강원도 춘천시 신북읍 발산리(기원전 640년)
강원도 춘천 중도 지석묘(서기 115년, 경질무문토기가 나오는 철기시대에 속함)
대구광역시 달서구 월성동 리오에셋
대구광역시 달서구 대천동
충청북도 제천 황석리 고인돌(기원전 410년)
충청남도 부여 송국리(사적 제249호, 장방형주거지의 목탄의 연대는 기원전 750년에서 기원전 150년경에 속한다. 여기에는 원형집자리와 환호(격벽시설)의 청동기시대 후기와 목책과 방형의 집자리로 대표되는 철기시대 전기가 뚜렷이 확인된다. 그리고 새로이 발굴된 제 28호 방형집자리에서 삼각형석도가 출토하고 있다.)
충청남도 부여 규암면 나복리
충청남도 서산군 해미면 기지리
충청남도 서천 도삼리
충청남도 대전 대정동
충청남도 계룡시 입암리
충청남도 아산 신창면 남성리
전라남도 나주 노안면 안산리, 영천리
전라남도 나주 다도면 판촌리(철기시대 전기까지 내려가는 지석묘)
전라남도 나주 다도면 송학리(철기시대 전기까지 내려가는 지석묘)
전라남도 나주 다도면 마산리 2구 쟁기머리(철기시대 전기까지 내려가는 지석묘)
전라남도 화순 춘양면 대신리 고인돌(기원전 555년)
전라남도 순천시 해룡면 복성리
전라남도 여수 화양면 소장지구
전라남도 여수 화양면 화동리 안골 고인돌(고인돌은 기원전 480년~기원전 70년 사이로 철기시대에 속함)

지석묘는 기원전 1500년에서부터 시작하여 철기시대 전기 말, 기원전 1년까지 존속한 한국토착사회의 묘제[5]로서 이 시기의 외래의 다원적(多源的 · 多元的)인 문화요소를 수용

전라남도 영암군 엄길리 고인돌군(이중개석, 흑도장경호, 기원전 3세기~기원전 2세기)
전라남도 장흥 유치면 대리 상방촌
전라남도 장흥 유치면 오복동
전라남도 장흥 유치면 신풍리 마정(탐진댐 내 수몰지구)
전라남도 함평 학교면 월산리
전라남도 해남 현산 분토리 836번지
광주광역시 남구 송암동
인천광역시 서구 원당 1구역
제주시 삼양동[사적 416호로 지정된 철기시대 전기(기원전 400년~기원전 1년)의 삼양동 유적 옆에서 공렬토기가 나오는 방형주거지가 37기가 새로이 발굴 · 조사되었다. 이 공렬토기는 육지에서 영향을 받아 현지에 제작된 것으로 홍도가 공반하고 있다. 중심연대는 육지의 청동기시대 중기가 아닌 후기에 속하는 것으로 기원전 6세기~기원전 4세기이다.]
제주도 서귀포시 안덕면 화순리

5) 大連 于家村 砣頭 積石塚(3505±135 B.P,1555 BC/3555±105 B.P, 1605 B.C, 文物 83-9)와 遼宁 新金縣 雙房 6號 石棺墓(于家村上層 3280±85B.P. 1330 B.C., 上馬石 上層 3130±100 B.P., 1180 B.C. 3440±155B.P., 1490±155 B.C.에 속한다고 한다. 考古 83-4), 이 이외에도 관련 유적에서 연대가 나온 遼宁 岡上 積石塚(1565±135 B.C), 雙坨子 3기층(1355±155 B.C.), 上馬石 上層(1415±195 B.C., 1370±160 B.C.), 吉林省 星星哨 石棺墓(3055±100 B.P, 1105 B.C. 이상 유태용, 2010의 글 참조)의 예들과 같이 이제까지 남한에서 출토한 비파형(요녕식/만주식/고조선식)동검의 연대도 이중구연 단사선문, 구순각목, 공렬토기와 같이 출토하고 있어 그 연대도 청동기시대 전기 말~중기 초로 종전에 생각했던 것보다 빠른 기원전 11세기~기원전 9세기사이에 나타나고 있음을 보여준다.
전라남도 여천 적량동 상적 지석묘(청동기시대 전기말~중기초, 기원전 11~기원전 10세기경, 이중구연 단사선문, 구순각목, 공렬토기, 비파형동검 6점)
전라남도 여수시 월내동 상촌 II 지석묘(이중구연 단사선문, 공렬토기, 비파형동검 3점, 청동기시대 전기말~중기초, 기원전 10세기경)
전라남도 高興 豆原面 雲垈里 支石墓(1926,11월 朝鮮總督府博物館)
전라남도 고흥 두원면 운대리 중대 지석묘(비파형동검, 光州博物館)
전라남도 여천 화장동 고인돌(비파형동검, 기원전 1005년)
전라남도 순천 우산리 내우 지석묘(비파형동검)와 곡천
강원도 춘천 우두동 직업훈련원 진입도로(비파형동검)
충청남도 대전 대덕구 비래동 고인돌(기원전 825, 795, 685년).
경기도 광주시 역동(세장방형 집자리, 공렬토기, 기원전 10세기경)

하고 있다. 북한에서는 팽이형토기 유적인 평양시 사동구역 금탄리 8호 주거지에서 청동끌이 출토되었고, 평안북도 용천 신암리에서 칼과 청동단추, 황해북도 봉산군 봉산읍 신흥동 7호 집자리에서 청동단추가 출토되었으며, 함경북도 나진 초도에서는 청동방울과 원판형기가 출토되었으나, 북한학자들은 이들 유적은 북한 청동기의 시작이라고 보고 그 연대를 기원전 2000년 초반으로 잡고 있다.[6]

또한 철기시대 전기에 세형동검, 주조철부 등과 공반되는 점토대토기는 철기시대 전기(기원전 400년~기원전 1년)의 400년간 사용된 경질무문토기(700℃~850℃도 사이에 소성됨)의 일종이다. 그리고 청동기시대의 편년도 연구자의 관심에 따라서 토기를 중심으로 하는지, 청동기를 중심으로 하는지에 따라 편년에 큰 차이가 생기게 된다.

청동기시대에 대한 가장 일반적인 편년은 청동기를 중심으로 하는 것이다. 그 편년은 기본적으로 비파형동검의 출토시기를 청동기시대 전기 말~중기 초(기원전 11기~기원전 9세기)로, 세형동검의 출현시기를 철기시대 전기(기원전 5세기)로 보는 것이다. 특히 청동기시대에는 시대가 떨어질수록 사회는 복잡해지고 발전 속도도 빨라진다. 그래서 편년설정 기간도 갈수록 짧아지고 문화내용도 복합적이고 다원성이

경상남도 마산 진동리(사적 472호)

경상남도 마산 동면 덕천리

6) 최근 북한 학지들은 평양시 삼석구역 호남리 표대 유적의 팽이그릇 집자리를 4기로 나누어 본다(I-기원전 3282년±777년/3306년±696년, II-기원전 2668±649년/2980±540년/2415±718년/2650±510년, III-기원전2140±390년/2450±380년, IV-기원전 1774±592년/1150±240년, 조선고고연구 2003-2). 그 중 II에서 IV문화기 즉 기원전 3천년 기 전반기에서 기원전 2천년 기에 해당하는 연대를 단군조선(고조선)국가성립을 전후한 시기로 보고 있다(조선고고연구 2002-2). 그리고 북한학자들은 아직 학계에서 인정을 받지 못하고 있지만 서기 1993년 10월 2일 평양 근교 강동군 강동읍 대박산 기슭에서 단군릉을 발굴하고 단군릉에서 나온 인골의 연대(electron spin resonance: 전자스핀공명법 연대)인 기원전 3018년을 토대로 하여, 근처 용천군 용산리 순장묘와 지석묘(5069±426 B.P./3119B.C.), 대동강 근처 덕천군 남양 유적 3층 16호 집자리(5796 B.P./3846 B.C.)와 평양시 강동군 남강 노동자구 黃岱부락의 土石混築의 城까지 묶어 기원전 30세기에 존재한 '대동강 문명'이란 말을 만들어냈다(최몽룡. 1997, 북한의 단군릉 발굴과 그 문제점 1 및 2, 도시 · 문명 · 국가, 서울: 서울대 출판부, pp.103~116) 및 Ri Sun Jin et al, 2001, Taedonggang Culture, Pyongyang: Foregin Languages Publishing House).

강조된다. 다원적인 문화기원의 검토가 필요하다.

◇ 철기시대 전기 : 기원전 400년~기원전 1년. 종래의 초기철기시대. 최근 점토대(粘土帶)토기 관계 유적의 출현과 관련하여 기원전 400년으로 상한을 잡는다. 이 시기는 점토대토기의 단면 형태 즉 원형, 방형(타원형)과 삼각형에 따라 Ⅰ기(전기), Ⅱ기(중기)와 Ⅲ기(후기)의 세 시기로 나뉘어 진다. 그리고 마지막 Ⅲ기(후기)에 구연부 단면 삼각형 점토대(粘土帶)토기와 함께 다리가 짧고 굵은 두형(豆形)토기가 나오는데 이 시기에게 신라와 같은 고대국가가 형성된다.[7] 이 중 우리나라 최초의 고대국가와 문명의 형성을 이루는 위만조선(衛滿朝鮮, 기원전 194년~기원전 108년)[8]은 철기시대 전기 중 Ⅲ기(후기)에 속한다.

---

7) 경주 蘿井(사적 245호)의 경우 구연부 단면 삼각형의 점토대 토기와 함께 다리가 굵고 짧은 豆形토기가 나오고 있으며 이 시기는 기원전 57년 朴赫居世의 新羅建國과 밀접한 관련을 맺고 있기 때문이다. 그래서 최근 발견되고 있는 경기도 가평 달전 2리, 경기도 광주시 장지동, 충청남도 아산 탕정면 명암리, 전라북도 완주 이서면 반교리 갈동과 경상북도 성주군 성주읍 예산리 유적 등은 매우 중요하다.

8) 한반도 최초의 고대국가는 衛滿朝鮮(기원전 194년~기원전 108년)이다. 국가는 무력, 경제력과 이념(종교)이 바탕이 되며, 무력을 합법적으로 사용하고 중앙집권적이고 전문화된 정부조직을 갖고 있다. 세계에서 도시 · 문명 · 국가는 청동기시대에 나타나는데 우리나라의 경우 중국의 영향 하에 성립되는 二次的인 국가가 되며, 또 세계적인 추세에 비해 훨씬 늦은 철기시대 전기에 나타난다. 고인돌은 기원전 1500년에서부터 시작하여 경상남도, 전라남도와 제주도에서는 철기시대기말 까지 존속한 한국토착사회의 묘제로서 그 사회는 혈연을 기반으로 하는 계급사회인 족장사회로, 교역, 재분배 경제, 직업의 전문화, 조상숭배 등을 바탕으로 하고 있다. 그리고 그 다음에 오는 고대국가의 기원은 앞으로 고고학적인 자료의 증가에 따라 단군조선에 까지 더욱더 소급 될 수도 있으나, 문헌에 나타나는 사회조직, 직업적인 행정관료, 조직화된 군사력, 신분의 계층화, 행정 중심지로서의 왕검성(평양 일대로 추정)의 존재, 왕권의 세습화, 전문적인 직업인의 존재 등의 기록으로 보아서 위만조선이 현재로는 한반도내 최초의 국가체제를 유지하고 있었던 것으로 보인다. 또한 국가형성에 중요한 역할을 차지하는 시장경제와 무역의 경우 위만조선 이전의 고조선에서도 교역이 있었으며, 변진과 마한, 왜, 예 등은 철을 중심으로 교역이 행해졌던 것으로 보여 진다. 위만조선의 경우 한반도 북쪽의 지리적인 요충지에 자리 잡음으로 해서, 그 지리적인 이점을 최대한으로 이용한 '中心地貿易' 으로 이익을 얻고, 이것이 국가를 성립시키고 성장하는데 중요한 요인이 되었을 것이다. 위만은 입국할 때에 상투(魋結/結髮)를 틀고 조선인의 옷을 입고 있었던 것으로 보아 燕나라에서 살던 조선인으로 생각된다. 위만은 나라 이름 그대로 조선이라 하였고, 그의 정권에는 토착민 출신으로 높은 지위에 오른 자가 많았다. 따라서 위만의 고

◇ 철기시대 후기 : 서기 1년~300년. 또는 삼국시대 전기/삼한시대

◇ 삼국시대 후기: 서기 300년~600/668년

◇ 통일신라시대: 서기 668년~918년(고고학 상 신라와 통일신라와의 구분이 필요)

Ⅲ. 시대별 문화기원의 다원성 검토

지금까지 사적으로 지정된 구석기시대유적은 연천 전곡리(사적 268호), 공주 석장리(사적 334호), 파주 가월리 · 주월리(사적 389호)와 단양 수양개(사적 398호)가 있다.

조선은 단군의 고조선을 계승한 것으로 볼 수 있다. 그리고 국가가 되기 위해서는 '무력의 합법적인 사용과 중앙 관료체제의 확립' 이나 '전문화나 '전문화된 정부 체제를 지닌 사회' 라는 조건을 갖추어야 하는데 위만조선의 경우 이에 해당한다고 하겠다. 따라서 위만조선은 중국의 史記와 漢書 등의 기록에 의하면 우리나라에서 처음으로 확실한 국가의 체제를 갖추었다고 하겠다. 고조선의 발전과 관련하여 기자 조선에 대한 기록이 있다. 중국 사서에는 周의 武王이 箕子를 조선에 봉하였다고 되어 있다. 그리고 그 연대를 기원전 12 세기경으로 추정하기도 한다. 그러나 기자 조선을 조선의 발전 과정에서 사회 내부에 등장한 새로운 지배 세력을 가리키는 것으로, 또는 동이족의 이동 과정에서 기자로 상징되는 어떤 부족이 고조선의 변방에서 정치 세력을 잡은 것으로 보는 견해가 많다. 漢 高祖 12년(기원전 195년) 燕王 盧琯이 漢나라에 叛하여 匈奴로 도망감에 따라 부하였던 위만은 입국할 때에 상투를 틀고 조선인의 옷을 입고 있었던 것으로 보아 연나라에서 살던 조선인으로 생각된다. 위만은 나라 이름 그대로 조선이라 하였고, 그의 정권에는 토착민 출신으로 높은 지위에 오른 자가 많았다. 4대 87년간은 존속했던 위만조선은 衛滿에서 이름이 전해지지 않는 아들을 거쳐 손자인 右渠에 이르는 혈연에 의한 세습왕권이었다. 위만과 우거 이외에 기록에 나타나는 裨王長, 朝鮮相 路人, 相 韓陶(韓陰), 大臣 成己, 尼鷄相 參, 將軍 王唊, 歷谿卿, 濊君 南閭 등은 그러한 세습왕권을 유지하는 고위각료들이었던 것으로 생각되며 이들이 곧 전문화된 군사 · 행정집단인 것으로 보인다. 또한 朝鮮相 路人의 아들 最가 등장하는 것으로 보아 왕위와 마찬가지로 상류층에서도 지위세습이 존재했으며 그러한 상위계층에 대응하는 하나 이상의 하위 신분계층이 더 존재했을 가능성을 시사해주고 있다. 이러한 신분체계와 아울러 기록을 통해서 알 수 있는 위만조선의 사회구조에 관한 것은 내부의 부족구성와 인구수 등이다. 위만조선의 인구규모는『漢書』와『後漢書』의 기록을 종합해 볼 때 약 50만에 이른 것으로 추정된다. 족장단계(chiefdom society)를 넘어서는 이러한 인구규모를 통제하기 위해서는 경제적 배경이나 영토, 이외에 법령과 치안을 담당할 군대도 필요하다.『漢書』 지리지에는 한의 풍속이 영향을 미친 이후 80여 조에 달하는 法令이 제정되었다는 기록이 있고,『後漢書』「東夷傳」 濊條에도 역시 그와 유사한 기록이 있다.

그러나 그 다음 단계인 20만 년 전 전후가 되면 우리 민족과 문화의 기원에 대한 약간의 실마리가 풀리고 있다. 경기도 연천군 전곡리에서 나오는 우리의 역석기문화 전통을 예니세이강 상류의 카멘니로그와 라즈로그II(이 유적은 민델-리스 간빙기층으로 20~40만 년 전까지 거슬러 올라갈 수 있다) 유적, 몽고령의 고르노 알타이지역 사간 아부이 동굴, 내몽고자치구 대요(大窯)읍 투얼산 사도구 유적, 요녕성 영구 금우산(遼宁省 榮口 金牛山) 유적과 비교해 볼 수도 있을 것이다.

그렇다면 이제까지 구석기시대 우리가 알지 못했던 시베리아의 예니세이강 상류-몽고(알타이)-내몽고-요녕(만주)-연천 전곡리로 이어지는 문화 루트도 현재 새로운 가설로도 이야기 할 수 있겠다.

그리고 동쪽 아시아에로의 전파 시발점은 1991년 구소련공화국의 하나였던 그루지아(Georgia)의 드마니시(Dmanisi)유적에서 발견된 180만 년 전의 Homo ergaster (Koobi Fora, Kenya에서 발견된 working men의 의미를 가진 170~150만 년 전의 화석인류로 추정되며 아프리카에서 발견된 가장 오래된 Homo erectus로 여겨진다, 현재의 새로운 학명은 Homo georgicus임)들이 될 가능성이 많겠다.

최근 발굴 · 조사된 중국 산서성(山西省) 벽관(薛關) 하천(下川), 산서성(山西省) 치욕(峙峪, 28135 BP)과 내몽고 사라오소(薩拉烏蘇)골, 러시아의 알단 강 유역, 자바이칼의 우스티까라꼴(Ustikaracol) 등의 유적들이 한국[남양주 호평동 I층 30000~27000년 BP, II층 24000년~16000년 BP II층에서 슴베찌르개가 나타남]과 일본으로의 전파와 관련이 있을 것으로 추정되고 있다. 특히 세형 석기들 가운데 특히 세형몸돌은 그 모양이 배(舟)처럼 생겼다고 하여 배모양 석기로 불린다. 이것은 밀개/자르개 몸돌의 역할을 다하며 우리나라에서는 단양 수양개(사적 398호)를 필두로 하여 그 이남 지방에서 자주 출현하는데 똑같은 것들이 일본의 유우베스[湧別], 북해도의 시라다끼[白龍] 및 도께시다[峠下] 등지에서 나타나며, 그 연대는 우리나라가 더 앞서 이 제작수법이 한국을 거쳐 일본으로 간 것으로 추측하게 한다. 이는 일본의 구석기시대라고 할 수 있는 선토기시대(先土器時代)의 경우 일본열도에 최종 빙하기인 Würm기(일반적으로 홍적세 중기로 부르는 신생대 제4기)에 해수면이 80~140m 낮아져 소야[宗谷], 쓰가루[津輕]와 대한해협이 연륙되어 당시 일본은 대륙과 연결되어 있었으며, 이 연륙(連陸: land bridge)의 중거는 일본 전역에서 나타나는 화석으로 입증되고 있다.

한반도 주위의 태평양을 중심으로 하는 신석기시대 유적들은 아무르 강 중부 평원 북부의 범위에 있는 11000-12000 B.P.(기원전 10000년 전후)의 오시포프카 문화에 속하는 가샤 유적(12960±120 B.P.), 우스티-울마 Ⅰ, 홈미 유적(13260±120 B.P.), 바이칼 호 근처의 우스트 카랭카(기원전 7000년경), 그리고 일본 長崎縣 北松浦郡 吉井町 福井동굴(12700, 10750 B.P.), 佐世保市 泉福寺동굴이나 愛媛縣 上浮穴郡 美川村 上黑岩(12165, 10125 B.P.) 岩陰유적들이 있다. 이들은 러시아 연해주 쪽에서는 아무르 강 유역의 오시포프카 문화의 가샤 지역이나, 노보페트로브스카와 그라마뚜하와 문화 그리고 우스트 울마 등지에서 세석기와 약 350℃ 정도에 구워진 연질 무문토기 융기문토기/평저조흔토기(隆起文土器/平底條痕文土器)가 나타나며, 일본의 경우도 세석기(細石器)와 최말기에는 두립·융기·조문토기(豆粒·隆起·爪文土器)와 결합하는 것과 비교해 볼 때 한반도 내에서도 상한연대가 비슷한 유적들이 출현할 가능성이 많다 하겠다.

우리나라에서는 그간 신석기시대의 토기와 공반하는 세석기가 출현하지 않아 의문을 가져왔으나 최근에 제주도 한경면 고산리(사적 412호)와 제주시 오등동 병문천 제4저류지에서 덧무늬토기와 함께 세석기가 나오고 있으며, 그 연대는 적어도 기원전 9000년경(10500 B.P.)으로 올라간다. 덧무늬토기는 앞에서 이야기 한 제주도 한경면 고산리를 비롯한 강원도 양양군 오산리(鰲山里, 사적 394호, 기원전 6000년~기원전 5200년), 고성 문암리(사적 426호)유적과 부산 동삼동[사적 266호: 최하층(Ⅰ층, 조기)의 연대는 기원전 6000년~기원전 5000년에 속한다] 등지에서도 나오는데 모두 동해 바닷가로서 환태평양 문화권이라는 거시적인 문화 해석에 대한 기대를 걸게 한다. 동삼동의 덧무늬토기는 일본 쓰시마 고시다카[對馬島 越高] 유적에서 나온 것과도 매우 닮았는데, 쓰시마의 고시다카 유적은 1976년 벳푸[別府]대학의 사카다 구니지로[坂田邦洋] 교수에 의하여 발굴되었고 그 시기는 약간 늦어서 기원전 5000년~기원전 4500년에 해당한다.

고대 한일 문화교류 관계는 여러 가지 고고학적인 증거로 알려지기 시작하였지만, 그 연구는 이제 한일 고고학 연구의 실마리를 제공해 주는 정도이다. 그러나 선토기

(先土器)시대에서 시작하여 죠몽[繩文]시대를 거쳐 야요이[彌生]와 고분시대가 되면 고고학적 자료가 양적 및 질적으로 눈에 띄게 증가하고 있다. 이는 당시에 한일 문화교류가 긴밀히 이루어지고 있었음을 잘 반영해 주고 있다.

구라파에는 신석기시대로 LBK(Linear Band Keramik) 문화가 있다. 다뉴브 I 문화(Danubian I Culture)라고 불리는 이 문화는 유럽 중앙과 동부에서 기원전 5000년대부터 쉽게 경작할 수 있는 황토지대에 화전민식 농경(slash and burn agricultural cultivation)을 행하였고 또 서쪽으로 전파해 나갔는데, 이 문화에서 나타나고 있는 토기의 문양이 우리의 빗살문(櫛文/櫛目文)토기와 유사하여 "선토기문화(線土器文化, Linear Pottery culture)"라 한다. 이것의 독일어 Kamm keramik(comb pottery)으로 번역하면 즐문토기(櫛文(櫛目文)土器) 즉 우리말로는 빗살문토기이다.

일찍부터 이 문양의 토기들은 우리나라 신석기시대 빗살문토기의 기원과 관련지어 주목을 받아왔다. 해방 전 藤田亮策은 아마도 이 LBK의 토기들을 우리나라의 신석기시대 토기들의 조형으로 생각하고 이들이 스칸디나비아를 포함하는 북유럽으로부터 시베리아를 거쳐 북위 55도의 환북극 지대를 따라 한반도에 들어 왔다고 주장하였다. 이와 같은 견해는 김원룡에 이어져 "북유럽의 토기는 핀란드, 스웨덴, 북독일, 서북 러시아의 카렐리아지방에서 흑해 북안의 오카, 볼가 강 상류 지방에 걸쳐 유행한 뾰족밑 또는 둥근밑의 반란형(半卵形) 토기이다. 표면은 빗같은 다치구(多齒具)의 빗살 끝으로 누른 점렬(密集斜短線列)과 뼈송곳의 끝을 가로 잘라 버린 것 같은 것으로 찌른 둥글고 깊은 점(pit)列을 서로 교체해 가며 …… 이를 영어로는 Comb-pit ware라고 부르며 …… 북부 시베리아의 환북극권 신석기문화의 대표적 유물로 되어 있다". 이러한 견해는 후일 시베리아 흑룡 강 상류 쉴카 강 북안의 석회굴에서 나온 빗살문토기(흑룡강 상류의 수렵 어로인으로 기원전 2000년~기원전 1000년경 거주)를 우리의 빗살문 토기가 바이칼지구를 포함하는 범시베리아 신석기문화에 포함시키게 된다.

그리고 한강유역의 첨저 토기와 함경도의 평저 토기도 원래는 한 뿌리로 알타이 지역을 포함하는 바이칼호 주변이 그 기원지가 될 가능성이 많다는 수정된 견해도 만들어지고 있다.

이후에 "Corded ware(繩文土器文化, 東方文化複合體)" 와 "Beaker cup culture(비커컵 토기문화, 일본에서는 鐘狀杯로 번역함, 西方文化複合體)"가 유럽의 북부 독일지역과 남쪽 스페인에서부터 시작하여 유럽을 휩쓸었다. 그리고 스톤헨지의 축조의 마지막 시기는 기원전 2500년～기원전 2400년경으로, 이때 유럽 본토에서 기원전 2400년～기원전 2200년경 이곳으로 이주해온 비커컵족들의 청동기와 冶金術의 소개로 인해 농업에 바탕을 두던 영국의 신석기시대의 종말이 도래하게 된 것이다. 이 시기를 민족이동기(기원전 3500년～기원전 2000년)라고 한다. 인구어(인도-유러피안 언어)를 쓰며, 폴란드, 체코와 북부 독일의 비스툴라(Vistula)와 엘베(Elbe) 강 유역에 살던 승문토기문화(Corded ware culture)에서 기원하여 기원전 2400년～기원전 2200년경 동쪽 유라시아 고원으로 들어가 쿠르간(kurgan) 봉토분을 형성하던 스키타이(Scythia)종족, 인더스 문명을 파괴한 아리안족(Aryan race)이나 남쪽으로 그리스에 들어간 아카이아[Achaea/Achaia, 아카이아인의 나라 아키야와(Akhkhyawa)]나 도리아(Doria)족과 같은 일파로 생각된다.

그 이후 "Urnfield culture(火葬文化)"를 지난 다음 할슈타트(Hallstatt)와 라떼느(La Tène)의 철기문화가 이어졌다. 기원전 500년경 켈트(Celt)족의 선조인 할슈타트 인들은 주거의 흔적도 없이 자취를 감추었으나 그들이 쓴 분묘와 그 속에서 나온 철검 손잡이의 안테나 식 장식은 멀리 우리나라의 세형동검(한국식동검)에 까지 영향을 미쳤다. 즉 영국 대영박물관 소장의 '조형병두 세형동검(鳥形柄頭 細形銅劍)' 이 우리나라에서 철기시대 전기(기원전 400년～기원전 1년)의 대표적인 유물인 세형동검의 자루 끝에 '조형 안테나' 가 장식된 안테나 식 검(Antennenschwert, Antennae sword)으로 보고, 그것이 오스트리아 잘쯔캄머구트 유적에서 시작하여 유럽의 철기시대의 대명사로 된 할슈탓트 문화에서 나타나는 소위 'winged chape' (날개달린 물미)에 스키타이(Scyths)식 동물문양이 가미되어 나타난 것으로 보인다. 이러한 예는 대구 비산동 유물(국보 137호)을 포함해 4점에 이른다.

그 이후 이탈리아에서는 에트루스칸(Etruscan)에 이어 로마로, 그리고 서기 476년경이면 게르만, 고트, 서고트(Visigoth), 동고트(Ostrogoth), 골, 훈, 반달(Vandal), 롬바르드(Lombard) 등의 이민족이 세력을 팽창해 서로마제국의 멸망을 가져오게 된다. 여기에 아리안족(Aryan race)의 계통인 노르딕족(Nordic race)이 히틀러(Adolf Hitler, 1889년

~1945년)의 나치(Nazi) 정권 때 게르만족의 원형으로 여겨져 폴란드 아우슈비츠 수용소(Auschwitz Concen tration Camp) 유태인 수용소의 경우처럼 나치에 의해 유태인 400만 명이 학살(Holocaust)된 사건도 덧붙일 수 있다.

중국의 요녕지방의 신석기 시대를 보면 요서지방의 내몽고 부신현 사리향 사해(內蒙古 阜新縣 沙羅鄕 查海, 기원전 6000년), 흥륭와문화(興隆洼文化, 8000 B.P.~7600 B.P.), 내몽고 오한소산 조보구(內蒙古 敖漢小山 趙寶溝, 7400 B.P.~6700 B.P.), 내몽고 적봉(內蒙古 赤峰)의 홍산문화(紅山文化, 6500 B.P.~5000 B.P.)와 요동 장산영도 소하연문화(遼東 長山列島 小河沿文化, 기원전 3000년 이후), 요중지방의 신락문화(新樂文化, 기원전 4500년), 요녕 신민 편보자문화(遼宁 新民 扁保子文化, 기원전 3000년), 요동지방의 소주산(小珠山)과 당동 후와문화(丹東後洼文化, 기원전 4000년~기원전 2500년) 등 기원전 4000년~기원전 3000년경의 우리의 즐문(빗살무늬)토기와 관계되는 주요 유적들이 발굴되고 그 편년 또한 잘 정리되고 있다.

그중 신락 유적에서 나타나는 토기 표면의 연속호선문(갈 '之' 자문), 금주시 성내(金州市 城內) 제2유치원 근처의 즐문토기편, 그리고 하북성 무안 자산(河北省 武安 磁山, 기원전 5300년)과 천서 서채(遷西 西寨) 등지의 즐문토기들은 우리의 즐문토기문화 형성에 많은 영향을 주었을 것이다. 농경의 기원문제 역시 또 다른 한국문화의 계통과 관련된 문제점이다. 벼농사의 경우 중국 호남성 풍현 팽두산의 기원전 7000년경의 벼(물벼)와 절강성 여요현 하모도(浙江省 余姚縣 河姆渡, 기원전 5000년~기원전 4600년, 5008년)의 인디카와 야생종의 중간형의 벼를 비롯하여 극동아시아에 있어서 벼의 기원이 중국이라고 인정할 정도의 많은 자료가 나오고 있다.[9]

---

9) 중국 浙江省 余姚縣 河姆渡유적은 기원전 5000년~기원전 3300년경에 속하며, 早期와 晩期의 두시기로 나누어진다.

早期문화(제4 · 3층) 기원전 5000년~기원전 4000년경: 태토의 많은 식물분말이 소성시 타서 까맣게 된 夾碳黑陶 위주로 건축유구가 잘 남아 있음

晩期문화(제2 · 1 층)기원전 4000년~기원전 3300년경: 사질의 陶器인 夾砂紅陶, 紅灰陶가 위주임. 그러나 이 유적을 달리 제1기, 2기와 3기의 세 문화기로 나누기도 한다.

제1기(제4문화층, 기원전 5000년~기원전 4500년경): 건축유구, 골각기, 목기가 대량으로 발견됨

제2기(제3문화층, 기원전 4500년~기원전 4000년경): 10여기의 무덤, 土坑, 솥, 盉와 高杯 등의 陶器

우리나라의 경우 신석기시대 최말기에 속하는 경기도 우도, 김포 가현리와 일산을 비롯하여 평남시 남경 호남리(기원전 992±172년, 기원전 1024±70년), 여주 흔암리(기원전 1260년~기원전 670년)와 전남 무안 가흥리(기원전 1050년)의 청동기시대의 유적에서 보고 되고 있다.

일본의 전형적인 신석기시대는 죠몽시대로 그 죠몽토기 가운데 소바타[曾畑]토기가 우리나라의 즐문토기와 비슷하다. 나가사키현 후쿠에시의 에고패총[江湖貝塚]이나 도도로키패총[長崎縣 轟貝塚] 등에서 발견되며, 그 연대는 기원전 3000년경이다. 이들은 쓰시마 섬의 아소오만[淺茅灣]이나 이키[壹岐]의 가마자키[鎌崎] 유적에서까지 발견된다. 이 토기는 우리나라 신석기시대 즐문토기인들이 고기잡이를 나갔다가 직접 교역 또는 내왕하여 죠몽토기에 영향을 주어, 쓰시마 · 큐슈 등지에서 만들어진 것으로 생각된다. 해양성 어업은 결합식 낚시바늘 · 돌톱(石鋸)을 사용한 낚시의 존재로 입증된다. 일본에서 발견된 낚시바늘 가운데 사가현 가라츠시[佐賀縣 唐津市] 나바타[菜畑] 유적에서 소바타토기와 함께 출토되고 있는 결합식 낚시바늘(서북 규슈형)은, 우

류, 木胎漆椀가 발견됨

제3기(제2문화층, 기원전 3500년~기원전 3000년경): 三足器, 외반구연의 솥, 동체부가 원형인 솥, 鉢형의 杯와 나팔모양의 다리를 가진 豆(器臺), 盉 등이 발견됨

이 유적에서 가장 중요한 것은 대량의 벼가 발견되고 있는 점이다. 재배된 벼는 Oryza Sativa Indica 종류이며 장강(양자강)하류유역이 벼의 기원지중의 하나임을 알려준다. 그 연대는 기원전 5000 년경이다. 이곳에서는 소의 肩胛骨로 만든 골제농기구가 다량으로 출토하고 있다. 또 이 유적에서 두 번째로 중요한 것은 周禮 春官 大宗伯에 보이는 六器(蒼璧, 黃琮, 青圭, 赤璋, 白琥, 玄璜) 중 琮 · 璧과 璜의 세 가지 祭禮重器라는 玉器이외에 鉞이 이미 앞선 良渚文化(기원전 3350년경~기원전 2350년경)에서 나타나고 있는데, 良渚文化보다 약 1650년이 앞서는 이 유적에서 이미 璜이외에도 玦玉이 발견된다는 점이다. 이 옥결은 우리나라 고성 문암리(사적 제426호)와 파주 주월리에서도 나타나고 있어 앞으로의 연구과제이다. 그리고 현재 중국에서의 옥산지는 河南省 南陽 獨山 및 密縣, 遼宁省 鞍山市 岫岩, 甘肅省 酒泉, 陝西省 藍田, 江蘇省 栗陽 小梅岺과 멀리 新疆省 和田 등을 들 수 있는데 당시 신분의 과시에 필요한 玉과 翡翠의 수입 같은 장거리 무역도 형성되었던 것 같다. 하모도류의 유적의 주요 분포지는 杭州灣 이남의 寧紹平原과 舟山群島일대이다. 그리고 최근 근처 田螺山에서 기원전 5050년~기원전 3550년에 해당하는 하모도류와 성격이 비슷한 유적이 발굴되고 있어 주목받고 있다. 그리고 최근의 다양한 발굴성과는 皀市下層-彭頭山-玉蟾岩으로, 그리고 河姆渡-跨湖橋-上山문화로 발전하는 양상까지도 아울러 보여주고 있다.

리나라에서는 양양 오산리 · 부산 동삼동 · 김해 농소리 · 경남 상노대도 등 4군데에서 출토되고 있다. 오산리에서는 47점이나 출토되고 있으며, 그 가운데 40점이 기원전 6000년~기원전 4500년에 해당하는 조기의 제 1문화층에서 나오고 있어 서북 규슈형의 원류가 한국에 있을 가능성이 있다.

돌톱[石鋸]은 흑요석(黑曜石)을 이용하여 톱날을 만든 것으로, 일본에서는 죠몽시대 후기에 나타나며 서북 큐슈형 결합식 낚시바늘과 같은 분포를 보여주고 있다. 그런데 한국에서는 함북 무산 · 웅기 굴포리 · 농포 · 부산 동삼동 · 경남의 상노대도 패총(조개더미)에서 발견되고 있고, 또 한국 측의 연대가 일본의 것보다 앞서고 있어, 그 원류도 역시 한국으로 보아야 할 것 같다.

우리나라의 거석문화는 지석묘(고인돌)와 입석(선돌)의 두 가지로 대표된다. 그러나 기원전 4500년 전후 세계에서 제일 빠른 거석문화의 발생지로 여겨지는 구라파에서는 지석묘(dolmen), 입석(menhir), 스톤써클(stone circle : 영국의 Stonehenge가 대표), 연도(널길) 있는 석실분(passage grave, access passage), 연도(널길) 없는 석실분(gallery grave, allée couverte)의 5종 여섯 가지 형태가 나타난다.

이중 거친 활석으로 만들어지고 죽은 사람을 위한 무덤의 기능을 가진 지석묘는 우리나라에서만 약 29,000기가 발견되고 있다. 중국의 요녕성 절강성의 것들을 합하면 더욱더 많아질 것이다. 한반도의 청동기시대와 철기시대 전기의 토착인은 지석묘를 축조하던 사람들로 이들은 중국 요녕성 · 길림성과 한반도 전역에서 기원전 1500년에서 기원을 전후로 한 시기까지 약 1500년 동안에 걸쳐 북방식, 남방식, 그리고 개석식 지석묘를 축조하였다.

남한의 고인돌은 북방식(北方式), 남방식(南方式)과 개석식(蓋石式)의 셋으로 구분하고 발달 순서도 북방식-남방식-개석식으로 생각되고 있다. 그러나 북한의 지석묘는 황주 침촌리와 연탄 오덕리의 두 형식으로 대별되고, 그 발달 순서도 변형의 침촌리식(황해도 황주 침촌리)에서 전형적인 오덕리(황해도 연탄 오덕리)식으로 보고 있다. 여기에 가장 늦은 것으로 개천 묵방리식이 추가된다. 우리나라의 지석묘 사회는 청동기시대-철기시대 전기의 토착사회로 전문직의 발생, 재분배 경제, 조상 숭배와 혈연을 기반으로 하는 계급 사회로 인식되고 있다.

그러나 지석묘의 기원과 전파에 대하여는 연대와 형식의 문제점 때문에 현재로서는 구라파 쪽에서 전파된 것으로 보다 '한반도 자생설' 쪽으로 기울어지고 있는 실정이다. 여기에 비해 한 장씩의 판석으로 짜 상자모양으로 만든 석관묘(石棺墓) 또는 돌널무덤[石箱墳]의 형식이 있다. 이들은 처음 지석묘사회와 공존하다가 점차로 지석묘사회에로 흡수 · 동화된 듯하다. 석관묘(석상분)와 지석묘의 기원과 전파에 대하여는 선후 문제, 문화 계통 등에 대해 아직 연구의 여지가 많다.

암각화는 포항 인비동과 여수 오림동에서 보는 바와 같이 우리나라에 들어온 기존의 청동기(비파형 또는 세형동검)와 마제석검을 사용하던 청동기-철기시대 전기의 한국 토착사회를 이루던 지석묘사회 사회에 쉽게 융화되었던 모양이다.

우리의 암각화에서 보여주는 사회의 상징과 표현된 신화의 해독이 아무르강의 사카치알리안의 암각화와 기타지역의 암각화와의 비교 연구, 그리고 결과에 따른 문화 계통의 확인이 현재 한국문화의 기원을 연구하는데 필수적이다. 이들은 한반도의 동북지방의 유물들과 많은 연관성을 가지고 있다. 극동지역 및 서시베리아의 암각화도 최근에 남한에서 암각화의 발견이 많아지면서 그 관련성이 주목된다.

시베리아, 극동의 대표적인 암각화로는 러시아에서도 암각화의 연대에 대하여 이론이 많지만 대개 청동기 시대의 대표적인 암각화 유적은 예니세이강의 상류인 손두기와 고르노알타이 우코크의 베르텍과 아무르강의 사카치 알리안 등을 들 수 있다. 이에 상응하는 우리나라의 대표적인 암각화는 울주군 두동면 천전리 각석(국보 147호), 울주 언양면 대곡리 반구대(국보 285호), 고령 양전동(보물 605호) 등을 들 수 있으며, 그 외에도 함안 도항리, 영일 인비동, 칠포리, 남해 양하리, 상주리, 벽연리, 영주 가흥리, 여수 오림동과 남원 대곡리 등지를 들 수 있다. 울주 천전리의 경우 인두(人頭, 무당의 얼굴)를 비롯해 동심원문, 뇌문, 능형문(그물문)과 쪼아파기(탁각, pecking technique)로 된 사슴 등의 동물이 보인다. 이들은 앞서 언급한 러시아의 손두기, 베르텍, 키아(하바로브스크시 동남쪽 Kir강의 얕은 곳이라는 의미의 초루도보 쁘레소에 위치)와 사카치알리안의 암각화에서도 보인다. 이의 의미는 선사시대의 일반적인 사냥에 대한 염원, 어로, 풍요와 다산(多産)에 관계가 있을 것이다.

또 그들의 신화도 반영된다. 사카치 알리안 암각화의 동심원은 '아무르의 나선문(Amur spiral)으로 태양과 위대한 뱀 무두르(mudur)의 숭배와 관련이 있으며 뱀의 숭배 또한 지그재그(갈 '之' 字文)문으로 반영된다. 하늘의 뱀과 그의 자손들이 지상에 내려올 때 수직상의 지그재그(이때는 번개를 상징)로 표현된다. 이 두 가지 문양은 선의 이념(idea of good)과 행복의 꿈(dream of happiness)을 구현하는 동시에 선사인들의 염원을 반영한다.

그리고 그물문(Amur net pattern)은 곰이 살해되기 전 儀式 과정 중에 묶인 끈이나 사슬을 묘사하며 이것은 최근의 아무르의 예술에도 사용되고 있다. 현재 이곳에 살고 있는 나나이(Nanai, Goldi, Ulchi)족의 조상이 만든 것으로 여겨지며 그 연대는 기원전 4~3000년경(이 연대는 그보다 후의 청동기시대로 여겨짐)으로 추론된다고 한다. 이들은 肅愼-挹婁-勿吉-靺鞨-黑水靺鞨-女眞-生女眞-金(서기 1115년~1234년, 阿骨打) …… 滿州-淸(서기 1616년~1911년, 太祖 天命-宣統帝 宣統)으로 이어지는 역사상에 나타나는 종족명의 한 갈래로 현재 말갈이나 여진과 가까운 것으로 여겨지고 있다. 이들은 청동기시대에서 철기시대 전기에 속하는 것으로 볼 수 있다. 그리고 영일만(포항)에서부터 시작하여 남원에 이르는 내륙으로 전파되었음을 본다. 아마도 이들은 아무르강의 암각화문화가 해로로 동해안을 거쳐 바로 영일만 근처로 들어온 모양이며 이것이 내륙으로 전파되어 남원에까지 이른 모양이다. 청동기 시대의 석관묘, 지석묘와 비파형 동검의 전파와는 다른 루트를 가지고 있으며, 문화 계통도 달랐던 것으로 짐작이 된다.

중요한 것은 아무르강 유역 하바로프스크시 근처 사카치알리안 등지에서 발견되는 암각화가 울산 두동면 천전리석각(국보 제147호)과 밀양 상동 신안 고래리 지석묘 등에서 많이 확인되었다는 것이다. 특히 여성의 음부 묘사가 천전리 석각과 밀양 상동 신안 고래리 지석묘 개석에서 확인된 바 있다. 후기 구석기시대 이후의 암각화나 민족지에서 성년식(Initiation ceremony) 때 소녀의 음핵을 잡아 늘리는 의식(girl' s clitoris-stretching ceremony)이 확인되는데, 이는 여성의 생식력이나 성년식과 관계가 깊다고 본다.

제사유적으로도 양평 양서 신원리, 하남시 덕풍동과 울산시 북구 연암동 등에서 발견되어 열등종교 중 다령교(polydemonism)에 속하는 정령숭배(animism), 토테미즘

(totemism), 샤마니즘(무교, shamanism), 조상숭배(ancestor worship)와 소도(蘇塗, 別邑, asylum)와 같은 종교적 모습이 점차 들어나고 있다. 그리고 울주 언양면 대곡리 반구대의 암각화(국보 285호)에 그려져 있는 고래는 지금은 울주 근해에 잘 나타나지 않는 혹등고래(humpback whale) 중 귀신고래(Korean specimen, Korean gray whale, Asian gray whale)로 당시 바닷가에 면하고 있던 반구대사람들의 고래잡이나 고래와 관련된 주술과 의식을 보여준다. 울주 언양면 대곡리 반구대의 암각화(국보 285호)에 그려져 있는 고래는 지금은 울주 근해에 잘 나타나지 않고 알라스카 일대에서 살고 있는 혹등고래 중 귀신고래로 당시 바닷가에 면하고 있던 반구대 사람들의 고래잡이나 고래와 관련된 주술과 의식을 보여준다. 한반도 울산 앞바다(방어진과 기장 등)에서 한국귀신고래의 사할린 필튼만에로의 회유가 12월 24일에서 1월 6일경 사이라는 것을 비롯해, 캘리포니아 귀신고래가 7-9월 축치해(Chukchi Sea)와 베링해(Bering Sea)에로의 회유를 끝내고 10월 다시 출발점인 멕시코 바하(Baja California)까지 남하하기 전 주위 꼬략, 축치와 에스키모와 같은 원주민의 고래잡이와 관련된 축제, 그리고 고래의 출산시기 등을 고려하면 고래새끼를 등에 업은 모습이 생생한 반구대의 암각화는 고고학적으로 많은 시사를 준다. 이는 미국과 캐나다와 국경을 접하고 있는 벤쿠버섬과 니아만 바로 아래의 태평양 연안에서 1970년 발굴 조사된 오젯타의 마카족과도 비교된다. 그들은 주로 고래잡이에 생계를 의존했으며, 예술장식의 주제에도 고래의 모습을 자주 올릴 정도였다.

내몽고 부신 사리향 사해(內蒙古 阜新 沙羅鄕 查海, 기원전 6000년경)-흥륭와(興隆洼, 8000 B.P.~7600 B.P.-조보구(趙寶溝, 7400~6700 B.P-富河)-홍산(紅山, 6500~5000 B.P./ 기원전 3600년~기원전 3000년)-소하연(小河沿, 기원전 3000년경 이후), 소주산(小珠山)-후와(後洼), 신락(新樂, 기원전 4500년경)-편보자(偏堡子, 遼宁 新民, 기원전 3000년경)와 팽주산(彭頭山)-하모도(河姆渡)-마가빈(馬家浜)-숭택(崧澤)-양저(良渚)-초(楚)로 이어지는 문화 계통들도 고려된다. 여기에는 내몽고 적봉시 하가점(內蒙古 赤峰市 夏家店)문화도 언급된다.

하가점 하층문화는 상(商, 기원전 1750년~기원전 110년/기원전 1046년)나라 말기이며 상층문화는 상나라 말-서주(西周, 기원전 1100년~기원전 771년)나라 초에 속한다. 하층문화는 동쪽으로 조양(朝陽)시 위영자(魏營子)문화(기원전 14세기~기원전 7세기)-능하(凌河)문화(기원전 10세기~기원전 4세기, 十二台營子)로 발전한다고 알려지고 있는데 여기에는 고조선식(琵琶形/遼宁式/滿洲式)동검이 나와 우리 고조선문화와의 관련도 이야기된다.

이제까지 알려진 하(夏, 기원전 2200년~기원전 1750년)나라보다 약 800년이나 앞서는 홍산(기원전 3600년~기원전 3000년)문화는 서기 1935년 초 적봉시 홍산후(赤峰市 紅山后)에서 발견된 것으로 그 범위는 내몽고 동남부를 중심으로 요녕성 서남, 하북 북부, 길림 서부에 까지 미친다. 경제생활은 농업과 어로가 위주이고 석기는 타제와 마제석기를 사용하였다. 주요 유적들은 내몽고 나사대촌(內蒙古 那斯臺村), 객좌 동산취 충수구(喀左 東山嘴 冲水溝, 기원전 3000년~기원전 2500년경)와 건평 우하량(建平 牛河梁)유적을 비롯하여 지주산(蜘蛛山), 서수천(西水泉), 오한기삼도만자(敖漢旗三道灣子), 사릉산(四棱山), 파림좌기남양가영자(巴林左旗南楊家營子)들이다.

특히 요녕 객좌 동산취(遼宁 喀左 東山嘴)와 건평 우하량유적에서는 제단(三重圓形), 女神廟[東山嘴 冲水溝의 泥塑像, 여기에서 나온 紅銅/純銅의 FT(Fission Track)연대는 4298±345 B.P., 3899±555 B.P. C14의 연대는 5000±130 B.P.가 나오고 있다], 積石塚(牛河梁 馬家溝 14-1, 1-7호, 1-4호, 祭器로서 彩陶圓筒形器가 보임), 石棺墓(2호), 예기로서의 안산 수암옥(鞍山 岫岩玉)으로 만들어진 玉器[龍, 渚(멧돼지), 매, 매미, 거북 자라 등의 동물, 상투(結髮, 魋結)를 위한 馬啼形玉器(14-a), 環, 璧, 玦 등 100건 이상], 홍도(紅陶)와 흑도(黑陶)가 생산된 횡혈식요(橫穴式 窯)와 一·二次葬을 포함하는 토갱수혈묘[土坑竪穴墓, (水葬·風葬·火葬)] 등이 알려져 있다. 이 홍산문화에서 홍륭와(興隆洼, 8000-7600 B.P.)에서 보이는 옥저룡(玉渚龍)이 사슴·새-멧돼지용(玉渚龍)에서 용(C形의 玉雕龍으로 비와 농경의 기원)으로 발전하는 도상(圖上)의 확인뿐만 아니라 홍산암화(紅山岩畵)에서 보이는 종교적 무당신분의 왕(神政政治, theocracy)에 가까운 최소한 족장(chief) 이상의 우두머리가 다스리는 계급사회 또는 문명사회를 보여주고있다.

토기문양 중 갈 '之' 자 문양은 평북 의주 미송리와 경남 통영 상노대노에서, 옥결(玉玦)은 경기도 파주 주월리와 강원도 고성 문암리에서 나타난다. 해자가 돌린 성역화된 적석총/석관(周溝石棺墓)은 강원도 홍천 두촌면 철정리, 강원도 춘천 천전리, 충남 서천 오석리와 경남 진주대평 옥방 8지구 등에서 보여 홍산문화와 한국의 선사문화의 관련성이 점차 증가하는 추세이다.

상나라(商문명)의 경쟁자인 사천성의 강족(羌族)의 것으로 추정되는 사천성 광한현 홍진 삼성퇴 제사갱(廣漢縣 興鎭 三星堆 祭祀坑), [기원전 1200년~기원전 1000년경: 1호 坑은 商晚期, 2호 坑은 殷墟(기원전 1388년~기원전 1122/1046년)晚期] 및 촉국초기도성(蜀國初期都城, 四川省 成都 龍馬寶墩 古城, 기원전 2750년~기원전 1050년이나 기원전 16세기가 중심: 商代早期)의 국정(國政)을 점치거나 또는 제사용으로 사용되었을 것으로 추정되는 청동기와 토단(土壇)유적 등도 종래 생각해오던 중국문명의 중심지역뿐만 아니라 상의 영향을 받아 주변지역에서도 청동기의 제작이 일찍부터 시작되었다는 새로운 사실들이 밝혀지고 있어 중국 청동기문화와 문명의 다원화에 대한 연구를 가능하게 만들고 있다. 최근 은허(殷墟)출토와 삼성퇴(三星堆)의 청동기 가면(假面)의 아연(zinc, Zn)의 동위원소를 분석한 결과 산지가 같다는 결론도 나오고 있어 신석기시대 이래 청동기시대 문화의 다원성과 아울러 상나라의 지배와 영향 등의 새로운 해석도 가능해진다.

그리고 홍산문화와 마찬가지로 옥기의 제작으로 유명한 양저[良渚(浙江省 杭州市 余杭區 良渚鎭)문화(기원전 3350년경-기원전 2350년경)]에 속하는 여항 병요진 회관산(余杭 甁窯鎭 匯觀山) 제단을 비롯한 여항 반산(余杭 反山)과 요산(瑤山)에서 출토한 옥으로 만든 종(琮)·벽(璧)·월(鉞)은 신권(神權)·재권(財權)·군권(軍權)을 상징하는 것으로 정치권력과 군사통수권을 가진 족장사회(chiefdom society)를 넘어선 국가와 같은 수준의 정치적 기반을 갖춘 정부조직이 있었으리라는 추정도 가능하게 한다. 후일『주례』춘관 대종백(『周禮』春官 大宗伯)에 보이는 "以玉作六器 以禮天地四方 以蒼璧禮天 以黃琮禮地 以青圭禮東方 以赤璋禮南方 以白琥禮西方 以玄璜禮北方 皆有牲幣 各放其器之色"라는 6기 중 종(琮)·벽(璧)·황(璜)과 유적에서 나오는 월(鉞)의 네 가지 제례중기(祭禮重器)라는 옥기가 이미 앞선 양저문화(良渚文化)에서 나타나고 있다. 그리고 이곳에서 사용된 옥기의 재료는 강소성 율양 소매령(江蘇省 栗陽 小梅岭)에서 가져온 것으로 보인다.

옥결(玉玦)은 이미 경기도 파주 주월리와 강원도 고성 문암리에서, 차(叉)와 비슷한 것은 경기도 연천 군남면 강내리, 규(圭)는 황해도 봉산 지탑리유적[CXX(120)-14]과 경기도 연천 중면 횡산리에서 출도되고 있다. 그리고 여기에 '왕' 자에 가까운 각화문자(刻畵文字), 막각산(莫角山)의 토성(堆筑土의 古城), 요산(瑤山) 7호와 반산(反山) 23호의 왕묘(王墓), 회관산(滙觀山)의 제단 등의 발굴자료는 양저문화가 이미 족장사회를 넘어선 고대국가 또는 문명의 단계로 인식되고 있는 실정이다.

이미 요새화한 판축성(版築城)은 하남성 안양 후강(河南省 安陽 後崗), 등봉 왕성강(登封 王城崗), 회양 평량대(淮陽 平糧臺), 산동성 장구 용산진 성자애(山東省 章丘 龍山鎭 城子崖) 등 용산문화에서부터 이미 나타나기 시작하였다. 여하튼 넓은 지역의 중국에서 하·상·주(기원전 2200년~기원전 771년)의 범위를 넘어선 문명의 다원론(polyhedral, polyphyletic theory)이 제기될 수 있는 것은 가능하며, 이 점은 앞으로 중국 고고학에서 해결되어야 할 문제점이다.

그리고 충청남도 아산 탕정면 용두리, 경기도 가평 외서면 청평 4리, 경기도 광주시 장지동, 경기도 가평 설악면 신천리, 강원도 횡성 공근면 학담리와 춘천 거두리와 천전리에서 출토된 해무리굽과 유사한 바닥을 지닌 경질무문토기는 아무르강 중류 리도프카문화와 끄로우노프까(沃沮)문화에서도 보이고 그 연대도 기원전 3세-서기 1세기 정도가 된다. 한반도의 철기시대에 러시아문화의 영향을 고려할 필요가 있다.

여기에 추가하여 춘천 천전리, 신매리와 우두동 등지에서 최근 발견되는 따가르의 철도자(鐵刀子(고리 칼))도 이와 관련해 주목을 받아야한다. 최근 '凸' 자형 집자리가 올레니 A에서, 그리고 '呂' 자형 집자리가 끄로우노프까 유적에서 발굴되어 이러한 문화적 관계를 구체화 시켜주고 있다. 연해주지역에는 얀코브카기(페스찬느이 유적, 말라야 파투웨치카 유적 등), 끄로우노프까기(크로우노프까유적, 알레니A, 페트로브섬 유적, 세미파트노이유 유적 등), 라즈돌리기 등의 여러 문화기들이 있다. 위에서 열거한 초기철기시대의 유적들은 서로 문화적인 상관관계를 가지고 있다. 그리고 미래마을 197번지 일대(영어체험마을)의 발굴조사에서 경질무문토기 3점과 함께 기체 표면에 원점을 여러 줄 압인한 뽈체(挹婁)의 단지형 토기도 나오고 있어 주목된다. 이는 백제의 초기 문화기원을 알려주는 중요한 단서가 된다. 또한 이 유적들의 주거양식 및 다양한 유물군은 비슷한 시기의 한반도 선사시대 문화상과 유사한 것들이 많아, 앞으로 활발한 연구가 기대된다.

데레비안코는 아무르지역에 형성된 우릴기와 뽈체기의 골각기, 석기, 방추차, 철부 등을 근거로 회령 오동(會寧 五洞)유적 및 나진 초도(羅津 草島)유적과의 관련성을 밝혔다. 실제로 뽈체(挹婁)-우릴문화는 우리나라 동북지역과 지리적으로도 인접해 있어서 비슷한 문화를 영위할 수 있었던 것으로 보인다. 단, 우리나라에서는 청동기시대 전기에 해당하는 시기를 러시아에서는 초기 철기시대로 규정하고 있어서 이와 같은 시대구분의 문제에도 양국간의 토론 및 연구가 심화되어야 할 것이다. 또한 이 유적들의 주거양식 및 다양한 유물군은 비슷한 시기의 한반도 선사시대 문화상과 유사한 것들이 많아, 앞으로 활발한 연구가 기대된다.

그리고 김원룡은 현 영국 대영박물관 소장의 '조형병두 세형동검' 이 우리나라에서 철기시대 전기의 대표적인 유물인 세형동검의 자루 끝에 '조형 안테나' 가 장식된 안테나식 검(Antennenschwert, Antennae sword)으로 보고, 그것이 오스트리아 잘쯔캄머구트 유적에서 시작하여 구라파의 철기시대의 대명사로 된 할슈탓트(Hallstat : A-기원전 12-11세기, B-기원전 10-8세기, C-기원전 7세기 D-기원전 6세기)문화에서 나타나는 소위 'winged chape' (날개달린 물미)에 스키타이식 동물문양이 가미되어 나타난 것으로 보았다.

이러한 예는 대구 비산동 유물(국보 137호)을 포함해 4점에 이른다. 이는 현재로서는 스키타이식 동복(銅鍑)과 청동제 마형대구가 김해 대성동, 영천 어은동과 김해 양동리에서 나타나는 점을 보아 앞으로 우리 문화의 전파와 수용에 있어서 의외로 다양한 가능성이 있을 것으로 보여진다. 특히 동복의 경우 러시아 시베리아의 우코크에서 발견된 스키타이 고분, 드네프로페트로프스크주 오르쥬노키제시 톨스타야 모길라 쿠르간 봉토분(1971년 모죠레브스키 발굴)과 로스토프지역 노보체르카스크 소코로프스키 계곡 5형제 3호분(1970년 라에프 발굴), 카스피해 북안의 사브라마트, 세미레치에, 투바의 우육과 미누신스크 분지의 카카르문화 등과 중국 요녕성 북표시 장길관자향 서감촌 고묘(遼寧省 北票市 章吉 营子鄉 西沟村[喇嘛洞] 古墓, 1973년 발굴, 鮮卑문화)과 등지에서 볼 수 있는 북방계 유물인 것이다.

우리 문화에서 나타나는 북방계 요소는 철기시대 전기(기원전 400년~기원전 1년) 이후 동물형 문양의 대구(帶鉤)나 동복(銅鍑)의 예에서와 같이 뚜렷해진다. 울릉도 북면 현포 1리의 제단은 적석으로 만들어진 직사각형의 기단 위에 3열 15개의 입석으로 이루어져 있다. 입석의 높이는 1.5~2m이며 이 중 두 개는 이곳에서 빼내 이웃 현포 초등학교 건물입구의 계단 양측에 세워놓았다. 이런 종류의 제단은 한국 최초의 발견이다. 그러나 이와 유사한 제단은 몽고지방 청동기시대 중 까라숙문화에서 이미 발견되고 있다. 이들은 사슴돌, 제단, 케렉수르로 불리우며 울릉도의 것과 비슷한 예로는 우쉬키인-우베르 제단 등을 들 수 있다.[10] 울릉도에서는 현포 1리, 서면 남서리와 울릉읍 저동리에서 새로이 발견된 고인돌들, 그리고 현포 1리에서 발견된 무문토기, 홍도(紅陶)편, 갈돌판과 갈돌들을 볼 때 입석이 서있는 제단 유적은 이들과 같은 시기에 이용된 적어도 철기시대 전기(기원전 400년~기원전 1년)에 속할 수 있다고 추정된다.

그러나 주의해야 될 점도 있다. 우리의 청동기시대와 철기시대 전기의 문화 계통을 논할 때 빠질 수 없는 것이 미누신스크 청동기문화 중 안드로노보(기원전 1700년~기원전 1200년), 까라숙(기원전 1200년~기원전 700년)과 따가르(기원전 700년~기원전 200년)문화기이다. 그중 까라숙문화에서 돌널무덤(석상분, 석관묘, cist)이 받아들여진 것으로 생각된다.

그리고 그 다음의 따가르문화는 전기의 청동기시대(기원전 7세기~기원전 5세기)와 후기의 철기시대(기원전 4세기~기원전 3세기)가 되는데 그곳 철기시대에도 우리의 철기시대 전기와 마찬가지로 청동거울을 쓰고 있다. 그런데 청동거울의 배면에 있는 꼭지가 우리 것은 둘인 다뉴세문경[多鈕細文鏡(잔무늬거울)]으로 불리 우고 있는데 반해 따가르의 것은 하나인 단뉴경(單鈕鏡)인 것이며, 또 칼도 곡검[琵琶形]이 아닌 날이 가운데가 휜, 만입(彎入)된 것이다. 따가르문화의 청동검과 거울은 실제 만주와 한반도에서 보이는 고조선식(요녕식, 비파형, 만주식) 동검이나 거친무늬와 잔무늬거울과는 다르다. 이는 우리가 종래 생각해오던 청동기와 철기시대의 기원과 직접 관련지어 생각할 때 고려의 여지를 두어야 할 것이다.

---

10) 특히 오르혼 계곡 문화유산 지역(Orkhon Valley Cultural Landscape)은 청동기시대 카라숙(Karasuk, 기원전 13세기~기원전 8세기)의 사슴돌(Stagstone), 板石墓를 비롯하여 위굴제국(維吾爾, 回紇: 위굴 제국은 서기 744년~840년임, 위굴제국은 키르기스 黠戛斯에 망하며 키르기스는 9세기 말~10세기경까지 존재)의 수도 칼라코토(Khara khoto)의 흔적도 보인다. 그리고 서기 13세기~14세기 칭기즈칸이 세운 몽골제국(서기 1206년~1368년) 제국의 수도였던 카라코룸(Karakorum/Kharkhorum/하라호룸/카르호럼)의 궁전터, 돌거북, 티베트의 샤카파[Sakya 샤카 사원에서 유래. 1267년 이후 팍파국사가 元 蒙古(元, 서기 1206년~1368년) 쿠빌라이 世祖의 스승으로 티베트 불교가 원의 국교로 됨]불교의 영향 하에 만들어진 에르벤쥬 사원(서기 1586년)도 포함된다.

신석기시대의 죠몽시대 다음에 우리나라의 청동기, 철기시대 전기와 삼국시대 전기에 해당하는 야요이시대가 이어진다. 그리고 하루나리 히데지[春成秀爾], 이마무라 미네오[今村峯雄]와 후지오 신이찌로[藤尾愼一郎]를 중심으로 야요이시대의 상한연대도 종전의 기원전 300년에서 최근 후쿠오카[福崗]의 사사이[雀居] 유적에서 나오는 돌대문(덧띠새김무늬, 각목돌대문)토기의 재검토로 상한을 기원전 10세기경으로 조정하고 있다. 이 시기에는 한반도에서 청동기를 비롯하여 무문토기 · 쌀 · 고인돌(支石墓) 등이 일본으로 전파되었다고 한다. 잘 알려진 연구에 의하면 이들은 규슈대 가나세끼 다께오[金關丈夫]교수가 언급한 죠몽 말기 농경로과 같이 고신장(高身長)의 도작인(稻作人)이 한반도에서 규슈에 들어오고 이때 도래한 집단인 기나이[畿內人]들에 의해서 전래되었을 가능성이 크다고 보고 있다. 그리고 고하마 모도쯔구[小濱基次], 하니하라 가즈로[埴原和郞]와 이노우에 다까오[井上貴央] 등이 형질인류학과 유전자 검사로 한반도인의 도래를 구체적으로 입증하고 있다. 야요이시대 유적으로는 후쿠오카 이마카와[福岡 今川, 동촉 및 슴베(莖部)를 재가공한 고조선식 동검이 출토됨], 사가현 우기군덴[佐賀縣, 宇木汲田] 18호 옹관(김해식 토기와 한국식 동검 출토), 후쿠오카 요시다케다카기[福岡 吉武高木] 3호 목관묘(동검, 동모, 동과, 다뉴세문경, 죠노고식[城の越式] 토기 출토)가 있고, 곧 이어 후꾸오까 시가현 오오타니[福岡 志賀島 大谷], 사가현 소자[佐賀縣 惣座]에서 동검이, 사가현 간자기쵸[佐賀縣 神埼町], 미다가와쵸[三田川町], 히가시세부리손[東背振村]에 걸쳐 있는 요시노가리[吉野ヶ里, 卑彌呼 · 臺與 또는 壹與의 邪馬臺國, 히미코는 248년 死]에서 동모가 발견되었다. 이 무렵이면 청동을 부어 만드는 틀[鎔范]이 출토되어 자체 제작이 가능했던 것으로 보인다. 죠몽 만기의 구로카와식[黑川式] 토기의 최종단계에서 우리나라의 무문토기가 나타나기 시작하며, 그 다음의 유우스[夜臼]단계에는 한국 무문토기 계통의 홍도(紅陶)가 출현한다. 온대성기후인 일본에는 조생종인 단립미(短粒米: 작고 둥글며 찰기가 있는)만 존재하는데, 이는 고인돌 · 석관묘 · 마제석기 · 홍도가 출현하는 유우스식 단계, 즉 실연대로 기원전 5세기~기원전 4세기경에 한반도에서 전래된 것으로 보인다.

고인돌의 경우 한반도에 존재하는 남방식과 개석식이 함께 나타나며, 그 연대는 기원전 4세기~기원전 3세기경으로 추정된다. 그러나 앞으로 돌대문토기의 기원전

10세기 상한설과 관련하여 그 연대의 상한은 좀더 올라갈 것으로 보여진다.

그리고 『위지(魏志)』 동이전(東夷傳) 변진조(弁辰條) 및 왜인전(倭人傳)의 몇몇 기록으로 볼 때, 대략 서기 3세기경이면 한국·중국·일본 간에 활발한 교역관계가 이루어지고 있었음을 알 수 있다. 이의 대표적 예들이 서기 57년(後漢書 光武帝 第1下 中元二年, 1784년 福岡에서 발견)의 "漢倭奴國王", 서기 239년 히미코(卑弥呼)의 "親魏(倭)王"의 책봉과 금인(金印)이다. 당시 이러한 교역관계는 국제적인 양상을 띠고 있었으며, 이키섬[壹岐島] 하라노쓰지[原ノ辻] 유적에서 발견된 철제품을 비롯하여 후한경(後漢鏡)·왕망전(王莽錢)·김해토기(金海土器; 九州大 所藏), 제주시 산지항(山地港), 구좌읍 종달리패총, 애월읍 금성리와 해남 군곡리 출토의 화천(貨泉), 고성(固城)패총에서 발견된 후한경 등은 이러한 양상을 잘 입증해 준다. 동아대학교 박물관이 발굴한 경상남도 四川勒島에서는 경질무문토기, 일본 야요이(彌生)토기, 낙랑도기, 한식경질도기등과 함께 반량전(半兩錢)이 같은 층위에서 출토되었다. 반량전은 기원전 221년 진시황의 중국통일 이후 주조되어 기원전 118년(7대 漢武帝 5년)까지 사용된 중국화폐로 알려져 있다.

사천 늑도는 당시 낙랑·대방과 일본 야마다이고쿠(邪馬臺國)를 잇는 중요한 항구였다. 한국 무문토기·쌀·지석묘(고인돌)·청동기가 일본에 많이 나타나고 있는 점은 당시 이러한 교역관계에서 이해되어야 한다.

그리고 순천 서면 운평리와 여천 화장동유적의 경우 서기 470년(개로왕 16년)-512년(무령왕 12년) 사이 마한과 대가야(大伽倻, 서기 42년~서기 562년)가 서로 공존하고 있었음이 밝혀지고 있다. 그리고 이 지역은 『니혼쇼키[日本書紀]』 卷 17 게이타이[繼體]천황 6년(서기 512년) 條에 나오는 백제 25대 무녕왕(武寧王, 서기 501년~서기 523년)이 사신을 보내 요구한 任那(大伽倻) 4縣(上哆唎·下哆唎·娑陀·牟婁) 중 娑陀로 추정하고 있다. 이 기록 또한 나주 오량동(사적 456호)과 금천면 신가리 당가요지와 함께 마한 존속 연대의 하한이 6세기 초경임을 알려주고 있다. 다시 말해 나주에서 목지국이 완전히 멸망한 연대는 5세기 말이나 6세기 초가 된다. 이와 같은 문화의 전래는 이보다 앞선 우리의 신석기, 청동기, 철기시대에 해당하는 죠몽, 야요이문화와 그 다음에 오는, 삼국시대 초기에 해당하는 고분(古墳)시대에 이루어졌던 것과는 비교할 수 없을 정도로 질적, 양적으로 발전한 것이었다.

특히 아스카 문화시대는 일본 역사시대의 시작으로, 그 연대는 고고학상의 편년인 고훈시대와 일부 겹치고 있어 종말기 고훈시대라고 부른다. 이 시대는 서기 538년 불교가 전래된 이래 서기 584년 새로운 불교중흥정책과 더불어 정치질서가 확립되고 율령정치가 시작되는 것으로 특징지어지기도 한다. 불교가 공인되는 과정에 소가우지[蘇我氏]가 권력을 잡았는데, 소가노우마코[蘇我馬子]의 외손이며 사위인 쇼도쿠[聖德/廐戶/우마야도 노미꼬 皇子] 태자(서기 573년~서기 622년, 22대 用明/崇峻 천황의 맏아들로 서기 593년 황태자에 책봉됨)가 섭정하게 되면서 불교는 더욱더 융성해졌을 뿐만 아니라 전체적인 질서의 확립에도 커다란 기여를 하였다. 이것은 삼국시대 중 특히 백제의 영향으로 이루어졌다. 그리고 이 시대를 수도인 아스카[飛鳥 또는 明日香]를 따라 아스카 문화라 한다.

우리나라에서 일본에 전래된 문화내용은 일본문화의 사상적 기반을 마련해 준 유교와 불교를 비롯하여 천문, 지리, 역법, 토기제작 기술, 조선술, 축성술, 회화, 종이, 붓 만들기에 이르기까지 다양하다. 이는 일본의 사서 『고지키[古事記]』와 『니혼쇼키[日本書紀]』에 나타나는 왕인(王仁)으로 대표된다. 그가 실재했던 역사적 인물이라면 백제 14대 근구수왕(서기 375년~384년) 때의 학자로 일본에서 파견한 아라다와케[荒田別]와 가가와케[鹿野別] 장군 등의 요청에 응해 『논어(論語)』와 『천자문(千字文)』을 갖고 가서 일본의 조정에 봉사하면서 문화발전에 공헌을 하였던 것으로 보는 것이 좋겠다[古事記의 원문: 百濟國 若有賢人者貢上 故 受命以貢上人名 和邇吉師 卽論語十卷 千字文一卷 幷十一卷付是人卽貢進(이는 확실치 않지만 15대 應神天皇時로 왕의 재위는 현재 서기 270년~서기 310년경으로 보고 있다)]. 아라다와케와 가가와케 장군 등의 명칭은 『니혼쇼키』 신공기(神功紀) 49년(己巳年, 近肖古王 24년 서기 369년)조에 나오는데 이 기사를 마한의 멸망과 관련지어 이야기하기도 한다.

아스카 기간 중에는 일본 최고의 사찰인 아스카지[飛鳥寺; 원래는 法興寺 서기 596년 완성]가 스슌[崇峻] 천황대인 서기 588년부터 스이고[推古] 천황대인 서기 596년에 이르는 동안의 8년에 걸쳐 건립된 것으로부터 사천왕사(四天王寺), 약사사(藥師寺, 서기 680년 창건), 호류지[法隆寺, 오층목탑은 서기 711년 건조] 등이 창건되는 등 사찰건립이 활발하였다. 그리고 최근 임해전지(臨海殿址, 雁鴨池, 사적 18호)가 범본이 되는 정원이 아스카에서 발견되고 있다.

이러한 아스카, 하꾸호, 나라의 문화는 일본 고대문화의 성립뿐만 아니라 한·일 문화의 교류, 특히 삼국시대 연구에 중요한 역할을 하고 있다. 고대 한·일 문화교류 관계는 여러 가지 고고학적인 증거로 알려지기 시작하였지만, 그 연구는 이제 한·일 고고학 연구의 실마리를 제공해 주는 정도이다. 그러나 선토기시대(구석기시대)에서 시작하여 죠몽시대를 거쳐 야요이와 고분(古墳)시대가 되면 고고학적 자료가 양적 및 질적으로 눈에 띄게 증가하고 있다. 이는 시기가 갈수록 한일 문화교류가 긴밀히 이루어지고 있었음을 잘 반영해 주는 것이다.

『삼국사기(三國史記)』 초기 기록대로 한성시대 백제(기원전 18~서기 475년)는 마한의 영역을 잠식해 들어갔는데, 이는 최근 파주 주월리, 자작리, 여주 하거리 언양리, 진천 산수리·삼룡리, 진주 석장리와 원주 법천리 등 백제초기 강역에서 확인된 유적들을 통해서 잘 드러난다. 백제보다 앞선 마한의 중심지는 오늘날 천안 용원리 일대 이었는데 백제가 강성해짐에 따라 마한의 영역은 축소되어 전라남도 나주시 반남면 대안리, 덕산리, 신촌리(사적 76, 77, 78호)와 복암리(사적 404호) 일대로 밀려났다. 그리고 목지국(目支國)이란 국가체제를 갖춘 사회로 대표되던 마한 잔여세력은 5세기 말/6세기 초에 백제로 편입되었던 것 같다. 이는 나주시 금천면 당가리 요지에 의해서도 확인된다.

청주 정북동 토성(사적 415호)은 대표적인 마한의 토성인데, 그 연대는 서기 130년(서문터: 서기 40년~220년)경이 중심이 된다. 백제는 풍납동토성(사적 11호)과 몽촌토성(사적 297호)의 경우에서 보이듯이 판축토성을 축조했으나 근초고왕이 한산성(서기 371~391년, 근초고왕 21년~진사왕 1년)으로 도읍을 옮긴 서기 371년부터는 석성을 처음 축조했던 것 같다. 그 대표적인 예가 하남시 이성산성(사적 422호)이며, 이천 설봉산성(사적 423호)도 그러한 예로 볼 수 있다. 이성산성하의 하남시 광암동 산 26-6번지 일원에서 발굴된 4세기 백제의 횡혈식석실묘가 이를 잘 입증해준다.

아직 가설적인 수준이기는 하지만, 백제와 마한의 고고학적 차이도 언급할 수 있다. 즉, 한성시대의 백제는 판축토성을 축조하다가 371년경부터 석성을 축조하기 시작했고, 기원전부터 사용되었던 중도계 경질무문토기와 타날문 토기를 주로 사용했던 반면에 마한은 판축을 하지 않은 토성과 굴립주, 조족문(鳥足文)과 거치문(鋸齒文)

이 보이는 회청색 연질토기, 경질토기와 타날문토기 등을 사용했고, 묘제로는 토광묘(청주 송절동)와 주구묘(익산 영등동) 등을 채택하였다. 특히 경기도, 충청남북도와 전라북도서 발견되는 마한지역의 토실은 북쪽 읍루와의 관련성이 있다. 『삼국지』 위지 동이전 뿥체조에 보면 "…… 常穴居大家深九梯以多爲好土氣寒 ……(……큰 집은 사다리가 9계단 높이의 깊이이며 깊이가 깊을수록 좋다……)"라는 기록에서 사다리를 타고 내려가 사는 토실에 대한 언급이 나온다. 또 1755년 Stepan Krasheninnikov나 1778년 James Cook의 탐험대에 의해보고 된 바로는 멀리 북쪽 베링해(Bering Sea) 근처 캄챠카(Kamtschatka)에 살고 있는 에스키모인 꼬략(Koryak)족과 오날라쉬카(Oonalaschka)의 원주민인 알류산(Aleut)인들은 수혈 또는 반수혈의 움집을 만들고 지붕에서부터 사다리를 타고 내려가 그 속에서 살고 있다고 한다. 이들 모두 기후환경에 대한 적응의 결과로 볼 수 있다. 아울러 우리 문화의 원류도 짐작하게 한다.

한반도의 청동기시대와 철기시대 전기의 토착인은 지석묘를 축조하던 사람들로 이들은 중국 요녕성 · 길림성과 한반도 전역에서 기원전 1500년에서 기원을 전후로 한 시기까지 약 1500년 동안에 걸쳐 북방식, 남방식, 그리고 개석식 지석묘를 축조하였다. 요녕성과 길림성의 북방식 지석묘 사회는 미송리식 단지, 비파형동검, 거친무늬거울 등을 표식유물(標識遺物)로 하는 문화를 지닌 고조선의 주체세력으로 알려져 있다. 이들은 전문직, 재분배경제, 조상숭배[사천 이금동, 마산 덕천리와 진동리 지석묘(사적 472호)가 대표적임]와 혈연을 기반으로 하는 계급사회를 형성했으며, 이러한 계급사회를 바탕으로 철기시대전기에 이르러 우리나라의 최초의 국가인 위만조선(기원전 194년~기원전 108년)이 등장하게 되었다.

지석묘는 조상숭배(ancestor worhip)의 성역화 장소이다. 특히 창원 동면 덕천리, 마산 진동리(사적 472호), 사천 이금동, 보성 조성면 동촌리, 무안 성동리, 용담 여의곡, 광주 충효동 등, 그리고 최근 밝혀지고 있는 춘천 천전리, 홍천 두촌면 철정리, 서천 오석리와 진주 대평 옥방 8지구의 주구 석관묘 등은 무덤 주위를 구획 또는 성역화한 특별한 구조를 만들면서 조상숭배를 잘 보여준다. 이것도 중국 요녕 객좌 동산취(遼宁 喀左 東山嘴)와 건평 우하량(建平 牛河梁)유적의 홍산문화가 그 기원으로 보여 진다. 이 시기에 계급사회도 발전하게 된다.

우리나라에서 고인돌 축조사회를 족장사회 단계로 보거나 위만조선을 최초의 고대국가로 설정하는 것은 신진화론의 정치 진화 모델을 한국사에 적용해 본 사례라 할 수 있다. 그렇게 보면 경남 창원 동면 덕천리, 마산 진동리, 사천 이금동, 여수 화동리 안골과 보성 조성리에서 조사된 고인돌은 조상숭배를 위한 성역화 된 기념물로 당시 복합족장사회의 성격(complex chiefdom)을 잘 보여준다 하겠다. 철기시대는 점토대토기의 등장과 함께 시작되는데, 가장 이른 유적은 심양 정가와자(沈陽 鄭家洼子) 유적이며 그 연대는 기원전 5세기까지 올라간다.

그러나 앞으로 철기시대연구의 문제점은 최근의 가속질량연대측정(AMS)에 의한 결과 강릉 송림리 유적이 기원전 700년~기원전 400년경, 안성 원곡 반제리의 경우 기원전 875년~기원전 450년, 양양 지리의 경우 기원전 480년~기원전 420년(2430±50 B.P., 2370±50 B.P.), 횡성군 갑천면 중금리 기원전 800년~기원전 600년 그리고 홍천 두촌면 철정리(A-58호 단조 철편, 55호 단면 직사각형 점토대토기)의 경우 기원전 640년과 기원전 620년이 나오고 있어 철기시대 전기의 상한 연대가 기원전 5세기에서 더욱더 올라 갈 가능성이 있다는 것이다.

그리고 함경북도와 연해주에서는 이와 비슷한 시기에 끄로우노프까 문화와 뽈체 문화가 나타나는데 이들은 북옥저(北沃沮, 團結)와 뽈체에 해당한다. 같은 문화가 서로 다른 명칭으로 불리고 있는데, 이런 문제는 앞으로 한국과 러시아의 공동연구를 통해 해결되어나갈 것이다. 따라서 한국의 철기시대의 시작은 현재 통용되는 기원전 4세기 보다 1세기 정도 상향 조정될 수 있는데, 이는 신석기시대 후기에 청동기시대의 문화 양상 중 국지적으로 전면/부분빗살문토기와 돌대문토기의 결합과 같은 것과 같은 맥락에서 이해될 수 있다.

매우 이른 시기 철기시대의 유적의 예로 강원도 강릉 사천 방동리 과학일반 지방산업단지에서 확인된 유적을 들 수 있다. 점토대토기의 단면 형태는 원형, 직사각형, 삼각형의 순으로 변화한 것 같다. 원형에서 삼각형으로 바뀌는 과도기에 해당하는 점토대토기 가마가 경상남도 사천 방지리, 아산 탕정면 명암리와 강릉 사천 방동리 유적에서 확인된 바 있다. 단면 직사각형의 점토대토기는 원형에서 삼각형으로 바뀌는 과도기적 중간 단계 토기로 화성 동학산 및 안성 공도 만정리, 홍천 두촌면 철정리와 제주도 제주시 삼양동(사적 416호, 이곳에는 단면 원형과 방형의 두가지가 나타난다)에서도 확인된다. 최근 경주 금장리와 견곡 하구리, 경기도 부천 고강동, 화성 동탄 감배산, 안성 원곡 반제리와 공도 만정리, 오산시 가장동, 양평 용문 원덕리, 강릉 송림리, 완주 갈동 등 이 시기에 해당하는 점토대토기 유적들이 확인되었다.

철기시대 전기는 두 시기로 구분할 수 있다. 다시 말해서 동과와 동검, 그리고 점토대토기의 단면형태를 고려한다면 철기시대 전기를 두 시기가 아닌 세 시기로 구분할 수도 있다. 다시 말해서 동과와 동검 그리고 점토대토기의 단면형태를 고려한다면 철기시대 전기를 두 시기가 아닌 Ⅰ기(前, 단면원형)·Ⅱ기(中, 단면장방형)·Ⅲ기(後, 단면삼각형) 세 시기의 구분이 가능할 수 있겠다. 최근 발견된 유적을 보면 완주 이서면 반교리 갈동에서는 동과 동검의 용범과 단면 원형 점토대토기가, 그리고 공주 의당면 수촌리에서 세형동검, 동모, 동부(도끼, 斧), 동사와 동착(끌, 鑿)이 토광묘에서 나왔는데, 이들은 논산 원북리, 가평 달전 2리와 함께 철기시대 전기 중 Ⅰ기(전기)의 전형적인 유적 유물들이다. 다시 말해 세형동검 일괄유물, 끌을 비롯한 용범(거푸집), 토광묘 등은 점토대토기(구연부 단면원형)와 함께 철기시대의 시작을 알려준다. 특히 이들이 토광묘에서 출토되었다는 사실은 세형동검이 나오는 요양 하란 이도하자(遼陽 河欄 二道河子), 여대시 여순구구 윤가촌(旅大市 旅順口區 尹家村), 심양 전가와자(沈陽 鄭家洼子), 황해도 재령 고산리(高山里)를 비롯해 위만조선 시기와 밀접한 관련이 있는 것으로 볼 수 있다. 그리고 화성 동학산에서는 철제 끌의 용범과 단면 직사각형의 점토대토기가, 안성 공도 만정리의 토광묘에서는 세형동검과 함께 단면 직사각형의 점토대토기가 나왔는데 이들은 철기시대 전기 중 Ⅱ기(중기)의 유물들이다. 여기에는 제주도 삼양동과 홍성 두촌면 철정리 유적도 포함된다. 철기시대 전기 중 후기(Ⅲ기)에는 구연의 단면이 삼각형인 점토대토기와 다리가 굵고 짧은 두형토기가 나오는데 여기에는 경주 나정(사적 245호), 월성(月城, 사적 16호), 파주 탄현면 갈현리, 수원 고색동유적 등이 포함된다. 그중 안성 반제리와 부천 고강동유적은 환호로 둘러싸여 있어 제사유적으로 추측되고 있다.

철기시대 전기, 즉 기원전 400년에서 기원전 1년까지의 400년의 기간은 한국고고학과 고대사에 있어서 매우 복잡하고 중요한 시기이다. 이 기간 중에 중국으로부터 한자가 전래되었고, 국가가 형성되는 등 역사시대가 시작되었다. 한반도의 역사시대는 위만조선으로부터 시작된다. 중국에서는 춘추시대(기원전 771년~기원전 475년)에서 전국시대(기원전 475년~기원전 221년)로 전환이 이루어졌고, 한반도의 경우는 기자조선(기원전 1122년~기원전 194년)에서 위만조선(기원전 194년~기원전 108년)으로 넘어가 고대국가가 시작되었다. 국제적으로도 정치적 유이민이 생기는 등 매우 복잡한 시기였으며, 한나라의 원정군은 위만조선을 멸망시킨 후 과거 위만조선의 영토에 낙랑·대방·임둔·현도군을 설치했다. 한반도에는 이미 마한이 존재하고 있었으며, 이어 진한과 변한 그리고 옥저와 동예가 등장하였다.

현재까지 확인된 고고학 자료와 문헌을 검토해 보았을 때 위만조선과 목지국을 중심으로 하는 마한은 정치진화상 이미 국가(state) 단계에 진입하였으며 나머지 사회들은 그보다 한 단계 낮은 계급사회인 족장단계(chiefdom society)에 머물러 있었다고 여겨진다. 당시 한반도에 존재하던 이들 사회들은 서로 통상권(通商圈, interaction sphere; Joseph Caldwell이 제안한 개념)을 형성하여 활발한 교류를 가졌으며, 특히 위만조선은 중심지 무역을 통해 국가의 부를 축적하였고, 이는 한 무제의 침공을 야기해 결국 멸망에 이르게 되었다.

그리고 청동기시대에서 철기시대 전기에 걸치는 환호는 크기에 관계없이 시대가 떨어질수록 늘어나 셋까지 나타난다. 그들의 수로 하나에서 셋까지 발전해 나가는 편년을 잡을 수도 있겠다. 울산 북구 연암동, 파주 탄현 갈현리, 안성 원곡 반제리, 부천 고강동, 강릉 사천 방동리, 화성 동탄 동학산 등 환호유적으로는 안성 원곡 반제리의 제사유적이 대표된다. 호(壕)는 하나이며 시기는 단면원형의 점토대토기시대에 속한다. 연대도 기원전 5~기원전 3세기경 철기시대 전기 초에 해당한다. 이제까지 환호는 경남지역이 조사가 많이 되어 울산 검단리(사적 332호), 진주 대평리 옥방 1, 4, 7지구 창원 남산을 포함하여 17여 개소에 이른다. 청동기시대부터 이어져 철기시대에도 경기-강원도 지역에만 파주 탄현 갈현리, 화성 동탄 동학산, 강릉 사천 방동리, 부천 고강동, 송파 풍납토성(사적 11호)과 순천 덕암동 등에서 발견된다. 그중에서 이곳 안성 반제리의 것은 철기시대 전기 중 앞선 것으로 보인다. 청동기시대의 것으로 제사유적으로 언급된 것은 울산시 북구 연암동이나, 철기시대의 것들 중 구릉에 위치한 것은 거의 대부분 종교 제사유적으로 보인다. 그리고 이는 울주 검단리, 진주 옥방과 창원 서상동에서 확인된 청동기시대 주거지 주위에 설치된 환호(環壕)는 계급사회의 특징 중의 하나인 방어시설로 국가사회 형성 이전의 족장사회의 특징을 보여주며 청동기시대의 전통에 이어 철기시대에는 환호와 관련된 지역이 주거지로 보다 종교 제사유적과 관계된 특수지구인 별읍인 소도로 형성된 것 같다. 다시 말해 청동기시대의 정령숭배(精靈崇拜, animism)와 무교(巫敎, shamanism)를 거쳐 철기시대에는 환호를 중심으로 전문 제사장인 천군이 다스리는 소도가 나타난다. 소도도 일종의 무교의 형태를 띈 것으로 보인다. 이는 종교의 전문가인 제사장 즉 천군의 무덤으로 여겨지는 토광묘에서 나오는 청동방울, 거울과 세형동검을 비롯한 여러 무구(巫具)들로 보아 이 시기의 종교가 무교의 일종이었을 것으로 짐작된다. 이는 『삼국지』 위지 변진조(弁辰條)에 족장(族長)격인 거수(渠帥)가 있으며 이는 격이나 규모에 따라 거수, 신지(臣智), 험측(險側), 번예(樊濊), 살해(殺奚)와 읍차(邑借)로 불리어 지고 있었음을 알 수 있다. 그리고 이들을 대표하는 왕이 다스리는 국가단계의 목지국도 있었다. 이는 정치 진화상 같은 시기의 옥저의 삼노(三老), 동예의 후(侯), 읍장(邑長), 삼노(三老), 뿔체의 대인(大人), 그리고 숙신의 군장(君長, 唐 房喬 등이 撰한 晋書에 나타남)과 같은 국읍(國邑)이나 읍락(邑落)을 다스리던 혈연을 기반으로 하는 계급사회의 행정의 우두머리인 족장(chief)에 해당된다.

그러나 소도는 당시의 복합 단순 족장사회의 우두머리인 세속정치 지도자인 신지, 검측, 번예, 살계와 읍차가 다스리는 영역과는 별개의 것으로 보인다. 울주 검단리, 진주 옥방과 창원 서상동에서 확인된 청동기시대 주거지 주위에 설치된 환호(環壕)는 계급사회의 특징 중의 하나인 방어시설로 국가사회 형성 이전의 족장사회의 특징으로 볼 수 있겠다. 이러한 별읍 또는 소도의 전신으로 생각되는 환호 또는 별읍을 중심으로 하여 직업적인 제사장이 다스리던 신정정치(theocracy)도 가능했을 것이다.

그 다음 삼국시대 전기에는 세속왕권정치(secularism)가 당연히 이어졌을 것이다. 즉 고고학자료로 본 한국의 종교는 정령숭배(animism)-토테미즘(totemism)-무교(shamanism)-조상숭배(ancestor worship)로 이어지면서 별읍의 환호와 같은 전문 종교인인 천군이 이 다스리는 소도의 형태로 발전한다. 앞으로 계급사회의 성장과 발전에 따른 종교적인 측면도 고려해야 될 때이다.

최근 양평 신월리에서 발견 조사된 청동기시대 중기(기원전 10세기~기원전 7세기)의 환상열석도 환호와 관련지어 생각하면 앞으로 제사유적의 발전관계를 설명하는데 도움을 줄 것이다. 이런 유적은 하남시 덕풍동과 마찬가지로 우리나라에서 처음 타나는 것이다. 유사한 환상의 제사유적과 제단은 중국 요녕 객좌 동산취(遼宁 喀左 東山嘴)와 건평 우하량(建平 牛河梁)유적의 홍산문화에서 보이며, 그 연대는 기원전 3600년~기원전 3000년경이다. 일본에서도 이러한 성격의 환상열석(環狀列石)이 죠몽시대 후기 말에 북해도 소준시 인로, 청삼현 소목야, 추전현 녹각시 대탕, 야중당과 만좌, 응소정 이세당대, 암목산 대삼, 암수현 서전과 풍장, 정강현 상백암 등 동북지역에서 발굴조사된 바 있다. 그 중 추전현 이세당대 유적이 양평 신월리 것과 비슷하나 앞으로 유적의 기원, 성격 및 선후관계를 밝힐 조사연구가 필요하다.

철기시대전기는 점토대토기의 단면이 원형, 직사각형과 삼각형의 형태에 따라 Ⅰ기(전기, 원형), Ⅱ기(중기, 방형)와 Ⅲ(후기, 삼각형)의 세 시기로 나누어진다. 그리고 마지막 Ⅲ기(후기)에 구연부 단면 삼각형 점토대토기와 함께 다리가 짧고 굵은 두형토기가 나오는데 이 시기에 신라와 같은 고대국가가 형성된다. 이 중 한반도 최초의 고대국가인 위만조선은 철기시대 전기 중 Ⅲ기(중-후기)에 속한다. 그 기원으로는 중국의 심양 정가와자유적과 아울러 러시아 연해주의 뽈체(挹婁) 문화가 주목된다. 그리고 이 시기는 청천강 이북을 포함한 요동지역에 분포하는 영변 세죽리(細竹里)-요녕 무순 연화보(蓮花堡)유형의 유적들과도 관련이 있다. 이들 유적에서는 구들시설을 가진 지상가옥의 흔적이 발견되었으며, 또한 호미, 괭이, 삽, 낫, 도끼, 손칼 등의 철제 농공구류와 함께 회색의 태토에 승석문을 타날한 토기가 나타났다. 주조철부를 비롯한 철제이기(鐵製利器)들은 대체로 중국계인 것으로 보이는데 중국에서도 초기의 주조기술에 의해 제작된 농공구류가 먼저 발달한 양상은 양자의 공통점을 보여주는 일례라 할 수 있다. 무엇보다도 중국 철기문화의 영향을 잘 보여주는 적극적인 증거는 이들 유적에서 많을 경우 1,000매 이상씩 발견되는 명도전(明刀錢)이다. 이는 전국시대 연나라 때의 화폐로 그 출토범위는 요녕 지역에서부터 압록강 중류유역 및 독로강 유역을 거쳐 청천강유역에 이른다. 화살촉, 비수, 창끝 등 철제 무기류의 예가 일부 보이기는 하지만 이 시기에는 전반적으로 농공구류는 철기로 대체된 반면 무기류는 여전히 청동제가 주류를 이룬다. 세형동검, 세문경을 비롯하여 동모, 동과, 팔령구, 동물형 대구, 농경문 청동기 등 정교한 청동기가 제작되는 등 전술한 바와 같이 철기시대 전기의 대부분에 걸쳐 청동기가 성용하게 된다. 그런 중에 세형동검과 세문경은 이 시기의 표식적인 유물로 이해되고 있다. 이러한 철기시대 전기는 세형동검의 형식변화와 철기제조기술의 발전에 주목하여 두 시기로 나누어 볼 수 있다. 먼저 1기는 Ⅰ식의 세형동검, 정문식(잔무늬)세문경, 동부, 동과, 동모, 동착 등의 청동기류, 철부를 비롯한 주조철제 농공구류, 토기로는 단면원형의 점토대토기를 그 대표적인 문화적 특색으로 하는데, 그 연대는 기원전 5세기부터 기원전 1년경을 전후한 시기에 해당된다.

그리고 2기가 되면 Ⅱ식의 세형동검과 단조철기가 등장하며, 세문경을 대신하여 거마구(車馬具)가 부장되고, 점토대토기의 단면의 형태가 삼각형으로 변하게 된다. 이 시기에는 청동기와 고인돌 등 청동기시대의 몇몇 문화요소들이 소멸되는 반면, 자체 수요를 넘어서 잉여를 생산할 정도로 철기생산이 본격화되고 새로운 토기가 나타나게 된다. 이외에도 석곽묘의 발전, 상류계급층의 목곽묘의 발달, 농경, 특히 도작의 발달 등이 철기시대 후기의 문화적인 특색으로 꼽힐 수 있다. 또한 『삼국사기』의 초기 기록을 신뢰하지 않더라도 이미 이 시기에는 북부지역에서 고구려가 온전한 고대국가의 형태를 가지게 되며, 자강도에 적석총이 축조되게 된다. 고구려 계통의 적석총이 남하하면서 임진강, 남한강, 북한강유역에 적석총이 축조되며 백제의 건국과 밀접한 관련을 맺는다. 그 대표적인 예로 경기도 연천 군남면 우정리, 백학면 학곡리, 중면 삼곶리와 횡산리(中面 橫山里), 충북 제원 도화리(堤原 淸風面 桃花里)의 기원전 2세기-기원전 1세기경의 적석총을 들 수 있다.[11]

---

11) 압록강과 한강유역에 보이는 고구려와 백제의 돌무지무덤은 형태상 무기단식 적석총(돌각담무덤, 적석총)-다곽식 무기단식 적석총이다. 그런데 무기단식의 경우 기원전 3~기원전 1세기부터, 기단식은 서력 기원전후 부터 발생하며, 연도와 석실이 있는 기단식 적석총을 석실묘에로의 이행과정 양식으로 설명한다. 이러한 적석총의 축조자들은 고구려를 세운 장본인으로 보고 있다. 이러한 적석총의 기원이 고구려지역에 있다고 하더라도, 한강유역에서 나타나는 것은 고구려의 영향을 받은

한편 남부지역에서 삼한사회가 고대국가로 발돋움하게 된다. 변한, 진한, 동예와 옥저는 혈연을 기반으로 하는 계급사회인 족장사회였으며(삼한사회의 경우 청동기와 철기시대 전기와 달리 복합족장사회인 complex chiefdom이란 의미에서 君長사회란 용어를 사용해도 무방하다), 위만조선과 마한을 대표하는 목지국의 경우는 혈연을 기반으로 하지 않는 국가 단계의 사회였다.

한반도에 관한 최고의 민족지(民族誌, ethnography)라 할 수 있는『삼국지』위지 동이전에 실린 중국 측의 기록이외에는 아직 이 시기의 문화를 구체적으로 논할 자료가 없다. 그러나 최근 확인된 고고학 자료를 통해 보건데 중국과의 대등한 전쟁을 수행했던 위만조선을 제외한 한반도내의 다른 세력들은 중국과 상당한 문화적 격차가 있었던 것으로 짐작된다. 한사군 설치이후 한반도 내에서 중국문화의 일방적 수용이 있었다고 해도 과언은 아닐 것 같다. 이와 같은 배경을 고려하면 부천 고강동 제사유적은 울산 남구 야음동의 제사유적(반원형의 구상유구, 토기 매납 유구), 안성 원곡 반제리, 강릉 사천 방동리의 경우처럼 혈연을 기반으로 하는 청동기-철기시대의 족장사회를 형성하는 필수 불가결의 요소로 볼 수 있겠다. 시간적으로 고강동 제사 유적보다 2000년 이상 앞서고 규모도 훨씬 큰 홍산문화에 속하는 중국 요령 객좌 동산취(遼宁 喀左 東山嘴)와 건평 우하량(建平 牛河梁)유적의 제사장이 주관하던 계급사회인 종교유적이 외관상 매우 비슷함은 많은 점을 시사해 준다. 이는 파주 주월리 유적에서 확인된 신석기시대 옥장식품이 멀리 능원 우하량과 객좌 동산취(喀左 東山嘴)에서 왔을 것이며, 옥산지는 요녕 안산시 수암(遼宁 鞍山市 岫岩)이 될 것이라는 시사와도 맥을 같이 한다.

백제시대의 것으로 볼 수 있다. 이들은 석촌동 3호분과 같이 고식으로 백제 건국자들이 남하했던 역사적 사실을 뒷받침해준다. 이 적석총은 백제의 건국자는 주몽(朱蒙, 高朱蒙/東明聖王)의 셋째 아들인 온조(溫祚, 기원전 18년~서기 28년 재위)의 남하신화(南下神話)와도 연결된다. 이제까지 남한에서 발굴된 적석총은 경기도 양평 문호리(발굴 연도는 1974년), 충청북도 제원 양평리(1983)와 제원 청풍 도화리(1983, 현재 출토 유물은 청주박물관에 전시되어 있음), 경기도 연천 삼곶리(1994, 이음식 돌무지무덤과 제단, 桓仁 古力墓子村 M19와 유사, 경기도 기념물 126호), 연천 군남면 우정리(2001), 연천 학곡리(2004), 양평 양서 신원리(2007)와 연천 중면 횡산리(2009, 다곽식 무기단식 적석총)의 8개소이다.

통상권을 형성하고 있던 한반도내의 사회들은 중국과의 국제 무역 및 한반도 내부 나라(國)들 사이의 교역을 행하였다. 『삼국지』 위지 동이전 변진조와 왜인전 리정기사(里程 記事)에는 낙랑 · 대방에서 출발하여 대마국(對馬國), 일지국(一支國), 말려국(末廬國), 노국(奴國)을 거쳐 일본의 좌하현 신기 동배진 길야감리(요시노가리)에 위치한 야마타이코쿠[邪馬臺國]에 이르는 무역루트 또는 통상권이 잘 나타나 있다.

해남 군곡리-사천 늑도(史勿國)-고성(古史浦)-창원 성산(骨浦國)-김해 봉황동(拘耶韓國, 회현동, 사적 2호)-제주도 삼양동(사적 416호) 등 최근 확인된 유적들은 당시의 국제 통상권의 루트를 잘 보여주고 있다. 즉, 중국 하남성 남양 독산(南陽 獨山) 또는 밀현(密縣)의 옥과 반량전(기원전 221년~기원전 118년 사용)과 오수전을 포함한 중국 진-한대의 화폐는 오늘날의 달러(美貨)에 해당하는 당시 교역 수단으로 당시 활발했던 국제 무역에 관한 고고학적 증거들이다.

기원전 1세기경으로 편년되는 사천 늑도 유적은 당대의 국제 무역과 관련해 특히 중요한 유적이다. 동아대학교 박물관이 발굴한 지역에서는 경질무문토기, 일본 야요이토기, 낙랑도기, 한식경질도기 등과 함께 반량전이 같은 층위에서 출토되었다. 반량전은 기원전 221년 진시황의 중국 통일이후 주조되어 기원전 118년(7대 漢 武帝 5년)까지 사용된 동전으로 알려져 있다. 중국 화폐는 해남 군곡리, 나주 오량동 시량, 강릉시 강릉고등학교, 제주 산지항 · 금성리, 고성과 창원 성산패총 등지에서도 출토되었다. 사천 늑도는 『삼국지』 위지 동이전 변진조의 '國出鐵 韓濊倭皆從取之 諸市買皆用鐵如中國用錢又以供給二郡' 의 기사와 왜인전에 보이는 낙랑(帶方)-김해(狗邪韓國)-사천 늑도-대마도-이키[壹岐]-야마타이코쿠[邪馬臺國]으로 이어지는 무역로의 한 기착지인 사물국(史勿國?)이 아닌가 생각된다.

이외에도 국가 발생의 원동력중의 하나인 무역에 관한 고고학 증거는 계속 증가하고 있다. 한편 역시 늑도 유적을 조사한 부산대 박물관 조사 지역에서는 중국 서안에 소재한 진시황(기원전 246년~기원전 210년 재위)의 무덤인 병마용갱(兵馬俑坑)에서 보이는 삼익유경동족(三翼有莖銅鏃)이 출토되었는데 이와 같은 것이 양평군 양수리 상석정에서는 두 점이나 출토된 바 있다. 진시황의 무덤에 부장된 이 동촉은 진시황릉 축조 이전에 제작된 것으로 보인다. 또 흥미로운 사실은 사천 늑도에서 출토된 일본 야요이토기편의 경우 형태는 일본의 야요이 토기이지만 토기의 태토(바탕흙)는 현지, 즉 한국산임이 밝혀졌다. 사천 늑도는 당시 낙랑 · 대방과 일본 야마타이코쿠를 잇는 중요한 항구였다. 김해 예안리와 사천 늑도에서 나온 인골들의 DNA 분석을 실시해 보면 코캐소이드인으로 추정되어 우리가 생각하고 있는 것보다 훨씬 더 복잡하고 대양한 인종교류가 있었음이 밝혀질 것으로 추측되며, 이들에 의한 무역-통상권 역시 상당히 국제적이었을 것으로 여겨진다.

이들 유적보다는 다소 시기가 떨어지는 마한 유적으로 이해되는 전남 함평군 해보면 대창리 창서에서 출토된 토기 바닥에 묘사된 코캐소이드(caucasoid)인의 모습은 이러한 맥락에서 이해할 수 있다. 그리고 최근 관동대학교에서 발굴한 동해 추암동 6세기대의 신라고분에서 나온 인골은 페르시아인으로 밝혀지고 있다. 이는 페르시아 사산왕조(서기 224년~서기 652년)대의 인문도(印文陶)가 신라토기에 나타나고 있는 것과 무관하지 않다. 최근 김해 봉황동(사적 2호) 주변 발굴에서는 목책시설이 확인되었을 뿐 아니라 바다로 이어지는 부두 · 접안 · 창고와 관련된 여러 유구가 조사되었다. 그리고 사천 늑도와 김해패총의 경우처럼 횡주단사선문(橫走短斜線文)이 시문된 회청색경질 토기(석기)가 출토되는데, 이는 중국제로 무역을 통한 것으로 보인다.

가락국(가야)은 서기 42년 건국되었는데, 그중 금관가야는 서기 532년(법흥왕 19년)에 신라에 합병되었다. 최근 사천 늑도 유적에서 고대 한 · 일간의 무역의 증거가 확인되었는데, 철 생산을 통한 교역의 중심이었던 김해에서는 서기 1세기경 이래의 고고학 자료가 많이 확인될 것으로 기대된다. 낙랑의 영향 하에 제작되었을 것으로 추정되는 회청색 경질토기(종래의 김해식 회청색 경질토기)가 출토되었는데, 그 연대는 기원전 1세기경까지 올라간다. 가속질량연대분석(AMS)장치를 이용해 목책의 연대를 낸다면 현재 추정되고 있는 서기 4~서기 5세기보다는 건국 연대 가까이로 올라갈 가능성이 많다.

한편 서울 풍납동 풍납토성(사적 11호)의 동벽과 서벽에서 성벽축조와 관련된 매납의식의 일환으로 매장된 무문토기들은 성벽의 축조가 온조왕 41년, 즉 서기 23년 이루어졌다는 『삼국사기』 기록을 고려할 때 그 하한연대가 서기 1세기 이후까지 내려가지 않을 것으로 생각된다. 이는 사적 11호 풍납동 197번지에서 발굴된 뽈체(把婁)토기도 그 연대를 설정하는데 도움을 준다. 참고로 전라남도 완도 장도의 청해진(사적 308호) 주위에서 발견된 목책의 연대는 서기 840년경으로 측정되어 진을 설치한 연대인 828년(홍덕왕 3년)에 매우 근사하게 나왔다. 이는 한국의 연대편년의 설정은 가속기질량연대분석에 의해서도 무관하다는 이야기다.

지석묘의 형식상 후기 형식으로 이해되는 개석식 지석묘의 단계가 지나고, 토광묘가 이 시기의 주 묘제가 되었다. 가평 달전 2리, 안성 공도 만정리, 공주 의당면 수촌리, 논산 원북리, 완주 갈동, 예천의 성주리 토광묘가 이에 해당된다. 또 자강도에서 보이는 적석총이 연천 삼곶리, 학곡리와 군남리 등지에서 확인되었는데 특히 학곡리의 경우는 기원전 1-2세기대의 중국제 유리장식품과 한나라의 도기편이 출토되었다. 이들 묘제는 백제의 국가형성의 주체세력이 되었다. 이 시대에 이르면 청동기시대 후기(또는 말기) 이래의 평면 원형 수혈주거지에 '凸' 字 및 '呂' 字형의 주거지가 추가된다.

그리고 삼국시대전기(철기시대 후기)가 되면 풍납동(사적 11호), 몽촌토성(사적 297호) 밖 미술관 부지, 포천 자작리와 영중면 금주리 등지에서 보이는 육각형의 집자리가 나타난다. 한/낙랑의 영향 하에 등장한 지상가옥, 즉 개와집은 백제초기에 보이기 시작한다. 온조왕 15년(기원전 4년)에 보이는 "儉而不陋 華而不侈"라는 기록은 풍납토성 내에 기와집 구조의 궁궐을 지었음을 뒷받침해 준다. 그리고 집락지 주위에는 垓子가 돌려졌다. 청동기시대 유적들인 울주 검단리, 창원 서상동 남산이나 진주 대평리의 경우보다는 좀더 복잡한 삼중의 해자가 돌려지는데, 이는 서울 풍납토성이나 수원 화성 동학산의 점토대토기 유적에서 확인된다.

완주 이서면 반교리 갈동에서는 동과·동검의 용범과 단면 원형 점토대토기가, 화성 동학산에서는 철제 끌 용범과 단면 직사각형의 점토대토기가, 그리고 공주 수촌리에서 세형동검, 동모, 동부(도끼), 동사와 동착(끌)이 그리고 안성 공도 만정리에서는 세형동검이 토광묘에서 나왔는데, 이들은 철기시대 전기의 전형적인 유물들이다. 특히 이들이 토광묘에서 출토되었다는 사실은 위만조선 시기와 밀접한 관련이 있는 것으로 볼 수 있다. 그래서 최근 발견되고 있는 경기도 가평 달전 2리, 경기도 광주시 장지동, 충청남도 아산 탕정면 명암리, 전라북도 완주 이서면 반교리 갈동과 경상북도 성주군 성주읍 예산리 유적 등은 매우 중요하다. 낙랑의 묘제는 토광묘, 귀틀묘, 전축분의 순으로 발전해 나갔는데, 토광묘의 경우는 평양 대성리의 경우처럼 위만조선 시대의 것으로 볼 수 있다. 한 무제의 한사군 설치를 계기로 낙랑과 대방을 통해 고도로 발달한 한의 문물이 한반도로 도입되었다. 500℃~850℃(엄밀한 의미에서 경질무문토기의 화도는 700℃~850℃이다)의 화도에서 소성된 무문토기 또는 경질토기를 사용하던 철기시대 전기의 주민들에게 화도가 1000℃~1100℃에 이르는 도기와 석기(炻器, stoneware)는 상당한 문화적 충격이었을 것이다.

송파구 풍납토성, 경기도 양평 양수리 상석정, 가평 대성리, 화성 기안리, 가평 달전 2리와 외서면 대성리, 춘천 율문리와 거두리, 강릉 안인리와 병산동, 동해 송정동과 횡성 공근면 학담리에서 확인된 한나라와 낙랑의 토기들을 통해 무문토기 사회에 여과되지 않은 채 직수입된 중국의 문물을 엿볼 수 있다. 특히 강원도 지역의 낙랑도기의 연대는 한사군 중 임둔의 설치(기원전 108년~기원전 82년)와 무관하지 않은 기원전 2세기-기원전1세기 경으로 볼 수 있다.

진천 삼룡리(사적 344호)와 산수리(사적 325호)에서 확인되는 중국식 가마 구조의 차용과 그 곳에서 발견되는 한식 토기의 모방품에서 확인되듯이 토기제작의 기술적 차이를 극복하는데 적어도 1~200년간이 걸렸을 것이다. 한반도 주민들은 당시 사천 방지리나 안성 공도 만정리에서 확인되듯이 물레의 사용 없이 손으로 빚은 토기를 앙천요(open kiln)에서 구워내고 있었다. 특히 경남 사천 방지리, 아산 탕정 명암리와 강릉 사천 방동리의 경우 전자 앙천요보다 한층 발전한 원형의 반수혈요에서 점토대 토기를 구운 것으로 확인된다. 서기 3~4세기 마한과 백제유적에서 흔히 보이는 토기 표면에 격자문, 횡주단사선문, 타날문 또는 승석문이 시문된 회청색 연질 또는 경질토기(陶器로 보는 것이 좋음)들이 토기 제작 기술의 극복 결과인 것이다. 따라서 한식도기 또는 낙랑도기가 공반되는 무문토기 유적의 연대는 낙랑이 설치되는 기원전 108년에서 가까운 시기가 될 것이다. 가평 달전리 토광묘에서 한식 도기와 서안(西安) 소재 섬서성역사박물관(陝西省歷史博物館) 전시품과 똑같은 한대의 과(戈)가 출토되었고, 양평 상석정에서는 한대의 도기가 우리나라의 철기시대 전기 말에 등장하는 '凸' 자형 집자리에서 무문토기와 공반되는 것으로 보아 그 연대는 기원전 1세기를 내려오지 않을 것이다.

최근 한식도기(낙랑도기)가 나오는 유적은 풍납동토성(사적 11호), 경기도 연천 초성리와 중면 삼곶리, 가평 대성리, 달전 2리와 상면 덕현리, 양주 양수리 상석정, 하남시, 하남시 이성산성(사적 422호), 화성 기안리, 광주읍 장지동, 강원도 강릉 안인리와 병산동, 동해 송정동, 정선 예미리, 춘천 거두리와 율문리, 충청남도 아산 탕정 명암리와 경상남도 사천 늑도 등 십여군데에 이른다. 주로 강원도와 경기도 지역에 집중해서 한식도기가 나오고 있다. 이 점은 낙랑과 임둔(기원전 108년~기원전 82년)의 영향권을 잘 보여 주고 있다 하겠다. 철기시대 전기의 말기에 해당하는 기원전 108년 낙랑군이 설치된 이후 그 영향하에 한식 도기가 무문토기 사회에 유입되는데 한식도기 또는 낙랑도기의 공반 여부를 기준으로시기구분을 설정할 수도 있다. 일반적으로 통용되는 토기(pottery 또는 Terra-cotta)라는 용어 대신 도기(earthenware)란 용어를 사용한 것은 토기는 소성온도의 차이에 따라 토기-도기(earthenware)-석기(stoneware)-자기(백자; porcelain, 청자; celadon)로 구분되기 때문이다.[12] 한나라 도기의 소성온도는 1000℃를 넘고 석기의 경우는 1200℃ 전후에 달하는데 소성온도는 토기의 제작기술을 반영하는 중요한 요소이다. 중국에서는 500℃~700℃ 정도 구워진 선사시대의 그릇을 토기라 부르고 춘추-전국시대와 한나라의 그릇은 이와 구분하여 도기라 지칭한다. 백제나 마한의 연질·경질의 토기는 토기로, 회청색 신라토기는 석기로 지칭되는 것이 보다 타당하다. 과학적 분석에 근거한 적확한 용어 선택은 우리 고고학계의 시급한 과제중의 하나이다. 특히 시대구분의 표지가 되는 토기, 도기, 석기의 구분 문제는 보다 중요한데, 이는 이들을 구워 내는 가마를 포함한 제작기술상의 문제와 이에 따른 사회발달상과 깊은 관련을 맺고 있기 때문이다.

그리고 중국의 문명과 인종의 기원을 밝히는 연구가 실크로드(비단길)에서도 확인된다. 실크로드(비단길, 絲綢之路)란 용어는 19세기 독일의 지리학자 바론 폰 리히트호

---

12) 토기, 도기류를 통칭하는 쎄라믹(ceramic)이란 말은 어원상 "불에 타버린 물질"을 뜻한다. 소성온도는 필자마다 약간씩 다르나 Prudence M. Rice(1987, p.5)는 Terra-cotta(1000℃이하), Earthenware(폭넓게 900℃~1200℃ 사이), China(1100℃~1200℃), Stoneware(약 1200℃~1350℃), Porcelain(1300℃~1450℃)으로 구분해 사용한다. 우리나라에서는 土器(500℃~850℃)-陶器(1100℃ 전후)-炻器(stoneware 1200℃ 전후)-磁器(1300℃ 전후)로 분류하며 無文土器, 樂浪陶器, 新羅炻器, 高麗靑瓷. 朝鮮白磁 등으로 부른다, 燒成度는 지붕이 없는 仰天窯(open kiln)에서 지붕이 있는 登窯(tunnel kiln)에 이르는 가마(窯)제작의 기술적인 발달과정에 따른다.

펜(Baron von Richthoffen)이 처음 언급하였는데 이는 중국의 비단이 서방세계로 전래되었음을 밝히는 데서 비롯된다. 이 길이 처음 개척된 것은 기원전 139년~기원전 126년 사이 전한(前漢, 기원전 206년~서기 8년) 7대 무제(武帝, 기원전 141년~기원전 87년)의 사신으로 월씨(月氏), 흉노(匈奴), 오손(烏孫), 대완(大宛), 강거(康居) 등을 거쳐 서역에 다녀온 장건(張騫, ?~기원전 114년)에 의해서이다. 그 지역들은 훼르가나, 소그디아나, 박트리아, 파르티아와 북부 인디아 등지로 여겨진다.

비단길은 '초원의 길'과 '오아시스 길'의 둘로 나뉘어 진다. 초원의 길은 비잔티움(콘스탄티노플/이스탄불)-흑해-카스피 해-아랄 해-타시켄트(Tashikent, Uzbekistan의 수도)-알마타(Alma-Ata, Kazakhstan의 수도)-이닝(Yining, 伊寧)-우룸치(Urumchi, 烏魯木齊)-카라코룸(Karakorum/하라호룸)-울란 바토르(Ulan Bator)를 지난다. 다시 말해서 옛 소련의 중앙아시아 초원지대 · 외몽고 · 중국을 잇는 북위 35°~45° 부근을 지나는데 이 기원전 7세기-기원전 2세기경 동물문양, 무기와 마구로 대표되는 스키타이 기마민족들에 의해 메소포타미아와 흑해연안의 문화가 동쪽으로 전래되었다. 우리나라의 김해 대성동과 양동리, 영천 어은동 등에서 나온 청동제 동복(cauldron)과 동물문양의 허리띠(馬形帶鉤 등)장식 등이 대표적이다. 또 이들에 의해 남겨진 이식, 파지리크와 알타이 유적들은 적석목곽분의 구조를 갖고 있어 오환(烏丸, 烏桓)과 선비(鮮卑)문화를 사이에 둔 신라고분과의 친연성도 제기되고 있다.

추사 김정희의 『해동비고(海東碑攷)』에 나오는 신라 30대 문무왕(文武王, 서기 661년~681년 재위)의 비문에 의하면 경주 김씨는 흉노의 후예이고 비문에 보이는 성한왕(星漢王, 15대조, 金閼智, 서기 65년~?)은 흉노 휴도왕(休屠王)의 태자 제천지윤(祭天之胤) 투후(秺侯) 김일제(金日磾, 기원전 135년~기원전 85년)로부터 7대손이 된다. 그리고 13대 미추왕(味鄒王, 서기 262년~284년, 金閼智-勢漢-阿道-首留-郁甫-仇道-味鄒王, 三國史記 제2, 新羅本紀 제2)은 경주 김씨 김알지의 7대손으로 이야기된다. 따라서 경주 김씨의 출자(出自)는 "흉노-동호-오환-선비[13] 등의 유목민족과 같은 복잡한 배경을 가진다. 휴도왕의 나라는 본래

13) 이곳 유목민족은 匈奴-東胡-烏桓-鮮卑-突厥(투쥐에, 튀르크, 타쉬티크: 서기 552년 柔然을 격파하고 유목국가를 건설. 돌궐 제2제국은 서기 682년~745년임, 서기 7~8세기)-吐蕃(티베트, t' u fan:

중국 북서부 현 감숙성 무위시(甘肅省 武威市)로, 이는 신라 적석목곽분의 기원도 중국 요녕성 조양(遼宁省 朝陽)에서 보이는 선비족의 무덤·출토유물과 관련하여 생각해 볼 가능성이 열리게 되었다. 결국 초원의 스키타이인들이 쓰던 쿠르간 봉토분(封土墳)과의 관련도 배제할 수 없게 되었다. 경주 조양동 38호분, 사라리 130호분 경주 오릉(사적 172호) 근처에서 발견된 목곽묘들도 신라의 건국연대가 올라갈 수 있음을 입증해준다.

또 감숙성 주천 정가갑묘(甘肅省 酒泉 丁家閘墓, 東晋 317년~418년)에는 황해도 안악군 유설리 3호분(冬壽墓, 永和 13년 357년) 내의 것과 비슷한 벽화가 그려져 있어 고구려와 선비족(鮮卑族)과의 관련도 시사해주고 있다. 그리스 청동기시대의 대명사인 미케네의 무덤은 토광이나 석관묘에서 수혈식 석곽으로 그리고 마지막으로 아트레우스(Treasury of Atreus)의 무덤내부에서 보이는 맞졸임 천장의 구조와 연도(dromos)를 가진 솔로이(tholoi)라고 부르는 석실묘로 발전한다. 이러한 그리스 미케네(기원전 1600년~기원전 1200년, 또는 기원전 1550년~기원전 1100년)의 아트레우스(Atreus)의 맞졸임천장(또는 귀죽임 천장, 투팔천장, 抹角藻井이라고도함)의 기원인 연도(널길)가 달린 솔로스 무덤(tholos tomb with dromos)은 후한(서기 25년~서기 220년) 말 3세기경의 산동성 기남(山東省 沂南) 석묘를 거쳐 고구려의 고분구조에 영향을 끼치었다.

그리고 1972~1974년에 호남성 장사시(湖南省 長沙市, 漢나라 당시의 이름은 臨湘임) 동교 마왕퇴로 마왕퇴 성마왕퇴요양원(東郊 馬王堆路 馬王堆 省馬王堆療養院) 옆에서 발견된 마왕퇴 무덤이 있다. 이곳은 중국 전한(기원전 206년~서기 8년) 장사국의 재상(長沙丞相)이며 700호를 분봉받은 초대 대후(軑侯)인 이창(利蒼, 2호. 呂后 2년 기원전 186년에 죽음), 이창의 부인 신추(辛追)의 무덤(1호, 2대 대후인 利豨년간인 기원전 160년경에 50세 전후로 죽음)과 그들의 아들 무덤(3호, 30세가량의 利蒼과 辛追의 아들로 文帝 12년 기원전 168년에 죽음. 5대 文帝 15년 기원전 165년에 죽은 2대 대후인 利豨의 동생으로 여겨짐)의 세 무덤으로 이루어지고 있다. 무덤 축조는 초대 대후 이창(利蒼)의 무덤(2호)-이창의 아들인 2대 대후 이

38대 치송데짼[赤松德贊 서기 754년~791년]이 서기 763과 767년의 두 번에 걸쳐 唐의 長安을 함락함)-위굴(維吾爾, 回紇: 위굴 제국은 서기 744년~840년임, 위굴 제국은 키르기스 黠戛斯에 망하며 키르기스는 9세기 말~10세기경까지 존재)-契丹(遼, 서기 907년~1125년)-蒙古(元, 서기 1206년~1368년)로 발전한다.

희(利豨)의 동생의 무덤(3호)-이창의 부인 신추의 무덤(1호)의 순서이다. 발굴보고자들은 이 셋의 무덤이 기원전 186년에서 기원전 160년경 사이에 축조된 것으로 보고 있다. 대후의 순서는 초대 이창-2대 이희-3대 이팽조(利彭祖)-4대 이질(利秩)이다. 그런데 중요한 것은 이창의 부인 신추의 무덤(1호)과 그들의 아들 무덤(3호)에서 나온 T자형 백화(帛畵) 좌우에 삼족오(三足烏)가 들어있는 태양과, 두꺼비와 토끼를 태우고 있는 달(上弦이나 下弦달의 모습)이 그려진 점이다. 그래서 마왕퇴 고분 백화의 삼족오는 우리 고구려 고분벽화의 삼족오 제작연대와 시간적으로 너무 차이가 난다. 마왕퇴 한묘(馬王堆漢墓)와 적어도 500년 이상의 시차가 있다. 그러나 삼황오제 시절부터 내려오던 중국인의 신화와 내세관(來世觀)이 고구려 고분벽화에 끼친 영향은 너무나 뚜렷하다.

그리고 기원전 247년부터 만들기 시작해 38년이 걸린 전체 면적 56.25㎡ 내 봉토분만 25만㎡의 범위를 가진 진시황릉의 지하고루(地下高樓, 궁전, 무덤)를 찾기 위한 물리적 탐사가 1981년 수은의 함유량 조사이후 계속 진행되고 있는데 2002년부터 836물리탐사계획 탐사(단장은 劉土毅, 考古隊長은 段清波임)에서 진시황릉의 곽실[槨室(墓室)] 주위에 보안과 봉토를 쉽게 쌓기 위한 동서 145m, 남북 120m, 높이 30m의 담장을 두르고 그 위에 전체 삼단의 구획에 각 단 3개의 계단을 갖은 모두 9개의 층단(무덤 하변의 폭 500m, 묘실바닥에서 봉토까지 전체높이 115m, 계단 한 층의 높이 3m, 각 계단 폭 2.5m)을 갖고 각 계단의 끝에는 개와를 덮은 극수(極數)인 9층의 누각지붕을 가진 목조건물의 피라미드 구조가 확인되고 있다. 그 구조 위에는 6~7cm로 다진 판축의 세수토[細夯土, 封土下 30~40cm에서 발견됨, 묘실 위에는 40~60cm의 두께의 粗夯土로 덮여 있음]로 다진 후 봉토로 덮고 그 위에 향당[享堂(王堂)]의 제사용 목조 건물을 세운 것으로 밝혀지고 있다. 이는 중국사회과학원 고고연구소 양홍훈(楊鴻勛) 연구원의 생각이기도 하다. 이와 같은 형태는 기원전 323년의 하북성 평산현 성북 영산하(河北省 平山縣 城北 靈山下)에서 서기 1974년~1978년에 발굴된 전국 말기 중산국(中山國) 5대 중산왕릉에서 그 기원을 찾아볼 수 있다고 한다. 이 중산왕릉이 만들어진 50년 후 진시황릉이 만들어지게 된다. 그렇다면 고구려 집안의 장군총의 기원도 밝혀질 수 있을 것이다.

그리고 '오아시스 길'은 天山北路와 西域北路, 西域南路 등 세 경로가 있다.

1. 天山北路 : 西安(長安)-蘭州- 武威-張掖-嘉峪關-敦煌-哈密(Hami, Kumul)-乌鲁

木齐(Urimqi, Urumqi, Ürümqi)-伊寧(Yining)-伊犁河(Yili He/Ili River)-알마타(Alma-Ata, Kaza-khstan의 수도)-타시켄드(Tashikent, Uzbekistan의 수도)-아랄해-카스피해-黑海-동로마의 비잔티움(콘스탄티노플/이스탄불)

2. 西域北路(天山北路) : 西安(長安)-蘭州-武威-張掖-嘉峪關-敦煌-哈密(Hami, Kumul)-吐鲁番(Turfan)-焉耆-库尔勒-库车-阿克苏-喀什(Kashi)-파미르高原(帕米尔高詢, Pamir Mountians)-중앙아시아(中亚)

3. 西域南路 : 西安(長安)-蘭州-武威-張掖-嘉峪關-敦煌-楼兰-若羌(Ruòqiang)-且末-尼雅-和田(Hotan)-喀什(Kashi)-파미르高原(帕米尔高詢, Pamir Mountians)-중앙아시아(中亚)-서아시아(西亚)

객십(喀什, Kashkar)에서는 터키의 이스탄불, 이란과 인도의 세 방향으로 나아갈 수 있다. 이들은 모두 신강성 유오이자치구(新疆省 維吾爾自治區)와 감숙성(甘肅省)에 위치한다.

중국의 한・당 나라와 로마 제국과의 만남은 필연적이다. 다시 말해 비잔티움(콘스탄티노플/이스탄불)과 서안(長安)이 시발점과 종착역이 된다. 실크로드의 가장 중요한 상품 중의 하나는 비단이다. 세레스 지역에서 전래된 비단으로 만든 토가라는 옷[그리스의 긴 옷인 페프로스(peplos)와 비슷한 것으로 로마에서는 이를 토가(toga)나 세리카(sarica/serica, silken garments)로 부른다]은 로마시민의 마음을 사로잡았다. 비단길을 통해 중국에서 서역으로 제지술, 인쇄활자 프린트, 도자기, 나침판과 화약이 가고, 서역에서는 유약, 유리 제조술, 유향, 몰약(myrrh, 향기 있는 樹脂), 말, 쪽빛나는 청화백자 안료[青華白磁 顔料(cobalt blue)], 호도, 복숭아, 면화, 후추와 백단향 등이 들어왔다. 이 비단길을 통해 교역뿐만 아니라 인도의 불교, 동로마제국(비잔틴 제국)의 기독교(景敎), 페르시아의 마니교(페르시아의 마니가 3세기경 제창한 종교)와 조로아스터교(拜火敎), 그리고 이슬람교(回敎)까지 들어와 예술과학과 철학을 포함하는 문화의 교류도 함께 있었다.

로마(漢나라에서는 大秦으로 부름)-인도(Maharashtra 주의 Kārli 동굴사원 石柱에 새겨진 로마 상인의 흔적)-베트남(오케오와 겟티 유적에서 나타난 로마 상인의 흔적)-중국(한과 당)을 잇는 해상 비단교역로도 최근 밝혀지고 있다. 베트남의 Long Xuen에서 30km 떨어진 An Gian 주, Thoi 현, Sap-ba 산록의 오케오(Oc Eo) 유적의 발굴 결과 이곳에서 로마의 주화와 중국의 거울이 나오고 있다. 그래서 이곳이 서기 50년~500년 사이의

Phu Nam 왕국(Phu Nam/Funan 왕국, 베트남 남쪽과 캄보디아의 扶南王國)의 항구도시로서 인도와 중국의 중계무역이 이루어지고 있었음을 확인할 수 있다.

그리고 2003년 신강성 타림 분지 내 누란(樓蘭)의 소하(小河)유적(小河뿐만 아니라 근처 青海省 民和縣 喇家村 유적에서는 기원전 2000년 경의 세계최초의 국수가 발견됨)의 발굴조사에서 얻은 12구의 미라들을 상해 복단(上海 复旦)대학교 펠릭스 진(Fellics Jin)과 Spencer Wells 등이 실시한 DNA 분석결과 이들이 코카사스의 Chechen 계통의 사람들일 가능성이 높다고 발표하는 데에서도 나타나고 있다. 또 길림대학 고고유전자 연구팀의 연구결과는 이들이 동양과 서양의 혼혈인들로 밝히고 있다. 기원전 8세기-기원전 4세기경에는 초원지대를 사이에 두고 끊임없이 동서의 접촉이 있어왔고 스키타이(Scythian)/흉노가 대표적이다. 이들은 오늘날 중국을 구성하는 55개의 소수민족 중의 하나가 될 것이다.

그리고 인도네시아 자바의 키리반 해역에서 서기 960년(宋 太祖 建隆 원년)경에 침몰한 중국 5대 10국(서기 907년~960년)의 주로 도자기 50만 점의 화물을 실은 상선이 조사되어 당시 중국, 자바, 싱가포르의 북부, 말라카(Malacca, 말레이시아), 샹후와 하노이[吳權(고구엔)의 吳朝 서기 938년~968년(최초의 독립왕조)와 丁朝 서기 968년~980년]를 잇는 당시 동남아시아 사회, 종교, 경제와 초기역사를 알려주는 자료도 계속 나타나고 있어 주목을 받고있다.

또 명 3대 성조(成祖) 때 환관 정화(鄭和, 云南省 昆陽人, 서기 1371년/1375년~1433년/1435년)에 의해 서기 1403년 남경 용(龍)조선소에서 제작된 300여 척의 배로 조직된 선단으로 서기 1405년~1423년의 18년 동안 7차에 걸쳐 개척된 뱃길은 강소성 소주 유가하 태창시(江蘇省 蘇州 劉家河 太倉市)를 기점으로 자바, 말라카, 수마트라, 세이론, 인도의 말라바[캘리컷(Calicut), 페르시아 만의 Hormuz], 짐바브웨를 거쳐 오늘날의 아프리카와 홍해(Red Sea) 입구인 예멘의 아덴(Aden)과 케냐의 말린디(Malindi)까지 왔던 것으로 추측된다. 그리고 서기 1428년경 세계지도가 제작된 것으로 추측되기도 한다. 중국 명나라에서 이슬람 세계로 나가는 중요한 교역품은 비단과 함께 청화백자였다. 이는 이슬람 지역으로부터 얻어온 코발트(1300℃에서 용융) 안료, 당초문이 중국의 질 좋은 고령토와 결합해서 나타난 문화복합의 결정체이다. 중국의 한 · 당과 명나라 사이에서의 국제무역의 증거는 계속 나타나고 있는데, 이는 당시 국제적 필요에 의한 필연적인 결과였다.

그리고 로마의 유리는 납을 많이 섞는 중국의 것과 달리 가성소다를 넣어 특색있으며, 이러한 로마의 유리제품이 실크로드를 따라 신라까지 전파되어 금관총, 서봉총, 황남대총 남분과 북분(155호분, 鳳首形 유리병), 황남동 98호분(남 · 북분) 등 멀리 신라의 적석목곽분에서도 발견되기도 한다. 경주 월성군 외동리 소재 신라 38대 원성왕의 쾌릉(사적 26호, 서기 785년~798년)의 석상(보물 1427호), 41대 헌덕왕릉(서기 809~826년, 사적 29호), 42대 홍덕왕릉(서기 826년~836년, 사적 30호)의 무인석상과 경주 용강동 고분(사적 328호) 출토 토용도 실크로드를 따라 중국수(서기 581년~618년)와 당(서기 618년~907년) 나라 때의 호상(胡商)인 소그드(Sogd/Soghd)[14]와 이스람인들의 영향으로 생각된다.

Ⅳ. 맺음말

기원전 2000년에서 서기 300년 사이의 기간에 최초 새로이 발견 · 조사된 고고학 자료들을 동아시아적 관점에서 본 한국고고학의 시대구분상 청동기, 철기시대 전기와 후기(삼국시대 전기)에 대한 필자의 견해는 아래와 같이 정리될 수 있겠으며 이와

14) 우즈베키스탄 (Uzbekistan) 사마르칸트(Samarkand)의 동쪽 펜지켄트(Pendzhikent, 1946년 러시아인 Boris Marshak이 발굴, 서기 719년~739년 아랍인의 침공으로 멸망)의 조그만 도시국가에 중심을 둔 소그드인들은 그들의 습관이 중국의 舊唐書 胡書에 기록으로 남아있을 정도로 카라반(隊商)을 형성하여 중국의 수와 당나라 때 활발한 무역을 했었다. 당나라 때에는 西安과 高昌에 정착을 하여 그들의 우두머리가 관리 책임자인 薩寶라는 직을 맡기도 하였다. 그들의 무역활동 흔적은 벨기후이 성당과 일본 正倉院/法隆寺의 비단(소그드의 씨실 비단 직조법과 사산왕조의 영향을 받은 문양), 그리고 甘肅省 敦煌 莫高窟 45호와 西安 北周의 安伽墓(2004, 陝西省考古硏究所)와 史君墓(펜지켄트 근처 부하라와 키쉬 출신으로 성을 '安', '康', '史', '石' 등으로 삼음)의 石槨표면에 보이는 벽화를 들 수 있다. 그들의 후손으로 여겨지는 安祿山의 亂(唐玄宗, 서기 755년~763년)의 실패로 소그드인의 활동이 약화되었다. 그들의 문화는 앞선 페르시아의 사산(Sassan, 서기 224년~652년)왕조 문화의 영향을 많이 받았다.

같은 생각들이 밑받침되어야 앞으로의 개별적이고 구체적인 연구에 대한 새로운 방향과 전망이 이루어질 수 있겠다.

1) 한국 고고학과 고대사의 연구는 통시적 관점, 진화론적 입장, 역사적 맥락 및 통상권의 바탕 위에서 이루어져야 한다. 여기에는 구석기시대부터 철기시대에 이르기까지 한국문화기원과 관련된 제 문화 · 문명으로부터의 다원적 전파가 고려되어야 한다. 그리고 이에는 는 문화와 문명의 구분과 정의가 전제조건이 되어야한다. 즉 한국문화의 계통은 각 시대에 따라 서로 다른 다원적[多元(源)的]인 입장에서 파악되어야 한다. 최근 확인된 고고학 자료들은 유럽, 중국(요녕성, 길림성, 흑룡강성 등 동북삼성 포함), 몽고와 시베리아의 연해주 우수리강과 아무르강 유역 등 한국문화의 기원이 매우 다양했음을 보여준다.

2) 남한의 청동기시대는 요령성과 북한 지역의 경우처럼 기원전 2000년경까지 거슬러 올라가는데 그 시발점은 기원전 2000년~기원전 1500년경인 신석기시대 후기(말기)의 빗살-부분빗살문토기가 나타는 유적들, 즉 강원도 춘성군 내평(소양강 수몰지구), 춘천 천전리, 경기도 가평 상면 연하리, 인천 계양구 동양동, 강원도 춘천 중도, 홍천 두촌면 철정리와 화촌면 외삼포리, 경산북도 경주 충효동과 경상남도 진주 남강댐내의 옥방유적, 충청남도 연기군 금남 대평리, 대전 용산동 등 전국에 걸쳐 나타나는 돌대문(덧띠새김무늬)토기가 공반되는 빗살문토기 유적까지 거슬러 올라간다. 그리고 그 다음에 나타나는 이중구연토기, 공렬문토기/구순각목토기와 경질무문토기의 편년과 공반관계, 문화적 주체와 수용, 다양한 기원 등은 앞으로 학계의 중요한 연구방향이 될 것이다.

3) 신석기시대에서 청동기시대에로의 이행은 문화 계통의 다원적 기원과 함께 국지적인 문화의 수용 내지는 통합을 통해 이루어졌으며, 문화의 자연스런 계승도 엿보인다. 이러한 양상은 인천광역시 백령도 · 용유도, 경기도 가평 대성리(驛舍부지), 경기도 시흥 능곡동, 강원도 원주 가현동, 영월 남면 연당 쌍굴, 경남 산청 소남리, 그리고 대구 북구 서변동 유적을 포함한 내륙지역에서 확인되는 전면/부분 빗살문토기 유적들에서 확인된다.

4) 한국 문화의 주체를 형성한 토착인들은 한국고고학 시대구분상 청동기시대와

철기시대 전기, 즉 기원전 1500년경에서 기원전 1년까지 한반도 전역에 산재해 있던 지석묘(고인돌) 축조인들이다. 지석묘는 그 형식상 북방식, 남방식과 개석식으로 나누어지는데, 각 형식은 서로 다른 문화 수용현상을 보인다. 즉, 북방식과 남방식 지석묘사회는 최근 발굴조사 된 마산 진동리의 지석묘(사적 472호)처럼 한반도 북쪽의 카라숙에서 내려온 석관묘나 중국계의 토광묘문화를 수용하기도 했으며, 한반도 남부의 지석묘 사회에서는 보다 늦게 등장한 개석식 지석묘를 기반으로 마한이 형성되기도 했다.

5) 신석기시대의 정령숭배(animism), 청동기시대의 토테미즘(totemism)를 거쳐, 철기시대에는 무교(shamanism)와 조상숭배(ancestor worship)와 함께 환호를 중심으로 전문제사장인 천군이 다스리는 별읍(別邑)인 소도가 나타난다. 이것도 일종의 무교의 형태를 띤 것으로 보이며 여기에는 조상숭배(ancestor worship)의 믿음이 종교의 형태로 강화된다. 마한의 고지에는 기원전 3-기원전 2세기부터의 단순 족장사회에서 좀 더 발달한 복합족장사회인 마한이 있었다. 이는 『삼국지』 위지 변진조에 족장격인 거수(또는 長帥, 主帥라도 함)가 있으며 이는 격이나 규모에 따라 신지(臣智, 또는 秦支·踧支라고도 함), 험측(險側), 번예(樊濊), 살해(殺奚)와 읍차(邑借)로 불리어 지고 있었음을 알 수 있다. 이는 정치 진화상 같은 시기의 옥저의 삼노, 동예의 후, 읍장, 삼로, 뿔체의 대인, 숙신의 군장과 같은 국읍이나 읍락을 다스리던 혈연을 기반으로 하는 계급사회의 행정의 우두머리인 족장(chief)에 해당된다. 그러나 소도는 당시의 복합·단순 족장사회의 우두머리인 세속정치 지도자인 신지, 험측, 번예, 살해와 읍차가 다스리는 영역과는 별개의 것으로 보인다. 그리고 마한에도 마찬가지 경우로 생각되나, 이들을 대표하는 왕이 다스리는 국가단계의 목지국도 있었다. 그러나 天君이 다스리는 종교적 별읍인 소도는, 당시의 복합 단순 족장사회의 우두머리인 거수의 격이나 규모에 따른 이름인 신지, 검측, 번예, 살계와 읍차가 다스리는 세속적 영역과는 별개의 것으로 보인다.

6) 철기시대의 상한은 기원전 5세기경까지 올라가며 이 시기에는 점토대토기가 사용된다. 철기시대 전기 중 말기인 기원전 1세기경에는 다리가 짧고 두터운 두형(豆形)토기가 나타나며, 이 시기 남쪽 신라에서는 나정(사적 245호)에서 보여주는 바와

같이 기원전 57년 국가가 형성된다. 철기시대 전기와 후기(삼국시대 전기)에 보이는 점토대토기 · 흑도 · 토실과 주구묘를 포함한 여러 가지 고고학 자료와 문헌에 보이는 역사적 기록들은 당시의 정치 · 사회 · 문화가 매우 복잡했음을 보여준다. 이 시기의 역사 서술은 이들을 바탕으로 이루어져야 하는데, 이는 일찍부터 기정사실로 인식되고 있는 고구려사와 같은 역사적 맥락에서 파악되어야 한다.

7) 한반도의 역사시대가 시작되는 위만조선의 멸망과 한사군의 설치는 『사기』의 편찬자인 사마천(司馬遷, 기원전 145년~기원전 87년)이 37세에 일어난 사건으로, 위만조선과 낙랑 · 임둔 · 대방대방의 존재는 역사적 사실로 인정되어야 한다. 위만조선의 왕검성과 낙랑은 오늘날의 평양 일대로 보아야 한다.

8) 백제는 기원전 3~기원전 2세기에 이미 성립된 마한의 바탕 위에서 성립되었으므로 백제 초기의 문화적 양상은 마한의 경우와 그리 다르지 않다. 백제의 건국연대는 『삼국사기』「백제본기」의 기록대로 기원전 18년으로 보아야 한다. 마한으로부터 할양받은 한강유역에서 출발한 백제가 강성해져 그 영역을 확장해 나감에 따라 마한의 세력 범위는 오히려 축소되어 천안-익산-나주로 그 중심지가 이동되어졌다. 백제 건국 연대를 포함한 『삼국사기』의 초기기록을 인정해야만 한국고대사를 무리 없이 풀어 나갈 수 있다. 그래야만 최근 문제가 되고 있는 고구려와 신라 · 백제와의 초기 관계사를 제대로 파악해 나갈 수 있다. 따라서 삼국사기의 신라, 고구려와 백제의 국가형성 연대는 그대로 인정해도 무방하다 하겠다. 그리고 앞으로 이들 국가 형성에 미친 한/낙랑의 영향도 고려해야 한다. 따라서 삼국사기의 초기 기록을 무시하고 만든 원삼국시대란 용어의 적용은 적합하지 않다. 여기에 대해 삼국시대 전기(서기 1년~서기 300년)란 용어를 대체해 쓰는 것이 좋겠다. 최근 고구려사의 연구가 활발하며 삼국사기에 기록된 고구려 관계 기사는 그대로 인정이 되고 있다. 고구려, 백제와사의 연구가 활발하며 『삼국사기』에 기록된 고구려 관계 기사는 그대로 인정이 되고 있다. 고구려, 백제와 신라의 역사적 맥락으로 볼 때 고구려의 주적은 백제와 신라의 개별적인 국가이지 원삼국시대가 아니라는 점이다.

9) 한성시대 백제(기원전 18년~서기 475년)도 석성을 축조했는데, 하남 이성산성(사적 422호), 이천 설봉산성(사적 423호)과 설성산성(경기도 기념물 76호), 그리고 안성 죽주

산성(경기도 기념물 69호) 등이 그 좋은 예들이다. 그 석성 축조의 기원은 제 13대 근초고왕대인 서기 371년 고구려 고국원왕과의 평양 전투에서 찾을 수 있다. 고구려는 일찍이 제 2대 유리왕 22년(서기 3년) 즙안의 국내성을 축조했고, 제 10대 산상왕 2년(서기 198년)에는 환도산성을 축조한 바 있음으로 이들은 역사적 기정사실로 받아들여지고 있다. 이 시기는 삼국시대 후기(서기 300년~서기 668년)初에 속하나 고구려와 관련지어 볼 때 삼국시대 전기의 문화상과 무관하지 않다.

10) 앞으로 경주 김씨의 조상인 흉노족과 적석목곽분의 기원, 춘천시 근화동 출토의 신라토기와 토기와 사산왕조의 영향, 신라 38대 원성왕의 괘릉(사적 26호, 서기 785년~798년)의 석상(보물 1427호), 41대 헌덕왕릉(서기 809~826년, 사적 29호), 42대 흥덕왕릉(서기 826년~836년, 사적 30호)의 무인석상과 경주 용강동 고분(사적 328호)출토 토용도 사산왕조(Sassan, 서기 224년~652년)와 그 이후의 이스람문화에서 영향을 받은 소그드인의 문화전파 관계 등 역사시대에서 시대에 따른 문화의 기원과 전파의 관점에서 다양하게 논의 될 수 있겠다.

참고문헌

강인욱 · 천선행, 2003, 러시아 연해주 세형동검 관계유적의 고찰, 한국상고사학보 42집
국립문화재연구소, 2006, 아무르 · 연해주의 신비, 한 · 러 공동발굴 특별전, 대전: 문화재청
국립중앙박물관, 2010, 우즈베키스탄의 고대문화 전시도록, 서울: 국립중앙박물관
김종혁 · 전영수, 2003, 표대유적 팽이그릇 집자리들의 편년, 조선고고연구 제2호, pp.5~10
림용국, 2002, 팽이그릇시기 집자리의 연원, 조선고고연구 제2호, pp.15~17
______, 2002, 팽이그릇 집자리 짜임새의 특성, 조선고고연구 제3호, pp.16~19
대전선사박물관 · 중앙문화재연구원, 2010, 용산동 유적 속의 청동기문화, 대전선사박물관 특별전
민병훈, 2010, 소그드의 역사와 문화, 서울: 국립중앙박물관, pp.7~36
서울대학교 박물관, 2005, 초원의 지배자 시베리아고대문화 특별전, 서울: 서울대박물관
유태용, 2010, 요동지방 지석묘의 성격 검토, 21세기의 한국고고학 III(희정 최몽룡교수 정년퇴임 논총 III), pp.353~450
鄭漢德, 2000, 중국고고학 연구, 서울: 學硏文化社
______, 2002, 日本의 考古學, 서울: 學硏文化社
최몽룡, 1985, 對馬 · 壹岐島의 先史遺蹟, 日本 對馬島 · 壹岐島 綜合學術調査報告書, 서울: 서울신문사, pp.115~124
______, 1997, 청동기시대 개요, 한국사 3 청동기문화와 철기문화, 서울: 국사편찬위원회
______, 2000, 흙과 인류, 서울: 주류성
______, 2006, 최근의 고고학 자료로 본 한국고고학 · 고대사의 신 연구, 서울: 주류성
______, 2007, 경기도의 고고학, 서울: 주류성
______, 2007, 중국 청동기시대의 문화사적 배경, 상하이 박물관 소장 중국고대 청동기 · 옥기, 및 동아시아의 청동기문화(2007 국제학술강연회), 부산: 부산박물관, pp.20~28
______, 2008, 한국 청동기 · 철기시대와 고대사회의 복원, 서울: 주류성
______, 2008, 동북 아시아적 관점에서 본 한국청동기 · 철기시대의 신경향, -다원론적 입장에서 본 한국문화의 기원과 편년설정- 21세기의 한국 고고학 vol.I, 서울: 주류성, pp.13~96
______, 2009, 인류문명발달사-고고학으로 본 세계문화사-(신개정판, 3판), 서울: 주류성
______, 2009, 마한 연구의 새로운 방향과 과제, 박물관에서 만나는 우리문화, 세계문화, 전주: 국립전주박물관, pp.30~74 및 2009 마한-숨쉬는 기록(서울: 통천문화사) pp.199~214

______, 2010, 호남의 고고학 –철기시대 전 · 후기와 마한, 21세기의 한국 고고학 vol.III, 서울: 주류성, pp.19~87
______, 2011, 부여 송국리 유적의 새로운 편년, 21세기의 한국 고고학 vol.IV, 서울: 주류성, pp.211~226
______, 2011, 고등학교 국사교과서 교사용 지도서 –II. 선사시대의 문화와 국가의 형성–, 21세기의 한국 고고학 vol.IV, 서울: 주류성, pp.27~130
______, 2011, 韓國 考古學硏究의 諸 問題, 서울: 주류성
최몽룡 · 김선우, 2000, 한국지석묘 연구이론과 방법, 서울: 주류성
최몽룡 · 이헌종 · 강인욱, 2003, 시베리아의 선사고고학, 서울: 주류성
최몽룡 · 김경택 · 홍형우, 2004, 동북아 청동기시대 문화연구, 서울: 주류성
충청남도역사문화연구원, 2010, 행정중심복합도시 지방행정지역 생활권 3-1 · 2내 C지점 연기 대평리 유적
한얼문화재연구원, 2010, 광주시 역동 e-편한세상 아파트 신축 부지 내(가 · 마 지점)유적 발굴조사–가 지점 1차 지도위원회 자료
齊藤忠, 1982, 日本考古學概論, 東京: 吉川弘文館
東京國立博物館, 1988, 特別展: 日本の考古學–その步みと成果, 東京: 東京國立博物館
Aikens C.Melvin, 1982, Prehistory of Japan, New York: Academic Press
Keiji Imamura, 1996, Prehistoric Japan, Honolulu: University of Hawai' i Press
E.A. 노브고라도바 · 정석배역, 1995, 몽고의 선사시대, 서울: 학연문화사
델. 엘 브로댠스키 · 정석배역, 1996, 연해주의 고고학 서울: 學硏文化社
魏凡 編, 1990, 遼寧重大文化事迹, 遼寧: 遼寧美術出版社
孫祖初, 1991, 論小珠山中層文化的分期及各地比較, 遼海文物學刊 1
陳全家 · 陳國慶, 1992, 三堂新石器時代遺址分期及相關問題, 考古 3
遼寧省文物考古研究所 編, 1994, 遼東半島石棚, 遼寧: 遼寧科學技術出版社
遼寧省文物考古研究所 · 吉林大學考古系 · 旅順博物館, 1992, 遼寧省瓦房店市長興島三堂村新石器時代遺址, 考古 2
田廣金 · 郭泰新, 1986, 鄂爾多斯式青銅器, 北京: 文物出版社
王巍, 1993, 商周時期遼東半島與朝鮮大同江流域考古文化的相互關係, 青果集, 吉林大學考古學專攻成立20周年記念論文集, pp.233~244
河姆渡遺址博物館編, 2002, 河姆渡文化精粹, 北京: 文物出版社
周新華, 2002, 稻米部族, 杭州: 浙江省文藝出版社
孫國平, 2008, 遠古江南–河姆渡遺址–, 天津: 天津古籍出版社
李安軍 主編, 2009, 田螺山遺址–河姆渡文化新視窓–, 杭州: 西冷印刷出版社

藤尾愼一郎, 2002, 朝鮮半島の突帶文土器, 韓半島考古學論叢, 東京: すずさわ書店, pp.89~123

中山清隆, 1993, 朝鮮・中國東北の突帶文土器, 古代 第95號, pp.451~464

________, 2002, 縄文文化と大陸系文物, 縄文時代の渡來文化, 雄山閣

________, 2004, 朝鮮半島の先史玉器と玉作り關聯資料, 季刊考古學 89, pp.89~91

________, 2004, 朝鮮半島出土の玦狀耳飾について, 玉文化, 創刊號, pp.73~77

大貫靜夫, 1992, 豆滿江流域お中心とする日本海沿岸の極東平底土器 先史考古學論集 제2집, pp.42-78

________, 1998, 東北あじあの考古學, 同成社, p.38

藤田亮策, 1930, 櫛目文土器の分布に就いて, 靑丘學叢 2號.

ユーリ・M.リシリエフ, 2000, キア遺跡の岩面刻畵, 民族藝術 vol.16, 民族藝術學會, pp.71~78

Alexei Okladnikov, 1981, *Art of Amur*, Harry N.Abrams, INC., Pb. Newyork, p.92

Arxeologia USSR, 1987, *Bronze Period of Forest Region in USSR*, Moskva, p.357

A. P. Derevianko, 1973, *Early Iron Age in Priamurie*, Novosibirsk

______________, 1976, *Priamurie* -B.C.1st Millenium, Novosibirsk

K.C. Chang, 1980, *Shang Civilization*, New Haven: Yale University Press

_________, 1983, *Art, Myth, and Ritual-The Path to Political Authority in Ancient China-*, Cambridge: Harvard University Press

_________, 1986, *The Archaeology of Ancient China*, New Haven; Yale University Press

E. I. Derevianko, 1994, *Culturial Ties in the Past and the Development cultures in the Far Eastern Area*, 韓國上古史學報 第16號

Eric Deldon et al. ed., 2000, *Encyclopedia of Human Evolution and Prehistory*, Garland Pb. co., New York & London

Glyn Daniel, 1970, *A Hundred Years of Archaeology*, Gerald Duckworth & Co. Ltd

Rice Prudence M., 1987, *Pottery Analysis -A source book-*. Chicago & London: University of Chicago Press

Sulimirsky Tadeusz, 1970, *Prehistoric Russia*, New York: Humanities Press Inc.

Timothy Taylor, 1996, *The Prehistory of Sex, Bantam Books*, New York Toronto

Yves Coppens & Henry de Lumley(Préface), 2001, *Histoire D' ancêtres*, Paris: Artcom

V. Medvedev, 1994, ガシャ遺跡とロシア地區東部における土器出現の問題について, 小野昭・鈴木俊成編 環日本海地域の土器出現の様相 雄山閣, pp.9~20

Polyhedral Perspectives in the Research of the Origin and Diffusion of Korean Culture

Choi Mong-Lyong

A city, civilization and state simultaneously appear in the world history and their foundation lies in food-producing subsistence of the Neolithic Revolution. New archaeology since 1960 defines culture as the means of adaptation to environments, and civilization is characterized by the presence of city and writing system. A state may be defined as 'the legitimatized use of force and centralization of power', or 'the centralized and specialized institution of government with the background of the cohesion of power, economy and ideology' and 'end-product of multiplier effect'. The beginning of the Former Iron Age(400 B.C-1 B.C) marks the civilization in the Korean Peninsula. The state of Wiman Choson/Joseon(194 B.C-108 B.C) had established during this period. Historical documents from Shizi Ch' ao-hsienliezhuan(史記朝鮮列傳) indicate several factors characterizing civilization, such as, the use of Chinese writing system, the distribution of coinage(knife-money) and the presence of military in the Wiman Choson/Joseon State.

Since the normalization of diplomatic relations between Korea and Russia, and China according to the treaty on September 30, 1990, and on August 24, 1992 respectively, a lot of archaeological information flow has been made it possible for Korean archaeologists confirm the origin and diffusion of Korean culture and establish new chronology of Korea Bronze and Iron Ages in terms of polyhedral theory. And the origins of the Korean culture are thought to have been applied with polyhedral or polyphyletic theory as far as Northeast Asia centering on Siberia is concerned. Siberia, northeastern China(Manchuria) and Mongolia are the most important melting places from which various cultural elements regardless time and space are diffused according to the chronology of Korean archaeology. Such archaeological evidence based upon relics and artefacts as comb-patterned pottery, plain-coarse pottery with band appliqu , stone cist, antennae sword, petroglyph et alii. are representative for identifying the cultural diffusion and relationship between Northeast Asia and Korean peninsula, and especially the origin of Korean culture through the Palaeolithic/Mesolithic

Age(700000 ? B.C.–8000 B.C.), Neolithic Age(8000 B.C.–2000 B.C.), Bronze Age(2000/1,500 B.C.–400 B.C.) and the Former Iron Age(400 B.C.–1 B.C.) during the prehistoric times of Korea. They can be traced back to such northern places adjacent to the Korean peninsula as the Amur river valley region and the Maritime Province of Siberia including the Ussuri river basin, Mongolia, and the Manchuria(the northeastern three provinces) of northern China, which means that surrounding northern part of the Korean peninsula is to be revalued as the places of the origin and diffusion of Korean culture, as already shown from the recently found archeological remains and artefacts in the whole Korean territory.

And also new perspectives in the Bronze and Iron Age of Korean Archaeology in terms of polyhedral theory has made it possible that analysis and synthesis of archaeological data from the various sites so far excavated by several institutes nationwide and abroad provided a critical opportunity to reconsider archaeological cultures and chronology of Korean Bronze, Iron Ages and Former Three Kingdoms Period, and I have tried to present my own chronology and sub-periodization(epoch) of Korean Bronze and Iron Ages with some suggestions, including a new perspective for future studies in this field.

The chronology newly established in the Korean archaeology today is as follows:

Palaeolithic Age: between 700,000 and 16,000 years ago

Mesolitic Age(transitional age/period between palaeolithic and neolithic age, 16,000–10,000 years ago)

Neolithic Age

1. 8000 B.C.–6000 B.C.(10.000–8,000 years ago) – primitive plain coarse pottery
2. 6000 B.C.–5000 B.C.– appliqu decoration pottery
3. 5000 B.C.–4000 B.C.– stamped and pressed decoration pottery
4. 4000 B.C.–3000 B.C.– Jeulmun comb pattern pottery
5. 3000 B.C.–2000 B.C.– partial–Julmun comb pattern pottery
6. 2000 B.C.–1500 B.C.– coexistance period of partial–Julmun comb pattern pottery and plain coarse pottery with band appliqu decoration on the rim (突帶文土器)

Bronze Age

Though it is still a hypothesis under consideration, the Korean Bronze Age(2000/1500 B.C.–400 B.C.) can be divided into four phases based on distinctive pottery types as follows :

1. Initial Bronze Age(2000 B.C.–1500 B.C.) : a pottery type in the transitional stage from

Jeulmun comb pattern pottery to plain coarse pottery with band appliqu decoration on the rim (突帶文土器) and Jeulmun pottery without having any decoration.

2. Early Bronze Age(1500 B.C.-1000 B.C.) : double rimmed plain coarse pottery with incised short slant line design on the rim.
3. Middle Bronze Age(1,000 B.C.-600 B.C.) : pottery with a chain of hole-shaped decoration on the rim and pottery with dentate design on the rim.
4. Late Bronze Age(600 B.C.-400 B.C.) : high temperature fired plain coarse pottery(700℃-850℃).

Iron Age

The Former Iron Age(400 B.C.-1 B.C.) can be divided into two phases based on distinctive set of artifacts as follows as well :

1. Iron Age A(earlier phase) : pottery types such as high temperature fired plain coarse pottery(700℃-850℃) and pottery with clay strip decoration on the rim(section : round), mould-made iron implements and bronze implements such as phase Ⅰ Korean style dagger, dagger-axe, fine liner design mirror, ax, spear and chisel.
2. Iron Age B(later phase) : bronze implements such as type Ⅱ Korean style dagger, horse equipments and chariots, forged iron implements and pottery with clay strip decoration on the rim(section: triangle).

And Korean academic circles have to fully accept a record illustrated in the Samguksagi(三國史記) as a historical fact that King Onjo, the first king of Baekje Kingdom, founded Baekje(百濟) in the territory of Mahan in 18 B.C. during the Later Iron Age, or Former Three Kingdoms Period, Baekje had been coexisted with Lolang(樂浪) and Mahan(馬韓) in the Korean Peninsula with close and active interrelations forming an interaction sphere. Without full acceptance of the early records of the Samguksagi, it is impossible to obtain any productive scholarly outcome in the study of ancient Korea. For quite a long time period, Korean archaeological circles have used a concept and term of Proto-Three Kingdom Period. However, it is time to replace the inappropriate and illogical term and concept, the Proto-Three Kingdom Period with Later Iron Age or Former Three Kingdoms Period(1 A.D.-300 A.D.). Mahan(馬韓), which was established in the Gyeonggi-do, Chungcheong-do and

Jeolla-do provinces around 3 B.C.-2 B.C. about 1-2 centuries earlier than the Baekje state formation in 18 B.C on the territory of Mahan, has been annihilated and annexed by the Baekje dynasty later between the late of 5 cen. A.D. and the early of 6 cen. A.D. according to the expansion of territory and the transfer of the final capital to Buyeo(538-660 A,D.) from Gongju of Baekje dynasty(475-538 A.D.) in 538 A.D. We can say that the chronology of Mahan is based mainly upon between the period of the Iron Age(400 B.C.-1 B.C.), Former Three Kingdoms period(1 A.D.- 300 A.D) and Later Three Kingdoms Period(300 A.D.- 660/668 A.D.) according to the Korean Archaeological Chronology, and it can be divided into three periods to the movement of its socio-political center(capital). They are as follows: Cheonan(天安)/稷山(Jiksan)/成歡(Seonghwan), Iksan(益山) and Naju(羅州) Period. The transfer of Mahan' s socio-political center is closely related to the military power and territorial expansion of the Baekje dynasty(18 B.C.-660 A.D.). Mahan and Baekje had coexisted for a about 5-600 years long, and the recent increase of archaeological evidence made it possible for both Korean archaeologists and ancient historians together to begin Mahan study with full-scale. Mahan culture is characterized such archaeological traits as deep subterranean pit house named 'Tosil' (土室), whose bottom can be reached by ladder from the mound-shaped ceiling with entrance similar to the 'flat roofed building of atal H y k' of Anatolia, Turkey in addition to the Jugumyo(周溝墓) burial site with moat around it, wooden building with post holes stuck into the ground(堀立柱, 四柱式建物), saw-teethed wheel designs on the surface of pottery(鋸齒文) and bird' s footprint designs(鳥足文). Chinese Historical books(『後漢書』, 『三國志』 魏志 東夷傳 韓傳) tell us the religious aspect of the Mahan society in which Sodo(蘇塗) with its apex of Cheongun(天君) religious leader, was the ancient asylum as a culmination of Mahan people' s shamanism and ancestor worship religions indicating separating between state and church forming a theocracy during the Iron Age(400 B.C.-1 B.C.). Their secular leaders as chiefs of Samhan(三韓) chiefdom society based upon clan and hierarchy are Geosu , Sinji(臣智), Geomcheuk(險側), Beonye(樊濊), Salgye(殺奚), and finally Eupcha(邑借) as orders in terms of each status and territory controlled. We believe that all the names of Samno(三老) of Okjeo(沃沮), Jangsu(將帥) of Dongokjeo (東沃沮), Hu(侯), Eupgun(邑君), Samno(三老) of Ye(濊)/東濊(Dongye), Daein(大人) of Eupnu(挹婁), and Gunjang(君長) of Suksin(肅愼) did as same status of chief in their chiefdoms as in Samhan(三韓). The Iron Age(400 B.C.-1 B.C.) representing

Mahan and Baekje(百濟) set Korean academic circles have to fully accept a record illustrated in the Samguksagi(三國史記) as a historical fact that King Onjo(溫祖), the first king of Baekje Kingdom, had found Baekje(百濟) in the territory of Mahan in 18 B.C. During the Later Iron Age, or Former Three Kingdoms Period, Baekje had been coexisted with Lolang(樂浪) and Mahan(馬韓) in the Korean peninsula with forming close and active interrelationships within an interaction sphere of Korean peninsula. Without full acceptance of the early records of the Samguksagi, it is impossible to obtain any scholarly productive outcomes in the study of the ancient Korea. Quite for a long time, Korean archaeological circles have used a concept and term of Proto-Three Kingdom Period(原三國時代), whose term had been fortunately abolished by the National Museum of Korea since November 13(Tuesday), 2009. However, it is time to replace the inappropriate and illogical term and concept, the Proto-Three Kingdom Period with the Later Iron Age or Former Three Kingdoms Period. Mahan had been not only making the domestic interaction sphere among Mahan' s 54 chiefdoms each other, but also forming international interaction sphere between Mahan and surrounding foreign states such as Sunwu(孫吳), Dongjin(東晋), Liang(梁) of 6 Nanchao(南朝) Dinasties, Wimanjoseon(衛滿朝鮮) and Baekje(百濟) states and even chiefdoms like Okjeo(沃沮), 東沃沮 (Dongokjeo), Ye(濊D)/Dongye(東濊), Byeonjin(弁辰), Kronovsky(北沃沮, 團結) and Poltze(挹婁), forming itself "Horizon" based upon "spatial continuity represented by cultural traits and assemblages" as in the Chavin and Tiahuanaco Horizons in South America. It was natural process that Mahan had adapted to its environmental niches and tried to seek the survival strategies among the international relationships with chaotic conditions in those days. However, further studies and archaeological evidence are needed to confirm the rise and fall of the Mahan in association with the historical documents in Korean peninsula.

한국 신석기시대의 대외교류 시론

신숙정

신숙정(申叔靜)

연세대학교 사학과 및 동대학원 졸. 문학박사. 연세대학교 겸임교수 역임. 문화재청 전문위원, 한국신석기학회 회장 및 한국상고사학회 회장 역임. 현) 한강문화재연구원 원장.

주요논저: 『우리나라 남해안지방의 신석기문화 연구』, 『북한 선사 문화 연구』(공저), 『고고학과 자연과학-토기편』(공저), 『고고학 연구방법론』(공저).

Ⅰ. 머리말

이글은 "동아시아 문명의 기원과 교류"라는 대주제 아래 북방지역 · 요서 · 송눈 · 요동 · 연해주 · 일본으로 지역을 세분하여 한반도의 대외관계를 살펴보는 논고 가운데 한 부분이다. 필자는 신석기시대 전공자로서 한반도 및 그 주변국가인 중국 · 일본 · 러시아 등의 신석기시대 교류에 대한 연구를 어떻게 해나갈것인가, 즉 교류연구의 방향에 대해 언급해보려 한다. "기원" 에 대한 고찰은 아래 2장에서 검토하는 것으로 대신할 것이다.

신석기 이후 시기인 청동기문화에 대한 연구는 최근 중국과 우리나라에서 매우 활발하다. 중국 동북지방의 발굴, 연구성과는 거의 "실시간으로 보고된다" 라고 말해지고 있다. 이에따라 한국측 연구자들의 수자도 증가하고 있으며 단행본도 이미 여러권 나와있다(복기대, 이종수, 오강원, 강인욱의 저서 등등 다수). 개별논문의 수는 일일이 거론하기 힘들 정도이다. 다만 시기상 신석기시대 다음이므로 이 부분 역시 이 글에서는 다루지않겠다.

필자가 보기에 현재 중국 동북지방의 선사-고대문화 연구는 두가지 경향으로 나뉜다. 하나는 연구자료를 주로 고고학에서 가져오면서도 최종 목표는 고대사 복원으로서 역사문화적 접근을 주로 하는 쪽이다. 위에서 언급한 학자들과 중국측의 연구도 그렇게 분류할 수 있다. 다른 하나는 고고학적 문화들의 시간적 배열을 위한 연구로서 한국 · 중국 · 일본 고고학자들의 대다수 연구가 여기에 속한다. 편년의 방법으로는 주로 토기의 생김새(기형)와 무늬의 분류 대조가 쓰인다.

어느 방향의 연구이건 청동기-철기시대 연구의 풍성함에 비해 아직 한국 신석기시대의 교류에 대한 연구는 시작단계로서 그 내용이 빈약한 편이다. 따라서 이글도 신석기시대 한반도와 주변국가들의 교류에 대한 그간의 연구를 검토하고, 필자의 전망을 개진해보는 작업으로 그칠 것이다. 다만 한국 신석기-청동기시대 연구자들의 관심과 열의가 크고 한-러 교류가 활발한 등의 상황으로 보아 장차 신석기시대의 한반도를 중심한 교류연구가 빠른 시간내에 활성화될 것으로 기대된다.

Ⅱ. 개념의 검토

여기에서 몇가지 개념정리부터 하고 주제를 살펴보도록 하자.

먼저 한반도의 신석기문화에 대해 살펴보는 것이므로 "문명"에 대해서는 논의하지 않는다. 문명의 시작은 일반으로 청동기시대 이후이며 중국의 경우 최근 요서지방의 신석기문화(홍산문화)에 대해서는 상향 적용하고 있다. 반면 한국의 경우 문명이란 말의 용례는 거의 없으며 "청동기문화"란 용어를 주로 사용한다. 그리고 한국의 청동기문화라는 용어에는 "문명"이란 용어가 일반적으로 함의하는 문자의 발명, 무력의 합법적 사용, 관료제의 시작 등등 제반 정치사회문화적 현상을 다 포괄하지도 않는다. 어떻든 필자는 앞서 말한대로 한반도와 주변지역의 문명 형성 이전 단계에 대해 검토해볼 것이다.

지역적으로는 한반도의 신석기문화와 밀접한 관계를 맺었다고 생각되는 일본과 중국 동북지방 및 러시아 연해주지역에 대한 연구를 살펴볼 것이다. 우리나라에서는 중국 동북지방에 대한 연구는 "환황해"라는 입장에서, 러시아 연해주지역의 경우는 "환동해"의 입장에서 양자를 구분하여 연구하고 있으나 두 지역의 자료가 동시에 다루어져야 비로소 한반도 신석기 시대의 교류현상이 종합적으로 제 모습을 드러내줄 것으로 본다.

세번째로, 교류라는 용어를 사용할 때에는 몇가지 유의할점이 있다. 최근까지도 우리나라에서는 어떤 문화에 외래적인 요소가 발견되었을 때 이것을 즉각 "전파된 것"이라고 보며 여간해서는 교류의 산물로 보지 않는다. 즉 "교류"와 "전파"개념을 구별하지 않는다는 것이 필자의 오랜 생각이다(신숙정, 1994). 그런데 한국의 근대 고고학은 제국주의하 일제 강점기에 형성된 것이며, 이때부터 자주 언급된 문화 / 문명의 전파론은 발달된 외부문화를 한반도로 "일방적"으로 전해주는 것이며, 일방적 수혜를 의미하는 것이었다. 고유의 것은 미개한 것으로 언제나 그냥 남아있고 나머지는 모두 외부의 발명품으로 토착문화 위에 외피로 덧씌워졌으며 양자는 언제나 분리해낼 수 있다는 것이다.

이러한 일방적 전파론은 많이 극복되었다고는 하나 아직도 그러한 사고경향은 뿌

리깊으며, 나아가 기원론(요즘에는 잘 쓰지않는 계통론도 포함하여) 역시 같은데 뿌리를 두고 있다. 한반도처럼 1차적인 문화·문명의 형성지역이었다고 보기 어려운 지역에서 기원론에 대한 논의는 항상 가까운 외부로부터 상위의 문화전파가 상정되며 그 문화에 대한 기원지를 또다시 찾아야 하므로 논의는 계속 소급된다. 결국 한반도 내에서 융합되어 새로이 생성되어가는 한 시기의 문화를 연구·전개하기 어려운 측면이 있다.

장차 기원지 논의는 기후·환경조건·지형 및 지리적 장애 등의 공간에 대한 고려와 함께, 두 문화가 있는 지역 양자간의 관계로 전환시켜 연구되어야 할 것이다. 그리고 당시의 문화교류를 정확히 살펴보려면 교류현상을 직접 찾아내어야 할 것이다. 다만 교류를 말하려면 전파보다 쉽지않다. 교류의 개념을 세워야 하고, 그런 상호현상을 가져오는 주체가 설정되어야하며 유물의 원산지 추정과 분석 등등 해결해야할 과제가 많기 때문이다. 필자가 여기에서 몇몇 개념만 먼저 생각해보면 다음과 같다.

먼저, 신석기시대 교류(또는 교환)이란 호혜교환, 재분배, 시장교환 등 몇몇 교환의 범주(Renfrew et al., 2000 : 354) 가운데 호혜경제 정도일 것이다. 재분배란 널리 알려진 대로 계층화사회를 전제하기 때문에 신석기시대에 해당되지 않는다.

필자는 호혜교환(교역)의 개념을 ① 시간적으로 동시성이 있는 ② 서로간에 정체성이 다르다고 생각하는 두 집단이 ③ 물자와 "정보"를 주고 받는 것이며 ④ 교역이 상대방 사회에 미치는 영향에 대해 상대방의 내부에서 보는 관점 즉 emic perspective도 고려해야하며 ⑤ 교역 이후 상호 사회에 생겨나는 문화변용(acculturation)을 고려해야 한다 등으로 나름대로 정의내려 보았다(신숙정, 2007). 현재 상황에서 이런 관점으로 중국 동북지방 및 러시아 연해주와의 관계를 설명하기란 물론 어려울 것으로 예상된다.

교역의 증거는 실물로 남는 경우가 많으므로 현재 연구되듯이 문화요소의 유사성에 치중한 연구 뿐만 아니라 물질적으로 뚜렷한 증거들인 흑요석, 옥(또는 옥제품) 등의 증거확보와 성분분석 등으로 풀어나가는 것이 유용하다. 다만 이러한 특수재화는 교역의 범위나 개념을 제한적으로 보여주는 단점은 있다.

Ⅲ. 북한의 신석기시대 교류연구

1. 1990년대 이전 외부지역에 대한 관심

북한에서는 광복 이후 고고학 연구를 해나가는 과정에서 중국 동북지방이나 러시아 연해주 등지의 문화발달상에 대해 관심이 많았으므로 일찍부터 중국 과학원과의 교류(도유호-裵文中 등)나 연해주의 발굴 참관기(김용간, 1958) 등을 남겼다. 원체 지역적으로 붙어있고 문화요소 가운데 같은 부분이 많으며 체제가 같았으니 당연한 현상이라고 하겠다. 또 연구방법이나 편년 설정, 어려운 문제를 해결하는데서 중국・러시아 등으로부터 시사받은 바도 많았다고 여겨진다.

북한은 1950년대 무렵 청동기시대를 설정하기 위해 많은 노력을 기울였고 1960년대 초 그간의 발굴성과 위에 청동기시대 존재를 확정하는 논리를 개발하였다. 즉 청동(금속)유물이 나오지않는다 하더라도 청동기나 청동기 거푸집을 내는 유적의 유물과 같은 것이 나오면 그것은 청동기시대 유적으로 보아야한다는 주장(김용간, 1959)인데, 이는 Primorye(Russian Far East) 지역의 청동기시대 존재를 확정하려던 A. P. Okladnikov 의 주장(Klyuev, N. A. et al., 2002 : 154)과 논의방향이 거의 같다.

북한 고고학에서 시기구분 연구를 그다지 장려하지 않았던 분위기(여기에 대해서는 신숙정, 1995 등 참조)는 중국의 경우와 유사하다. 고고학자들이 원시시대의 생산관계와 사회발전단계 해명에 치중해야 하므로 개별 유물의 시기구분 연구에 매몰되지 않도록 여러차례 경계시킨 논의(고고학연구실, 1962 등)는 1950년대 말 중국 곽말약(郭沫若)의 후금박고(厚今薄古) 논의(강인욱, 2005 :14)와 같다.

또 서포항유적 발굴시 도유호가 그 해당연대를 기원전 5,000년으로 — 당시로서는 획기적으로 오래된 연대이며, 1990년대 초반까지 이 편년은 바뀌지않음 — 잡은 것은 어떠한 연대값이 있어서가 아니라, 주위 일본유적의 조몽토기와 러시아 연해주 신석기토기의 방사성탄소 연대값 등을 참고할 때 그 정도는 올라가야할 것이라고 단정하여 내세운 연대(도유호・김용남, 1964)이다.

그러나 무엇보다도 중국 동북지방에 대한 북한의 주된 관심은 신석기시대 편년을 위해 유사한 문화요소를 대비하는 일이었다. 김용간은 미송리유적에서 출토된 之字무늬토기를 편년할 때 중국 林西縣 富順永村, 瓦盆窯村의 빗살무늬토기들과 비교하고 적봉 홍산(赤峰 紅山) 등에서 찾아진 것과 유사한 것으로, 해당시기는 신석기 후기로 추정하였다(김용간, 1963). 리병선은 압록강 중류지역 토성리·쌍학리유적들의 토기를 농포동유적이나 연해주의 글랏까야 1기와 비교하기도 하였다(리병선, 1963). 이런 과정에서 북한의 신석기시대 편년은 한반도 내에서만 이루어지지 않고 압록강유역과 요동반도, 두만강과 연해주지역에 걸치는 광범위한 지역을 대상으로 하게되었다. 이가운데 요동지역의 상마석(上馬石)과 쌍타자(雙砣子) 유적이 가장 널리 비교·인용되었으며, 신석기-청동기 계승성을 보여주므로 매우 중요하다고 여긴 신암리 청등말래 유적 연대는 그보다 약간 늦다고 생각되는 쌍타자 유적의 연대측정값을 인용하여 기원전 3000년기 말로 잡았었다.

이렇게 외부지역의 신석기문화를 활발하게 비교하고 인용하였지만, 외부와의 비교를 통해 스스로의 문화에 대한 인식을 심화시키거나 체계적인 외부문화 연구를 하려는 목적의식은 없었다고 여겨진다. 오히려 비슷한 문화요소가 있는 곳을 북한 신석기문화의 연장으로 파악하고, 북한의 신석기체계와 시기구분 안에 편입시키려는 의도가 강했다. 따라서 "교류"에로 눈을 돌리는 연구는 기대하기 어려웠다.

2. 미송리유적과 문화유형의 설정

1960년대 이후 오랫동안 외부의 신석기문화에 언급이 없던 북한에서 1980년대부터 중국 단동(丹東)시 후와(後窪)유적(고고학연구소 자료실, 1988), 홍륭와문화(興隆窪文化, 백용기, 1988), 요동반도 남단의 유적(고고학연구소 자료실, 1988) 등을 소개하기 시작한다. 아마도 북한에서는 언급하건 하지않건 중국 동북지방-러시아 연해주지역의 발굴자료와 성과들에 지속적으로 관심을 갖고 있었을 것이다.

1980년대에 시작된 논의의 초점은 之字무늬토기의 존재 때문이다. 1980년대 이후 중국 동북지방의 발굴성과에 의하면 之字무늬토기를 가진 납작밑 통형관들은 그 지역 신석기시대의 가장 이른시기를 대표하는 것으로서 기원전 6,000 년 또는 그 이전으로 편년되고 있다. 홍산 · 흥륭와 · 신락 · 후와 · 소주산(紅山 · 興隆窪 · 新樂 · 後窪 · 小珠山) 유적 등등 한반도와 가까운 곳곳에서 많이 찾아진다. 한편 우리나라에서 지자무늬토기는 1961년 의주 미송리동굴 유적에서 출토되었고, 발굴 당시에는 신석기 후기로 편년된 바 있다.

북한에서는 미송리유적의 之字무늬토기를 중심으로, 미송리와 가까운 소주산유적을 묶어 한국 신석기문화 가운데 "미송리-小珠山 유형"을 설정하였다(서국태, 1990 ; 력사연구소 · 고고학연구소, 1991). 이 유형의 해당시기는 之字무늬가 나오는 신락(新樂)유적의 탄소연대를 참조하여 기원전 6,000년으로 잡았다. 한편 나머지 유적들에 대한 관점도 정리할 필요가 있으므로 세죽리-정주 대산리 당산-함남 신포시 강상 유적 이남의 둥근밑 빗살무늬토기들이 나오는 지역을 묶어 "궁산-동삼동유형"을 설정하였다. 서포항문화의 요소는 남연해주지방까지 찾아진다고 하여 그곳의 대표되는 유적 이름을 따서 "서포항-앵가령(鶯歌嶺)" 유형[1]으로 구분하였다. 즉 북한의 신석기문화는 세 유형을 중심으로, 연대상한은 기원전 6,000년전으로 전면적으로 재편된 것이다.

새로운 시기구분은 두가지 특징을 갖고 있다. 한반도를 벗어나 요령지방 남부와 연해주 남부까지를 한국 신석기문화권으로 넣으면서 그 영역은 확대되고, 시원은 1,000년 가량 소급되었다. 결국 외부지역에 대한 연구와 관심의 목표는 영역의 확대와 한국 신석기문화 시원의 유구함 확보로서 이전과 같은 셈이다. 이러한 연구에서 교류현상을 찾기 어렵다. 교류란 필자가 앞서 제안한대로 서로간에 정체성이 다른(다르다고 생각하는) 집단들이 공간상으로 일정한 거리를 두고 이루어지는 행위일텐데 위의 주장에는 그런 여지가 전혀 없다.

---

1) 서포항-앵가령 유형이란 설정은 북한쪽 연구 논리로도 무리한 것이다. 鶯歌嶺문화는 잘알려진대로 남연해주의 신석기 후기 Zaisanovka 문화이다. 북한에서 가장 이른 시기를 대표한다는 서포항유형과 같은 유형으로 묶기 위해 지역명을 거론하면서 후기를 지시하는 문화와 묶은 것은 맞지않다. 오히려 현재 남한의 시기구분 입장(동시에 러시아 연해주 연구자들의 입장)에서 서포항문화는 신석기 후기 문화에 속한다. 이 관점에서는 서포항-鶯歌嶺유형이 타당한 셈이다.

Ⅳ. 남한의 신석기시대 교류연구

1. 신석기시대의 교류와 편년

남한의 신석기시대 교류연구는 다소 활발한 편이다. 교류(교환)품목의 확인에서 벗어나 교류현상의 이유를 찾아내고 설명하기 위해 노력하고 있기도 하다. 한반도와 일본과의 교류 연구에는 일본의 연구자들도 많이 참가한다. 최근에는 러시아 연해주지역과의 인적교류나 합동발굴도 잦아서 정보교환도 신속하다.

외부지역과의 교류연구는 특정한 물질 즉 교류품목을 과학적으로 분석하는 것이 가장 지름길일 것이다. 한국 신석기 연구에서는 1980년대 양양 오산리 유적 발굴에서 출토된 흑요석의 분석을 통해 이것이 백두산 계열임을 확인한 것이 첫 작업일 것으로 여겨진다. 이것으로 강원도지방과 백두산지역의 교역사실을 추정할 수 있게된 것이다.

흑요석은 특히 문화의 교류와 확산에 강력한 인자라고 말해지는 품목인데, 남해안 신석기집단과 일본과의 흑요석 교환을 추론한 연구가 있다(하인수, 2006 : 226-227). 신석기시대 남부해안 각 지역의 모든 집단이 독자적으로 흑요석을 입수하는 것은 곤란했을 것이므로 특정 거점집단을 중심으로 반입되어, 주변 여러집단으로 유통되었을 것이라고 추정하였다. 거점집단으로는 부산 동삼동과 범방, 욕지도와 연대도 패총 등을 지목했다. 중간지대를 매개로 간접 인수하는 경우 대마도로 이주한 즐문토기인(越高유적이 대표)들을 통해 교역이 이루어졌을 것이라고 상정하였다. 그리고 분석결과를 인용해 흑요석 수입 루트가 단선적이 아니라 다원적 교역망을 가진 것으로 추론하였다. 일본에 보내는 흑요석 교환물품으로는 투박조개(*Glycymeris albolineata*)를 지목하였다.

이 논의는 교역의 유형과, 교역 거점을 추정해 보았다는 점에서 진일보한 연구 예인데, 일단 남해안지방 신석기 조개더미 유적에서 출토되는 흑요석들이 큐슈지방 "고시다께(腰岳)" 산 기원이라는 분석결과가 나왔기 때문에 가능한 해석이다. 이로본다면 신석기시대의 한반도는 중부지역 이북에서는 백두산 계열의 흑요석을, 남부지역에서는 일본산을 가져다 쓴 것으로 볼 수도 있겠다.

그밖에도 신석기시대 한일간의 교류에는 서로간에 없는 물질(사누카이트 같은 돌감, 서북구주형 낚시바늘, 고라니 이빨로 만든 치레걸이 등)의 교환과, 양 지역에 교차 출현하는 남해안식토기 대 조몽토기들이 많이 지적되고 있다. 즉 일본(큐슈)과의 교류에는 중거물품이 많은 편이다. 다만 필자는 이러한 품목들에 대해서도 가능한한 분석을 하여 원산지를 확인하는 것이 우선이라고 생각한다. 과연 알려진대로 우리나라 남해안에는 사누카이트가 없는 것일까? 고라니 이빨 치레걸이는 어느 곳에서도 만들 수 있지않을까? 등의 기본문제를 먼저 해결해야 할 것이다.

최근에는 대한해협을 사이에 두고 교환된 물품을 시기별로 검토하려는 시도가 이루어졌다(임상택, 2008). 이 글에서는 각 지역 내부의 사회경제적 변화과정과 관련하여 교역이 시기별로 변동되며 거점지역도 시대에 따라 달라진다고 추론하였다. 그러나 필자는 교류(교역)연구를 위해서는 원산지 분석을 위한 자연과학적 분석의 도움과 함께, 무엇보다도 모델설정이 우선해야 한다고 본다. 교역 모델이 제시되어야 거점도 설정할 수 있을 것이며, 현상의 기술 너머에 있는 "교역체계"의 구조적 원인을 해석 · 설명하려면 연구모델(방법)이 확립되어야 하기 때문이다. 또 각 지역 내부의 사회경제적 변화요인이 실제로 무엇인지 적시하지 못하는 상태에서 "사회경제적 변화"라는 명제만 내세워보아야 답변은 되지않는다.

최근 한반도의 신석기유적에서는 옥 제품이 많이 찾아진다. 이가운데 밑이 터져있는 목걸이(玦狀耳飾)는 고성 문암리, 부산 동삼동 조개더미, 청도 사촌리, 여수 안도 조개더미, 사천 선진리 유적 등에서 출토되었다. 이런 형태는 중국 동북지방과 러시아 연해주일대(체르토뷔 바로타 유적 등)에 널리 펴져있어 주목되며, 그렇기 때문에 동북아시아 전체의 교역 네트워크를 추정해볼수 있는 중요 물품이나 아직 본격적인 연구를 기다려야 하는 실정이다.

이러한 특정물질들 외에 우리나라 신석기시대 외부와의 교류는 대부분 토기무늬의 유사성을 가지고 "영향"을 주고 받았다는 서술로 이루어진다. 남한지역에서는 한반도의 북쪽보다는 상대적으로 가까운 일본의 조몽(繩文)문화와의 비교를 해왔으며 즐문토기와 소바다(曾畑)토기와의 유사성-관련성, 남해안 융기문과 일본의 초창

기토기인 융기문토기와의 비교(이동주, 2002), 그보다는 나중 시기인 도도로끼(轟) B식 토기와 평행관계를 이룬다는 주장 등이 있다(하인수, 2006).

편년만을 연구하는 입장에서 중국 동북지방과의 "영향관계" "시간상의 선후 또는 병행관계"를 고찰한 첫 작업은 1990년대에 나왔다. 백홍기는 양양 오산리유적의 납작밑토기의 기원을 추적하다가 중국 동북지방 신석기유적의 토기들에 대한 비교로 영역을 확장하였고(백홍기, 1993), 이러한 연구는 러시아 연해주지역과의 교류가 확대되는 2000년대 무렵부터 꽃을 피워 매우 많은 연구자들을 배출하게 되었다(김재윤, 배진성, 김은영, 강인욱 등등). 이들의 관심사는 대부분 토기편년이며 이것으로 문화의 기원이나 선후, 전파관계를 따지려는 경향을 유지한다는 점에서 연구는 활발하나 연구방법은 단조롭다. 그럼에도 불구하고 이 연구들은 몇가지 특징이 있으며 커다란 반향을 가져왔는데 ;

(1) 한반도 신석기토기의 기원을 중국 동북지방과 러시아 연해주지방에서 찾으려는 특징을 가지고 있으며

(2) 신석기시대의 토기만을 대상으로 연구하기 보다는 신석기 말-청동기시대 초기에 걸치는, 이른바 전환기에 대한 관심이 크다. 원래 청동기초기의 각목돌대문 토기의 기원에 대한 관심으로부터 출발한 연구자들이 많다(김재윤, 천선행, 배진성 등). 동북아시아적 관점에서는 대략 1990년대 부터 일본-러시아 지역과 중국 동북지방에서 갱신세에 출현한 고토기로 부터 시작하여 신석기-청동기시대의 전환기적 토기연구에 대한 광범위한 스케일의 연구가 이루어져 왔다고 볼 수 있다.

(3) Boisman, Proto-Boisman, Zaisanovka 문화 등 남연해주지역의 신석기시대 발굴성과를 가지고 서포항유적의 시기구분을 한 결과 서포항 1기는 신석기 중기(보이즈만 5단계), 2·3기는 Zaisanovka 문화 즉 신석기 후기로 편입되고 있으며 서포항 4기는 전환기, 서포항 5기는 청동기시대에 넣어진다[2].

서포항유적은 북한의 이른 신석기문화를 대표하는 것으로 알려져왔고 이 유적이

2) 연구자에 따라 약간씩의 편년 차이는 있다. 그리고 최근에는 러시아 연해주지역 뿐만 아니라 이와 맞닿아있는 중국 동북지방의 신석기 유적유물에 대한 대비를 통해 편년대상을 확장하고 있다.

북한 신석기 편년의 기둥이므로, 위의 논의에 따르자면 장차 북한의 신석기 편년은 전면적으로 다시 이루어져야 한다.

(4) 남해안 신석기만기의 겹입술(二重口緣)토기 역시 전환기 내지 청동기시대 이른시기의 것으로 보며

(5) 한반도 외부지역의 유적들에 대한 인식 결과 한반도의 북서쪽과 동북쪽 지역 모두에서 신석기-청동기시대의 점진적인 변화과정을 인정한다는 점 등이다.

최근 서포항과 러시아 연해주지역의 신석기시대 편년비교 가운데 두어 례를 소개하면 다음과 같다(표1, 표2 참조). 이를 보면 한반도 내의 신석기 편년(청동기시대도 마찬가지)이 한반도 내의 유적유물들만 가지고 이루어지는 시기는 지나버렸음을 깨닫게 된다. 더불어 1950년대 후반~1960년대 전반기에 북한에서 활발히 이루어진 지표조사 결과 찾아진 각종의 이형(異形) 토기 석기들 또는 정체를 알수 없던 토기들(황기덕, 1957a, b, c)의 분포와 기원 등에 대해서도 궁금증이 거의 풀리게 된 것이다.

표지유물	B.P. 6500	B.P. 5000	4000	3800	3700 3500	
	소주산 하층	소주산 중층	소주산 상층		쌍타자 제문화	궈다순 · 장싱더 2008[5]
타래문 뇌문		나진-서포2期 신개류 下 上 테류헤 下 푸후순 콘돈 文	서포3期 / 농포 앵가령 下 올레니1 / 자이사노프카 1 보즈네세노프카 文			大貫靜夫 1985
뇌문			서포2期 농포 1계열 홍성(興城) 신석기 ?	농포 2계열 서포3期 자이사노프카1古	서포4期 금곡 자이사노프카 1 레티호프카 04 아누치노-14하층 레티호프카99	김재윤 2007
횡주어골문			한시-1 / 크로우노프카1下 / 자이사노프카-7	자이사노프카-1	크레르크-5 / 노보셀리쉐-4	宮本一夫 2007
승선 · 침선 횡주어골문			古단계a기 그보즈제보3 우스티노프카 8 / 古단계b기 크로우노프카-1 보이스만ZC[6] 르박-1	新단계a기 자이사노프카-1	新단계b기 레티호프카	伊藤愼二 2005

〈표 1〉 동북한 신석기시대 후기의 편년 (김재윤, 2010 : 9)

	동북한	중국 延邊지역	연해주 남부	절대연대 (B.C.)
신석기시대 말기(전환기)	서포항 4기 오동 1기 호곡 1기 초도 1기	興城 1-2 興城 2기	자이사노프카 문화 후기	20세기 15세기
청동기	오동 2기 서포항 5기 오동 3기 서포항 6기 초도 2기 오동 4기 서포항 7기	興城 3기 興城 4기 興城 5기	마르가리토프카 (석검 및 초원청동기관련 유적군) 시니가이 문화	
중기 청동기	오동 5기 - 호곡 2,3기 초도 3기	柳庭洞 유형 전기 小營子	시니가이 · 아누치노	10세기
후기 청동기	호곡 4기 초도 4기(연해 유형) 호곡 5기	柳庭洞 유형 후기 아누치노 문화(내륙)	리도프카 문화(연해주 산악지역) 얀콥스키 문화(해안)	8세기
초기 철기시대	오동 6기 초도 5기 호곡6기 오동 7기	團結文化	크로우노프카 연해주 폴체 문화(=올가 문화)	5세기 기원전후

〈표 2〉 두만강유역 신석기시대 말기-초기철기시대의 편년(강인욱, 2009 : 106)

2. 전환기에 대한 인식

필자는 우리나라 고고학자들의 공통적인 연구특성 즉 토기와 집자리(住居址) 중심의 서술이 변화해야 한다고 보고있다. 한시기의 문화가 다른 시기의 것으로 넘어가는데 토기의 변화 만으로 설명되어지는가 하는 부분에 대해서이다. 최근에는 취락중심의 서술로 바뀌고 있으나 이 역시 "집 구조의 변천" 중심이라는데서 동일한 결과를 가져온다.

토기의 생김새와 토기무늬고찰(또는 집자리구조와 짜임새의 변천고찰) 만으로 문화 전반을 설명할 수 있는가? 그런 입장에서 다음 문화에로 넘어가는 전환기적 양상을 확신할 수 있을까? 전환기란 무엇을 의미하는가? 그것으로 교류현상도 설명되는가? 등등 답변하기 어려운 무수히 많은 문제들이 있다.

이것은 근원적인 문제라고 본다. 우리나라의 전공자들은 자연 · 인문지리 환경에 대한 관심이 희박한 가운데, 교류현상에 대한 논의도 없이 편년으로 주변유적들과의 전파관계를 단정하는 경향이 강하기 때문이다. 지금부터라도 옛 자연환경에 대한 관심과 함께, 문화발달 양상에 대한 관심쪽으로 그야말로 "전환"해주어야 할 것을 제언하는 바이다.

한반도 신석기문화와 청동기문화와의 관계에 대해서는 얼마전까지 다소 억지스러운 단절론이 제시된 바도 있으나 최근에는 대부분이 점전적 발전을 주장하고 있다. 예를들면 "… 압록강~청천강 유역은 두만강유역도 그러하듯이 즐문토기에서 무문토기로의 연속성이 강해서 여기까지는 즐문토기이고 저기서부터는 무문토기이다 라는 식으로 자르기 어렵다" (배진성, 2009 : 22쪽) 등의 주장이 그러하다. 이는 한반도의 서북-동북지방만의 고찰에서 벗어나 중국 동북지방-러시아 연해주지역의 신석기-청동기시대 토기 비교를 하는 과정에서 자연스레 쌓여간 관점이며(천선행, 김재윤, 배진성 등), 과거의 시각과 매우 달라진 부분이다.

필자는 신석기-청동기문화의 변화는 질적이고 급변한 변화가 아니라 신석기문화와 같은 궤도상의 양적 확대라고 계속 언급해온 바 있다(신숙정, 2001, 2007 a,b). 왜냐하면 한반도 신석기 끝무렵의 문화 흐름은 농경을 통한 경제규모의 확대[3], 취락의 확대나 개척, 교환 및 교역의 증가, 이로 비롯되는 사회구성의 복잡화 쪽으로 추구되어 나갔을 것이기 때문이다. 그리고 이것은 청동기시대의 문화양상과 동일하다고 여겨지기 때문이다.

발굴현장에서 신석기-청동기문화의 흔적들이 겹쳐서 나타나는 현상이 너무 잦음에 대해서도 새로운 시각을 요한다(신숙정, 윗글들). 즉 장방형 집자리 내부, 하부(때로는 고인돌 하부) 등에서 빗살무늬토기와 무문토기들이 같이 나타나는 경우 등이 그것이다. 이는 일찍이 무산 범의 구석 9호 집자리나 옥석리 · 교하리 유적에서부터 나타난 현상인데 발굴보고자들은 모두 청동기문화로 해석하여 결론을 내렸다. 그렇게되면 빗살무늬토기의 존재는 잊혀진다. 그러나 이런 현상은 없어지지 않고 계속 축적

3) 신석기 후기에 자연환경의 변화(기후 악화)로 인한 농경의 축소 내지 쇠퇴는 자주 거론된다. 청동기시대의 환경악화는 지금까지의 자료로 볼 때 개연성은 많으나 실증적인 연구는 거의 이루어져있지 않다. 그리고 청동기시대 문화라는 넓은 범위의 측면에서 볼 때는 환경악화라는 것은 일시적이고 국지적인 현상일 수 밖에 없는 것이다. 가장 요구되는 부분은 전공자들에 의한 고기후 연구, 그리고 이에 대한 정확한 이해와 인용이다.

되고 있으며 발견례가 점점 많아지므로 설명이 필요하며, 과거의 자료들에 대해서도 재고할 수밖에 없는 시점이 된 것이다.

Ⅴ. 제언

1. 주변국가 연구의 이해와 개념 정립

현재 우리나라는 중국과 러시아 연해주지역의 연구를 신속히 활용하고는 있으나 자료 인용에서 주의할 바가 많다고 여겨진다. 첫째로 용어의 개념정립이 필요하다. 예를들어 중국에서도 "고고학적 문화"는 대략 동일한 시기에 일정 지역에 집중 분포하는 동시에 일정한 지역적 특성을 갖는 유적유물복합체를 의미한다는 점에서 별 이견이 없으나 그 하부(세부) 단위로서 "유형(類型)"이 등장할 때부터 의미들이 제각각이 된다. 유형은 문화가 지역적 차별성을 갖는 것으로 이해되는데 phase(Chang, 1990) 또는 type(大貫靜夫, 2008)으로 달리 번역된다. 각 유형은 기(期), 단(段) 등으로 시간적으로 세분된다. 이 경우 동일문화 내의 유형이 서로 시기차를 나타내지 않는다.

또다른 이해방식의 경우 유형은 공간 및 시간상의 細別이라는 것이다. 그러다보니 각 단계에서 다수의 지역유형이라는 것이 생긴다. 또 지역차를 나타내면서 시기차를 반영하는 경우도 있고 편의적으로 "문화유형"이란 용어도 만든다(이상 大貫靜夫, 2008).

이렇게 용어 사용례가 명확하지않은 데다, 중국측의 실제 연구를 보면 자료가 나타나는데 따라 유형이 성급히 규정되는 경우가 많다. 새로운 유적을 발굴할 때 마다 새 유형이 생긴다고 여겨진다. 유형과 기, 단 등의 용어의 위계에 혼동이 생겨나기도 한다. 교류, 영향, 관계 등의 용어에 대한 개념정의도 부족하여 매우 포괄적인 의미로 막연하게 두루 쓰인다.

중국에서 인종, 민족, 정치체를 확인・증명하는데 자주 사용하는 인류학적 분석방법이라는 것은 매우 문제가 많은 부분이다. 이것은 고작해야 형질인류학적 관점에서 신체 각 부위별 계측값을 (그것도 몇가지만) 제시하고 타 주민집단과 비교하는 것인데 결론은 엄청나게 비약된다. 오늘날 DNA 연구가 활용되지 않는 이런 방법은 결코 (생물)인류학적 연구가 아니며, 따라서 이런 계측값을 통해 내린 결론은 아무 쓸모없는 것이다.

한국학자의 입장에서 외국의 연구성과를 인용할 때 여러 학자의 다른 견해를 제각각 소개하는 경우도 많다. 예를들면 2006년 같은 해에 같은 국립문화재연구소에서 펴낸 책에서도 편년이 일치되지 않는다. 즉 한 책에는 마르가리또프카 문화를 청동기시대에 속한다 (국립문화재연구소 편, 2006 : 10 ; Medev의 견해)고 보았다. 다른 보고서의 편년을 보면 마르가리또프카 문화는 신석기문화 후기(국립문화재연구소 외, 2006)에 속한다. 후자는 Klyuev(et al., 2002)의 견해를 따른 것으로 여겨지며 최근의 한국 논의는 주로 후자쪽이다. 학자마다 편년이 다를 수는 물론 있으나 우리가 잘 모르는 외부의 자료를 인용할수록 정론이 필요하며 이것이 흔들릴때 제3국의 연구자들은 연구를 진행하기 어려워지는 것이다.

결국 중국, 러시아 공히 연구의 개념 · 연구방법 등에서 체계가 부족하다고 할 수 있다. 다행히 최근들어 우리나라에서 중국, 러시아 등지의 연구방법상의 취약성을 극복하려는 주장들이 자체적으로 대두하고 있다. 외부지역의 선사-고대문화를 한국의 고고학-고대사 연구를 위해 단편적으로, 우리 입맛에만 맞게 짜깁기식으로 가져오면 안된다는 자각이 생긴 것이다.

중국 측의 자료를 받아서 간접적으로 연구하는 경우

1) 자료 자체를 실제로 보고 관찰하고 본인의 판단력을 구사하는 기회가 배제되며

2) 연구자들이 내린 결론, 연구경향, 관점에서 벗어나기 어렵다(오강원, 2004). 연구자 본인의 관점을 세우고, 한국 주변국가의 선사-고대사에 대한 체계적 지식이 필요하며, 객관적 · 독자적인 입장에서 연구를 해야겠다는 주장(복기대, 2005)이나, 한국고대사의 문제를 푸는 보조수단으로 중국 동북지방의 고고학적 성과를 이해할 것이 아니라 복합사회의 진행, 생계경제, 지역간 교류와 교역, 위신재의 획득 등 좀 더 나은 고고학적 방법론에 충실한 연구가 나올 때 한국 고대사, 고고학에 기여하게 될 것

이라는(강인욱, 2005 : 22) 주장들은 매우 타당하다.

2. 환경과 생업 복원

중국이나 러시아의 자연환경연구 중시는 널리 알려져있다. 최근 러시아 연해주지역의 러- 일 합동조사대는 발굴목표를 《극동 아시아에서 초기 전신세의 환경변화와 선사시대 생업체계에 대한 연구》(*Study on the Environmental Change of Early Holocene and the Prehistoric Subsistence System in Far East Asia*)[4] 로 잡고 있으며 이렇기 때문에 러시아 과학원 내의 해양생물학 연구소(Institute of Marine Biology)도 늘 참가한다. 꽃가루는 특히 중요하게 여긴다. 14C 연대가 불확실할 때 꽃가루 분대는 시간을 알려주는 지표가 되며 당시 사람들의 생업에도 직결되기 때문이다. 체분석(sieve analysis)을 통해 동식물자료 등 환경자료(ecofacts)를 찾는데도 열심이다.

중국의 연구도 이에 못지않다. 유적을 발굴하면 대부분 그곳의 옛환경 전체-제 4기학, 고기후, 고지형, 퇴적물(沈積物), 식생과 꽃가루(植被 · 孢粉), 동물상, 해수면변동, 연대측정 등에 대한 연구작업이 뒤따르며 이들을 각각 또는 종합하여 단행본으로 출판한다. 유적의 "環境考古"에 대해 거의 모든 분야에서 연구가 이루어지며 각 분야에 관한 학회와 학술지도 매우 많아 관심이 지대함을 알 수 있다.

주변국가의 연구동향에 비하면 한국의 고고학은 환경에 대해 너무나 관심없음을 지적할 수 밖에 없다. 이러한 경향은 해외유학을 다녀온 연구자들에게서도 동일하여, 그쪽 국가의 총체적인 연구업적에서 토기편년 중심으로만 발췌하여 인용 · 소개하는 경우가 허다하다.

필자는 러시아 연해주 지역의 클럭 5 · 자이싸노프카7 · 끄로노프카 1 유적에서 그간 보고된 자료를 가지고 한반도 북쪽의 신석기시대의 환경과 생업에 관한 자료를 만든 바 있다(표 3).

4) 자이싸노프까 7, 끄로노프까 1, 클럭 5 유적들을 발굴하는 러-일 조사대의 한결같은 제목이다.

〈표 3〉 환동해지역의 신석기시대 포유동물상

		서포항	농포	범의구석 (신석기+청동기+철기)	Chertovy Vorota	Zaisanovka
메토끼	*Lepus manchuricus*	4	○	○	토끼목	
청서	*Sciurus vulgaris*		○			
짧은 꼬리 집쥐	*Rattus norvegicus*		○		쥐목	
수달	*Lutra lutra*	5		○		
검은 돈	*Martes zibellina*			○		
산달	*Martes cf. flavigula*	2		○	○	
오소리	*Meles meles*	15		○	○	
족제비	*Mustela sibirica*	○	○		○	
큰곰	*Ursus arctos*	4			곰과	
여우	*Vulpes vulpes*	13	○			
너구리	*Nyctereutes procyonoides*	29	○			
승냥이	*Canis lupus*		○			
개	*Canis familiaris*	63	○	○		○
고양이속		2				
삵	*Felis euptilura*	18				
표범	*Felis pardus*	2			○	
갈범	*Panthera tigris*				○	
물개	*Callorhinus ursinus*	30				
바다사자(남바다 사자)	*Zallophus californis*	41	○			
잔점무늬넝에	*Phoca vitulina*	29				
멧돼지	*Sus scrofa*	87	○	○	○	○
집돼지	*Sus scrofa domestica*	5		○		
사향노루	*Moschus moschiferus*		○	○	○	
복작노루(고라니)	*Hydrpotes inermis*				○	
노루	*Capreolus capreolus*	239	○	○	○	○
사슴	*Cervus nippon*	53		○		○
누렁이(말사슴)	*Cervus elaphus*	145	○	○	○	○
몽골말사슴	*Alces alces*					
산양	*Nemorhedus goral*			○		
소	*Bos cf. taurus*			○	첫소	
말	*Equus sp.*			○		
작은 곱등어	*Phocaenoides dalli*	2				
수염고래	*Balenoptera sp.*	3				
물소	*Bubalus bubalus*					

이들을 가지고 생업을 복원해보면 자이싸노프카의 말사슴은 개체수도 크며 많이 잡았던 것으로 나타났다. 더구나 자이싸노프카 7 유적의 어류동정을 보면 감성돔·홍어목·황어종·붕어종·연어과·볼락종·숭어 속·가자미과 등이 나온다. 클럭 5 유적에서는 양코브스키 문화기와 섞여있는 것이지만 상어목·돌고래목·청어과·청어·잉어과·연어과·대구과·고등어속·다랑어속·바다 배스·새뼈·오리과·사슴종·노루·멧돼지·쥐과 등 다량의 물고기뼈가 나왔다(Komodo et al., 2005). 민물-바닷물의 어류상이 섞여있어 석호옆의 환경임을 잘 보여주며 상노대도-동삼동 유적 등 남해안지방에서 출토된 어류상과 비슷하여 흥미롭다. Popov 등도(1995) 연해주에서 난대성 굴의 존재 등에 대해 언급한 바 있으므로 이들을 종합·분석하면 당시의 온난환경에 대해 더 많은 자료를 확보하게 될 것이다.

자이싸노프카 7 유적의 꽃가루분석을 보면 소나무·개암나무·자작나무·오리나무·참나무 등의 나무꽃가루(AP)와, 벼과·방동사니·명아주·쑥속 등의 풀꽃가루(NAP)가 나온다. 이들의 조합은 재배단계에 흔히 보는 것들이다. 식물화석으로는 개암나무 열매가 매우 많이, 가래와 신갈나무 열매, 야생사과, 포도 등이 출토되었다. 이들은 주로 겨울용 식료로써 저장움에 들어있던 것인데 결국 자이싸노프카에서 기장 재배가 이루어졌으나 아직 이것만으로는 거주민들의 생계유지에 충분하지 않았음을 보여준다고 한다(Komodo et al., 2005).

크로노프카 1 유적의 하부층에서는 기장(야생형, 재배형 둘 다)·가래·도토리·개암나무속·왕머루·황벽나무 등의 식물화석이 나왔다. 한편 잡초류(*Echinichloa crusgalli*)의 존재는 농경의 간접증거로 보았다(Komodo et al., 2004). 자이싸노프카 문화기의 마지막 단계인(3,390±55 BP 등) Rettichovka 유적에서는 기장과 조가 나왔다(Sergusheva, 2006). 이로써 연해주지방에서는 기장과 조의 존재가 확실한 것으로 나타난다.

위의 생업 복원을 그림표로 그리면 일본측 죠몽의 사계 패턴과 같다.

- 물고기잡이 : 일년 내내 (민물, 바닷물 환경 모두 이용)
- 굴따기 : 늦가을에서 봄까지.
- 동물사냥·식용식물 채집 : 기장재배를 보완하는 계절활동
- 농사짓기 : 기장, 조 재배

신석기 말기-청동기 초기에 러시아 연해주 지방에서 더 내륙쪽으로는 농사짓기가 매우 활발했던 것으로 추정하는 연구가 있다(강인욱 외, 2004 등). 신석기 말기부터의 환경 악화로 인한 농경활동의 집중이 그 원인이었을 것으로 추정하는데, 이 지역의 신석기 후기-청동기시대 초기의 기후변화에 대해 앞서 언급한 대로 연구가 거의 이루어져 있지않다. 그럴 개연성은 충분하다 하더라도 고고학자들끼리 서로서로 돌려가면서 환경변화의 가능성에 대해 언급하고 서로 인용하다보니 검증된 것으로 굳혀져가는 중이다. 아직 실제적인 연구가 매우 부족하며, 간혹 환경자료를 인용할 때도 이해도가 떨어져 자의적이며 오류가 많은 편이다.

3. 유물의 유사성 연구와 신석기문화 공간의 확장

1) 유물의 유사성 연구

고고학적 유물의 유사성 비교(결국 교류 · 교환으로 연결되는)에서 가장 뚜렷한 요소는 동일한 또는 같은 수법으로 만들어진 특별한 유물의 확인이다. 예를들면 옥, 결상이식(玦狀耳飾), 흑요석 유물 등을 꼽을 수 있다.

백두산계의 흑요석 분석과 이에따른 분포권역을 보면(Obata, 2004) 구석기시대 후반 400km 권역, 신석기시대 700km 이라고 한다. 중국 동북지방의 서부, 눈강 유역 등은 대흥안령(大興安嶺)계의 화산 glass를 사용한 것으로 나타난다. 개별집단이 장거리를 모두 커버했을 리는 없으나 연해주, 한반도 동북지역의 흑요석산지 가까이에 있는 집단들은 직접 갔다오는 것도 가능했을 것이다.

옥의 존재는 중요한 위신재로서 흑요석 보다 더욱 귀한 것이다. 신석기시대 옥은 고성 문암리 · 울진 후포리 · 범방 · 연대도 · 부산 동삼동 · 주월리 등지에서 나와 출토례가 상당하며 玦狀耳飾은 앞서 언급한 지역과 더불어 중국 동북지방의 興隆窪 M 117, 부신 사해(阜新 查海), 흑룡강의 소남산(小南山) 유적 등등, 그리고 러시아 연해주지역의 Chertovy Vorota, Boysman 2 유적 등지에서 찾아진다(그림 1). 향후 더 찾아질 것이나 아직 옥의 산지에 대해서는 흑요석보다 연구가 덜 되어 있으며 귀중한 재료이므로 성분분석도 잘 이루어져있지않다. 향후 비파괴분석 등의 방법이 적극 개발되어야 할 것이다.

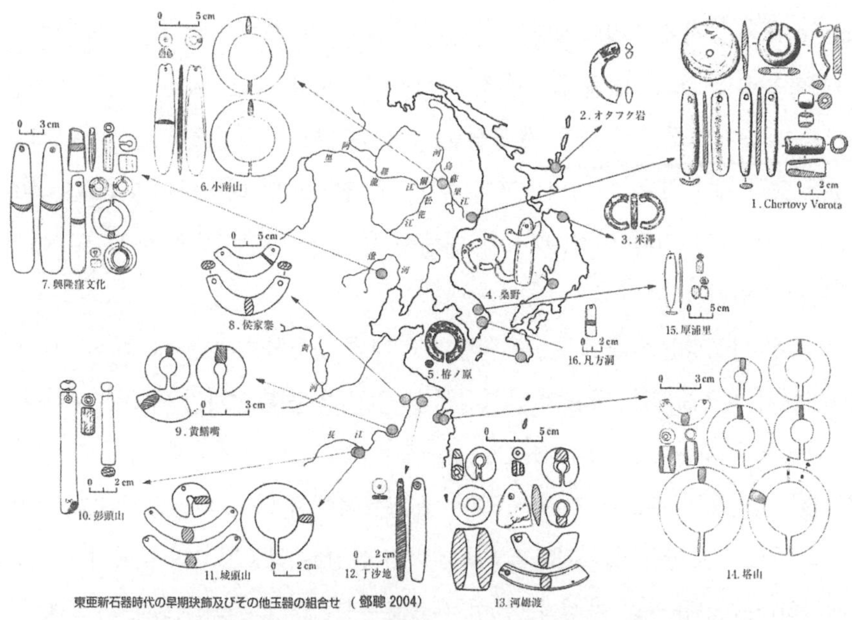

図1　東亜新石器時代の早期玦飾及びその他玉器の組合せ（鄧聰 2004）

〈그림 1〉 동북아시아 신석기시대 이른시기의 결상이식 및 기타옥기의 조합

편년의 대상으로 그 유사성이 가장 많이 비교되는 토기를 보자.

우리나라의 서북지방 유적들은 중국 동북지방과의 교류사실을 매우 잘 보여준다. 용천군 신암리, 미송리유적의 유물복합체들은 신석기 말-청동기시대 초에 걸쳐 요동요서(遼東遼西)와 병행함을 잘 보여준다. 미송리, 당산 등지에서 나타나는 之字무늬토기는 요동과 요서의 이른 신석기의 대표주자로서 당시 한반도까지 널리 쓰이던 무늬임이 확실하다. 남경유적의 덧무늬 목단지는 곽가촌의 것과 무늬, 기형에서 유사하다[5].

그런데 미송리의 유명한 之字무늬는 요령성-한반도 서북지방과의 유사성만 있는 것이 아니다. 멀게는 바이칼호 주변의 Ust-Karenga 유적으로부터 아무르의 Khummi 유적, 피터대제만의 쁘후순 유적(アレクセイ, 1982), 그리고 제주도 고산리 유적에서 출토될 정도로 분포범위가 넓다.

우리나라의 뾰족밑토기도 넓게 찾아보면 左家山유적, Ust-Karenga, Gromatucha,

5) 발표자는 郭家村과의 교역품으로 본다.

Sakhalin 유적 등지에서 찾아진다.

서포항유적을 보자. 연변 금곡유적은 서포항유적과 닮았기로 유명한데, 연변박물관 측에서는 그곳에서 나온 유물들을 고찰하면서 앵가령(鶯歌嶺) 하층, 서포항 4 · 5층, 호곡 제 1 기층, 자이싸노프카 유적 1호 집자리와 대비하고 있다(延邊博物館 編, 1988). 서포항유적과 연변, 러시아 연해주 유적들의 대비는 앞의 표 1, 2에서도 이루어지고 있다.

조빈복은 서포항문화를 小珠山유형이라고 계속 주장하는데(趙賓福, 1996 ; 2002), 그의 관점에서 平底筒型罐, 葉脈의 단사선문 등을 보면 분명 양자가 비슷한 것이다. 적봉시 대남구유적(遼寧省文物考古硏究所 · 赤峰市博物館, 1998)에서 나온 통형관 등도 서포항이나 범의 구석 토기들과 유사하다. 查海유적에서 나온 뇌문토기(辛岩 · 方殿春, 2003 : 38)들도 서포항유적의 것과 닮았다. 이런 현상은 청동기시대 들어서도 계속되어 태자하(太子河)유역의 마성자, 산성자 출토유물(遼寧省文物考古硏究所 · 本溪市博物館, 1994) 가운데 미송리단지의 유사성은 널리 지적된 바 있다.

이런 양상, 그 분포와 유사도는 동북아시아에 걸쳐 무수하게 찾아질 것이다. 따라서 중국 동북지방-러시아 연해주지역에서 토기(와 무늬)들의 유사성을 가지고 시간상의 서열을 매기는 일은 이제 비교적 안정된 작업이 되었다고 할 수 있다. 종래 한반도 안의 출토유물만으로는 알기어렵거나 설명되지않던 유물들의 해명, 나아가 신석기 / 청동기 전환기에 대한 인식의 심화 등에 도움이 크다.

2) 신석기문화 공간개념의 확장

한반도의 동북지방은 러시아 연해주지역과, 서북지방은 요녕성 지역과만 각각 따로따로 대응하여 교류했을까? 우리나라의 연구자들은 중국 동북지방 위주로 연구하거나 러시아 연해주지역 만을 따로 떼어 연구한다. 그러나 이 지역이 교차지역이라는 것은 누구나 다 알고있으며 연구자들 스스로 인정하고 있다[6]. 바로 위에서 보았듯

6) 예를들면 "… 그러나 압록강 중상류역과 두만강유역의 문화요소들이 완전히 별개의 것으로 구분되는 것이 아니라, 상당부분 공통성을 가지고 있음은 주지의 사실이다." (천선행, 2005. 64).

이 이 지역 전체에 걸쳐 신석기문화 요소의 유사성은 매우 자주 발견된다. 아무르강은 흑룡강(黑龍江)이며 Khanka 호수(興凱湖)만 넘으면 러시아의 영토이다. 따라서 동북아시아 전체를 놓고 원래의 지형을 고려하면서 오늘날의 국경개념을 제거해야 신석기시대의 실상을 더 정확히 추구할 수 있을 것이다. 한반도의 주민들과 위 광대한 지역 여러 집단과의 교환사실을 동시에 생각해주어야 할 것이다. 아마도 흑요석 또는 특수한 재화의 교역과 밀접한 관계가 있을 것으로 사료된다.

사실 동북아시아 전체의 스케일로 볼 때 환동해지역에서 환황해지역까지 그렇게 먼 거리가 아니다. 서포항에서 미송리유적까지는 이보다 더 가까운 것이다. 신암리에서 단동 후와유적까지, 단동에서 대련 소주산(小珠山)유적까지라면 매우 가깝다고 할 수 있다. 이들 사이에 강이 많아 교통이 나쁜 편이 아니다. 결국 신석기시대에 동북아시아 일원에서 광범위한 교류가 이루어져나갔을 것이다. 그리고 문화의 interaction sphere도 형성되었을 것이다.

나아가 한국의 신석기문화가 형성되는 영역을 두만강-압록강, 또는 환동해 / 환황해 등으로 제한하지 말고 시야를 확대할 것을 제언하는 바이다. 이러한 공간관념은 아마 무의식중에 오늘날의 정치-지리적 관점이 적용된 것일 터인데, 한반도는 주변 지역과 동떨어져있거나 어느 한쪽으로만 소통하며 그 주민들은 외부문화가 일방적으로 파급되어 오면 수동적으로 수용한 집단이라는 생각은 합리적이지 않다.

한편 한반도와 그 교류영역 바깥으로의 공간확장 문제도 있다. 이를테면 한반도-일본-쿠릴열도-캄챠카 반도-알류샨열도-알래스카가 일반적인 예상처럼 그렇게 먼 것은 아니다(빙하시대에는 더욱 그러함은 상식이다). 우리는 메르카토르 도법의 지도에 익숙하나, 실제로 지구는 둥근 것이며, 지구모습을 살린 여러 도법에서 볼 때 한국-일본 本州-北海道-쿠릴열도-캄차카반도-알류샨열도-알래스카가 그렇게 멀지않다(그림 2, 3). 특히 北海道는 유라시아와 신대륙 양쪽으로 관련되어 매우 흥미롭다. 이렇게본다면 캄챠카와 가까운 일본 동북지방(北海道)의 신석기문화 즉 아이누에 대한 지식도 장차 한국의 신석기문화를 잘 이해하기 위해 필요할 것이다.

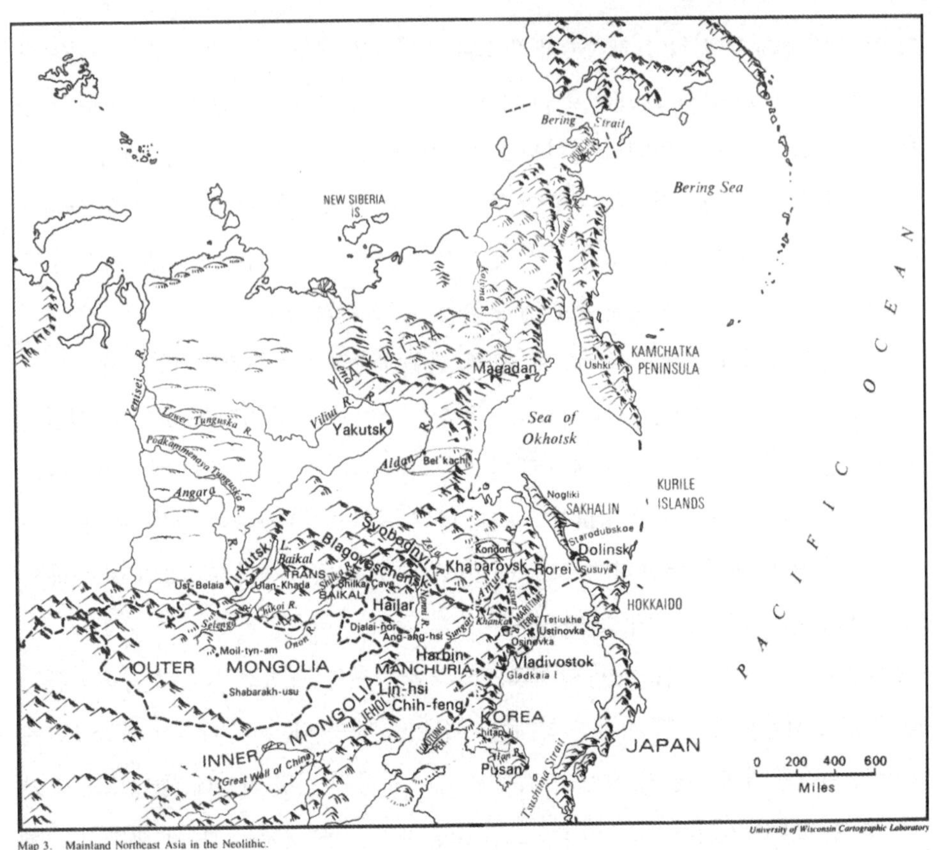

Map 3. Mainland Northeast Asia in the Neolithic.

University of Wisconsin Cartographic Laboratory

〈그림 2〉한국-러시아 연해주 -아무르강 하류-사할린- 쿠릴열도-캄차카반도- 알류샨열도-알래스카의 연결성
(Chard, Chester, 1974 : 66~67)

동북아시아 신석기문화에는 연어잡이와 연어의 회유가 중요할 것이다. 아마 주민 또는 기술의 파급도 상상이 된다. 연어잡이를 거론할 때 매우 비중을 두게되는 부분은 러시아 연해주지방 · 아무르 유역 · 사할린 · 쿠릴열도 · 캄차카반도(이른바 Pacific Northeast)의 셀수없는 강과 작은 골짜기로 알을 낳기 위해 회귀하는, 생동하는 거대한 연어떼들이다(Okladnikov / Michael, 1965 : 69). 이는 알류샨 열도를 지나 알래스카 · 캐나다 · 북미 북서해안 연안(Pacific Northwest)의 수많은 강과 지류에서도 동일하게 나타나는 현상이다. 따라서 장차는 태평양의 동북 서북지역을 감싸는 환북태평양의 연어잡이 문화에도 눈을 확대할 수 있을 것이다.

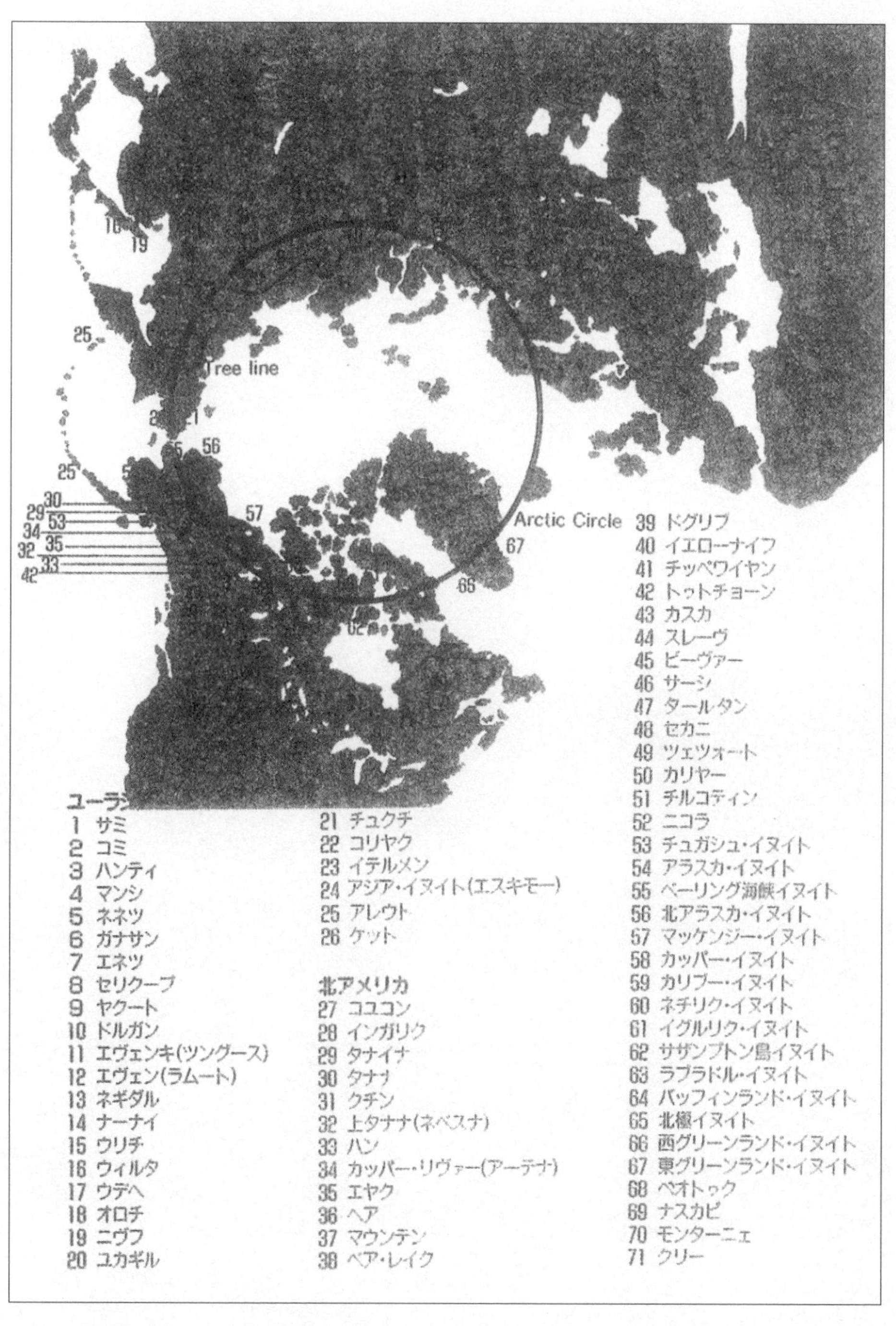

〈그림 3〉 한국-러시아 연해주-아무르강 하류-사할린-쿠릴열도-캄차카반도-알류샨열도-알래스카의 연결성

앞으로는 한반도의 문화교류현상을 이해하기 위한 거시적 시각이 필요한 때가 왔다고 생각한다. 이는 한국의 선사문화가 하나의 고립된 단위로 흘러간 것이 아니라 동아시아 전체의 한 부분으로서 상호교류(interaction)하던 측면을 찾아주는 작업이 될 것이다.

참고문헌

강인욱 · 김재윤 외, 2004. 「아무르강 하류의 금속기시대 꼴춤-2 유적의 조사와 금속기시대의 출현문제」『선사와 고대』 20 : 97-135.

강인욱, 2005. 「구계유형론과 중국 동북지방의 고고학」『한국고고학보』 56 : 5-26.

강인욱, 2007. 「두만강유역 청동기시대문화의 변천과정에 대하여」『한국고고학보』 62 : 46-87.

강인욱, 2009. 「고찰」『박물관소장 두만강유역 선사시대 유물연구』(서울대학교박물관 학술총서 16)

고고학연구소 자료실, 1988. 「중국 료녕성 단동시 동구현 후와유적」『조선고고연구』 1988-1.

고고학연구소 자료실, 1988. 「압록강유역, 료동반도 남단의 이른 신석기시대 유적들에 대하여」『조선고고연구』 1988-3.

고고학연구실, 1962. 「고고학이란 어떠한 과학이며 력사연구에는 왜 고고학이 필요한가」『문화유산』 1962-3.

국립김해박물관, 2005. 『전환기의 선사토기』.

국립김해박물관, 2006. 『전환기의 선사토기』 자료집.

국립문화재연구소 편, 2006. 『아무르 · 연해주의 신비』 한 · 러 공동 발굴특별전 도록.

국립문화재연구소 외, 2006. 『연해주의 문화유적』 I .

국립문화재연구소 외, 2006. 『연해주의 문화유적』 II.

김용간, 1958. 「쏘련 연해주지방 유적 탐사기」『문화유산』 1958-6.

김용간, 1959. 『강계시 공귀리 원시유적 발굴보고』(유적발굴보고 6집)

김용간, 1963. 「미송리 동굴유적 발굴보고」『고고학자료집』3.

김용간, 1966. 「서북조선 빗살무늬그릇 유적의 년대를 논함」『고고민속』 1966-1.

김재윤, 2006. 「동북한 신석기 만기에서 청동기시대로의 전환기 양상」『석헌 정징원교수 정년퇴임기념논총』 131-169. (부산고고학연구회 논총간행위원회).

김재윤, 2009. 「서포항유적의 신석기시대 편년 재고」『한국고고학보』 71 ; 4-45.

김재윤, 2010. 「두만강유역 신석기시대 후기의 편년」『영남고고학』 53 : 5-45.

도유호 · 김용남, 1964. 「강좌: 우리나라 구석기시대와 이른 신석기시대의 년대론에 대하여」『력사과학』 1964-5.

력사연구소 · 고고학연구소, 1991. 『조선전사 1』 원시편 (과학백과사전종합출판사).

리병선, 1963. 「압록강유역 빗살무늬그릇 유적들의 특성에 관한 약간의 고찰」『고고민속』 1963-1.

리병선, 1963. 「압록강유역 빗살무늬그릇 유적들의 계승성에 관한 약간의 고찰」『고고민속』 1963-1.

메드베데프, V. E., 씀, 홍형우 옮김, 2006. 「아무르강 하류유역과 연해주의 신석기시대」「아무르 · 연해주의 신비』 한 · 러 공동발굴 특별전 155-180 (국립문화재연구소).
모레바, 올가 리아니도브나 씀, 김은영 옮김, 2008. 「보이스만 문화의 토기」『한국신석기연구』 16 : 63-121.
배진성, 2009. 「압록강-청천강유역 무문토기 편년과 남한」『한국상고사학보』 64 : 5-24.
백용기, 1988. 「자산문화와 홍륭와문화」『조선고고연구』 1988-3.
복기대, 2004. 「하가점 상층문화와 능하문화 비교연구」『선사와 고대』 20 : 39-65.
복기대, 2005. 「마성자문화에 관한 몇가지 문제」『선사와 고대』 22 : 5-26, 96-98(토론).
서국태, 1990. 「질그릇을 통하여본 우리나라 신석기시대의 문화류형」『조선고고연구』1990-3.
신숙정, 1994. 『우리나라 남해안지방의 신석기문화 연구』 (학연문화사).
신숙정, 1995. 「신석기시대와 문화」『북한 선사 문화 연구』 (백산자료원)
신숙정, 2001. 「한국 신석기-청동기시대의 전환과정에 대한 일 시론」『전환기의 고고학』 I : 112-147 (한국상고사학회 편).
신숙정, 2007a. 「환동해지역 신석기시대의 문화와 사회교류」『환동해지역 선사시대 사회집단의 형성과 문화교류』 제 35회 한국상고사학회 학술발표회 : 53-84.
______, 2007b. 「한국 신석기문화 연구의 성과와 전망」『중서부지역 신석기 문화의 제문제』 (2007년도 서울경기고고학회 · 한국신석기학회 공동학술대회 발표요지)
오강원, 2008. 『서단산문화와 길림지역의 청동기문화』 (학연문화사).
이동주, 2002. 「우리나라 초기 신석기문화의 원류와 성격」『전환기의 고고학』 I (한국상고사학회편) : 63-111.
이동주, 2006. 「동북아시아 초기 신석기문화의 형성과 전개」『동북아지역문화의 국제성 조명』 (동아대학교 부속 석당학술원 국제학술대회 발표요지) 17-58.
이종수, 2008. 「서단산문화 석관묘의 특징과 기원에 대하여」『선사와 고대』28 : 219-254.
임상택, 2008. 「신석기시대 대한해협 양안지역 교류에 대한 재검토」『영남고고학』 47 : 87-111.
임학종, 2007. 「신석기시대의 무덤」『제 2회 동북아 평화정착을 위한 한 · 중 국제학술회의--동북아지역의 민족기원을 밝히는 학술자료집』 (국학학술원) : 97-141.
진소래, 1997. 「요동반도 신석기문화 연구」『한국상고사학보』 24 : 101-162.
천선행, 2005. 「한반도 돌대문토기의 형성과 전개」『한국고고학보』 57 : 61-97.
하인수, 2006. 『영남해안지역의 신석기문화 연구』 부산대학교 박사학위논문.
황기덕, 1957a. 「함경북도지방 석기시대의 유적과 유물 (1)」『문화유산』 57-1.
황기덕, 1957b. 「함경북도지방 석기시대의 유적과 유물 (2)」『문화유산』 57-2.
황기덕, 1957c. 「두만강 류역과 동해안 일대의 유적 조사」『문화유산』 57-6.
趙賓福 지음 / 최무장 옮김, 1996. 『중국 동북 신석기문화』 (집문당).
Chard, Chester S., 1974. *Northeast Asia in Prehistory* (the Univ. of Wisconsin Press).

Chang, K. C., 1990. *The Archaeology of Ancient China*(Yale Univ. Press)

Garkovik, A. V., & I. S. Zhushchikhovskaya, 1995. "The Earliest ceramic assemblage in the Primorye Regiion", 『東アゼア極東の土器の起源-縄文文化の原流を探る』國際 symposium 豫告集 (東北福祉大學) : 52-53.

Giddings, Jr. J. L., 1974. "Early Man in the Arctic", New World Archaeology(readings from Scientific American).

Kaner, Simon, 1995. "The Social Context of the appearance of pottery in Europe in comparison with Japan", 『東アゼア極東の土器の起源-縄文文化の原流を探 る』國際 symposium 豫告集 (東北福祉大學) : 104.

Komodo, Masayuki & Obata, Hiroki edit., 2004. *Krounovka 1 site in Primorye, Russia : Report of Excavations in 2002 and 2003* (Dept. of Archaeology, Kumamoto University. Institute of History, Archaeology and Ethnography of the Peoples of the Far East, Russian Academy of Science, Far Eastern Branch.

Komodo, Masayuki & Obata, Hiroki edit., 2005. *Zaisanovka 7 Site, in Primorsky, Russia : Preliminary Result of Excavation in 2004* (Dept. of Archaeology, Kumamoto University. Institute of Marine Biology, Russian Academy of Science, Far Eastern Branch. Institute of History, Archaeology and Ethnography of the Peoples of the Far East, Russian Academy of Science, Far Eastern Branch.

Kurishima, Yoshiaki, 1995. "Transitional Cultures in the Japanese Archipelago-the role of Mokoshiba Culture in the transitional period", 『東アゼア極東の土器 の起源-縄文文化の原流を探る』國際 symposium 豫告集 (東北福祉大學) : 122-128.

Obata, Hiroki, 2004. *Study on the changes of Hunting Instruments from Pleistocene to Holocene in Far East and the Sea of Japan Rim*(Kumamoto Univ)

Obata, Hiroki edit., 2007. *Klerk 5 Site : in Primorsky, Russia : Preliminary Result of Excavation in 2005* (Dept. of Archaeology, Kumamoto University. Institute of Marine Biology, Russian Academy of Science, Far Eastern Branch. Institute of History, Archaeology and Ethnography of the Peoples of the Far East, Russian Academy of Science, Far Eastern Branch.

Okladnikov, A. P., 1965. *The Soviet Far East in Antiquity : An Archaeological and Historical Study of the Maritime Region of the U.S.S.R.* (Henry M. Michael edit.,) (Univ. of Toronto Press)

Renfrew, Colin & P. Bahn. 2004. *Archaeology : Theories, Methods and Practice*(Thames & Hudson)

Sergusheva, E. A., 2006. "Seeds and Fruits from Late Neolithic Site Rettichovka", 『極東先史古代の 穀物』 2 : 9-11. (熊本大學).
Suda, Rohei, 1995. "Aspects of Research on the Transitional Period on Tohoku and on Hokkaido, both northern Japan", 『東アゼア極東の土器の起源-縄文文化の原流を探る』 國際 symposium 豫告集 (東北福祉大學) 116.
Vostretsov, Yuri & E. A. Sergusheva, 2006. "Was Agriculture on Zaisanovka 7site?", 『極東先史古代の 穀物』 2 : 13-14 (熊本大學).
Zhushchikhovskaya, Irina, S., 1995. " On the Problem of Origin of Pottery in japan Sea Basin", 『東アゼア極東の土器の起源-縄文文化の原流を探る』國際 symposium 豫告集 (東北福祉大學), 56-60.
趙賓福, 2002. 「中國東北地區の新石器文化構造及びその周邊文化との關係」『東北アジアにおける先史文化の比較考古學的 硏究』 19-28 (九州大學 大學院 人文科學硏究院).
延邊博物館 編, 1988. 『延邊文物簡編』 (延邊人民出版社).
辛岩・方殿春, 2003. 「査海遺址 1992-1994年 發掘報告」『遼寧考古文集』 12-43. (遼寧省文物考古硏究所).
遼寧省文物考古硏究所編, 2004. 『遼寧省 道路建設 考古報告集』 (遼寧民族出版社).
遼寧省文物考古硏究所・本溪市博物館, 1994. 『馬城子-太子河上流洞穴遺存』(文物出版社).
遼寧省文物考古硏究所・赤峰市博物館, 1998. 『大南溝 -后紅山文化墓地發掘報告』(科學出版社).
安齋正人 編, 2002. 「序論 縄文社會論への アプローチ」『縄文社會論』(同成社).
千田稔 編著, 2002 『海の古代史-東アゼア地中海考』 (角川選書),
ゲ・イ・アンドレエフ, 1982 「1960年度の沿海州 東部海岸と 南部海岸の考古學調査」『シベリア極東の考古學』 88-97.
ゲ・イ・アンドレエフ, 1982 「沿海州のザイサノプカ 1 遺蹟」『シベリア極東の考古學』 151-185.
アレクセイ・オクラドニコフ, 1982. 「プフスン灣の 古代遺蹟」『シベリア極東の考古學』 132-146.
アレクセイ・オクラドニコフ 著 / 加藤九祚・加藤晉平 譯, 1971. 『シベリアの古代文化-アゼア文化の一原流』 (講談社).
大貫靜夫, 2008. 「中國 考古學に おける 文化 と 類型」『양식의 고고학』 111-134 (제 32회 한국 고고학 전국대회 발표요지).
鄧聰, 2004. 「東アジアの玦飾の起源と拡散」『環日本海の玉文化の始源と展開』 敬和學園大學人文社會科學硏究所.

An Essay on the Exchange and Trade during Korean Neolithic Period

Shin Sook-Chung

This essay is to examine the exchange between the Korean peninsular and its neighbors such as China, Japan, and Russia during Neolithic period. As the researches in this field is yet scarce, this essay checks out the studies so far and sets forth my prospects.

It is necessary to distinguish the concept of "diffusion" and that of exchange prior to the research on the exchanges during Neolithic period. While it was assumed in past time Korea under the influence of Japanese colonization that all contact with exterior cultures had been the diffusions of the superior culture and the adoptions of them, this prejudice should be overcome. And next, the concept of "exchange" during the Neolithic period should be defined, and the definition is required to consider the temporal simultaneity, the referring groups with different identities, the view on commodities and information as the exchanged objects, the influences of the trade on each society, and the acculturation after the trade in the level of reciprocity.

Since North Korea's archaeological researches are divided by 1990's, studies on the exchanges during the Neolithic period before and after 1990's were separately examined; but any clear distinction was not revealed. As the southern Liaoning region and the Russian maritime region which were thought to have had their Neolithic culture similar to that of Korean peninsular and to have frequently traded with it are included into the boundary of Korean Neolithic culture, the territorial extension is thought of and the beginning of Korean Neolithic culture is traced back to 6,000 BCE.

South Korea's researches on the exchanges during Neolithic period often mention the trade relation with Japan. Korea's Yunggimun pottery and Chulmun pottery are parallel with Japan's Dodoroki pottery and Sobada pottery. As obsidian represents the key components of Neolithic exchange, it is often analyzed through the compositional analysis to make its origin clear. Now the obsidian excavated in the southern Korean peninsular is known as the imports of Goshidake area of Japan's Kyushu province. Throughout the entire Northeast Asia, the networks can be presumed through the compositional analyses of jade earrings, obsidian, and of others. Within the chronological recordings through the design patterns on pottery, the researches on the origins of cultures, the temporal order, and the relations within diffusions are very brisk. This kind of researches is too simple as a research methodology, but the ripple effect of it is enormous. Its distinct character is to look for the origin of the Korean Neolithic pottery from Northeast China and the Russian Maritime region, and it shows that the chronological recordings of Korean Neolithic period only with archaeological dwellings and artifacts inside Korean peninsular is no longer effective.

In order for the field of study on the exchanges during Korean neolithic period still in the beginning stage to be carried out well, it is necessary to understand the neighboring countries' researches on Neolithic period, to recognize the palaeo-environment and livelihood which were the foundation of the Neolithic people's lives, as well as to examine the similarities among archaeological remains not only from the area of Korean peninsular but also from the extended boundary of the three provinces of northeast China, the Russian maritime region, and Russian Amur region. Macroscopic perspectives are required to understand the phenomenal cultural exchanges of Neolithic Korean peninsular. The study must be one that looks for the aspect of the interaction in which the Korean prehistoric culture is not dealt as an isolated unit but as a notable part of the entire East Asia.

[Key words] prehistoric exchanges, diffusion, colonial historic view, reciprocity, temporal simultaneity, identity, acculturation, the southern Liaoning region, the Russian Maritime region, Chulmun pottery, Sobada pottery, obsidian, jade earrings, interaction

Part 2, 중국 동북지역의 문명 기원과 교류

요서지역의 문명 기원과 교류

-한(漢) 이전 요서(遼西) 지역의 문화 발전단계의 건립 및 문화 전승과 교류관계 연구-[1]

趙賓福

짜오빈푸(趙賓福)

길림대학 고고학과 및 동대학원 졸, 역사학박사, 현) 吉林大學 邊疆考古硏究中心 교수, 吉林大學 文學院 副院長, 吉林大學 邊疆考古硏究中心 史前考古硏究室 主任, 吉林省 考古學會 副秘書長.

주요저서 : 『中國東北旧石器文化』, 『中國東北新石器文化』, 『中國東北夏至戰國時期的考古學文化硏究』, 『東北石器時代考古』등.

의무려산(醫巫閭山) 서쪽과 시라무렌하(西拉木倫河), 노합하(老哈河), 교래하(教來河) 및 대능하(大凌河)와 소능하(小凌河) 유역을 중심으로 하는 요서 산간 지대는 행정구역상 중국 요녕성 서부와 내몽고자치구의 남동부에 속한다. 현재까지 이 지역에서 발견된 한 이전의 고고학 문화는 모두 15종으로, 해당 시기적 범주는 신석기(新石器)시대, 하(夏), 상(商), 서주(西周), 춘추(春秋), 전국(戰國)시대이다. 본문에서는 현재 보유하고 있는 고고학 자료에서 출발하여, 기존의 연구 성과를 결합하고, 다시 이 지역의 한 이전 15종 고고학적 문화의 발전 단계와 종적관계 및 같은 시기 주변 지역의 고고학적 문화와의 횡적관계 등의 문제를 좀 더 심도 있게 논하고자 한다.

Ⅰ. 한 이전 문화 발전 단계의 건립

요서 지역에서 발견된 15종의 고고학적 문화 가운데, 6종은 신석기시대의 문화이고, 9종은 하에서 전국시대까지의 문화이다.

신석기시대에 속하는 6종의 고고학적 문화에서, 연대가 가장 빠른 것은 소하서문화(小河西文化), 가장 늦은 것은 소하연문화(小河沿文化)이고, 두 문화 사이의 순서는 흥륭와문화(興隆洼文化), 조보구문화(趙寶溝文化), 부하문화(富河文化), 홍산문화(紅山文化)이다.

우선 문화적 성격 면에서, 흥륭와문화, 조보구문화, 홍산문화, 소하연문화는 완전히 다른 4개의 고고학적 문화이다. 이에 대해서는 학계에서 이미 공통된 견해를 갖고 있으며, 그다지 큰 이견은 보이지 않는다. 약간의 문제가 있다면, 일부에서 흥륭와문화를 "사해문화(查海文化)"라고 칭하고, 조보구문화와 소하연문화를 각각 "전홍산문화(前紅山文化)"와 "후홍산문화(後紅山文化)"라고 칭한다는 것이다. 이는 '문화 명칭' 혹은 '문화 부호'와 관련된 문제로, 형식적인 것이지 문화의 본질에 대한 인식에는 영향을 미치지는 않는다.

---

1) 本文爲中華人民共和國教育部人文社會科學重点研究基地重大研究項目"東北及其邻境地區的新石器文化研究"成果(項目批准号：08JJD780115).

소하서문화와 부하문화는 1980년대와 1960년대에 발견한 고고학적 문화로, 새로운 견해가 지속적으로 발표되긴 하지만, 그 문화 성격의 규정에 있어서는 줄곧 근본적인 해결을 얻지 못하고 있다. 바꿔 말하면, 이 두 고고학적 문화의 유물이 각자 독립적인 문화인지, 아니면 기타 문화의 일부분에 속하는 것인지, 학자들 간에 적지 않은 이견이 존재하고 있다. 먼저 소하서문화에 대하여 말하자면, 발견자는 흥륭와문화와는 별개인 독립적인 고고학 문화라고 여기고 있고,[2] 일부 학자들의 지지를 얻고 있다.[3] 그러나 완전히 상반된 견해를 제기하는 학자들도 있는데, 소하서문화는 독립된 고고학적 문화가 아니라 이미 알고 있는 흥륭와문화의 일부분으로,[4] 새로이 독립된 문화로 보는 것은 적절하지 않다고 주장하고 있다.

이 문제에 있어서, 필자는 발견자의 의견에 동의하며, 이에 세 가지 이유를 들어 보충 설명하고자 한다. 첫째, 백음사한(白音查汗) 유적지에는 흥륭와문화 남태자(南台子) 유형의 퇴적층(제2기 유물)에 눌려 있는 지층관계로 소하서문화 퇴적층(제1기 유물)이 존재하고 있다.[5] 이는 소하서문화의 상대적 연대가 이미 알고 있는 흥륭와문화보다 이르며, 자체적인 시기적 범주가 있다는 것을 나타낸다. 둘째, 소하서문화의 분포범위는 기본적으로 흥륭와문화와 서로 같은데, 흥륭와문화의 전형적인 유적 가운데, 서쪽의 백음사한이나 동쪽의 부신사해(阜新查海) 모두 소하서문화의 전형적인 유적이 단위 출토되고 있는데,[6] 이것은 소하서문화가 자체적으로 공간적 범주를 가지고 있다는 것을 설명해 준다. 셋째, 소하서문화의 도기는 몇몇 자신만의 특징을 가지고

2) 楊虎：「敖漢旗榆樹山, 西梁遺址」,『中國考古學年鑒(1989年)』, 文物出版社, 1990年.

3) 邵國田編著：「千斤營子遺址与小河西文化」,『敖漢文物精華』, 內蒙古文化出版社, 2002年；劉晋祥：「翁牛特旗大新井村新石器時代遺址」,『中國考古學年鑒(1989年)』, 文物出版社, 1990年；索秀芬, 郭治中：「白音長汗遺址小河西文化遺存」,『邊疆考古研究』第3輯, 科學出版社, 2004年；索秀芬：「小河西文化初論」,『考古与文物』, 2005年1期；劉國祥, 張義成：「內蒙古喀喇沁旗發現大型小河西文化聚落」,『中國文物報』2000年1月16日, 第1版.

4) 朱延平：「遼西區新石器時代考古學文化縱橫」,『內蒙古東部區考古學文化研究文集』, 海洋出版社, 1991年；陳國慶：「興隆洼文化分期及相關問題探討」,『邊疆考古研究』第3輯, 科學出版社, 2004年.

5) 內蒙古自治區文物考古研究所：『白音查汗 新石器時代遺址發掘報告』, 科學出版社, 2004年.

6) 內蒙古自治區文物考古研究所：『白音查汗 新石器時代遺址發掘報告』, 科學出版社, 2004年；辛岩, 方殿春：「查海遺址1992－1994年發掘報告」,『遼宁考古文集』, 遼宁民族出版社, 2003年.

있는 것으로 보이는 부가니조퇴문(附加泥條堆紋)과 작은 양의 착인점선문(戳印點線紋) 이외에는 절대 다수가 소면무문(素面無紋, 무늬가 없는 단색)이며, 홍륭와문화처럼 '지(之)' 자 무늬와 각종 '석문(席紋)'으로 대표되는 자질구레하고 번잡한 무늬가 없을 뿐만 아니라, 홍륭와문화에서 보편적으로 유행하던 "삼단식(三段式)" 도자기 제작 수법이 보이지 않으며, 자기만의 선명한 특색을 가지고 그 밖에 이미 알고 있는 고고학적 문화와는 완전히 구별되는 유물군이다(그림 一).

다음으로 부하문화에 대해 말하자면, 부하문화는 20세기 초 내몽고자치구 파림좌기(巴林左旗) 부하구문(富河溝門) 유적에서 발굴되어 명명된 것으로,[7] 그 후 부하문화에 대해 전문적으로 야외에서 이루어지는 고고학적 발굴 작업이 진행하지 않았다. 이로 인해 무려 30여 년 동안 절대 다수의 학자들은 부하문화의 연대가 홍산문화보다 늦다고 여겼는데, 그 이유는 두 가지이다. 하나는 층위관계와 관련된 것으로, 남양가영자(南楊家營子) 유적에서 "발견된 4곳의 홍산문화 주거지 유적이 부하문화층에 눌려 있다."[8]고 한 데서 비롯되었고, 둘째는 방사성 탄소14 연대측정의 수치로, 부하구문(富河溝門) 주거지 유적(H30) 내의 자작나무 껍질을 방사성 탄소14 연대측정법으로 측정한 결과 그 연대가 지금으로부터 4735±110년 떨어져있고, 수륜(樹輪)을 교정한 연대는 지금으로부터 5300±145년이었기 때문이다.[9]

1994년에 이르러서야, 주연평(朱延平)이 첫 번째 부하문화에 관한 전문적인 연구논문(《富河文化的若干問題》)을 발표하였다. 이 논문은 부하문화의 연대문제에 있어, 전연 새로운 견해를 제기하였다. 즉, 도기와 가옥 구조 두 방면의 비교를 통하여, "부하문화와 조보구문화가 몇몇 방면에서 분명히 상통하는 점이 존재하며, 이 상통하는 점들로 두 문화가 일찍이 같은 시기에 함께 존재했음을 설명할 수 있고, …… 부하문화의 연대는 조보구문화와 기본적으로 같으며 …… 대체적으로 기원전 5000년의 범주를 넘지 않는다."[10]라고 주장하였다. 부하문화 연구에 대한 이 관점은, 매우 획기적인 의미를

7) 中國科學院考古研究所內蒙古工作隊:「內蒙古巴林左旗富河溝門遺址發掘簡報」,『考古』1964年1期.

8) 徐光冀:「富河文化的發現与研究」,『新中國的考古發現与研究』, 第177頁, 文物出版社, 1984年.

9) 中國科學院考古研究所實驗室:「放射性碳素測定年代報告」,『考古』1974年5期, 第336頁.

10) 朱延平:「富河文化的若干問題」,『內蒙古文物考古文集』第一輯, 第115頁, 中國大百科全書出版社,

지니고 있다는 점에 의심할 나위가 없다. 우리는 이 관점에 완전히 동의하며, 더 나아가 부하문화는 연대가 조보구문화와 같은 시기일 뿐만 아니라, 성격으로도 조보구문화가 분포된 서랍목륜하 이북에 있는 일종의 지방적 성격의 문화라고 생각한다. 왜냐하면 이 문화는 비록 자신의 분포 범위는 있지만, 자신의 시기적 위치가 없고, 또한 최초의 보고서와 훗날 주연평이 발표한 자료에서도 이미 알고 있는 조보구문화의 전형적인 유물과 완전히 일치하는 각획문권족도기(刻劃紋圈足陶器)와 "之"자 무늬 통형관(筒形罐)(그림 二)을 모두 볼 수 있기 때문이다. 따라서, 이른바 '부하문화'는 조보구문화의 범주 안에 포함시켜야 하며, 다시는 독립된 고고학적 문화로 간주되어서는 안 된다.

다음으로, 신석기시대의 각 고고학적 문화의 연대와 시기 구분을 보면, 소하서문화는 기원전 6200년 이전으로, 가장 이른 연대는 어쩌면 기원전 7500년 전후로 볼 수 있다.[11] 발견된 자료가 적기 때문에, 현재로서는 그것에 관해 진일보한 시기 구분 연구는 할 수 없다. 흥륭와문화의 연대는 흥륭와, 백음사한, 사해 이 3곳의 유적에서 제공된 11개의 방사성탄소14 연대측정 수치(흥륭와 유적 8개[12], 백음사한 유적 2개[13], 사해 유적 1개[14])에 의거하여 판단해보면, 그 시기는 분명 기원전 6000~5000년 사이로. 그 중 가장 이른 수치는 흥륭와 유적 F119③지층에서 나온 목탄표본으로, 측정 결과 지금으로부터 7470±115년 떨어져있으며, 수륜 교정 후에도 기원전 6200년 전후까지로 거슬러 올라간다.

이 시기 구분 문제에 관해서 전문적인 토론을 진행한 논문은 아직까지 보지 못했고, 다만 일부 보고서와 논문 중에 언급한 바가 있을 뿐이다. 그러나 기본적인 정황은 결론적 성격의 인식만 있을 뿐, 보편적으로 논증 과정이 결핍되어 사람들로 하여

1994年.

11) 索秀芬 :「小河西文化初論」,『考古与文物』2005年1期 ; 索秀芬, 郭治中 :「白音査汗遺址小河西文化遺存」,『邊疆考古研究』第3輯, 科學出版社, 2004年.

12) 中國社會科學院考古研究所 :『中國考古學中碳十四年代數据集(1965~1991)』, 第56-57頁, 文物出版社, 1991年 ; 中國社會科學院考古研究所實驗室 :「放射性碳素測定年代報告(二一)」,『考古』1994年7期, 第662頁 ; 中國社會科學院考古研究所考古科技實驗研究中心 :「放射性碳素測定年代報告(二七)」,『考古』2001年7期, 第84頁.

13) 內蒙古自治區文物考古研究所 :「內蒙古林西縣白音長汗新石器時代遺址發掘簡報」,『考古』1993年7期.

14) 遼宁省文物考古研究所 :「遼宁阜新縣査海遺址1987~1990年三次發掘」,『文物』1994年11期, 第19頁.

금 납득할 만한 시기 구분 방안이 없는 상태이다. 조보구문화의 연대는 기원전 5000~4500년 사이로, 이에 대해서는 아무런 이견이 없다. 시기 구분에 대해 비록 몇몇 토론이 있었지만[15], 시기 간의 특징이 뚜렷하지 않아 이로 인해 시기와 단계로 시기 눈금을 삼는 보다 심도 있는 연구를 전개하기가 어려웠다. 홍산문화에 담겨있는 내용은 비교적 복잡한데, 해당 연대도 상당히 넓은 편으로, 전후 약 1500년의 시간을 거쳐 온 문화이다. 이 문화의 시기 구분 문제에 관해 과거에 비록 많은 연구가 있었지만, 결론은 서로 일치하지 않는다.[16]

최근 우리는 홍산문화에서 발굴 출토된 자료에 대해 전면적인 정리 작업을 진행하였는데, 지층 관계에서 출발하여 도기 간의 공존 관계와 형태를 비교 분석하는 것을 기초로 하고, 동시에 중원 신석기문화와의 비교를 결합하여, 최종적으로 모든 홍산문화를 초기에서 후기까지 세 시기로 구분하였다. 초기 연대는 기원전 4000년 이전(가장 이른 연대는 대략 기원전 4500년 전후까지 이름), 중기 연대는 기원전 약 4000~3500년, 후기 연대는 기원전 약 3500~3000년이다.[17] 소하연문화는 홍산문화와 하가점하층문화 사이의 문화로, 대다수의 학자들이 이 문화의 연대를 대체적으로 기원전 3000~2500년 사이로 보고 있으며, 하한 연대는 하가점하층문화와 일정한 시간적 간격이 있지만, 상한 연대는 이미 홍산문화 후기 단계에 진입하고 있다.[18] 이 문화의

15) 趙賓福:「趙宝溝文化的分期与源流」,『中國考古學會第八次年會論文集 1991年』, 文物出版社, 1996年; 董新林:「趙宝溝文化研究」,『考古求知集 96考古研究所中青年學術討論會文集』, 中國社會科學出版社, 1997年; 陳國慶:「試論趙宝溝文化」,『考古學報』2008年2期.

16) 楊虎:「關于紅山文化的几个問題」,『慶祝蘇秉琦考古五十五周年論文集』, 文物出版社, 1989年; 張星德:「紅山文化分期初探」,『考古』1991年第8期; 趙賓福:「紅山文化研究歷程及相關問題再認識」,『內蒙古大學學報(人文社會科學版)』第37卷第4期, 2005年7月; 朱延平:「東北地區南部公元前三千紀初以遠的新時期考古學文化編年, 譜系及相關問題」,『考古學文化論集(四)』, 文物出版社, 1997年; 呂學明, 朱達:「牛河梁紅山文化墓葬分期及相關問題」,『玉魂國魄 中國古代玉器与傳統文化學術討論會文集』, 北京燕山出版社, 2002年; 索秀芬, 李少兵:「牛河梁遺址紅山文化遺存分期初探」,『考古』, 2007年第10期; 陳國慶:「紅山文化研究」,『華夏考古』2008年第3期.

17) 趙賓福, 薛振華:「論紅山文化的三个發展階段」,『考古學報』待刊.

18) 趙賓福:「關于小河沿文化的几点認識」,『文物』, 2005年7期; 陳國慶:「小河沿文化分期与年代探討」,『新果集 慶祝林沄先生七十華誕論文集』, 科學出版社, 2009年.

시기 구분에 관해서는 자료들 간에 충분한 지층 눌림이나 파괴 관계가 부족하여 사람들이 만족할 만한 연구 성과를 얻기가 어렵다.

요서 지역에서 발견된, 하에서 전국시대까지 9종의 고고학적 문화는 하가점하층문화, 위영자유형(魏營子類型, 혹은 魏營子文化라고 칭함), 하가점상층문화(夏家店上層文化), 능하유형(凌河類型, 혹은 凌河遺存이라고 칭함), 수천유형(水泉類型, 혹은 水泉遺存이라고 칭함), 정구자유형(井溝子類型, 혹은 井溝子遺存이라고 칭함), 철장구유형(鐵匠溝類型, 혹은 鐵匠溝遺存이라고 칭함), 오도하자유존(五道河子遺存)과 전국시대 연(燕)문화이다. 이들 유적의 문화적 성격에 관하여 절대 다수의 학자들 그것들 모두 각자 독립된 고고학적 문화라고 여기고 있으며, 다만 문화에 따라 자료가 풍부하거나 빈약한 차이가 있을 뿐이다.

필자 역시 기본적으로 이러한 거시적 관점에는 동의하지만, 다만 철장구유형의 성격 문제에 있어서는 완전히 다른 견해를 가지고 있다. 이 '철장구유형'은 응당 정구자유형에 함께 속하는 문화의 일종이며, 완전하게 정구자유형 속에 집어넣을 수 있어, 문화의 새로운 종류로 보아서는 안 된다.[19] 그 이유 세 가지가 있다. 첫째, 철장구에서 출토된 자료들을 보면,[20] A구역 고분 3곳 모두 토강수혈묘(土坑竪穴墓)이며, 단인장(單人葬)도 있고 쌍인장(雙人葬)도 있는데, 이러한 장제(葬制)가 정구자유형의 고분과 동일하다. 둘째, 철장구에서 보이는 5점의 도기 모두 정구자유형의 도기군 중에서 동일하거나 유사한 형태를 찾아볼 수 있고, 출토된 청동기 절대 다수의 유형과 형태도 정구자 고분에서 보이는 청동기와 동일하거나 유사하다.(그림 三) 셋째, 철장구에서 출토된 멧돼지 모양과 호랑이 모양의 패식(牌飾) 및 환수도(環手刀), 대구(帶鉤) 등의 청동기 제품은 현재 정구자유형의 고분에서 보이지는 않지만, 아직 발굴된 자료가 불충분하거나 철장구의 위치가 비교적 남쪽에 근접한 것과 관련이 있을 가능성이 크다.

이와 같이, 요서 지역에서 발견된 하에서 전국시대까지 9종의 고고학적 문화는 실제적으로 8종의 문화로 합병될 수 있다. 연대의 순서대로 보면, 하가점하층문화가 하에서

19) 趙賓福 : 『中國東北地區夏至戰國時期的考古學文化硏究』, 科學出版社, 2009年9月.

20) 邵國田 : 「敖漢旗鐵匠溝戰國墓地調査簡報」, 『內蒙古文物考古』 1992年1, 2期合刊.

상대 초기까지 존재하였고, 위영자문화는 상대 후기에 해당하고, 하가점상층문화는 서주에서 춘추시대에 존재하였다. 능하유형은 서주에서 전국시대 초중기까지 뛰어넘어 존재하였는데, 초기는 서주에서 춘추시대에 해당하고, 후기는 전국시대 초중기에 해당한다. 수천유형, 정구자유형(철장구유형 포함) 및 오도하자유적 이 세 문화는 하가점상층문화와 능하유형 초기 이후이고, 연문화 이전의 문화로, 연대는 능하유형의 후기에 해당하여 전국시대 초중기 단계에 함께 존재하였다. 마지막으로 연문화는 전국시대 후기에 존재한 문화이다. 이상 8종 문화의 연대와 시기 구분 문제에 관하여 필자는 「遼西山地夏到戰國時期考古學文化時空框架研究的再檢討」에서 일찍이 상세한 검토와 논증을 한 바가 있어,[21] 여기서는 편폭을 줄이기 위해 더 이상 논하지 않기로 한다.

위에서 언급한 분석을 기초로 하여, 한 이전 요서 지역의 모든 고고학적 문화를 12개의 큰 발전단계로 나누고, 각 단계의 대표 문화 및 해당 문화의 요서 지역 분포 상황을 결합하여, 최종적으로 한 이전 요서 지역의 모든 고고학적 문화의 시기와 지역 관계를 〈표 1〉과 같이 확정하였다. 〈표 1〉 중의 각 고고학적 문화가 존재하였던 시

〈표 1〉: 한 이전 요서 지역의 모든 고고학적 문화의 시기와 지역 관계 일람표

단계	努魯兒虎山 서쪽	노로아호산 동쪽	연대	
12	연문화		전국시대 후기	하~전국시대
11	수천유형 정구자유형(철장구유형 포함)	오도하자유존 능하유형(후기)	전국시대 중기	
10	하가점상층문화	능하유형(초기)	서주~춘추시대	
9	위영자문화(?)	위영자유형	상대 후기	
8	하가점하층문화		하~상대 초기	
7	소하연문화		BC 3000-2500	신석기시대
6	홍산문화(후기)		BC 3500-3000	
5	홍산문화(중기)		BC 4000-3500	
4	홍산문화(초기)		BC 4500-4000	
3	조보구문화(부하문화 포함)		BC 5000-4500	
2	흥륭와문화		BC 6200-5000	
1	소하서문화		BC 6200이전	

21) 趙賓福: 「遼西山地夏到戰國時期考古學文化時空框架研究的再檢討」, 『邊疆考古研究』第5輯, 科學出版社, 2006年.

기와 지역의 위치는, 우리가 앞으로 각 문화의 종적 관계와 주변 문화와의 횡적 관계를 논의하는 기초가 된다.

Ⅱ. 각 문화 간의 전승 관계

요서 지역의 각 단계 고고학적 문화에 포함된 내용에 대한 비교분석을 통하여, 우리는 12개 발전 단계에 있는 한 이전 13종의 문화유물에는 연대 상의 선후 관계에 있을 뿐만 아니라 어떤 것은 문화상의 전후 전승관계가 있음을 발견하였다.

제1단계에 있는 소하서문화의 도기 모양은 주로 평저통형관(平底筒形罐)으로, 제2단계의 흥륭와문화와 비교하면, 도기 표면에 무늬를 새기지는 않았지만 형태상으로 매우 비슷하고, 상호간의 발전 관계도 매우 분명하여(그림 四), 이는 두 문화 사이는 문화 전승관계로, 소하서문화가 흥륭와문화의 전신이라는 것을 나타내고 있다.

제2단계에서 6단계까지는 모두 3종의 고고학적 문화를 포함하고 있는데, 흥륭와문화와 조보구문화 그리고 홍산문화로 나누어진다. 이 3종의 고고학적 문화는 연대상으로 상호 맞물려 있고, 문화 내용 면에 있어서도 수많은 공통성을 나타내고 있다. 예를 들면, 촌락의 배치가 모두 질서정연하고, 다수가 해자로 둘러싸여 있으며, 가옥도 한데 줄지어 늘어선 분포를 보인다. 사용한 도기도 모두 평저통형관이 주를 이루고, 보편적으로 '지(之)' 자 무늬와 '석문(席紋)' 으로 도기 표면을 장식하였다. 이는 '지(之)' 자 무늬 도기를 표지로 삼은 시기이기 때문에, 위 3종 고고학적 문화 사이에는 공통적인 특징과 문화 전통이 존재하고 있으며, 따라서 그들의 관계는 일맥상통하며 연속적으로 발전하는 관계라고 믿을 만한 이유가 된다. 앞으로 마땅히 해야 할 일은, 그들 사이의 전형적인 도기와 무늬 장식의 변천 단계를 좀 더 깊이 연구하여 이 3종 문화의 전후 발전관계를 더욱 명확하게 나타내는 것이다.

제7단계의 소하연문화에 이르러, 문화에 포함된 내용에 큰 변화가 일어난다. 첫째는 "지(之)' 자 무늬 도기가 완전히 사라지고, 새끼줄 무늬와 퇴문(堆紋) 그리고 각종 각획부호(刻劃符號) 등이 새로이 출현하였다. 둘째는 평저통형관 이외에도 고복관(鼓

腹罐), 호(壺), 두(豆) 등의 새로운 그릇형태가 출현하였다. 이러한 변화는 소하연문화가 부분적으로는 현지의 전통을 계승함을 반영하는 동시에, 아마도 주변 지역의 문화 요소를 대량 흡수하여, 새롭고 좀 더 복잡한 문화 면모를 형성하게 된다. 그러나 문화 전승관계로부터 보자면, 우리는 여전히 소하연문화가 현지의 흥륭와–조보구–홍산문화 계통에서 성장한 문화의 한 갈래이며, 소하연문화는 계통과 분명한 전승관계를 가지고 있다고 여기고 있다. 다만 현재 보유하고 있는 자료에서 보면, 소하연문화는 조보구문화 단계의 요소들을 훨씬 더 많이 전승하였고, 홍산문화 단계의 요소는 뚜렷하지 않다. 예를 들면, 소하연문화의 도존(陶尊)(그림 五, 6)은 분명히 조보구문화의 존(尊)(그림 五, 1)에서 발전되어 나왔고, 상호간의 변천 흐름도 매우 선명하다. 그리고 소하연문화의 채도와 각획문(刻劃紋)이 도안 구성 방면에서 조보구문화의 각획궤하문(刻劃几何紋)과 매우 유사하여, 두 문화 사이에 일정한 연원 관계가 존재한다(그림 五 , 2–5, 7–11).

제8단계에 있는 하가점하층문화는 이미 청동기시대로 접어들었다. 이 문화 성격에 대해서 줄곧 '대문화개념' 과 '소문화개념' 의 구분이 있다. '대문화개념' 은 연산(燕山) 이남의 경(京), 진(津), 당(唐) 지역에서 발견된 '대타두문화(大砣頭文化)' 도 포함한 것을 가리키고, '소문화개념' 은 요서 지역에 분포하고 있는 하가점하층문화만을 가리킨다. 요서 지역의 하가점하층문화만을 두고 말하면, 다수의 학자들이 이 문화는 소하연문화에서 발전된 것이라고 여기고 있으며, 주요 근거로 소하연문화의 마광흑도(磨光黑陶), 세승문(細繩紋) 및 절복분(折腹盆) 등이 하가점하층문화의 같은 종류의 그릇유물과 일정한 연계가 있고, 특히 두 문화의 도존(陶尊)은 형태상 일맥상통하는 변천 관계를 가지고 있다. 우리는 이 관점에 전적으로 동의하며, 하가점하층문화와 소하연문화 간에 비교성을 지닌 공통적 요소가 불충분한 이유는 두 문화 사이에는 약 500년의 시간 간격이 존재하기 때문이지만, 앞으로 발굴을 통하여 이 공백을 메울 자료를 찾아낸다면 두 문화의 관계를 좀 더 명확하게 볼 수 있을 것이라고 생각한다. 요서 지역의 하가점하층문화의 후대에 관하여 현재까지 현지 지역에서 찾아내지 못하고 있으며, 이 문화와 이후의 위영자유형과 하가점상층문화와는 전승관계가 존재하지 않는다.

제9단계의 위영자문화는 지금까지 발견된 자료가 주로 노로아호산 동쪽의 대능하, 소능하 유역에 집중되어 있으며, 노로아호산 서쪽의 노합하, 교래하 유역의 자료는 소량인데다가 산발적이고 상황도 비교적 모호하다. 현재까지의 연구 결과로 볼 때, 이 문화와 하가점하층문화와는 연원관계가 존재하지는 않지만, 일부 요소는 이후의 하가점상층문화 속으로 유입되었다. 예를 들면, 하가점상층문화에서 볼 수 있는 유상대족력(乳狀袋足鬲)은 부신(阜新) 지역에서 출토된 위영자문화의 유상대족력(乳狀袋足鬲)의 후대임이 분명하다.

제10~12단계에 있는 6종의 문화에서, 노로아호산 서쪽에 분포한 하가점상층문화는 그 근원이 위영자유형이 아니고(단지 위영자유형의 일부 요소만을 흡수하였을 뿐임), 발전 방향 또한 이후의 수천유형, 정구자유형(철장구유형 포함) 혹은 노로아호산 동쪽의 오도하자유물도 아니다. 수천유형, 정구자유형(철장구유형 포함), 오도하자유적 이 3종 문화의 근원과 상호 관계에 대해서 현재까지 명확히 밝혀진 바가 없다. 노로아호산 동쪽에 분포한 능하유형은 현지 지역 안에서 그 처음과 끝을 찾지 못하였다. 노로아호산 동·서 양쪽을 뒤엎고 있는 연문화는 제11단계 이전의 문화와 본질적인 차이를 보이며, 어떠한 전승관계도 존재하지 않는다.

이로 인해서, 요서 지역에서 분명한 전승관계가 존재하는 문화 발전 단계는 소하서문화, 홍륭와문화, 조보구문화, 홍산문화, 소하연문화, 하가점하층문화 6종뿐이며, 이 6종의 고고학적 문화는 1단계에서 8단계까지 존재하며 상호간 비교적 긴 문화 사슬을 구성하고 있다. 각각의 서로 다른 발전 단계에서 그것들은 각자 대외 및 대내적인 문화 성분상의 유입과 유출이 있었지만, 주체적인 문화 요소의 전승 방면으로 보면 모두 하나의 큰 문화 계통에 속한다. 이와 상반되게, 시기의 전후관계는 있으나 전승관계가 존재하지 않는 문화는 7종이 있으며, 그들 문화는 제9단계에서 12단계까지 존재하는데, 위영자유형, 하가점상층문화, 수천유형, 정구자유형(철장구유형 포함), 오도하자유적, 능하유형과 연문화로 구분된다. 이 7종의 고고학적 문화는 상호간에 명확한 직접적인 관계가 없기 때문에, 그들 각자의 연원과 발전 방향은 요서 이외의 지역에서 찾을 수밖에 없다.

Ⅲ. 주변 문화와의 횡적 관계

요서 지역의 한 이전 각 단계별 고고학적 문화와 주변 지역의 같은 시기 고고학적 문화를 비교하면서, 우리는 한 걸음 더 나아가서 그것들과 외부 지역 문화와의 교류 관계에 뚜렷한 형식상에서의 다름이 존재하고 있다는 것을 발견할 수 있었다. 양자 간의 교류 관계는 '향외수출식(向外輸出式)', '향내흡수식(向內吸收式)', '쌍향교류식(雙向交流式)', 또는 문화의 '전파(徙出)'과 '수용(遷入)'으로 나타난다.

우선 제1-3단계의 소하서문화, 흥륭와문화, 조보구문화는 자신들만의 특징이 매우 두드러지고 모든 유적에 선명한 지방 특색을 지니고 있다. 이 시기의 세 고고학적 문화 유적과 유물 중에서 주변 지역과 동일한 문화 요소를 찾기는 어렵다. 이와는 반대로, 요서 서부의 자산문화(磁山文化), 동부의 신락하층문화(新樂下層文化)와 소주산하층문화(小珠山下層文化, 后洼下層文化 포함), 북동부의 좌가산하층문화(左家山下層文化, 좌가산 유적지의 제1 · 2기 유물을 대표함)의 그릇유물군 중에는, 모두 서로 다른 정도로 요서 지역의 '지(之)'자 무늬 도기를 대표로 하는 문화 성분을 찾아볼 수 있다. 이뿐만 아니라, 멀리는 중원 지역의 반파문화(半坡文化)의 원군묘묘지(元君廟墓地)[22]에서도 동일하게 조보구문화의 존형기(尊形器)[23]의 흔적을 찾아볼 수가 있다(그림 六). 이것은 기원전 4500년 이전의 세 발전 단계에서, 요서 지역과 주변 지역 간의 문화교류 방향은 외향적이고, 방식은 '향외수출식(向外輸出式)'이라는 것을 나타내는 것이다.

제4-7단계의 홍산문화와 소하연문화 시기에 이르면, 상황이 뚜렷하게 다른 양상을 보이게 된다. 구체적 현상은 홍산문화 초기에 시작하여 요서 지역과 외부 지역의 교류 방식에 근본적인 변화가 발생한다. 즉, 기존의 단일적인 '향외수출식(向外輸出式)'에서 외부의 것을 참고로 하는 '향내흡수식(向內吸收式)'으로 바뀐다. 비록 외부 지역에도 일정한 영향을 미쳤지만, 영향의 넓이와 강도가 확연히 약해졌다. 이러한 현상은 장장 2000년 전후의 오랜 시간동안 지속되었다.

22) 北京大學歷史系考古教研室：『元君廟仰韶墓地(黃河水庫考古報告之四)』, 文物出版社, 1983年4月.
23) 中國社會科學院考古研究所內蒙古工作隊：「內蒙古敖漢旗小山遺址」, 『考古』1987年6期.

이 현상을 반영하는 예를 들어 보면 다음과 같다. (1) 제4단계에 있는 홍산문화 초기는 연대가 중원의 앙소시대(仰韶時代) 초기의 말단에 해당한다. 그 그릇유물군의 구성은 대량의 현지 지역 '지(之)' 자 무늬와 석문의 통형관(筒形罐)을 대표로 하는 전통문화 성분이외에도, 채도(彩陶)와 홍의도(紅衣陶)가 새로이 출현하고, 특히 그릇의 형태 방면에서도 후강일기문화(后崗一期文化)와 반파문화에서 온 요소들을 볼 수 있다(그림 七). 이것은 이 시기부터 요서 지역은 중원 지역의 같은 시기 고고학적 문화의 강렬한 영향을 받기 시작하였음을 보여준다. (2) 제5단계의 홍산문화 중기는 연대가 중원의 앙소시대 중기와 동일하다. 그 그릇유물군 가운데에서는 중원의 묘저구문화(廟底溝文化)에서 온 채도와 기종(器種)이 일정량 발견되었다(그림 八). (3) 홍산문화 후기로 대표되는 6단계는 채도가 더욱 발전하는데, 다만 외부적 영향이 중원에서 내몽고의 중남부 지역(河套 지역)으로 변한다. 채도의 도안과 그릇형태로 볼 때, 이러한 요소들은 묘자구문화(廟子溝文化, 혹은 白泥窯子文化, 海生不浪文化라고 칭함)가 요서 홍산문화에 영향을 준 결과이다(그림 九). (4) 7단계의 소하연문화 시기에 이르러서, 외래문화의 영향이 더욱 커지고 그 내원도 복잡해진다. 이 시기는 서부 묘자구문화에서 온 요소(그림 十)도 볼 수 있을 뿐만 아니라, 남동부 황하하류 지역의 대문구문화(大汶口文化, 劉林期)에서 온 요소도 분명하게 나타난다(그림 十一).

이상의 여러 가지 현상 모두 홍산문화와 소하연문화가 주변 지역 여러 곳으로부터 서로 다른 고고학적 문화의 영향을 받았으며, 초기부터 후기까지 영향력도 갈수록 커졌음을 나타내고 있다. 이러한 영향이 주동적으로 받았든 수동적으로 받았든, 그로 인해 발생한 직접적인 결과는 문화 간의 충돌과 융합을 통해 이 시기의 고고학적 문화의 발전을 크게 추진하였으며, 이로 인해 요서 지역이 신속하게 대발전 단계에 접어들게 되었다. 이러한 인식에서 출발하면, 아마도 홍산문화(후기)가 어떻게 전체 동북지역 나아가서는 전국 범위 안에서 가장 먼저 문명의 문턱을 넘게 되었는지를 어렵지 않게 이해할 수 있을 것이다.

제8단계의 하가점하층문화는 승문언(繩紋甗), 존식력(尊式鬲), 민무늬 고복력(鼓腹鬲), 민무늬 부식력(瓿式鬲)에서 가장 큰 특색을 가지고 있다. 문화연원 방면에서 볼 때, 현지의 소하연문화 계통에 대한 본토 문화 성분의 계승이 있었고(예를 들어 尊, 鉢

形鼎, 淺盤豆 등), 중원 지역 새끼줄무늬를 대표로 하는 후강이기문화(后崗二期文化)에서 온 요소의 수용이 있었으며(예를 들어 無腰隔繩紋甗, 繩紋中口深腹罐, 繩紋深腹扳耳盆 등), 또한 이 두 문화가 충돌하여 생긴 새로운 그릇 형태(예를 들어 尊式鬲 등)도 있었다. 그러나 문화의 대외 교류와 영향에서 보면, 대전자묘지(大甸子墓地)에서 출토된 몇몇 문화요소(예를 들어 鬶, 爵 등)[24]는 명확하게 중원의 이리두(二里頭) 문화에서 온 것(그림 十二)으로, '향내흡수식(向內吸收式)' 에 속한다. 그리고 특별히 주의해야 할 것은, 하가점하층문화 그릇유물군에서 동부 고태산(高台山)문화 초기에서 온 요소(素面直腹陶鬲)가 보이고, 동시에 고태산(高台山)문화 초기 그릇유물군에서 서부 하가점하층문화에서 온 요소(灰陶盂 혹은 灰陶尊이라 칭함)를 찾아볼 수 있는데, 이것은 제8단계의 하가점하층문화시기의 대외관계가 '쌍향교류식(雙向交流式)' 이라는 것(그림 十三)을 반영하며, 이러한 문화의 발전 방향에 관해 일부 학자들은 그것이 아마도 이후의 위영자문화 속에 일부분 융합된 것이라고 주장한다.[25] 그러나 서로 비교할 수 있는 자료들을 가지고 볼 때, 첫째로 새끼줄무늬가 동일하지 않다. 위영자문화의 새끼줄무늬는 여러 차례 긁고 문지르는 과정을 거치면서 무늬가 뚜렷하지 않다. 둘째는 매우 드물게 보이는 통식소면력(筒式素面鬲)도, 그 형태가 서로 크게 동떨어져있는데, 기타 도기들은 더더욱 그 어떤 비교의 필요도 없다. 또한 위영자문화는 주로 협사갈도(夾砂褐陶) 위주로, 두 문화에 도기의 계통상에서 본질적인 차이가 존재한다. 그리하여 현재까지의 자료에 근거하면 하가점하층문화의 발전방향은 요서 지역에서 그 흔적을 전혀 찾아볼 수 없고, 요서 지역에서 외지로 이동해 갔을 가능성을 배제할 수 없다. 물론, 이것은 오랜 시간동안 진일보한 발견과 연구가 필요한 문제이다.

제9단계의 위영자문화에서 시작하여 제12단계의 연문화로 막을 내리면서, 요서 지역과 주변 지역의 문화 관계에는 다시금 명확한 차이가 나타낸다. 이 시기의 문화 사이에는 명확한 전승관계가 결여됨으로 인해, 문화의 구성은 서로 다른 문화의 전파와 수용으로 전개되어 나타난다.

24) 中國社會科學院考古研究所 : 『大甸子 夏家店下層文化遺址与墓地發掘報告』, 科學出版社, 1998年.
25) 郭大順 : 「試論魏營子類型」, 『考古學文化論集』(一), 文物出版社, 1987年.

위영자문화의 전체적인 특징으로 보자면, 동부 지역 고태산문화(高台山文化)의 영향을 명확하게 받은 것 이외에, 그 주된 성분은 서부 장성(長城) 지대의 승문화변력(繩紋花邊鬲)을 대표적인 유물로 하는 주개구문화(朱開溝文化)에서 유래하였다. 따라서 이 문화는 어느 정도 하가점하층문화가 서쪽으로 전파된 이후에 서부의 주개구문화가 기회를 틈타 동쪽으로 전파되어 들어온 결과라고 볼 수 있다. 이 현상과 동일하게, 위영자문화의 뒤를 이어 노로아호산 동·서 양쪽에 출현한 능하유형과 하가점상층문화도 현지에서 그 근원을 찾을 수 없다. 그것들이 어디에서 왔는지에 대한 가장 합리적인 해석 역시 외지에서 이동해 왔을 것이라고 추측이다.

하가점상층문화의 근원에 관해, 일찍이 1990년 9월 장충배(張忠培)는 "하가점상층문화는 고대산유형 계통에서 발전한 것이다."라는 관점을 제기한 바가 있다.[26] 2006년 필자는 이러한 관점에서 진일보한 긍정을 나타냈으며, 구체적으로 두 문화 간 전형적인 도기의 전승변천 관계도를 제시하였다.[27] 이로써 서주에서 춘추시대까지의 하가점상층문화는 동부의 하상(夏商)시대의 고대산문화가 서쪽으로 이동하여 현지로 들어와 현지 문화 요소와 소량 융합하여 만들어진 문화임을 알 수 있다.

능하유형의 연대는 비교적 간격이 커서, 서주에서부터 시작하여 연이어 전국시대 연문화가 발생하기 전까지이다. 그 문화 내용을 보면, 이 문화의 유물에서는 삼족도기(三足陶器)가 보이지 않으며, 평저도기(平底陶器)와 곡인청동단검(曲刃青銅短劍)을 특색으로 한다. 발굴과 발표된 자료가 산재되어 있어, 문화 성격에 대한 인식이 줄곧 모호하다. 그 근원에 관해서는, 위영자문화와 관련 가능성이 있다고 여기는 사람들도 있지만, 두 문화 도기의 기본 유형과 청동단검(青銅短劍)에서 나타나는 비교적 큰 차이를 본다면, 사람들이 납득하기 어려운 견해임이 분명하다. 문화 요소를 보면, 적은 부분의 요소가 노로아호산 서쪽의 하가점상층문화, 수천유형, 정구자유형과 관련이 있지만, 일부는 중원 지역으로부터 온 문화 성분(예를 들면, 청동창, 雙翼有鋌銅鏃 등

---

26) 張忠培：「遼宁古遺存的分區, 編年及其他 "环渤海考古"學術討論會上的發言」, 『遼海文物學刊』1991年1期.

27) 趙賓福：「遼西山地夏到戰國時期考古學文化時空框架研究的再檢討」, 『邊疆考古研究』第5輯, 第47頁圖七, 科學出版社, 2006年.

은 모두 중원식의 청동기이고, 小口雙耳鼓腹壺의 형태는 하북 玉皇廟文化 혹은 軍都山文化로도 불리는데 이 문화의 동종 도기와 흡사하다[28])을 가지고 있다. 그러나 첩순통복관(疊唇筒腹罐)이나 민무늬 고경호(高頸壺) 그리고 곡인청동단검(曲刃青銅短劍) 등 주된 문화 성분으로 말하자면, 요동 지역의 같은 시기에 존재한 '쌍방문화(雙房文化)'와 매우 밀접한 관계를 가지고 있다. 구체적으로 말하면, 이러한 주된 성분들은 쌍방문화가 서주에서 시작하여 끊임없이 서쪽으로 확장하여 그 활동 공간을 이곳까지 확대한 결과라고 할 수 있다. 이와 같이 능하유형은 쌍방문화가 요동에서 요서의 대능하와 소능하 유역으로 이동한 지방적 변종의 하나인 것이다.[29] 물론 대능하와 소능하 유역과 요동 지역 사이에 있는 요서 평원 지역에서 현재 동주와 서주 시기의 유물이 발견되지는 않고 있지만, 앞으로 이 지역에서의 고고학적 현지 발굴 작업에 돌파구가 생긴다면 이 문제의 해결에 많은 도움이 될 것이라고 생각한다.

마지막으로 설명하고자 하는 것은 노로아호산 서쪽 지역의 하가점상층문화 이후와 연문화가 도래하기 이전(전국시대 초중기)에 출현한 수천유형과 정구자유형(철장구유형 포함)이다. 현재까지의 자료들로 보면, 이 두 문화에는 모두 쌍이관(雙耳罐)과 첩순관(疊唇罐) 등을 가지고 있다는 공통성도 있고, 수천유형에서는 고복옹(鼓腹瓮)과 력(鬲)이 보이지 않고, 정구자유형에서는 각파관(角把罐)이 보이지 않는 점 등 각자의 특징도 있다. 이 두 유적문화가 하나의 같은 문화에 속하는지 아니면 서로 다른 문화에 속하는지 현재까지는 확실하지 않으며, 본 논고에서는 일단 두 개의 서로 다른 문화로 간주하고 있다. 이 외에 두 문화에서 동쪽 능하유형 후기에서 온 영향의 요소를 볼 수 있는 것을 제외하고, 각자의 근원이 뚜렷하지 않아 외부지역에서 전파해 들어왔을 가능성을 배제할 수는 없다. 그것들의 발전 방향에 관해서는 아마도 이후 전국시대의 연문화에 융화되어 들어갔을 것이라는 견해가 있다.[30]

---

28) 楊建華 : 「再論玉皇廟文化」, 『邊疆考古研究』第2輯, 科學出版社, 2004年.

29) 趙賓福 : 『中國東北地區夏至戰國時期的考古學文化研究』, 科學出版社, 2009年9月 ; 張忠培 : 「東北地區夏至戰國時期考古學文化譜系研究的進程」, 『中國文物報』2009年7月31日, 第7版.

30) 鄭均雷 : 「戰國燕墓的非燕文化及其歷史背景」, 『文物』2005年3期.

대략 능하유형 후기와 정구자유형, 그리고 수천유형과 같은 시기에 존재했던 능원(凌源) 오도하자유적은 자료가 무덤지역 한 곳에서 나온 11기의 고분에 국한되어 있고, 부장품 가운데 청동기만 있고 도기는 보이지 않는다.[31] 청동기의 구성으로 보면 중원식의 유엽형검(柳叶形劍)과 장호삼천과(長胡三穿戈) 그리고 거기(車器)가 있으며, 북방 초원 풍격의 삼각 모양과 사람 모양의 추식(墜飾), 그리고 연주(連珠) 모양의 추식, 말 모양의 식(飾) 패(牌), 소 모양의 금식패, 그리고 능하유형 후기 특징인 날치 모양의 당로(當盧)도 있다. 이 유적의 묘제(墓制)와 장제는 연대가 약간 늦은 완공(完工)과 찰래낙이(扎來諾爾) 등 동호족계(東胡族系)인 선비(鮮卑)의 묘장과 유사하다고 여기기도 하며,[32] 이 유적의 성격에 대해 기북(冀北) 지역의 '산융문화(山戎文化)' 후기의 대표적 유물이라고 하기도 하는데,[33] 그러나 어떤 견해가 합리적이던지 간에 모두 기본적으로는 이 문화가 다른 지역에서 요서 지역으로 이동해 왔다는 점은 인정하고 있다.

전국시대 후기의 연문화는 요서지역의 토착문화가 아니고, 중원 지역에서 이동해 온 문화라는 점은 모두 다 잘 알고 있는 사실이라 더 이상 논하지 않겠다.

총괄적으로 말하면, 한 이전 요서 지역의 문화와 주변 문화와의 관계에서 나타나고 있는 교류 방식은 다양하다. 시기도 다르고, 방식 또한 다르다. 구체적으로 말하면, 4개의 시기와 특징으로 구분할 수 있다.

제1기: 제1~3단계의 소하서문화와 흥륭와문화 그리고 조보구문화를 대표로 하며, 문화의 교류방식은 '향외수출식(向外輸出式)' 이다.

제2기: 제4~7단계의 홍산문화와 소하연문화를 대표로 하며, 문화의 교류방식은 '향내흡수식(向內吸收式)' 이다.

제3기: 제8단계의 하가점하층문화를 대표로 하며, 문화의 교류방식은 '향내흡수

---

31) 遼宁省文物考古研究所：「遼宁凌源縣五道河子戰國墓發掘簡報」,『文物』1989年2期.

32) 朱永剛：「大小凌河流域含曲刃短劍遺存的考古學文化及相關問題」,『內蒙古文物考古文集』第二輯, 中國大百科全書出版社, 1997年.

33) 靳楓毅等：「山戎文化所含燕与中原文化之分析」,『考古學報』2001年1期.

식(向內吸收式)' 뿐만 아니라 '향외수출식(向外輸出式)' 도 있기 때문에 '쌍향교류식(雙向交流式)' 이라고 할 수 있다.

제4기: 제9~12단계의 위영자유형, 능하유형, 수천유형, 정구자유형(철장구유형 포함), 오도하자유적, 연문화를 대표로 하며, 문화의 내원과 발전 방향은 외부 지역 문화의 '수용' 혹은 현지 지역 문화의 '전파' 이다.

참고문헌

郭大順,「試論魏營子類型」,『考古學文化論集』(一), 文物出版社, 1987.
靳楓毅 等,「山戎文化所含燕与中原文化之分析」,『考古學報』1, 2001.
內蒙古自治區文物考古硏究所,「內蒙古林西縣白音長汗新石器時代遺址發掘簡報」,『考古』7, 1993.
內蒙古自治區文物考古硏究所,『白音查汗 新石器時代遺址發掘報告』, 科學出版社, 2004.
董新林,「趙宝溝文化硏究」,『考古求知集 96考古硏究所中青年學術討論會文集』, 中國社會科學出版社, 1997.
呂學明 · 朱達,「牛河梁紅山文化墓葬分期及相關問題」,『玉魂國魄 中國古代玉器与傳統文化學術討論會文集』, 北京燕山出版社, 2002.
遼宁省文物考古硏究所,「遼宁凌源縣五道河子戰國墓發掘簡報」,『文物』2, 1989.
遼宁省文物考古硏究所,「遼宁阜新縣查海遺址1987-1990年三次發掘」,『文物』11, 1994, 19쪽.
劉國祥 · 張義成,「內蒙古喀喇沁旗發現大型小河西文化聚落」,『中國文物報』, 2006.1.16.(제1판).
劉晋祥,「翁牛特旗大新井村新石器時代遺址」,『中國考古學年鑒(1989年)』, 文物出版社, 1990.
索秀芬,「小河西文化初論」,『考古与文物』1, 2005.
索秀芬 · 郭治中,「白音査汗遺址小河西文化遺存」,『邊疆考古硏究』3, 科學出版社, 2004.
索秀芬 · 李少兵,「牛河梁遺址紅山文化遺存分期初探」,『考古』10, 2007.
徐光冀,「富河文化的發現与硏究」,『新中國的考古發現与硏究』, 文物出版社, 1984, 177쪽.
邵國田 編著,「千斤營子遺址与小河西文化」,『敖漢文物精華』, 內蒙古文化出版社, 2002.
邵國田,「敖漢旗鐵匠溝戰國墓地調査簡報」,『內蒙古文物考古』1 · 2期合刊, 1992.
辛岩 · 方殿春,「查海遺址1992～1994年發掘報告」,『遼宁考古文集』, 遼宁民族出版社, 2003.
楊建華,「再論玉皇廟文化」,『邊疆考古硏究』2, 科學出版社, 2004.
楊虎,「關于紅山文化的几个問題」,『慶祝蘇秉琦考古五十五周年論文集』, 文物出版社, 1989.
楊虎,「敖漢旗榆樹山, 西梁遺址」,『中國考古學年鑒(1989年)』, 文物出版社, 1990.
王立新,「遼西區夏至戰國時期文化格局与經濟形態的演進」,『考古學報』3, 2004.
張星德,「紅山文化分期初探」,『考古』8, 1991.
張忠培,「東北地區夏至戰國時期考古學文化譜系硏究的進程」,『中國文物報』, 2009.7.31.(제7판).
張忠培,「遼宁古遺存的分區, 編年及其他 "环渤海考古"學術討論會上的發言」,『遼海文物學刊』1, 1991.

鄭均雷, 「戰國燕墓的非燕文化及其歷史背景」, 『文物』3, 2005.

趙賓福, 「遼西山地夏到戰國時期考古學文化時空框架硏究的再檢討」, 『邊疆考古硏究』5, 科學出版社, 2006.

趙賓福, 「關于小河沿文化的几点認識」, 『文物』7, 2005.

趙賓福, 「趙宝溝文化的分期与源流」, 『中國考古學會第八次年會論文集 1991年』, 文物出版社, 1996.

趙賓福, 「紅山文化硏究歷程及相關問題再認識」, 『內蒙古大學學報(人文社會科學版)』37:4, 2005.7.

趙賓福, 『中國東北地區夏至戰國時期的考古學文化硏究』, 科學出版社, 2009.9.

趙賓福・薛振華, 「論紅山文化的三个發展階段」, 『考古學報』特(待?)刊.

朱延平, 「東北地區南部公元前三千紀初以遠的新時期考古學文化編年, 譜系及相關問題」, 『考古學文化論集(四)』, 文物出版社, 1997.

朱延平, 「遼西區新石器時代考古學文化縱橫」, 『內蒙古東部區考古學文化硏究文集』, 海洋出版社, 1991.

朱延平, 「富河文化的若干問題」, 『內蒙古文物考古文集』1, 中國大百科全書出版社, 1994, 115쪽.

朱永剛, 「大小凌河流域含曲刃短劍遺存的考古學文化及相關問題」, 『內蒙古文物考古文集』2, 中國大百科全書出版社, 1997.

朱永剛, 「論高台山文化及其与遼西青銅文化的關系」, 『中國考古學會第八次年會論文集』, 文物出版社, 1996.

中國社會科學院考古硏究所, 『中國考古學中碳十四年代數据集(1965~1991)』, 文物出版社, 1991, 56~57쪽.

中國社會科學院考古硏究所考古科技實驗硏究中心, 「放射性碳素測定年代報告(27)」, 『考古』7, 2001, 84쪽.

中國社會科學院考古硏究所內蒙古工作隊, 「內蒙古巴林左旗富河溝門遺址發掘簡報」, 『考古』1, 1964.

中國社會科學院考古硏究所實驗室, 「放射性碳素測定年代報告(21)」, 『考古』7, 1994, 662쪽.

中國社會科學院考古硏究所實驗室, 「放射性碳素測定年代報告」, 『考古』5, 1974, 336쪽.

陳國慶, 「小河沿文化分期与年代探討」, 『新果集 慶祝林沄先生七十華誕論文集』, 科學出版社, 2009.

______, 「試論趙宝溝文化」, 『考古學報』2, 2008.

______, 「紅山文化硏究」, 『華夏考古』3, 2008.

______, 「興隆洼文化分期及相關問題探討」, 『邊疆考古硏究』3, 科學出版社, 2004.

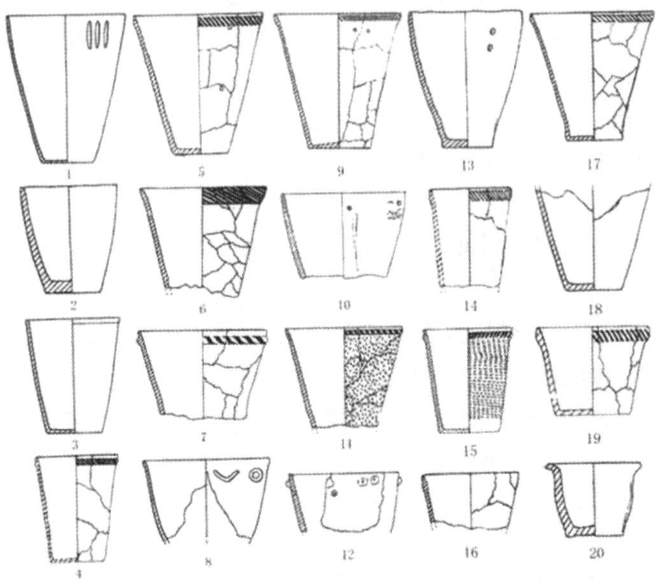

图一　小河西文化陶器群

1-19. 筒形罐（白音长汗 BT3②:9、西梁 F110④:18、白音长汗 BF64②:1、查海 F35:6、查海 F34:43、查海 F33:47、查海 F35:8、白音长汗 BH55②:2、查海 F26:33、小河西 87MAHF3②：6、查海 F35:5、小河西 87MAHF3②:3、榆树山 F8②:6、查海 F35:9、查海 F34:48、查海 F35:7、查海 F26:34、榆树山 F14②:6、查海 F26:39）20. 小罐（榆树山 88MAJ1 调查 5610）

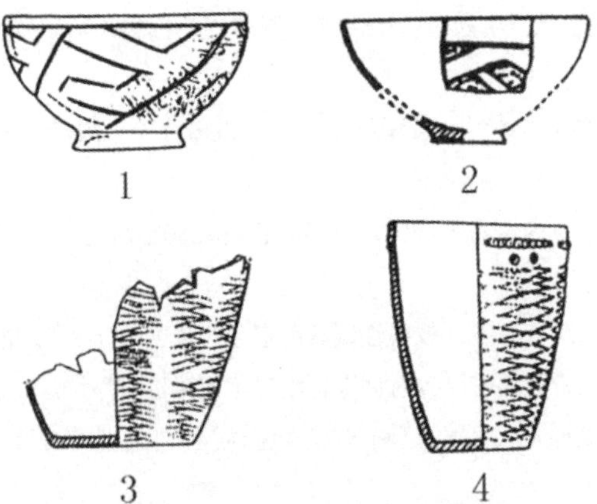

图二　富河文化陶器（右）与赵宝沟文化陶器（左）的比较

1、2.圈足碗（赵宝沟 F6③：10、富河 H18 出土）

3、4.筒形罐（赵宝沟 F106②：13、富河 H15：2）

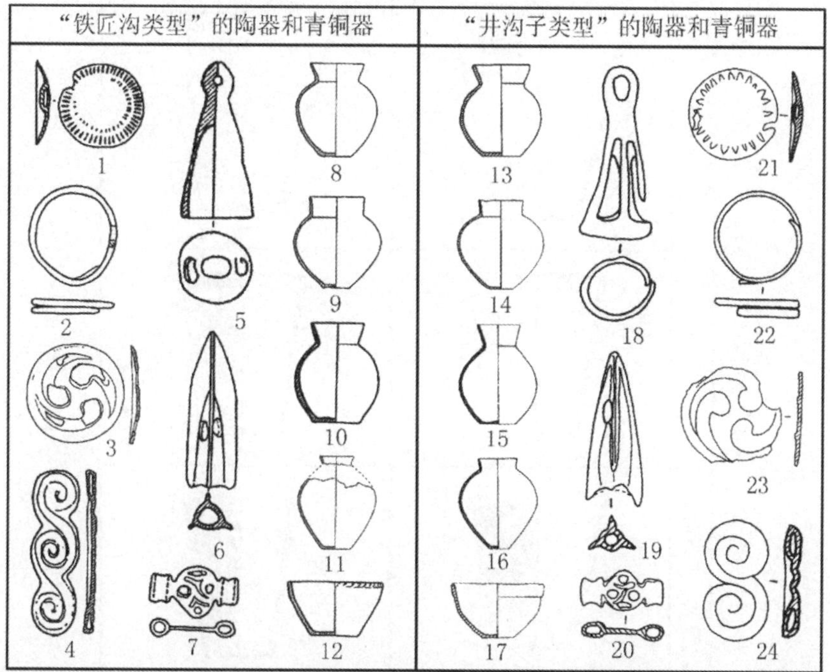

图三 “铁匠沟类型”遗物与“井沟子类型”遗物的比较

1、9（AM3：2、1） 2、5、7、8、10、12（AM2：27、6、11、1、2、3） 3、4、11（AM1：15、17/1） 6（A区采集） 13（96清理墓葬出土） 14、15、24（M13：2、40、33） 16（M31：1） 17（M2：2） 18、22（M3：46、57－1） 19（M26：20） 20（M25“10－4） 21（M23：7） 23（M5：10）

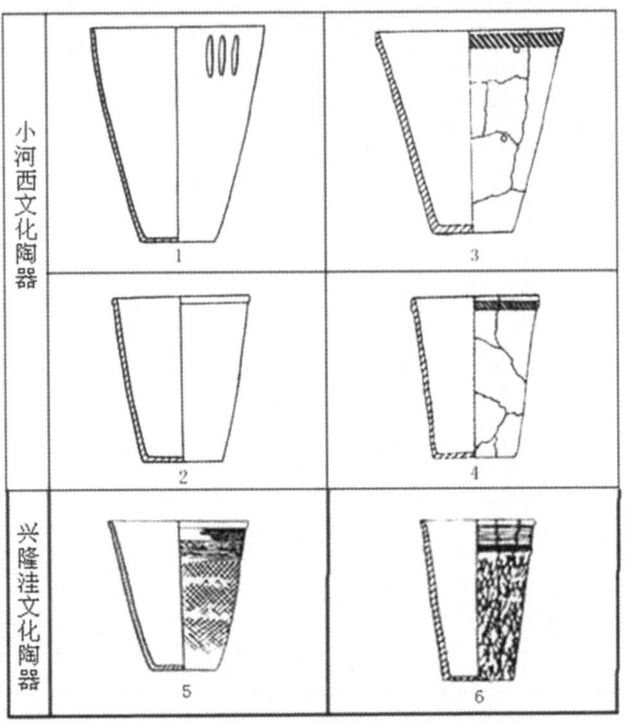

图四　小河西文化陶器与兴隆洼文化陶器亲缘关系比较

1、2、5（白音长汗 BT3②:9、BF64②:1、BF63②:3）3、4、6（查海 F34:43、F35:6、F25：8）

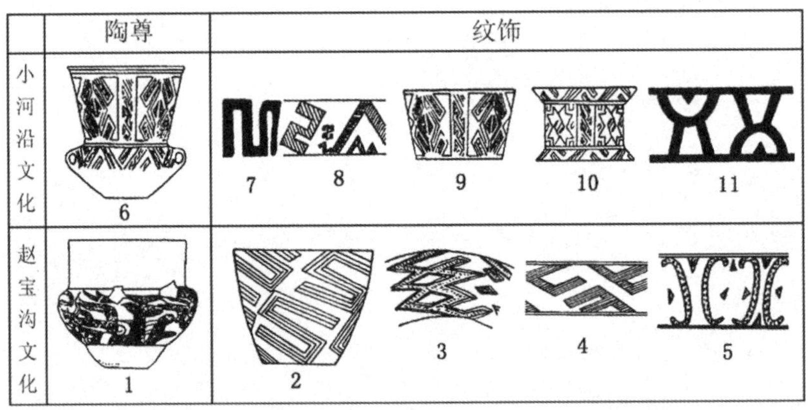

图五　赵宝沟文化陶器与小河沿文化陶器亲缘关系比较

1. 小山 F②：30　2. 小山 F2② ：4　3. 小山 F2②：54　4. 小山 F2②：46　5. 小山 F2②：28　6. 南台地 F4：1 7. 石虎山墓葬 8. 大南沟墓葬 9. 南台地 F4：1　10. 南台地 F4 ：3 11. 大南沟 M 36：1

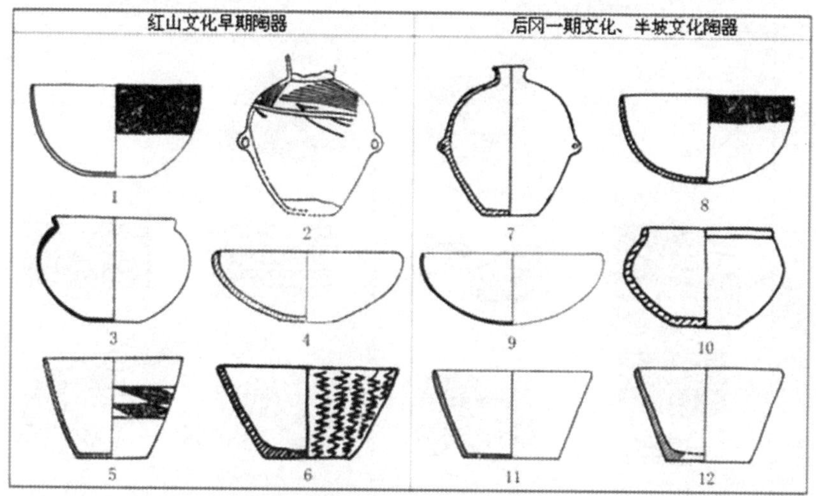

图六　红山文化早期陶器与中原后冈一期文化、半坡文化陶器的比较

1、8、3、10、4、9. 钵（西水泉 T7②:20、后冈 TB2④:7、红山后 Fig. 34b、北首岭 77M8:8、四棱山 Y1:1、半坡Ⅰ2a）　2、7 壶.（西水泉 H2:21、四十里坡下层 H8）　5、6、11、12. 敞口碗（三道湾子 H1:13、四棱山 Y1:3、半坡ⅩⅣ、半坡Ⅲ9b）

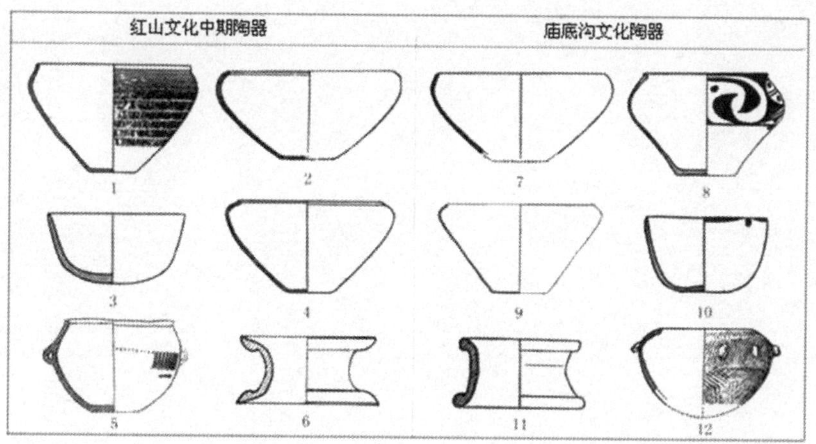

图七　红山文化中期陶器与庙底沟文化陶器的比较

1、8. 折肩罐 （牛河梁 H3:2、A9hT68:02）2、4、7、9. 敛口钵（那斯台图五:1、牛河梁 H3:3、庙底沟 B5aH325:11、B5dH203:50）3、10. 圜底碗（牛河梁 H3:4、A4aH327:06）5、12. 双耳罐（牛河梁 ZCZ1:1、A1H12:107）6、11. 器座（四棱山 Y2:7、A20bH2:19）

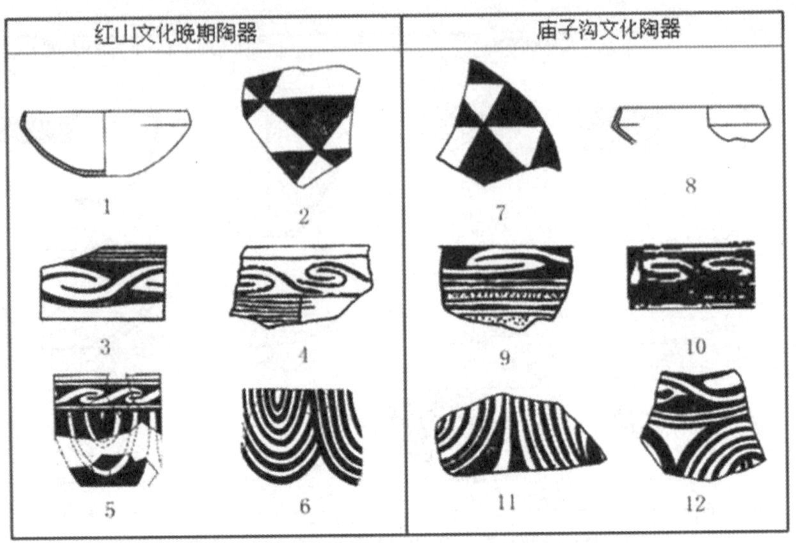

图八　红山文化晚期陶器与庙子沟文化陶器的比较

2、7. 三角纹（东山嘴 E9②:14、海生不浪 F5:37） 3、4、9、10. 平行线纹加单勾连涡纹（城子山 T4②:25、胡头沟图四:2、海生不浪 H34:12、白泥窑子 G1:17） 5、6、11、12. 垂环纹（胡头沟筒 5、红山后 Fig.35:3、白泥窑子图五:3、7） 1、8. 钵（白音长汗 AH16:5、海生不浪 H29①:9）

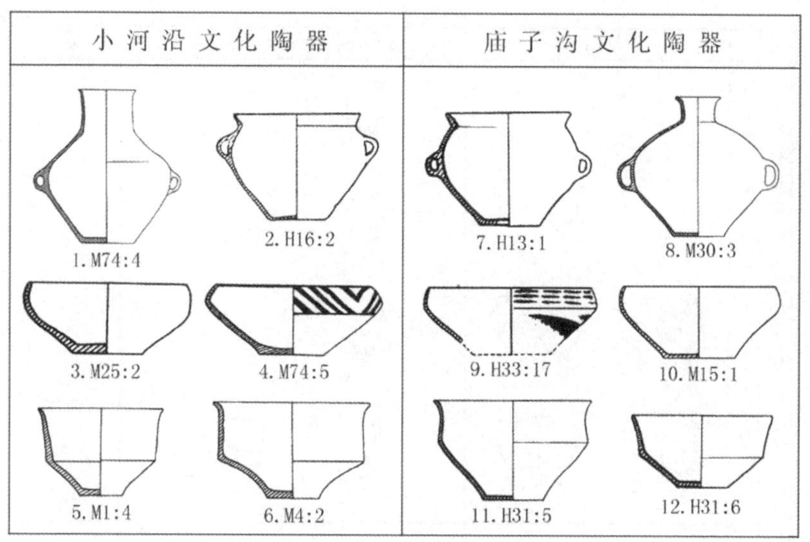

图九 小河沿文化陶器与庙子沟文化陶器的比较
（1、3－6. 大南沟出土，2. 南台地出土；7－12. 庙子沟出土）

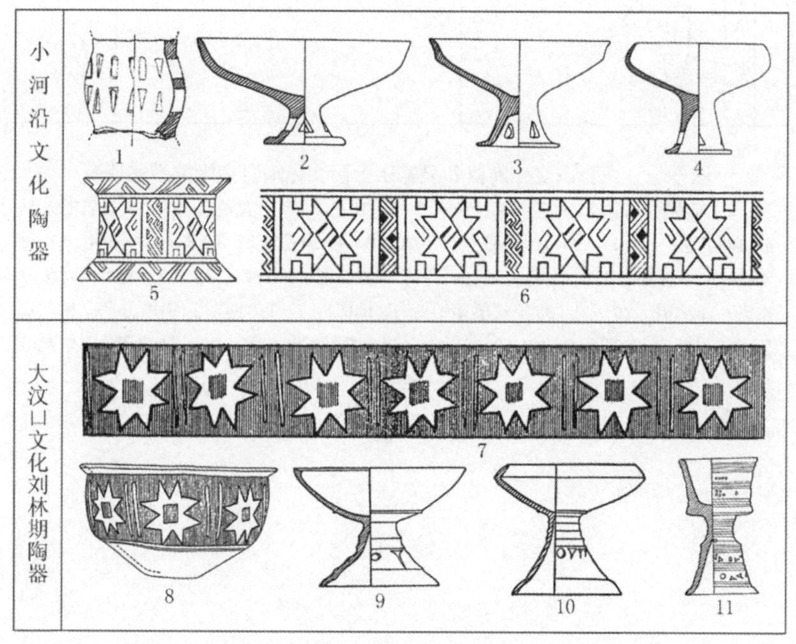

图十 小河沿文化陶器与大汶口文化（刘林期）陶器的比较
1. 镂孔豆把（南台地 H6：1） 2－4. 镂孔豆（大南沟 M67：9、M60：6、M74：3） 5、6. 彩陶器座（南台地 F4：3） 7、8. 彩陶盆（大墩子 M44：4） 9、11. 镂孔豆（刘林 M185：20、M182：10） 10. 镂孔豆（大墩子 M22：9）

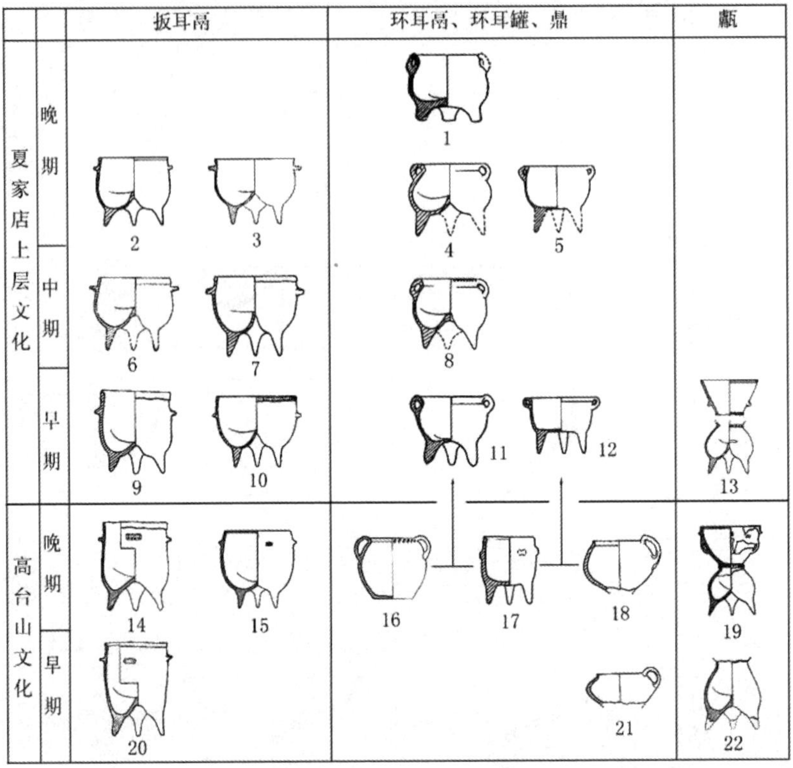

		扳耳鬲	环耳鬲、环耳罐、鼎	甗
夏家店上层文化	晚期	2　3	1　4　5	
	中期	6　7	8	
	早期	9　10	11　12	13
高台山文化	晚期	14　15	16　17　18	19
	早期	20	21	22

图十一　高台山文化陶器和夏家店上层文化陶器亲缘关系比较图

1、11（赤峰夏家店 T7①：2、H5：15）　2—7、10、12（克什克腾旗龙头山Ⅱ区祭祀坑 1：6、T0803①：1、H11：3、T0902①：1、T0203②：4、祭祀坑 2：5、H70：1、H54：3） 8（赤峰大山前 98（Ⅳ）H125④：2） 9（林西大井古铜矿 F2：1） 13（克什克腾旗龙头山出土） 14、18、20—22（88 平安堡 H1012：1、H3075：1、T103④：7、H1018：3、H3052：5） 15、19（76 东高台山 T1H1：3、5） 16（彰武鸡冠山屯出土） 17（74 东高台山 S7450）

辽西地区汉以前文化发展序列的建立及文化传承与交流关系的探讨

赵宾福

位于医巫闾山以西并以西拉木伦河、老哈河、教来河和大、小凌河流域为重心的辽西山地地区，行政区划为中国辽宁省的西部和内蒙古自治区的东南部。这一地区目前已识别出来的汉以前考古学文化共有15种，有6种为新石器时代的文化遗存，9种为夏至战国时期的文化遗存。属于新石器时代的6种考古学文化，年代最早的是小河西文化，最晚的是小河沿文化，两者之间依次是‘兴隆洼文化→赵宝沟文化→富河文化→红山文化’。辽西地区已发现的处于夏至战国时期的9种考古学文化，分别为夏家店下层文化、魏营子类型（或称魏营子文化）、夏家店上层文化、凌河类型（或称凌河遗存）、水泉类型（或称水泉遗存）、井沟子类型（或称井沟子遗存）、铁匠沟类型（或称铁匠沟遗存）、五道河子遗存和战国燕文化。而将此辽西地区诸考古学文化统一划分为12个大的发展阶段。

关于这些遗存的文化性质，绝大多数学者认为它们都是各自独立的考古学文化，笔者也基本赞同这样的宏观认识。但在辽西地区，文化发展存在着明显承袭关系的和不明显承袭关系的。只有小河西文化、兴隆洼文化、赵宝沟文化、红山文化、小河沿文化、夏家店下层文化6种是明显承袭关系的。这6种考古学文化处在第1至第8阶段，彼此之间构成了一个较长的文化链条，尽管在各个不同的发展阶段上它们各自对外、对内有过文化成份上的输出与输入，但是从主体文化因素的传承上看应该同属于一个大的文化系统。与此相反，有早晚关系但不存在承袭关系的文化有7种，它们分别为魏营子类型、夏家店上层文化、水泉类型、井沟子类型（含铁匠沟类型）、五道河子类型、凌河类型和燕文化。

辽西地区汉以前文化在与周边文化关系方面所表现出的交流方式是多样的。时间不同，方式也有所不同。具体说来，可分为三个时期。早期以1－3段的小河西文化、兴隆洼文化、赵宝沟文化为代表，文化的交流方式是“向外输出式”的。中期以4－7段的红山文化和小河沿文化为代表，文化的交流方式是“向内吸入式”的。晚期以8－12段的夏家店下层文化、魏营子类型、凌河类型、水泉类型、井沟子类型（含铁匠够类型）、五道河子类型、燕文化为代表，文化的来源和去向均表现为外地文化的迁入（简称“迁入式”）或本地文化的徙出（简称“徙出式”）。

[關鍵語] 遼西, 紅山文化, 文化傳承, 文化交流方式, 考古學

요동지역의 문명 기원과 교류

하 문 식

하문식(河文植)

충북대학교 역사교육과 졸. 연세대학교 대학원, 숭실대학교 대학원 졸. 문학박사. 충북대학교 중원문화연구소 특별연구원 역임. 현) 세종대학교 역사학과 교수, 요령성 문물고고연구소 객좌연구원

주요저서 : 『고조선 지역의 고인돌 연구』, 『고조선사 연구 100년: 고조선사 연구의 현황과 쟁점』(공저), 『고인돌』, 『고조선의 강역을 밝힌다』(공저).

Ⅰ. 머리말

문명은 사회, 경제, 정치적인 여러 제도들의 발전과정에 나타나는 복잡한 구조적인 문제를 지니므로 그 개념과 발생, 전개과정에 대하여는 일찍부터 다양한 분야에서 활발하게 견해가 제시되어 왔다.

고고학적 측면에서의 문명에 대한 논의는 여러 관점에서 많은 의견이 있어 왔지만 대부분 서양중심의 사회상에 대한 관심과 연구의 결과였다. 1960년대 들어와 구미학계에서는 50년대의 '도시' 문제에 이어 문명(civilization)에 대한 논의를 광범위하게 전개하여 왔는데 관심의 초점은 문명을 규정하는 여러 요인에 관한 것이었다. 다시 말하여 문명을 정의하면서 그것에 알맞은 조건으로는 어떤 것이 있는가 하는 문제였다. 기능적으로 상호관계를 맺고 있는 여러 요인 가운데에는 계급분화(계층화), 복잡한 노동분화(직업 분화와 전문가 등장), 조직화된 사회조직 등에 관하여 주로 논의가 있어 왔다.

도시혁명이라고 부르는 선진지역의 문명에 대한 개념은 1) 인구의 증가에 따른 도시형성과 성곽축조, 2) 모든 변화를 촉진시키는 잉여 생산물, 3) 식량 생산을 않는 전문가 집단의 등장에 의한 직업의 전문화, 4) 기념비적 건축물의 등장, 5) 과학과 수학의 발달, 6) 문자나 기록체계의 발명, 7) 축력과 수레바퀴의 발명에 의한 교통발달로 집단간의 무역, 8) 야금술의 발달, 9) 국가출현 등으로 정의되어 왔다. 또한 한때는 잉여생산물과 조직화된 사회화의 요인으로 관개에 주목하기도 하였다.[1]

이렇게 문명에 대한 활발한 논의가 있게 되자 여러 요인을 보다 체계적으로 검토하게 되었다. 그 이후 앞에서 설명한 이러한 개념에 의한 문명의 정의보다는 환경, 인구문제(인구압), 생업경제, 무역, 기술 등의 여러 요인들에 의한 상호작용의 결과로 이해하는 경향이 있다.

요동지역의 문명에 대해서는 요서지역의 홍산문화(문명)의 실체가 밝혀지면서 중

---

1) Brew, J.O., "The Metal Ages : Copper, Bronze, And Iron", *Man, Culture and Society*, oxford univ. press, 1956, pp. 111~138.

국은 물론 주변 국가에서도 많은 관심을 끌고 있다. 하지만 요동지역은 요서와 지리, 환경, 생태적인 측면에서 차이가 있기 때문에 공간적인 관점에서 동일한 시간의 잣대를 적용하기에는 어려움이 많은 것이 사실이다.

여기에서는 요동지역의 문명에 대한 것을 살펴보기 위하여 먼저 기층문화인 구석기와 신석기에 대한 몇 가지를 살펴보고 돌무지무덤, 고인돌, 비파형동검을 중심으로 문화상을 설명하도록 하겠다.

Ⅱ. 기층문화

요동지역에서 사람들의 살림살이와 사회 체제에 큰 변화가 찾아오게 되는 문명의 초기 단계를 이해하기 위하여 그 이전의 기층문화를 살펴볼 필요가 있다. 특히 이 지역에서는 문화의 계승성이 중요한 의미를 지니므로 대표적인 구석기와 신석기 유적 몇 곳을 살펴보고자 한다.

1. 구석기 유적

1) 영구 금우산(營口 金牛山)유적

영구시 영안향 서전촌의 야트막한 산기슭에 있는 석회암 동굴이다(사진1). 1972년 발견되어 1974년부터 1994년까지 여러 차례 발굴되었다.[2]

조사가 이루어지고 많은 유물이 출토된 A지점의 동굴은 11개층으로 구분되며, 문화층은 8층(밤색 모래찰흙층)이다. 이 층에서는 여러 종류의 설치류와 코뿔소, 사슴, 곰 등 많은 짐승뼈와 사람뼈가 조사되었다. 짐승 화석은 주구점 1지점에서 조사된 중기 갱신세 동굴군과 비교된다. 그리고 직접떼기와 모루망치떼기에 의하여 만들어진 찍

2) 張森水 等, 「金牛山舊石器遺址綜合研究」『中國科學院古脊椎動物與古人類研究所集刊』19, 1993 : 呂遵謂, 「金牛山遺址 1993, 1994年 發掘的收穫和時代的探討」『東北亞舊石器文化』, 1996, pp.131~144 : 顧玉才, 「金牛山遺址發現的用火遺蹟及相關的幾個問題」『東北亞舊石器文化』, 1996, pp.273~287.

개, 긁개, 찌르개 등의 석기와 뼈연모, 불탄 뼈와 흙, 재, 숯덩어리 등 고고학적 유물이 발굴되었다. 불탄 뼈는 대부분 잿더미 주변에서 조사되었다. 특히 불을 사용한 직접적인 흔적은 당시 사람들의 문화 행위를 이해하는데 중요한 자료가 된다.

사진 1. 금우산 유적 전경

한편 8층에서는 비교적 완전한 1개체의 사람뼈가 발굴되었다. 머리뼈와 팔뼈, 등뼈, 갈비뼈, 엉덩뼈, 손가락뼈, 발가락뼈 등이 거의 온전하게 출토되었다. '금우산 사람[金牛山人]'으로 이름붙여진 이 사람뼈는 머리뼈의 해부학적 특징과 이음새로 보아 이른 시기의 슬기사람의 한 유형에 속하며 20~22살쯤 되는 어른 여성으로 밝혀졌다. 금우산 사람의 고인류학적 자리는 동북아시아지역의 고인류 진화 문제는 물론 당시의 문화 전파나 인류의 활동 범위 등을 이해하는데 중요한 의미가 있다. 사람뼈가 출토된 8층의 연대는 우라늄 측정 결과 28만년쯤 되는 것으로 밝혀졌다(사진2).

사진 2. '금우산 사람' 머리뼈

금우산유적에서 출토된 짐승 화석은 큰원숭이, 삼문말, 큰쌍코뿔소, 큰뿔사슴 등 42종이며, 이 가운데에는 조류와 파충류도 있다. 이러한 짐승 화석의 구성은 주구점 유적과 비슷한 시기의 것 가운데 가장 북부지역에서 나타나는 것으로 주목되며 한반도의 이른 시기 동굴유적에서 발굴된 자료와 비교된다.

2) 본계 묘후산(本溪 廟後山)유적

본계현 산성자촌의 묘후산에 있는 동굴유적이다. 유적은 태자하의 샛강인 탕하(湯河)의 제3단구 위에 자리하며, 1979년과 1982년 발굴하였다.[3]

동굴 퇴적은 8층으로 구분되며 갈황색 모래질 찰흙층인 제4~6층이 문화층이다. 이곳에서는 석기와 짐승 화석, 뼈연모, 재층, 사람의 치아가 발굴되었다. 짐승 화석은 큰뿔사슴, 큰 원숭이, 삼문말, 메르키코뿔소 등 전형적인 중기 갱신세에 해당하는 것이 출토되었다. 석기는 사암을 재질로 이용하여 직접떼기와 모루망치떼기를 하여 찍개와 긁개, 찌르개를 만들었다(그림1). 특히 격지석기를 많이 만들었고 대형 석기가 많은 점이

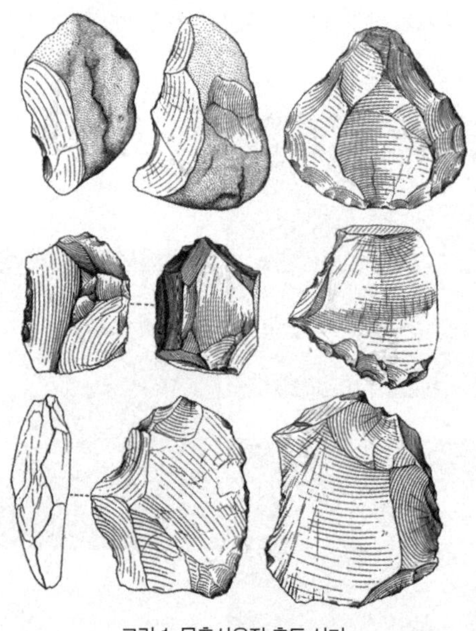

그림 1. 묘후산유적 출토 석기

3) 遼寧省博物館 · 本溪市博物館, 『廟後山 - 遼寧省本溪市舊石器文化遺址』, 文物出版社, 1986.

특징이다. 재층은 제6층에서 조사되었는데 10㎝ 안팎의 두께이고 불탄 뼈가 찾아졌다.

한편 사람뼈는 곧선사람의 송곳니와 슬기사람의 어금니와 정강이뼈 조각이 출토되었다.

묘후산유적은 절대연대 측정 결과 14.2~33.7만년쯤으로 밝혀졌다.

3) 해성 소고산(海城 小孤山)유적

해성시 고산만족자치진 소고산촌에 있는 동굴유적으로 1981년 발견되어 1983·1990년 중국과학원 고척추동물여고인류연구소와 요령성 박물관에서 발굴하였다.[4]

동굴퇴적은 5개층으로 구분되며 1~4층에서 사람뼈, 석기, 뼈연모, 꾸미개, 짐승화석 그리고 재층이 발굴되었다. 1층에서는 석기와 짐승화석, 2층은 짐승화석과 재층, 3층은 석기, 뼈연모, 작살, 창끝, 짐승화석, 4층은 석기와 짐승화석 등이 출토되었다.

석기는 작으며 직접떼기와 모루망치떼기로 만들었다. 격지를 가지고 만든 긁개가 많으며 찌르개, 뚜르개, 새기개, 찍개 등이 있다. 짐승화석은 털코뿔소, 꽃사슴, 들소, 코끼리 등 38종이 찾아졌고 온난기후와 한랭기후에 서식하는 짐승이 섞여 있다. 뼈연모는 작살과 창끝 그리고 뼈바늘이 있다. 뼈바늘은 주구점 산정동 것과 서로 비교되며 동북아시아의 후기 구석기 성격을 이해하는데 중요하다(사진3). 꾸미개는 말조개의 조가비와 짐승이빨을 뚫어서 만들었다. 사람뼈는 치아와 어린이 위팔뼈 조각이 조사되었다.

사진 3. 소고산 유적 출토 뼈연모

유적의 연대는 3층을 열형광측정법으로 측정한 결과 4만년±3500bp가 나왔다.

---

4) 張鎭洪 等,「遼寧海城小孤山遺址發掘簡報」『人類學學報』4-1, 1985, pp.70~77 : 黃慰文 等,「海城小孤山的骨制品和裝飾品」『人類學學報』5-3, 1986, pp.259~266.

4) 단동 전양(丹東 前陽)동굴

단동시 동구현 전양향 백가보촌의 산기슭에 위치하는 석회암 동굴이며(사진4) 서해에서 15㎞쯤 떨어져 있다. 1982년 채석 과정에서 유물이 찾아져 조사하였다.[5]

압록강 건너편에 자리한 동굴의 퇴적은 1.5m이며 층위는 4개로 구분된다. 제3층(모난 석회암이 섞인 황갈색 찰흙층)에서 후기 갱신세의 동북사슴뼈, 하이에나 등 포유동물화석 18종과 사람뼈, 석기, 불에 탄 흙과 돌, 숯이 찾아졌다. 석기는 작은 찍개와 격지이고 깨어진 짐승뼈 조각이 많이 출토되었다.

사람뼈는 머리뼈, 아래턱뼈, 허벅지뼈, 치아 등 2개체분이 발굴되었는데 해부학적 분석 결과 미성년의 여성으로 밝혀졌으며, 전양사람[前陽人]이라고 부른다(사진5).

방사성탄소연대 측정 결과 18,620±320 bp로 밝혀졌다.

사진 4. 전양동굴 입구 모습

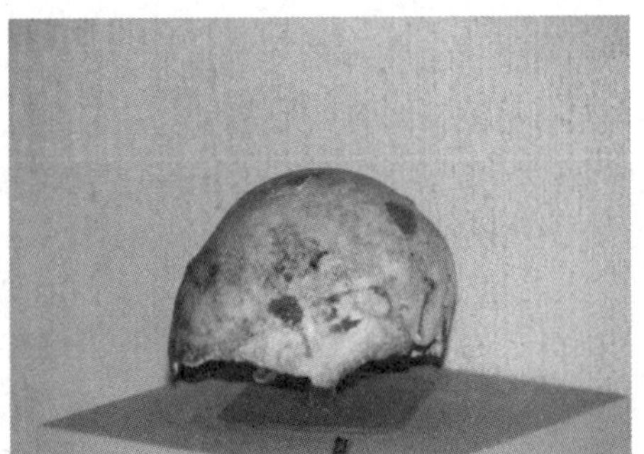

사진 5. '전양사람' 머리뼈

2.신석기 유적

1) 심양 신락(瀋陽 新樂)유적

심양시 북쪽 교외에 자리한 북릉공원 옆의 신개하(新開河) 근처에 위치한다. 유적 주변에는 넓은 황토지대가 형성되어 있으며 1973년부터 여러 차례 발굴조사가 실시

5) 傅仁義, 「渤海灣北岸古人類舊石器文化及與東亞的關系」『遼海文物學刊』11, 1991, p.21 ;「遼寧丹東前陽人的發現及體質特征」『東北亞舊石器文化』, 1996, pp.267~272.

되었다.[6]

발굴조사 결과 위층은 청동기시대 문화층이고, 아래층은 신석기시대 문화층(신락문화층)으로 밝혀졌다.

아래층에서는 긴네모꼴의 반움집 18기가 줄을 지어서 발굴되었다. 크기는 10㎡~100㎡까지 여러 가지이며, 화덕은 집터의 가운데 있었다. 화덕의 생김새는 모줄인 네모꼴과 둥근꼴이고 몇몇 집터에는 2기가 있었다.

유적의 가운데에 자리한 2호 집터가 대표적인데 규모가 가장 크다(95.5㎡). 바닥은 불을 놓아 다졌고, 가운데에 냄비모양의 화덕자리(1.4×0.2~0.3m)가 있었다. 집터 안에서는 많은 토기(40여 점)와 석기(갈판과 갈돌 5묶음), 돌날석기 그리고 돌과 옥구슬, 뼈연모(22점), 탄화된 곡물 등이 출토되었다. 집터 안에서 출토된 유물을 보면 일정한 자리에 따라 배치된 모습을 보여주고 있어 주목된다. 토기(깊은 독)는 동북쪽, 돌날석기는 동쪽 벽, 뼈연모와 구슬은 남동쪽에 있었다. 특히 북서쪽에서는 길쭉한 나무를 손질하여 편평하게 만든 조각품이 출토되었다. 끝쪽으로 갈수록 점차 너비가 좁아지면서 날카로워지며, 양쪽 면에는 새모양(?)을 부조한 무늬가 있다. 이것의 쓰임새와 의미에 대하여는 당시 권력을 상징하는 새모양 지휘봉[鳥形木雕器], 용린문(龍鱗文) 목제 비녀 등 여러 견해가 있다(그림2). 이처럼 2호 집터는 집터의 자리, 크기, 출토 유물로 볼 때 신락유적에서는 중심적인 위치를 차지한 것으로 판단되며 당시 사회의 공공활동이 이루어진 장소의 역할을 하였을 가능성이 많다.

신락유적에서 출토된 토기는 바탕흙에 모래가 섞인 홍갈색 토기가 많고 몇몇은 붉은색 칠을 한 것도 있다. 기형은 깊은 독, 굽이 있는 바리와 사발, 키모양의 입술 부분이 경사진 토기[斜口器] 등이 있다(그림4). 무늬는 누르거나 긋기로 之무늬, 묶음줄무늬를 전면에 베풀었다. 석기는 간석기가 많은데 강돌을 재질로 이용하여 도끼, 끌, 갈판과 갈돌, 돌칼, 화살촉을 만들었다(그림3). 특히 눌러떼기로 만든 화살촉의 돌날

6) 瀋陽市文物管理辨公室, 「瀋陽新樂遺址試掘報告」『考古學報』4, 1978, pp.453~456 : 瀋陽市文物管理辨公室 · 瀋陽故宮博物館, 「瀋陽新樂遺址第2次發掘報告」『考古學報』2, 1985, pp.209~212 : 李曉鐘, 「瀋陽新樂遺址 1982~1988年發掘報告」『遼海文物學刊』1, 1990, pp.7~24 : 瀋陽新樂遺址博物館, 『新樂文化 論文集』, 2000 참조.

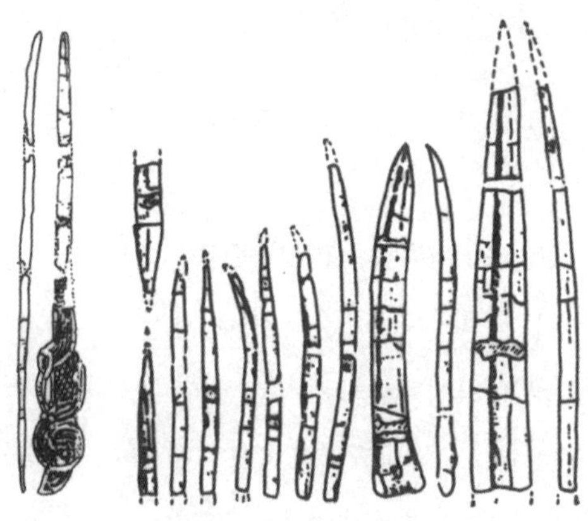
그림 2. 신락유적 출토 조각품과 뼈연모

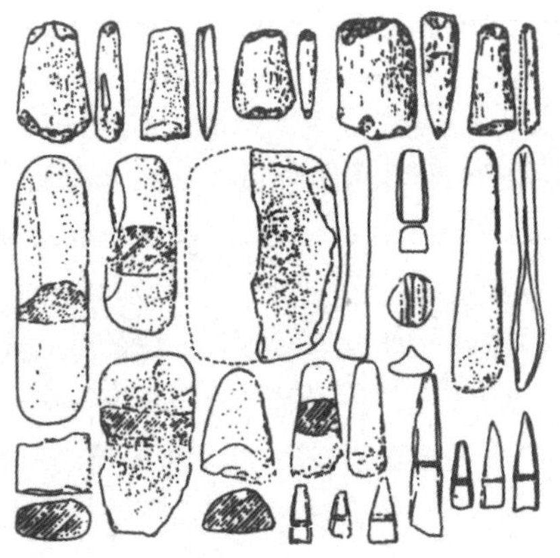
그림 3. 신락유적 출토 석기

그림 4. 신락유적 출토 토기

석기가 많은 점이 주목되는데 이것은 생계 유형과 밀접한 관계가 있다. 뼈연모는 비녀, 화살촉, 추 등이 있고 많은 양의 옥기가 출토되었다.

아래층은 방사성 탄소연대 측정 결과 6,800±145bp가 나왔다.

2) 장하 북오둔(庄河 北吳屯)유적

장하시 동쪽의 흑도반도에 위치한다. 1990년 발굴하였는데 위층과 아래층으로 문화층이 구분된다.[7]

아래문화층에서는 반움집터 5기와 집터를 둘러싼 구덩이[圍棚]가 조사되었다. 집의 평면은 둥근꼴과 네모꼴이 있으며, 가장자리에 기둥구멍이 많이 있었다. 화덕은 대부분 판자돌을 가지고 만들었다.

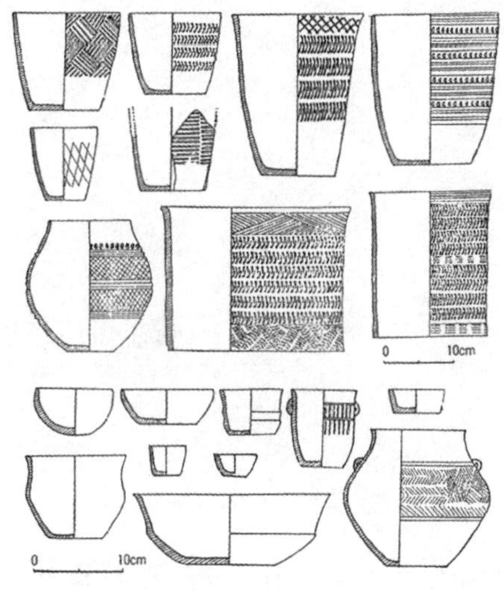

그림 5. 북오둔유적 아래층 출토 토기

토기는 바탕흙에 활석과 모래가 섞인 것으로 구분되며 깊은 독, 배부른 단지, 사발, 잔 등이 있다. 눌러서 새긴 之무늬와 삿무늬가 많다(그림5). 특히 토기조각에 태양무늬와 사람 얼굴이 새겨져 있는 것도 찾아졌다. 석기는 뗀석기와 간석기가 있는데 간석기가 많으며 도끼, 칼, 끌, 그물추, 갈돌과 갈판이 있다. 방사성 탄소연대 측정 결과 6,490±185bp가 나왔다.

위문화층에서는 반움집터 3기가 발굴되었는데 평면이 모줄임 네모꼴이고 바닥은 흙을 다졌다.

화덕자리는 시설이 없는 흙바닥을 이용하였다. 토기는 두께가 상당히 얇으며 모래가 섞인 홍 · 흑갈색이 대부분이다. 무늬는 빗금무늬, 삿무늬, 삼각무늬, 줄점무늬가 새겨져 있고 입술이 바라진 깊은 독이 많다. 석기는 대부분 갈아서 만들었는데 칼, 화살촉, 갈판, 삽 등이며, 뼈송곳, 뼈바늘, 뼈화살촉이 출토되었다. 방사성 탄소연대 측정 결과 5,140±120bp가 나왔다.

3) 대련 곽가촌(大連 郭家村)유적

대련시 여순구구 철산진 곽가촌의 북쪽 산 아래에 자리하며, 부근에 노철산(장군산)유적이 있다. 1973년부터 발굴조사하였는데 퇴적층은 2~3m이며 위와 아래문화층으로 구분된다.[8]

---

7) 劉俊勇(최무장 옮김), 『中國 大連考古硏究』, 學硏文化社, 1997, pp.22~24.

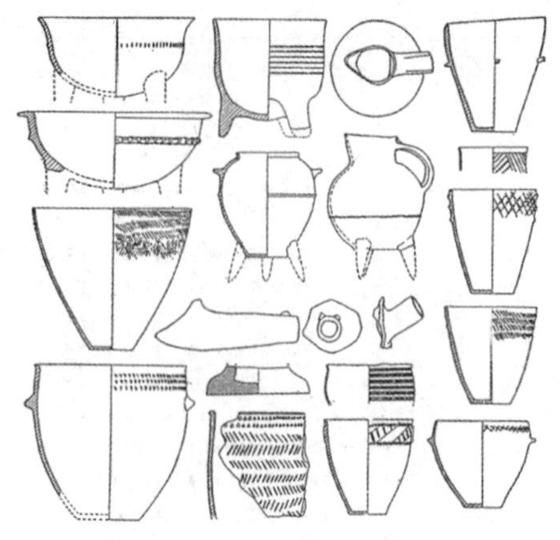

그림 6. 곽가촌유적 아래층 출토 토기

아래문화층에서는 모줄임 네모꼴의 반움집이 발굴되었다. 바닥은 황토를 깔고 다졌으며 기둥구멍이 찾아졌다.

토기의 바탕흙은 대부분 모래가 섞인 갈색 계통이며 몇몇은 고운 찰흙의 흑회색 토기도 있다. 기형은 깊은 독, 솥, 술잔, 제기, 단지, 사발, 잔 등 여러 가지이며 줄무늬와 덧띠무늬를 눌러서 새겼다(그림6). 특히 채색토기(붉은 것, 검은 것)가 출토되어 주목된다. 또한 뼈와 조가비로 만든 바늘, 송곳, 칼, 낫, 창 등과 뼈비녀, 흙구슬, 조가비 팔찌 그리고 흙으로 빚은 돼지 조소품 등이 발굴되었다. 집돼지, 개, 사향노루, 꽃사슴뼈와 많은 조가비가 출토되었다.

위문화층에서도 지름 5~6m 되는 반움집이 조사되었다.

토기는 모래가 섞인 바탕흙을 가지고 만들었다. 민무늬가 대부분이지만 줄무늬와 덧띠무늬 등이 새겨진 토기도 있다. 기형은 다리가 셋인 솥, 단지, 시루, 접시 등이 있으며 밑이 편평한 토기가 많다. 석기는 거의 간석기이고 도끼, 삽, 자귀, 화살촉이다. 뼈로 만든 송곳과 바늘, 작살 등이 출토되었고 돼지, 사람머리의 조소품도 있다.

집터 안에서는 탄화된 기장이 나왔고 꽃사슴, 노루, 말사슴, 개뼈와 많은 조가비가 발굴되었다.

4) 장해 소주산(長海 小珠山)유적

장해현 광록도(廣鹿島) 중부 오가촌 부근의 소주산 동쪽에 자리한다. 1978년부터 여러 차례 발굴하였으며 조개더미의 퇴적 두께는 1.5m쯤 되고 위층, 가운데층, 아래층으로 구분되는데 이것을 소주산 1~3기문화라고 한다.[9]

아래문화층(1기)의 집터는 반움집이다(사진6).

---

8) 遼寧省博物館 · 旅順博物館, 「大連市郭家村新石器時代遺址」『考古學報』3, 1984, pp.287~328.

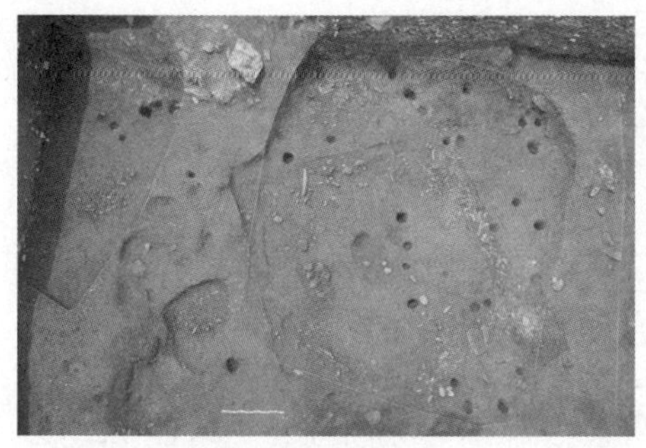

사진 6. 소주산유적 2호와 3호 집터

사진 7. 소주산유적 출토토기

토기는 활석 가루가 섞인 흑갈색이 많고 가끔은 모래 섞인 홍갈색도 있다. 깊은 독이 많고 무늬는 세로 방향의 之자와 삿무늬가 새겨져 있다. 석기는 뗀석기가 대부분이고 간석기는 갈돌과 갈판, 그물추가 발굴되었다. 이밖에도 흙가락바퀴, 사슴과 노루뼈, 개뼈가 출토되었다. 조가비가 상당히 많이 찾아졌다.

가운데문화층(2기)에서는 모줄임 반움집이 찾아졌다. 나들이 문이 조사되었고 바닥은 불을 놓아 다졌다.

토기는 바탕흙에 운모가 많이 섞인 홍갈색이 대부분이고 드물게 모래가 섞인 고운 찰흙의 홍도가 있다. 두께는 얇고 토기의 안팎을 간 것이 많다. 깊은 독이 많으며 입술이 바라진 단지, 바리, 솥 등이 있다. 석기는 거의가 간석기이고 도끼, 자귀, 칼, 화살촉이 발굴되었다.

이밖에도 뼈비녀와 칼, 흙가락바퀴, 사슴과 돼지 그리고 개뼈가 조사되었다.

위문화층(3기)에서도 반움집이 조사되었으며 기둥구멍에서 주춧돌이 발견되었다.

토기는 바탕흙에 모래가 섞인 흑갈색이 대부분이며, 깊은 독을 비롯하여 배부른 단지, 바리, 제기, 솥 등이 있다. 무늬는 줄무늬와 덧띠무늬가 있다. 석기는 대부분 간석기이며 반달돌칼, 돌도끼, 턱자귀, 갈돌과 갈판 등이 조사되었다(사진7).

한편 이 문화층에서는 탄화된 좁쌀과 사슴, 노루, 개, 돼지, 고래의 뼈가 출토되었고 조가비도 많이 찾아졌다.

9) 遼寧省博物館 · 旅順博物館 · 長海縣文化館, 「長海縣廣鹿島大長山貝丘遺址」『考古學報』1, 1981, pp.63~109.

소주산 1기문화는 장해 동산유적과 상마석유적, 장하 북오둔유적의 문화상과 비교되며, 2기문화는 장해 오가둔과 대련 곽가촌유적, 3기문화에는 곽가촌유적, 장군산 돌무지무덤이 해당한다.

5) 동구 후와(東溝 後窪)유적

동항시 마가점진 삼가자촌 후와둔의 평평한 단구 위에 위치하며 1980년대 초 발굴되었다.[10]

발굴결과, 1m쯤 되는 퇴적층이 2개의 문화층으로 구분되었다.

(1) 아래문화층

31기의 반움집이 조사되었는데 평면 생김새는 둥근꼴과 네모꼴이 섞여 있다. 네모꼴의 큰 집을 중심으로 그 가장자리에는 둥근꼴이 자리한다. 집터 바닥에는 흙을 깔아 다졌고, 몇몇 집터에서는 돌을 가지고 만들거나 그냥 시설이 없는 화덕자리가 찾아졌다.

토기는 모래가 많이 섞인 홍갈색이 대부분이고 가끔 흑도와 홍도가 있다. 깊은 독, 큰 단지, 사발, 자배기, 잔, 국자 그리고 배모양토기 등 상당히 다양하며 눌러찍은 삿무늬, 之자 무늬가 새겨져 있다. 토기에는 2개의 손잡이를 붙인 것이 많은 것도 두드러진다.

석기는 뗀석기와 간석기가 있는데 갈돌과 갈판이 많고 그물추에는 물고기가 새겨진 것도있다. 꾸미개는 활석과 옥으로 만들었으며 둥근 고리와 관이 있고 흙구슬도 있다.

옥 · 돌 · 흙으로 만든 조소품이 여러 점 출토되었는데 구멍을 뚫어 매달게 하였으며 사람과 짐승을 만들었다. 사람은 머리부분을 나타내었고 짐승은 돼지, 새, 물고기, 벌레 등이다.

유적의 연대는 방사성 탄소연대 측정결과 6,255~6,055bp가 나왔다.

---

10) 丹東市文化局文物普査隊, 「丹東市東溝縣新石器時代遺址調査和試掘 」『考古』1, 1984, pp. 21~36 : 許玉林 · 傅仁義 · 王傳普, 「遼寧東溝縣後窪遺址發掘概要」『文物』12, 1989, pp.1~22.

(2) 위문화층

집터는 모줄인 네모꼴의 반움집이며 크기가 다양하다(10㎡~50㎡). 기둥구멍 자리가 규칙적으로 배열되었고 화덕자리가 조사되었다. 몇몇 집터에서는 벽쪽에서 이층대가 찾아져 집터의 구조가 발전된 모습을 보여준다.

토기는 두께가 상당히 얇으며 깊은 독이 많다. 기형의 특징은 아가리가 크고 바닥이 작으며 입술이 나타나고 아래쪽에 받침이 만들어지기도 한다. 무늬에 찍은 것은 없고 삼각무늬, 횡선무늬, 그물무늬 등이 있다(그림7).

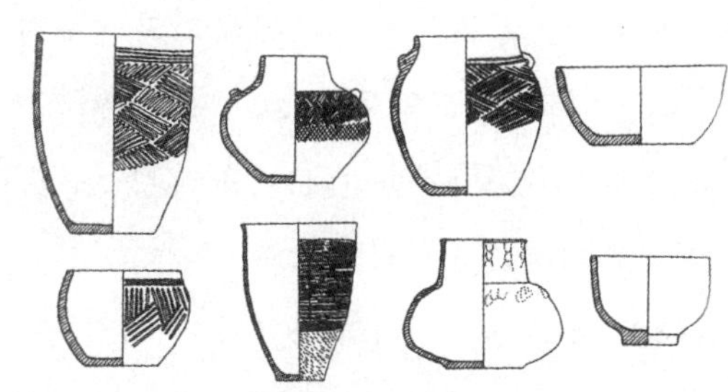
그림 7. 후와유적 출토 토기

석기는 간석기가 뗀석기보다 많은데 그물추가 상당히 많고 갈돌과 갈판, 삽 등이 있다. 꾸미개는 옥과 사문암으로 만든 추, 둥근 고리, 구슬, 관이 있고, 사람머리, 돼지머리와 물고기 머리 등의 조소품도 출토되었다.

유적은 방사성 탄소연대 측정결과 4980±159bp가 나왔다

후와유적은 두 문화층 사이에 계승관계가 있으며 소주산 유적과 비교된다. 또한 많은 조소품은 신석기 후기의 사회상을 반영한 것으로 여겨진다.

Ⅲ. 요동반도의 돌무지무덤

대련을 중심으로 한 요동반도에는 이른 시기부터 축조된 돌무지무덤이 상당히 많이 분포하고 있다. 이들 유적에 대한 조사는 일제 강점기 때부터 시작되었으며, 1960년대초 조중공동고고학발굴대에 의하여 장군산, 강상, 누상유적이 발굴되어 이 지역의 돌무지무덤에 대한 문화상의 대개가 알려지게 되었다.

1. 유적의 대개

1) 대련 사평산(大連 四平山)유적

이 유적은 대련시 감정자구 영성자의 황룡미 반도에 위치하며, 남과 북쪽의 산봉우리와 서쪽으로 뻗은 능선 위에 60기의 돌무지무덤이 분포한다.[11] 1941년 일본인에 의하여 8기가 발굴되었으며(32호~39호), 36호가 대표적이다. 조사결과, 산중턱에서 산꼭대기쪽으로, 가지능선에서 주능선으로 갈수록 돌무지무덤의 규모가 대형화하는 것으로 밝혀졌다.

36호는 북쪽 산꼭대기의 한 가운데 위치하며, 6.5m 남쪽에 35호가 있다. 전체 길이는 120m로 요동반도 돌무지무덤 가운데 대형에 속한다. 바닥에는 부분적으로 모난 석회암이 깔려 있으며 무덤방은 석회암을 재질로 이용하여 2~7단쯤 쌓았다. 24기의 네모꼴 무덤방으로 이루어져 있는데 서로 붙어 있기도 하지만 중간에 공간이 있는 경우도 있다. 산꼭대기에 있는(P丘) 돌무지는 다른 돌무지에 비하여 제일 크고 출토유물도 많으며 길이가 6m되는 네모꼴로 무덤방은 3.3×1.1×1.5m크기다. 출토유물은 토기, 석기, 옥기 그리고 조가비 연모 등이다.

토기는 크게 흑도와 홍도로 나누어 지는데 대부분 간 흔적이 있고 잔에는 가는 줄무늬나 문살무늬가 있다. 흑도의 두께는 얇고(1~3㎜), 바탕흙은 고운 찰흙으로 물레를 사용하여 만든 것 같다. 손잡이가 있는 잔이 가장 많고 세발솥, 단지, 독, 굽잔 등이 있다. 홍도는 두텁고 손으로 만들었으며 독이 많고 굽잔, 사발 등이 있다.

옥기는 묻힌 사람의 가슴에서 옥고리가 찾아졌는데 한 쪽에는 간 흔적이 뚜렷하다.

사평산 돌무지무덤은 인근의 문가촌유적과 관련되며 소주산 상층문화와 비교된다. 최근에는 출토유물을 가지고 산동 용산문화와의 관련성을 시사하기도 한다.

---

11) 澄田正一 · 秋山進午 · 岡村秀典, 「1941年四平山積石墓的調查」『考古學文化論集』4, 1997, pp. 38~42: 華陽 · 霍東峰 · 付珺, 「四平山積石墓再認識」『赤峰學院學報』2, 2009, pp. 10~14.

2)대련 강상(大連 崗上)유적

대련시 감정자구 영성자향 후목성역 북쪽의 언덕위에 자리한다. 1964년 조・중공동발굴의 일환으로 조사되었다.[12]

동서방향으로 100m쯤 되는 언덕의 꼭대기에 돌을 쌓아 28×20m 크기로 묘역을 마련한 다음 23기의 무덤방이 만들어졌다. 무덤방의 배치는 7호를 중심으로 부채살 모습으로 자리하며 긴 방향은 대체로 남북쪽이다(사진8).

이 묘역에는 여러 무덤방의 구조가 있는데 먼저 큰 판자돌을 바닥에 깐 것(6・7・19호), 판자돌을 이용하여 벽을 쌓은 것(4・11호 등), 불탄 흙을 무덤방 바닥으로 이용한 것(1호 등), 강돌을 바닥에 깐 것(8・16・18호 등), 움무덤(23호)등이다. 무덤방에서 조사된 사람뼈는 144개체분으로 유아부터 성인까지 다양하며, 화장을 한 것이 많다. 그런데 화장 상태를 보면 뼈나 유물의 불탄 정도에 있어 차이가 많다. 19호 무덤방에서는 22명의 사람뼈가 찾아져 주목된다.

출토유물은 종류와 수량에 있어 요동반도의 다른 돌무지무덤과 차이가 있다. 토기는 홍갈색 계통이고, 기형은 독, 사발, 굽접시 등이 대부분이다. 청동기는 비파형동검, 창끝부분, 화살촉, 고리모양 청동기, 치레걸이 등과 불에 녹은 청동 덩어리가

사진 8. 강상유적 무덤배치 모습

12) 조중공동고고학발굴대, 「강상유적」『중국 동북지방의 유적 발굴보고 : 1963~1965』, 사회과학출판사, 1966, pp.63~89 : 中國社會科學院考古研究所, 『雙砣子與崗上』, 科學出版社, 1996, pp.67~97.

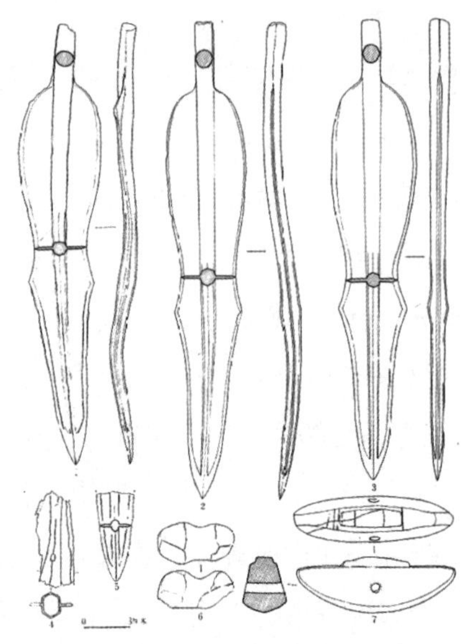

그림 8. 강상유적 출토 청동기와 석기

출토되었다. 또한 청동도끼와 치레걸이 거푸집이 조사되었다. 석기는 화살촉, 검자루끝장식, 가락바퀴, 곤봉머리, 구슬등이 있고 뼈유물은 낚시바늘, 송곳, 구슬이 찾아졌다(그림8).

한편 묘역 옆에서 집터(1기)와 저장구덩이(4기)가 조사되었다. 이곳에서는 사발, 독과 도끼, 자귀, 칼, 화살촉 등의 석기, 뼈송곳이 출토되었다.

강상무덤의 성격에 대하여는 집단의 공동묘지, 순장제도가 확인된 고조선 시기의 지배계층 무덤이라는 견해가 있다.

3) 대련 누상(大連 樓上)유적

이 유적은 강상유적에서 동남쪽으로 450m쯤 떨어진 70×20×10m되는 언덕 위에 자리한다. 1958년 찾아져 1960년과 1964년에 발굴되었다.[13]

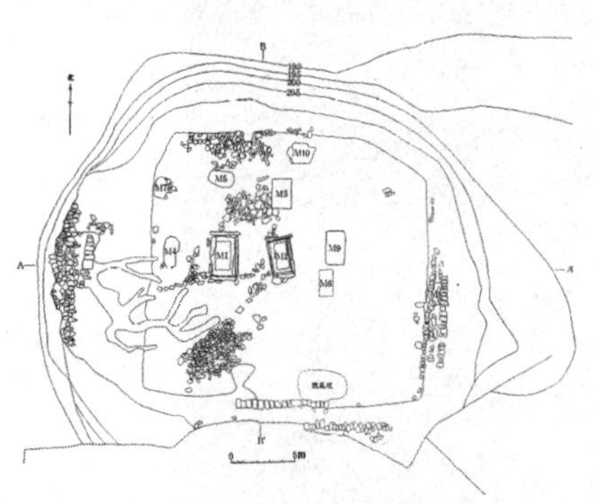

그림 9. 누상유적 무덤배치도

무덤방의 구조와 자리, 부장유물을 기준으로 크게 3유형으로 구분된다(그림9).

제1유형은 묘역의 가운데 자리하며, 1960년에 발굴된 1~3호 무덤이 해당된다. 무덤방의 바닥, 벽, 뚜껑은 모두 넓적한 판자돌을 가지고 만들었으며, 다른 무덤보다 출토유물이 많다.

1호 무덤의 경우 성인 남자와 다른 사

13) 조중공동고고학발굴대, 「누상」『중국 동북지방의 유적 발굴보고 : 1963~1965』, 사회과학출판사, 1966, pp.90~100 : 中國社會科學院考古硏究所, 앞 책, pp.98~111.

람뼈가 나와 부부어울무덤으로 여겨지며, 바닥에는 숯이 깔려 있었다(3cm쯤). 출토유물은 비파형 동검을 비롯하여 청동단추와 손칼, 구멍이 뚫린 꾸미개 등의 청동기와 흙 가락바퀴와 구슬 등이 있다. 3호 무덤은 구조가 1호와 비슷하며 많은 유물이 찾아졌다. 비파형 동검, 검자루, 청동도끼와 끌, 손칼, 송곳, 방울, 단추등의 다양한 청동기와 옥구슬, 조가비와 마노로 만든 치레걸이 등이 있다.

제2유형은 4호와 9호 무덤이 해당하는데 파괴가 많이 되었다. 9호는 넓적한 판자돌을 1장 바닥에 깔았고 주검을 화장한 다음 이곳에 놓았다. 최소한 13개체의 사람뼈가 찾아졌는데 머리방향은 남쪽과 북쪽으로 섞여 있어 주목된다. 출토유물은 청동화살촉과 단추, 팔찌 그리고 돌화살촉과 구슬, 숫돌, 마노구슬 등이 있다.

제3유형은 무덤방의 바닥에 강돌을 깐 것으로 크기가 비교적 작다. 5~8호와 10호 무덤이 여기에 속한다. 묘역의 가장자리에 있는데 무덤방이 분명하지 않다. 사람뼈가 있는 곳에는 붉은 자갈돌이 놓여 있어 주목된다.

6호는 15개체의 사람이 화장된 다음 6개층으로 나누어 묻혔다. 성인은 8사람이고 어린아이가 7사람이었다. 출토유물은 비파형 동검과 독이 있다.

누상유적은 대부분 한 무덤방에 여러 사람이 묻힌 다인장(多人葬)의 장례습속이 유행한 시기에 만들어졌다. 또한 화장이 중요한 장제의 하나였던 것 같다.

4) 대련 타두(大連 砣頭)유적

대련시 여순구구 노철산진 우가촌 서남쪽의 바다쪽으로 뻗은 작은 반도에 자리한다. 유적은 발해와 황해가 서로 만나는 곳으로 산기슭이 아니고 바닷가 옆의 편평한 대지위에 위치한다. 1977년 여순박물관과 요령성박물관에 의하여 발굴 되었다.[14]

타두돌무지 무덤의 묘역은 평면이 삼각형이며 58기의 무덤방이 만들어졌다(그림 10). 무덤방의 평면은 크게 긴네모꼴, 네모꼴, 타원형 등 3가지이며, 거의가 3~4층을 쌓아서 만들었지만 단층인 것도 있다. 바닥은 대부분 바닷가의 자갈돌을 깔았으며

---

14) 旅順博物館 · 遼寧省博物館, 「大連于家砣頭積石墓址」『文物』9, 1983, pp.39~50 : 張翠敏, 「于家村砣頭積石墓地再認識」『東北史地』1, 2009, pp.42~48.

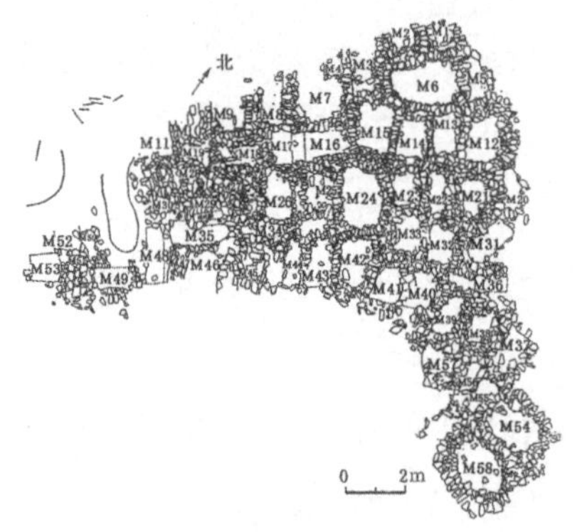

그림 10. 타두유적 무덤배치도

일부는 넓적한 판자돌이 놓인 경우도 있다. 무덤방은 동서방향으로 자리하는데 일정한 기준에 따라 줄을 지어 축조한 것으로 판단된다. 특히 24호 무덤방을 중심으로 축조되었는데 바깥쪽으로 갈수록 늦으며 동쪽이 서남쪽보다 이른 것으로 해석된다. 또한 무덤방 위에는 묘표의 기능으로 돌을 놓았는데 이것은 고인돌의 구조와 비교되므로 주목된다.[15]

묻기를 보면 한 무덤방에 2~21개체의 주검을 묻은 어울무덤이 유행하였고 자갈돌로 주검을 덮은 다음 흙을 다시 덮은 것으로 해석된다. 또한 묻기에 있어서도 시기 차이가 있는 것으로 파악되는데 순서에 따라 주검을 포개어 묻은 것 같다. 이런 점에서 어른과 어린아이가 함께 묻혀 있거나 머리방향이 다른 점 등으로 보아 가족무덤 또는 혈연을 바탕으로 한 공동체 무덤으로 해석된다.

한편 타두돌무지 무덤의 장제에서는 요동반도의 다른 무덤과 달리 화장의 흔적이 조사되지 않아 주목된다.

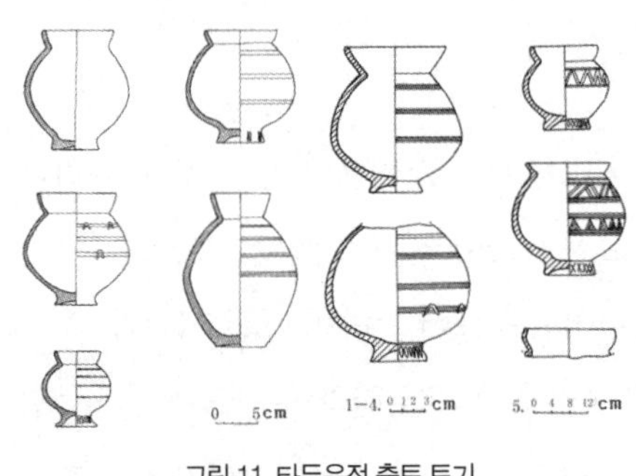

그림 11. 타두유적 출토 토기

출토유물은 토기, 석기, 청동기 그리고 꾸미개 등이 있다. 토기는 미송리형토기와 관련이 있는 줄무늬 단지를 비롯하여 아가리쪽이 다양한 독(곧은, 벌어진, 큰), 굽이 있는 항아리, 굽접시, 잔, 술잔, 바리 등 상당히 여러 가지다(그림11). 석기는 돌도끼와 달도끼, 돌칼, 가락바퀴 등이 있고 청동기는 화살촉과 낚시바늘, 고리, 단추가 있다. 꾸미개는 돌과 흙으로 만든 구슬이다. 이 무덤은 절대연대 측정결과 3,655±80bp, 3,50±80bp, 3,280±85bp등이 나왔다.

15) 황기덕, 「황해북도 황주군 심촌리 긴동 고인돌」『고고학자료집』3, 1963, pp.56~63.

5) 대련 장군산(大連 將軍山)유적

대련시 여순구구 철산향 곽가촌의 동북쪽에 위치하며, 장군산의 꼭대기와 주변 능선 위에는 3㎞ 거리에 40여기의 돌무지무덤이 분포한다.

이 유적은 1909년과 1910년, 1941년에 일본인이 조사하였고 1964년에는 조중 공동 고고학 발굴대가 1기(1호)를 발굴하였다. 그리고 1973년(2호)과 1975년에도 발굴이 있었다.[16]

이곳의 돌무지무덤은 산줄기를 따라 분포하며 맨바닥을 조금 손질한 다음 지표위에 막돌을 쌓아 무덤방을 만들고 그 위에 돌무지 시설을 한 것이 특징이다. 한 돌무지안에 많은 무덤방이 있으며 여러 차례에 축조한 점이 주목된다(그림12).

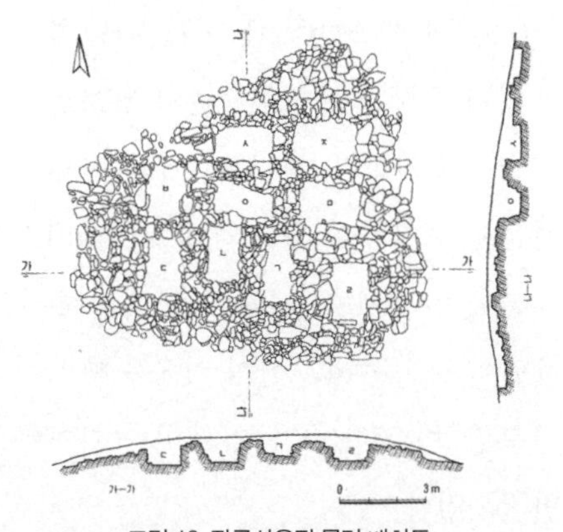
그림 12. 장군산유적 무덤 배치도

1호 돌무지무덤은 동서 12m, 남북 5.5~11m, 높이 1m쯤되며 바닥을 다듬은 다음 크고 작은 막돌을 쌓아 만들었다. 무덤방은 3줄로 9기가 자리하는데 남쪽에 4기, 가운데 3기, 북쪽에 2기이고 긴 방향은 대부분 동서쪽이다. 출토유물은 토기, 석기, 옥기 등이 있다. 토기는 손잡이 달린 잔, 세발접시, 단지, 굽잔 등인데 작고 거칠게 만들어 실생활용품보다 명기일 가능성이 많다.

2호는 크기가 14×5~5.6×0.8~2m 이며, 평면은 긴 네모꼴이다. 6개의 무덤방이 동서 방향으로 놓여 있었는데 크기는 1.7~2.4×0.9~1.2×0.6~0.9m이다. 바닥에는 작은 돌을 깔았고 넓적한 돌을 뚜껑돌로 사용하였다. 출토 유물은 토기, 석기, 치레걸이 등이다. 토기는 거의가 손으로 테쌓기하여 만들었으며 흑도가 있다. 무늬는

16) 조중고고학발굴대, 「장군산」『중국 동북지방의 유적 발굴보고 : 1963~1965』, 사회과학원출판사, 1966, pp.55~62 : 旅大市文物管理組, 「旅順老鐵山積石墓」『考古』2, 1978, pp.80~85 : 中國社會科學院 考古硏究所, 앞의 책, 1996, pp.57~66 : 高芳 · 華陽 · 霍東峰, 「老鐵山 · 將軍山積石墓淺析」『內蒙古文物考古』1, 2009, pp.69~75.

민무늬가 대부분이고 비스듬한 문살무늬, 평행선 무늬, 줄무늬, 점무늬 등이 있으며 잔,독, 굽접시, 세발토기, 자배기가 있다. 석기는 끌, 창, 저울추, 자귀 등이 있고 활석으로 만든 목걸이가 출토되었다.

장군산 출토 토기의 겉면에는 무늬가 없고 제작 수법을 보면 쌍타자 2기 문화층 것과 비교된다.

6) 대련 왕보산(大連 王寶山)유적

대련시 금주구 석회요촌의 왕보산 기슭에 위치한다. 왕보산은 금주만의 작은 반도에 솟아 있는 해발 46.8m의 낮은 산이다(사진9). 돌무지무덤은 발해만이 보이는 왕보산의 기슭을 따라 남북방향으로 8기가 있으며, 3기가 발굴되었다.[17]

사진 9. 왕보산유적 근경

7호 돌무지무덤은 산위에 드러난 석회암을 바닥으로, 주변에서 구하기 쉬운 석회암제 막돌을 쌓아서 만들었다. 무덤방 크기는 320×190×40㎝이다. 무덤방과 돌무지에서 많은 토기조각이 찾아졌으며, 독의 입술부분은 같은 개체가 무덤방의 동·서·가운데쪽에서 발견되어 주목된다. 불탄 사람뼈가 무덤방의 동북과 서남쪽 귀퉁이에서 집중적으로 조사되었다.

8호는 7호에서 북쪽으로 50m쯤 떨어져 있으며, 무덤방의 바닥만 남아 있었다. 크기는 2.2×1.2m이며 돌무지에서 작은 토기조각이 많이 찾아졌다.

왕보산유적은 주변의 태산유적에서 살림을 꾸린 사람들의 무덤으로 여겨지며, 쌍타자 3기문화와 비교된다.

---

17) 王冰·萬慶, 「遼寧大連市王寶山積石墓試掘簡報」『考古』3, 1996, pp.1~3.

7) 대련 토룡(大連 土龍)유적

이 유적은 대련시 금주구 칠정산향의 발해만 언저리에 자리한다. 1990년과 2005년 발굴이 이루어졌으며, 7기의 돌무지 무덤이 조사되었다.[18]

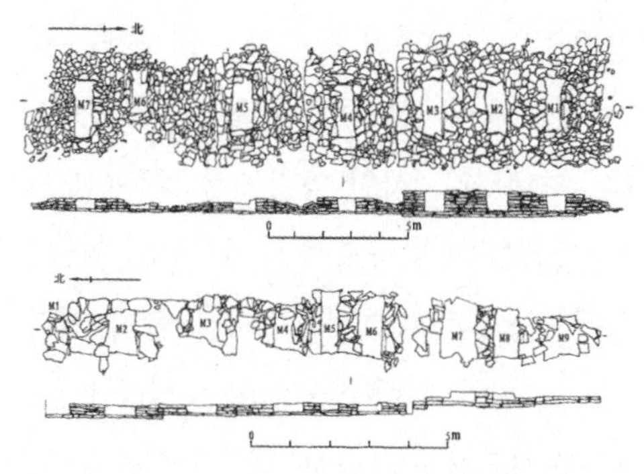

그림 13. 토룡유적 4호와 6호 무덤방

돌무지무덤은 묘산(廟山)의 남쪽으로 뻗은 구릉지대의 1㎞범위에 분포한다(그림13).

4호는 21~25×4~4.5m 크기며 남북방향으로 자리한 7기의 무덤방이 조사되었다. 무덤방은 긴 네모꼴이고 동서쪽으로 만들어졌다. 무덤방사이(3~4호, 4~5호, 5~6호)에 규칙적으로 쌓은 돌담이 찾아졌다. 이렇게 무덤방을 구획한 것은 같은 시기에 축조된 것이 아니고 시기적인 차이나 묻힌 사람(집단)사이의 관계일 가능성이 많다.

모든 무덤방에서 사람뼈와 토기조각이 찾아졌는데 최소 10개체 이상으로 밝혀져 두벌묻기의 가능성을 시사한다. 2호와 7호에서는 조가비로 만든 꾸미개가 출토되었다.

6호의 크기는 15.8×2m이며 1줄로 9기의 무덤방이 자리한다. 무덤방은 긴 방향이 동서쪽이고 평면이 긴 네모꼴이다. 무덤방 사이에 간격이 있어 4호처럼 구분이 뚜렷하고 서로 시기적인 차이가 있는 것으로 해석된다. 무덤방에서 불탄사람뼈와 토기조각 그리고 조가비로 만든 구슬 등이 찾아졌다. 무덤방과 출토유물(토기)로 볼 때 제자리에서 화장을 한 것으로 판단된다.

2. 유적의 입지 조건

요동반도에서 조사된 돌무지무덤의 분포 모습과 입지 조건을 살펴보면 나름대로 몇 가지 점이 주목된다.

먼저 유적의 입지 조건이다. 돌무지무덤이 분포하는 유적 주변의 입지를 보면 대부분 바닷가 옆으로 돌출된 반도나 바닷가 옆의 산기슭이나 산꼭대기이다. 이러한 입지는 바다(물)와의 관련성을 시사하는 것으로 여겨진다. 돌무지무덤에 묻힌 당시 사람들에게 바다는 중요한 터전으로 살림의 중심적인 역할을 하였기에 늘 바다와 더불어 지내왔다. 이런 의미에서 돌무지무덤이 축조되던 시기에 살림살이를 꾸렸던 사람들은 바다의 중요성을 인식하고 있었으며, 무덤에서 출토되는 조가비나 고기잡이 연모를 통하여 그 대개를 이해할 수 있다.

또 돌무지무덤이 산기슭이나 산능선 또는 산꼭대기에 자리하는 경우 긴 방향이 대부분 산흐름과 나란한 것으로 밝혀져 관심을 끈다. 이것은 축조 당시 절대적인 방위 개념에 따라 정하여진 것이 아니고 유적 주변의 자연지세가 고려된 것으로 여겨진다. 이러한 자연 지세에 따른 방위 개념은 당시 사람들의 살림에 대한 자연의존도와 관련이 있으면서 자연숭배 사상과도 연관이 있는 것 같다.

돌무지무덤의 입지에서 타두와 강상·누상유적은 앞의 경우와 좀 다르다. 타두유적은 산에서 뻗은 구릉의 평탄한 곳에 대규모의 돌무지무덤이 분포하고 강상과 누상유적은 평지의 도드라진 곳을 손질하여 묘역으로 만들었기 때문에 비교된다. 이렇게 유적의 입지 조건에서 차이를 보이는 것은 현재 제한적인 자료 때문에 해석의 한계가 있지만 축조 시기 문제와의 관련성을 생각해 볼 수 있다. 요동반도의 황해와 발해만에 위치한 이 시기의 유적의 분포 모습을 보면 바닷가 쪽에서 점차 내륙 쪽으로 확산되고 있기 때문에 참고가 된다.

한편 요동반도의 돌무지무덤의 분포에서 나타나는 또다른 특징은 당시 사람들의 살림터와 무덤이 같은 공간에 있다는 점이다. 이런 예는 타두 무덤과 우가촌·양두와유적, 장군산 무덤과 곽가촌유적, 토룡 무덤과 묘산유적, 왕보산 무덤과 태산유적 등이 있으며, 살림살이가 이루어지고 있던 곳과 가까운 지역을 골라서 무덤을 축조하였기 때문으로 여겨진다. 또한 돌무지무덤에 묻힌 사람들의 생활공간(catchment area)을 이해할 수 있는 자료가 된다.[19]

---

18) 華玉冰·王瑽·陳國慶,「遼寧大連市土龍積石墓地1号積石塚」『考古』3, 1996, pp.4~7: 吳青雲,「遼寧大連市土龍子青銅時代積石塚群發掘」『考古』9, 2008, pp.3~10.

3. 무덤방

돌무지무덤의 무덤방에서 나타나는 특징으로는 한 묘역에서 중심적인 무덤방을 기준으로 여러 기가 분포하는 것, 무덤방 위에 묘표의 기능으로서 큰 돌을 놓은 것, 같은 묘역에서 돌담을 쌓아 무덤방을 구획한 것 등이 있다.

일정하게 구획된 묘역에 여러 기의 무덤방이 분포할 경우 중심이 되는 무덤방은 주로 가운데에 축조되며, 이것을 기준으로 주변에 여러 무덤방이 마련된 경우가 있다. 대표적으로는 강상유적의 7호, 누상유적의 1호, 사평산유적의 36호, 타두유적의 24호가 있다. 이들 무덤방은 같은 묘역에 있는 다른 것보다 자리한 곳의 위치나 입지, 구조, 출토 유물로 볼 때 두드러진다.

강상유적의 경우 7호를 중심으로 무덤방이 부채살 모습으로 분포하며 구조와 출토 유물에서도 우월성을 보여준다. 또한 사평산 36호는 이 유적에서 제일 높은 위치에 자리하고 전체 길이가 120m로 상당히 대형에 속하면서 무덤방의 수, 출토 유물에서 특이함을 알 수 있다. 이런 점에서 보면 돌무지무덤이 축조될 당시의 사회는 단순한 구조라기보다 권력이나 계급이 전제되어 계층화가 어느 정도 진행된[20] 환경이었을 가능성도 시사한다.

타두 돌무지무덤에는 일정한 규모의 묘역에서 58기나 되는 대규모의 무덤방이 조사되었다. 그런데 이들 무덤방 위에는 뚜껑돌의 기능보다는 무덤의 자리를 나타내주는 묘표 기능을 지닌 큰 돌이 놓여 있어 주목된다. 이것이 묘표 기능의 덮개돌이라면 황주 침촌리 긴동 고인돌의 구조와 비교된다. 이 문제는 지금까지 이러한 침촌형 고인돌의 기원에 관하여 가졌던 궁금증을 풀어줄 수 있는 가능성을 제시하고 있다.

다음은 한 묘역에 대규모의 무덤방이 축조되었을 때 축조 방법은 물론 묻기의 절

---

19) Hassan, F. A., *Demographic Archaeology*, Academic Press, 1981 참조.

20) Boehm, Christopher, "Egalitarian Behavior and Reverse dominance hierarchy", *Current Anthropology* 34-3, 1993, pp.227~254.

차와 순서, 묻힌 사람 서로간의 관계 등에 관하여 여러 의견이 제시되어 왔다. 그런데 토룡 돌무지무덤에서는 무덤방을 구획하기 위하여 그 사이에 규칙적으로 돌담을 쌓은 구조가 조사되었다. 이 돌담 구조는 축조 시기에 관한 문제보다 묻힌 사람 사이의 가족관계에 대한 구획의 의미일 가능성이 많은 것으로 해석된다.

4. 장례 습속

요동반도의 돌무지무덤에서 조사된 대표적인 장례 습속에는 화장이 있다. 화장은 선사시대부터 동북아시아의 무덤 유적에서 조사되고 있는 묻기의 한 행위로 당시 사회의 구조나 전통과 밀접한 관련이 있다. 주검을 보존하는 수단으로 이용된 화장은 『呂氏春秋』, 『新唐書』, 『列子』등의 옛 책에 기록되어 있다. 또한 신석기시대의 내몽골 소조달맹의 석붕산유적과 황하 상류의 감숙성 사와유적에서도 조사되었다.

돌무지무덤에서는 타두와 사평산유적에서만 화장의 직접적인 흔적이 조사되지 않았고 나머지 무덤에서는 모두 찾아져 돌무지무덤을 축조할 당시에 화장 습속은 보편적인 장례 의식이었던 것으로 이해된다. 강상과 토룡유적의 경우는 무덤방의 사람뼈가 놓여진 모습이나 주변 상황을 볼 때 화장 행위가 수시로 진행되었다기보다 주검을 모아서 적당한 시기에 화장을 하였던 것으로 보인다. 그렇다면 강상유적은 화장한 다음 사람뼈를 부위별로 모아서 묻기를 하는 간골화장(揀骨火葬)의 가능성이 많다.

다음은 돌무지무덤에서 있었던 여러 차례에 걸친 묻기[多次葬]다. 이런 묻기는 대부분의 무덤에서 이루어졌는데 특히 한 무덤방에서 많은 사람뼈가 찾아지고 있어 묻힌 사람의 관계를 파악하는 문제가 중요한 의미를 지닌다. 한 무덤방에 묻힌 사람을 보면 타두유적에서는 2~21개체, 강상 19호는 22개체, 누상 9호는 13개체 등이다. 이렇게 한꺼번에 여러 주검을 묻지 않고 여러 번에 걸친 묻기는 무덤방의 구조에서도 변화가 있었다. 타두 돌무지무덤의 무덤방은 계속적으로 묻기가 행하여졌기 때문에 1차적으로 무덤방을 축조한 다음 확대하거나 손질하였다.

한편 돌무지무덤의 한 묘역에 여러 무덤방이 있는 것은 홍산문화의 우하량유적에서도 조사되었다. 2지점 1호 무덤에서는 4줄로 배치된 20기의 무덤방이 발굴되어 비교된다.

누상 1호 무덤방에서는 성인 남자와 다른 성인의 사람뼈가 함께 조사되어 부부어울무덤일 가능성이 많다.

이밖에도 토룡과 왕보산유적의 무덤방 주변에서는 의도적으로 깨트린 토기조각이 상당히 많이 흩어져 있었다. 이것은 당시 사회에서 무덤을 축조한 다음 행한 제의행위의 한 자료가 아닐까?

5. 출토 유물

요동반도의 돌무지무덤에서는 다른 지역의 무덤보다 많은 유물이 출토되었다. 이러한 출토 유물은 돌무지무덤을 축조한 당시의 사회적인 기반이나 조직과 관련이 있을 것이다. 또한 묻힌 사람의 사회적인 지위나 배경 문제도 이해하는데 참고가 된다.

토기는 다양한 기형이 많이 출토되었는데 주목되는 것은 장군산유적에서 찾아진 것이다. 이 토기들은 크기가 매우 작고 만든 수법이 거칠어 일상적인 살림에 쓰인 것으로 보기는 어렵다. 그렇다면 이것은 무덤에 일부러 껴묻기 위하여 만든 명기로 여겨진다.

한편 타두유적에서는 몸통의 배가 부르고 목이 짧으며 묶음줄무늬와 띠무늬가 있는 토기가 찾아져 주목된다. 이 토기의 기형이나 덧띠, 묶음줄무늬는 미송리형 토기와 비슷하여 서로 비교된다. 이런 점에서 중국 동북지역과 한반도 북부에서 찾아지는 미송리형 토기와 함께 문화를 담당한 주체를 이해하는데 참고가 된다.

청동기와 옥제품이 돌무지무덤에서 많이 출토되었다. 청동기는 강상과 누상 그리고 타두유적에서, 옥기는 사평산과 장군산, 누상유적에서 찾아졌다. 강상과 누상유적에서는 여러 점의 비파형동검과 청동 화살촉, 청동 창이 발굴되었고 강상유적에서는 청동 도끼의 거푸집이 찾아져 청동기 생산 문제를 이해하는데 참고가 된다.

6. 기원 문제

근래에 들어와 요동반도의 돌무지무덤을 요서지역 홍산문화기에 축조된 돌무지무덤과 연관시키는 연구 경향이 있다. 그러면서 요동지역의 돌무지무덤을 요서와 비교하거나 이 지역에서 전파된 것으로 이해하려는 연구가 중국 학자들에 의하여 진행되고 있다.[21]

그러나 최근까지 밝혀진 조사 성과를 분석하여 보면 몇 가지 점에서 차이가 분명하므로 이 문제는 좀더 많은 자료와 체계적인 분석 연구를 필요로 한다.

먼저 홍산문화기에 만들어진 돌무지무덤의 묘역에 있는 무덤방을 보면 움을 파고 넓적한 판자돌을 가지고 돌널무덤을 만든 것이다. 하지만 요동반도의 돌무지무덤에 있는 무덤방은 맨땅을 간단히 정리한 다음 제자리에 그대로 돌을 쌓아서 만들었다. 이것은 주검이 묻힌 무덤의 구조는 물론 축조한 당시 사람들의 세계관에서 보면 아주 큰 차이가 있다. 다시 말하여 홍산문화를 이룩한 사람들은 사후세계관에 지하무덤이 중심이었지만 요동반도의 사람들은 지상무덤의 세계관을 가졌다. 이렇게 주검을 처리하는데 있어 완전히 다른 의식 구조를 가졌던 당시 사람들의 사고관을 고려하면 같은 돌무지무덤을 만들었지만 큰 차이가 있음을 알 수 있다.

다음은 돌무지무덤의 무덤방 구조나 축조 방식을 보면 요서와 요동 것이 서로 다른 것으로 파악된다. 요서지역의 무덤방은 판자돌을 평행으로 쌓거나 세우지만 요동지역은 거의가 주변에서 구하기 쉬운 막돌을 쌓기 때문에 차이가 많다.

또한 홍산문화기의 돌무지무덤은 초기에 일부 무덤방에서는 토기를 껴묻기하지만 대부분 출토 유물에 토기가 없고 옥제품이 중요한 역할을 한다. 그러나 요동지역의 돌무지무덤에는 옥제품이 적고 토기 위주로 껴묻기하기에 부장 유물에서도 서로 큰 차이가 있다.

이러한 몇 가지 점에서 요서와 요동지역의 돌무지무덤의 성격과 상호 관계를 비

---

21) 王嗣州, 「遼東半島積石冢研究」『旅順博物館館刊』1, 2006, pp.23～35：徐子峰, 「紅山文化積石冢與遼東半島石墓文化」『大連海事大學學報(社會科學版)』5-3, 2006, pp.125～129.

교 · 검토해 보면 아직까지는 같은 성격을 파악하기 어려운 실정이다.

Ⅳ. 요동지역의 고인돌

요동지역의 고인돌에 대한 조사와 연구는 중국 동북지역의 고고학 조사와 그 궤를 같이한다. 근대 고고학의 성립이전부터 『漢書』, 『三國志 : 魏書』, 『朝野險載』, 『鴨江行部志』등의 옛 문헌에 고인돌에 관한 기록이 있다.

이후 고인돌연구는 1900년대에 들어와 일본인 연구자들에 의하여 다른 고고학 분야처럼 주로 대련을 중심으로 한 요동반도에 집중되었다. 초창기에는 해성 석목성, 보란점 석봉산, 대석교 석봉욕, 와방점 화동광 고인돌이 조사되었다.[22] 1950년대에는 중국 연구자들이 해성, 와방점, 보란점, 장하, 개주지역, 대련, 여순 등지의 고인돌을 조사 · 시굴하였다.[23]

한편 1970년대에는 요동지역의 고인돌 문화 성격을 종합적으로 파악하기 위하여 보란점 벽류하, 개주 화가와보, 봉성 동산과 서산 고인돌이 발굴된 것을 비롯하여[24] 보란점, 금현, 신금, 장하, 수암, 해성지역의 고인돌 조사가 있었다. 이렇게 요동지역의 고인돌은 활발한 조사와 연구에 힘입어 그 기능과 문화성격, 연대 문제등이 종합적으로 연구되어 왔다.[25]

여기에서는 요동지역의 고인돌에 대하여 지리적인 분포관계, 장례습속, 출토유물

---

22) 三上次男, 『滿鮮原始墳墓の硏究』, 吉川弘文館, 1961, pp.123~125 : 田村晃一, 「遼東石棚考」『東北アシアの考古學』2(槿域), 1996, pp.95~97.

23) 符松子, 「遼寧省新發現兩座石棚」『考古通訊』2, 1956, pp.30~31 : 徐知良, 「中國的巨石文化與石棺葬介紹」『人文朶志』2, 1958, pp.55~70.

24) 旅順博物館, 「遼寧大連新金縣碧流河大石蓋墓」『考古』8, 1984, pp.709~711 : 許玉林, 「遼寧盖縣伙家窩堡石棚發掘簡報」『考古』9, 1993, pp.800~804 : 許玉林 · 崔玉寬, 「鳳城東山大石盖墓發掘簡報」『遼海文物學刊』2, 1990, pp.1~8.

25) 許玉林, 『遼東半島石棚』, 遼寧科學技術出版社, 1994 : 華玉冰, 『中國東北地區石棚硏究』, 吉林大學博士學位論文, 2008 참조.

과 연대문제 등에 대한 몇가지를 검토해 보고자 한다.

1. 분포관계

요동지역의 고인돌은 요남지구의 와방점시, 보란점시, 개주시 남부의 구릉지대와 낮은 산기슭에 주로 분포한다. 유적 주변을 보면 강 흐름과 나란하거나 의도적으로 물줄기 근처에 축조한 것으로 여겨지는데[26] 벽류하, 대양하, 혼하유역에 집중분포하고 있어 지세와 관련성을 짐작해 볼 수 있다.

고인돌의 지리적인 분포에서는 요하의 서쪽인 금주, 부신, 조양지역에서 지금까지 고인돌이 찾아지지 않았다. 이것은 요하가 하나의 경계선인 것으로 판단된다. 특히 요동지역의 고인돌 분포는 이곳의 비파형 동검 분포권과 비슷하며 실제로 개석식 고인돌에서 비파형 동검이나 같은 문화성격의 유물이 발굴되고 있어 서로의 문화동질성을 파악할 수 있다.[27]

요동지역의 고인돌 분포에 있어 밀집정도를 보면 요남지역은 집중적으로 분포하지만 요북으로 갈수록 밀집도가 낮다. 또한 요남에는 탁자식 고인돌의 큰 것[大石棚]과 작은 것[小石棚]이 섞여 있지만 요북에는 작은 것만 조사되었다. 고인돌의 출토유물도 요북에서는 요남보다 이른 시기의 자료가 발굴되지 않았다.[28]

따라서 이런 몇 가지는 고인돌의 전파과정과 관련이 있을 가능성을 시사한다.[29]

요동지역 고인돌 가운데에는 서로 다른 크기의 2기가 짝을 이루고 있어 외형적인 측면에서 대비가 된다. 모두 탁자식이며 해성 석목성이나 수암 흥륭고인돌은 별칭으로 고수석(姑嫂石)이라 불러져 오고 있어 의인화한 대상으로 해석된다.[30]

고인돌의 입지 조건을 보면, 요동지역은 높이가 비교적 낮은 산마루나 구릉지대에

26) 陳大爲, 「試論遼寧"石棚"的性質及其演變」『遼海文物學刊』1, 1991, pp.82~83.

27) 하문식, 「中國 東北地域 고인돌의 分布와 構造」『古文化』51, 1998, pp.43~44.

28) 許玉林, 앞의 책, 1994, pp.66~69.

29) 하문식, 『古朝鮮 地域의 고인돌 硏究』, 백산자료원, 1999, p.163.

30) 肖兵, 「示與'大石文化'」『遼寧大學學報』2, 1980, pp.63~64.

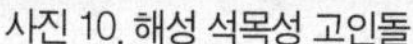
사진 10. 해성 석목성 고인돌

사진 11. 동북아시아 대형 고인돌 분포 모습

위치하여 요북이나 길림지역처럼 폐쇄적이기 보다는 주변에서 쉽게 보이는 조망이 좋은 곳에 자리한다. 특히 사방이 훤히 트여 조망이 좋은 곳에 분포하는 탁자식은 그 성격(기능)을 이해하는데 참고가 된다(사진10).

또한 요동지역의 고인돌이 위치한 지세는 축조 당시 사람들의 살림환경과 관련이 있는 것으로 해석된다. 이것은 고인돌이 자리하는 곳이나 그 주변이 대부분 유물산포지이므로 살림살이의 터전과 연관이 있고 생활공간을 이해할 수 있다. 고인돌의 축조과정에서 입지선정은 노동력 문제가 우선적으로 고려되었을 것이기에 생활 공간과 비교적 가까운 곳을 골랐을 것이다. 이 문제는 고인돌의 규모와도 관련이 있다. 요동지역의 탁자식 고인돌은 주변보다 규모가 큰 것이 많은데 덮개돌의 길이가 5m 넘는 9기 가운데 7기가 구릉이나 평지에 있고 산마루에 있는 것은 2기 뿐이다.

한편 요동지역에서는 개주 석봉산, 보란점 석붕구, 장하 대황지 등에 대형의 탁자식 고인돌이 일정한 거리에 분포하고 있어 주목된다. 그런데 북한에도 황해바다와 비교적 가까운 은율 관산리, 안악 노암리, 배천 용동리, 연탄 오덕리 등지에 이런 류의 고인돌이 있다. 이런 점에서 황해를 중심으로 둥글게 호를 이루면서 분포하고 있어 '환황해 고인돌 문화권' 의 설정이 가능할 것으로 여겨지며,[31] 서로의 교류 가능성도 있다(사진11).

31) 김정배, 「韓國과 遼東半島의 支石墓」『先史와 古代』7, 1996, pp.78~81 : 하문식, 『東北亞細亞 고인돌 文化의 硏究』, 숭실대 박사학위논문, 1997, pp.142~143.

2. 장례습속

1) 묻기

고인돌의 기능 가운데 중요한 것은 무덤이다. 무덤은 보수성과 전통성을 가지고 있으므로 쉽게 바뀌지 않으며, 당시 사회에서 이용되던 나름대로의 절차와 과정이 있었다.

요동지역의 고인돌에서 조사된 묻기는 무덤방의 크기로 볼 때 바로펴묻기, 굽혀묻기, 두벌묻기 등이 있었던 것으로 해석된다.[32] 특히 개주 화가와보 5호 고인돌의 무덤방에서는 여러 부위의 사람뼈가 흩어져 깨어진 상태로 출토되었는데 이것은 여러 차례에 걸쳐 묻기를 하였던 것으로 여겨진다. 그리고 보란점 쌍방 2호와 백점자 고인돌에서는 마구리돌이 처음부터 폐쇄되지 않고 무덤방의 일부만 가리는 문돌이 조사되었기에 이러한 가능성을 짐작해 볼 수 있다.

요동지역의 고인돌에서는 묻기 가운데 화장의 장례습속이 보편적으로 조사되고 있어 주목된다. 화장은 이른 시기부터 있어 왔고 방법과 절차를 보면 체계적으로 이루어져 왔던 것으로 보고되고 있다.[33] 또한 화장행위는 많은 비용이 소요되기에 특별한 의미가 있다. 화장의 동기에 대하여는 영혼에 대한 숭배 심리, 죽은 사람의 영혼에 대한 두려움, 지리적 환경 요인 때문으로 알려져 있다.[34]

요동의 고인돌에서는 화장을 한 흔적이 무덤방 안에서 조사된 것도 있지만 불탄 사람뼈가 찾아진 것이 많다. 이런 화장행위는 요동반도의 돌무지무덤에서도 널리 찾아지고 있어 문화의 동질성을 파악하는데 도움이 된다.

2) 제의

고인돌은 축조 과정에 많은 노동력을 필요로 하기 때문에 공동체사회에서는 이들

---

32) 하문식, 앞의 책, 1999, pp.292~293.

33) Gejvall, Nils-Gustaf, "Cremations", *Science in Archaeology*, N.Y. : Praeger Publishers, 1970, p.469.

34) 木易, 「東北先秦火葬習俗試析」『北方文物』1, 1991, pp.17~21 : 하문식, 「고인돌의 장제에 대한 연구(Ⅰ)」『白山學報』51, 1998, pp.29~31.

을 위한 제연이나 향응이 있었을 것이다. 이것은 고인돌 주변에서 찾아지는 토기조각으로 알 수 있다.

또한 무덤방 옆에서 찾아지는 토기조각이나 짐승뼈를 통하여 당시 사회의 제의 행위를 짐작해 볼 수 있다. 요동지역의 고인돌 가운데 보란점 벽류하를 비롯하여 개주 화가와보, 봉성 동산과 서산 유적에서 이런 흔적이 조사되었다. 이들 고인돌에서는 의도적으로 깨뜨려 뿌린 많은 토기 조각들이 찾아졌는데 이것은 고인돌 사회의 사람들이 묻힌 사람의 죽음을 사회적으로 공인시키는 행위로 여겨진다.

한편 금현 소관둔 고인돌의 무덤방에서는 짐승뼈가 찾아졌고 보란점 벽류하 고인돌의 항아리 안에는 새뼈가 있었다. 이것과 당시 사회의 장례습속과 관련있는 것으로 해석된다. 새는 『三國志 : 魏志 東夷傳』과 같은 옛 기록을 보면 장례 의식과 관련이 있는 것으로 파악된다. 특히 변한에서는 죽은 사람과 같이 새털을 넣는 습속이 있었고 의주 미송리 동굴에서 조사된 토기 안에는 새뼈가 있었다.[35]

3. 출토유물과 연대

1) 출토유물

요동지역의 고인돌에서 출토된 유물 가운데 특징적인 것은 미송리형토기와 비파형동검 그리고 청동도끼 거푸집 등이다.

미송리형토기는 보란점 쌍방6호와 봉성 동산과 서산 그리고 본계 신성자 고인돌에서 출토되었다. 이 토기는 요동지역의 돌널무덤과 북한 지역의 고인돌에서도 찾아지고 있어 서로간의 문화교류나 전파관계를 이해하는데 참고가 된다.

요동지역의 고인돌에서 이 토기가 출토된 것은 모두 개석식인데 이것은 청동 유물이 발굴된 것과 맥락을 같이한다. 또한 미송리형 토기가 출토되는 공간적인 범위와 유구가 비파형동검 분포권과 거의 일치하고 있는 것으로 파악되기 때문에[36] 서로

35) 김용간, 「미송리 동굴유적 발굴중간보고(II)」『문화유산』2, 1961, pp.27~28.

36) 박진욱, 「비파형단검 문화의 발원지와 창조자에 대하여」『비파형단검 문화에 관한 연구』, 과학백과

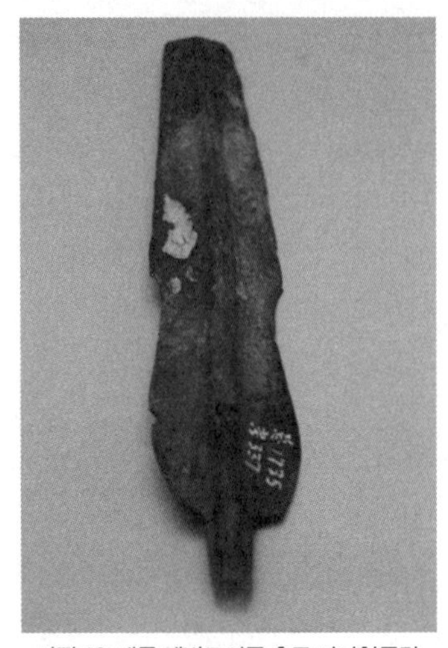

사진 12. 개주 패방고인돌 출토 비파형동검

문화동질성을 시사한다.

고인돌 출토 미송리형토기의 바탕흙은 고운모래질 또는 모래질에 활석가루가 섞여 있고, 갈색이며 갈았다. 토기 생김새는 조금씩 차이가 있는데 쌍방과 서산의 입술 모습은 안쪽으로 조금 오므라들었고 바닥도 굽을 지녔다. 그러나 동산 것은 입술이 바깥으로 약간 벌어졌고 납작밑이다. 덧띠무늬는 쌍방 것만 있는데 하나는 초생달처럼 가늘게 휘인 반달 모양이고 다른 것은 세모꼴이다. 줄무늬는 3~4줄을 한 묶음으로 주로 목과 몸통부분에 있다. 그리고 신성자것은 줄무늬만 있는 것과 손잡이만 있는 것이 출토되어 주목된다.

이처럼 요동지역 고인돌 출토 미송리형토기는 몸통부분이 부르고 띠모양 손잡이가 있는점, 줄무늬가 토기 전체에 있어 초기의 것보다는 발전된 것으로 해석된다.[37] 그리고 장하 대황지와 수암 태노분 고인돌에서도 미송리형토기의 조각들이 찾아졌기 때문에 요동지역 고인돌에서 이런 토기가 출토될 가능성이 많다.

비파형동검은 보란점 쌍방, 개주 패방, 수암 백가보자의 개석식 고인돌에서 출토되었다(사진12).

쌍방 6호 것은 검날의 양쪽에 있는 마디끝이 검끝과 가까이 있고 마디끝 아래쪽은 좀 밋밋하다. 검끝에서 마디끝까지의 등대단면은 6각형이고 슴베부분은 원형이다. 이런 특징과 고졸한 느낌 때문에 초기 동검으로 해석한다.[38] 패방 것은 검끝이 부러졌으며 날은 넓고 많이 휘인 상태다. 마디끝이 검끝쪽으로 있고 등대의 단면은 6각형이며, 슴베부분은 4각형이다.[39]

사전출판사, 1987, pp.48~50.

37) 하문식, 앞의 책, 1999, pp.235~237.

38) 靳楓毅, 「論中國東北地區含曲刃青銅短劍的文化遺存(上)」『考古學報』4, 1982, pp.402~404 : 박진욱, 앞의 글, 1987, pp.22~23.

39) 孫福海 · 靳維勤, 「石棚考略」『考古』7, 1995, p.628.

이밖에도 청동도끼 거푸집이 보란점 쌍방과 벽류하고인돌에서 출토되었다.

쌍방 것은 활석에 흑연이 섞인 것을 돌감으로 이용하였으며, 2조각이 한 쌍이다. 생김새는 사다리꼴이고 서로 합하면 주물을 부어넣는 구멍이 생긴다. 또한 거푸집의 위 아래쪽을 쉽게 맞출 수 있도록 선과 기호를 새겨놓았다. 거푸집에 새겨진 도끼를 보면 날쪽이 길고 허리가 잘룩한 부채꼴이며 몸체는 투겁이고 위쪽에 볼록한 줄이 13줄 있다. 벽류하 것은 2 조각이 한 쌍을 이루지만 부서진 한 쪽만 찾아졌다. 거푸집의 앞과 뒤쪽에 모두 도끼가 새겨져 있으며 주물을 부어 넣던 구멍을 합하였을 때 끈으로 묶었던 흔적이 찾아졌다.

이렇게 청동기제작과 관련되는 거푸집을 고인돌에 껴묻기 하였다는 것은 묻힌 사람의 신분관계나 직업과 관련이 있는 것 같다.[40]

2) 연대 문제

요동지역의 고인돌이 축조된 연대에 관하여는 상당히 일찍부터 여러 견해가 제시되어 왔지만, 아직까지 차이를 보이고 있다. 이 문제는 출토 유물의 빈약, 절대연대 측정 자료의 미확보 등이 해결되어야 할 것이다.

먼저 유적 주변에서 찾아지는 토기와 석기를 고인돌 축조 시기와 비슷한 것으로 해석한 것이다. 장하 양둔의 탁자식 고인돌유적에서 찾아진 유물이 장해 소주산유적 상층 것과 비교되므로 고인돌의 축조 시기를 기원전 4,000bp 안팎으로 제시한 견해가 있다.[41] 또한 금현 소관둔, 보란점 유둔, 장하 대황지유적의 유물을 상마석 상층과 비교하여 기원전 15~14세기로 해석하기도 한다.

한편 보란점 쌍방 2호 고인돌에서 출토된 단지를 쌍타자유적 Ⅲ기 문화층 것과 비교하고(생김새, 무늬), 쌍방 6호 출토 깊은 바리의 생김새와 입술 부분 덧띠, 띠모양 손잡이가 달린 단지를 상마석유적 상층 출토 토기와 비교하여 이들 고인돌의 축조 시기를 기원전 15~14세기로 추정하기도 한다.[42]

---

40) 김정희, 「東北아시아 支石墓의 硏究」『崇實史學』5, 1988, p.116.

41) 許玉林, 앞의 책, 1994, p.74.

V. 요동지역의 비파형동검문화

1. 지금까지의 여러 논의

청동기의 제작은 원료 확보와 합금 주조에 따른 복합적인 기술을 필요로 하기 때문에 이전의 연모 제작과는 완전히 다른 양상이다. 청동기는 전문 장인에 의하여 제작되었기에 사회적인 분업과 기존 체계의 변화를 필요로 한다.

요동지역의 대표적 청동기인 비파형동검에 대하여는 지금까지 여러 관점에서 많은 논의가 있었다. 이 문제는 한국사에 있어 초기국가인 고조선과도 관련이 있기 때문에 한국 학계에서도 큰 관심을 가져 왔다. 그러나 문화의 기원 문제, 담당 주체(주민), 문화 유형에 대하여는 다양한 견해가 제시되고 있다.

먼저 비파형동검의 기원에 관한 문제다. 이것에 대하여는 상당히 일찍부터 많은 논의가 있어 왔지만 아직까지도 하나로 모아진 견해가 없다. 여러 견해를 보면 크게 요동(林沄, 박진욱, 翟德芳, 서광휘, 오세은 등)과 요서(靳楓毅, 강인욱, 오강원 등)지역으로 나누어지며, 기원의 배경으로 설명하는 유적들이 다시 세분된다. 요동은 보란점 쌍방유적과 요양 이도하자유적이고 요서는 하가점 하층문화에 속하는 소흑석구유적, 남산근유적과 조양 십이대영자유적, 객좌 화상구유적 등이 있다(사진13).

사진 13. 조양 십이대영자 출토유물

비파형동검 문화를 이룩한 주체에 대하여는 1980년대 초 靳楓毅의 연구 결과가 발표된 이후 여러 논의가 있어 왔다. 그는 요서지역의 청동기문화 주인공은 동호족이라는 전제 아래 요동지방 청동기문화는 동이족계 문화이고, 길장지구 청동기문화는 숙신족 문화라는 견해를 제시하였다. 다시 말하여 비파형동검 문화를 어느 한 집단이 담당한 것이 아니고 여러 주민이 주인공이라는 것이다.

지금까지 비파형동검 문화의 담당 주체에 관하여는 동이족(林沄, 김원룡, 김정학, 임병태)과 동호족(朱貴, 靳楓毅, 윤무병)으로 크게 구분된다. 요동지역의 비파형동검 연구에 있어 담당 주체 문제는 최근 중국 학계에서 주장하고 있는 '요하 문명론'의 '商周北上論'과 밀접한 관련이 있기 때문에 기원에 관한 문제처럼 중요한 주제가 된다.

요동지역의 비파형동검 문화를 설명함에 있어 고고학적 '문화'와는 구분하여 '유형'으로 설정한 것이 있다. 이 유형은 동반 유물을 기준으로 서로의 관련성을 검토하고 있기 때문에 지역적인 비파형동검 문화를 이해하는데 도움이 된다.

요동지역의 비파형동검 문화에서 대표적인 유형은 쌍방 유형(사진14), 양가촌 유형, 정가와자 유형 등이 있다. 이들 유형은 기준이 되는 유구와 동반 유물에서 약간의 시기적인 차이가 있으며 요동지역 비파형동검 문화의 전개 과정을 이해하는데 참고가 된다.

사진 14. 쌍방유적과 출토유물

쌍방 유형은 보란점 쌍방 6호 개석식 고인돌을 표지로 하며 관련 유물은 비파형동검과 미송리형 토기, 겹입술 깊은 바리 그리고 청동 도끼 거푸집 등이다. 요동반도의 고인돌에서 이른 시기의 비파형동검이 출토된 점은 이 지역의 초기 비파형동검 문화의 전개 과정을 이해하는데 중요한 의미가 있다. 또한 미송리형 토기와 함께 고인돌에서 출토되었다는 점에서 요동지역 미송리형 토기의 성격을 가늠할 수 있는 하나의 기준이 되고 있다.

양가촌 유형은 본계 양가촌유적을 표지로 하며, 강상유적이 여기에 포함된다.[43]

42) 許玉林, 위 책, p.75 : 許明綱 · 許玉林, 「遼寧新金縣雙房石盖石棺墓」『考古』4, 1983, p.295.

43) 이청규, 「중국 동북지역과 한반도 청동기문화 연구의 성과」『중국 동북지역 고고학 연구 현황과 문

사진 15. 정가와자 6512호 무덤

청동기는 비파형동검, 청동 끌과 도끼, 여러 꼭지 거친무늬 청동 거울 등이 있으며 중원 청동기와 북방계 동물 장식은 찾아지지 않는다. 이 유형은 비파형동검의 요동 내륙지역에 대한 전파 과정을 이해하는데 의미가 있다.

정가와자 유형은 심양 정가와자 6512호 나무덧널무덤을 표지로 하며 청동기는 비파형동검, T자형 청동 손잡이, 검 자루 끝 장식, 여러 꼭지 기하학무늬 청동 거울, 부채꼴 청동 도끼 등이 있다. 이 유형은 요동지역에서 비파형동검과 청동 거울이 널리 퍼지는 시점에 해당하는 것으로 요서와 요동지역의 청동기 문화상에 있어 점이적인 자리에 있다. 또한 관련 유물로 볼 때 비파형동검 문화의 한반도 전파와 관련성을 짐작해 볼 수 있다(사진15).

2. 비파형동검 문화의 전개

요동지역의 비파형동검 문화에 대한 발전과 전개 과정은 크게 비파형동검 이전 단계, 비파형동검의 확산 단계, 비파형동검의 쇠퇴 단계(이른 세형동검 단계)로 구분해 볼 수 있을 것이다. 이 문제는 그동안 여러 견해가 제시되어 왔기에 여기에서는 전개 과정에 대한 것을 간단히 살펴보고자 한다.

비파형동검 이전 단계는 초보적인 청동기의 제작이나 중원과 북방지역 등 주변에서 청동기가 들어온 수준이다.

먼저 대련 타두 돌무지무덤이 있다. 이곳에서는 청동 낚시 바늘을 비롯하여 청동 화살촉, 청동 고리, 청동 단추 등이 출토되었다. 이 유적은 비파형동검이 출토되지

제점』, 동북아 역사재단, 2008, p.229.

않은 상황에서 여러 가지 청동기가 발굴되어 요동반도 초기 청동기문화를 이해하는 데 중요한 의미를 지닌다.

이밖에도 동과가 출토된 대련 대취자유적과 환두도(環頭刀)와 척(戚)이 조사된 무순 망화유적이 있다. 쌍타자 1기 문화에 속하는 대취자유적의 동과는 중원계 청동기로 알려져 있다. 요동반도의 지리적인 위치와 이 시기의 여러 유물들이 산동반도와 밀접한 관련이 있는 것으로 인식하고 있어 유입 경로는 해안을 통하였을 가능성이 높다. 망화유적의 척과 도는 북방계 청동기로 법고 만유가유적이나[44] 홍성 양하유적의[45] 출토 유물과 비교된다.

다음 단계인 비파형동검의 확산기에는 비파형동검을 비롯하여 비파형 창끝, 청동 도끼, 청동 화살촉이 같은 유물 갖춤새로 나타나며, 중원계 청동기인 무기와 그릇 등은 찾아지지 않는다.[46] 비파형동검이 출토되는 이 시기의 유구는 고인돌과 돌널무덤이 있다. 그리고 대표적인 유적으로는 쌍방, 요양 이도하자, 청원 문검, 무순 갑방, 서풍 성신촌 등이 있다. 이들 유적에서는 보편적으로 비파형동검과 미송리형 토기가 출토되며 쌍방, 이도하자, 성신촌유적에서는 청동기의 제작을 시사하는 거푸집도 함께 조사되고 있어 이들 유물들이 하나의 표지적인 의미를 지니고 있는 것 같다.

또한 요동지역에서 이 단계에 해당하는 유적 가운데에는 심양 정가와자유적이 있다. 나무덧널무덤인 6512호가 대표적인데 여기에서는 여러 점의 비파형동검과 화살촉, 수레 갖춤, 청동 도끼와 청동 단추 등 다양한 종류의 청동기가 상당히 많이 찾아졌다. 그러나 중원 청동기 계통의 무기인 꺾창이 없는 점이 돋보인다. 이 무덤에 묻힌 사람은 껴묻기된 유물의 종류와 양으로 볼 때 사회적인 지위를 가진 지배자(계층)로 해석되며 이 단계의 비파형동검 문화기에 요동지역은 어느 정도 사회 체계가 확립된 권력층이 존재하였음을 의미한다.

---

44) 曺桂林 · 許志國, 「遼寧法庫縣灣柳街遺址調査報告」『北方文物』2, 1988, pp.18~20.

45) 錦州市博物館, 「遼寧興城縣楊河發現青銅器」『考古』6, 1978, pp.387.

46) 이청규, 앞의 글, 2008, pp.229~230.

마지막 단계는 비파형동검이 세형동검으로 변화하는 시기이다. 전형적인 세형동검이 요동지역에서 출토된다는 것은 비파형동검 문화의 계승성뿐만 아니라 한반도 지역의 세형동검 문화 성격을 이해하는데도 나름대로의 의미가 있다.

여기에 해당하는 유적으로는 대련 윤가촌유적,[47] 대련 대령저, 보란점 쾌마청, 장해 서가구,[48] 보란점 후원대[49] 등이 있다. 이들 유적에서는 요서지역과 달리 북방계의 청동기가 출토되지 않는 점이 주목된다(그림14).

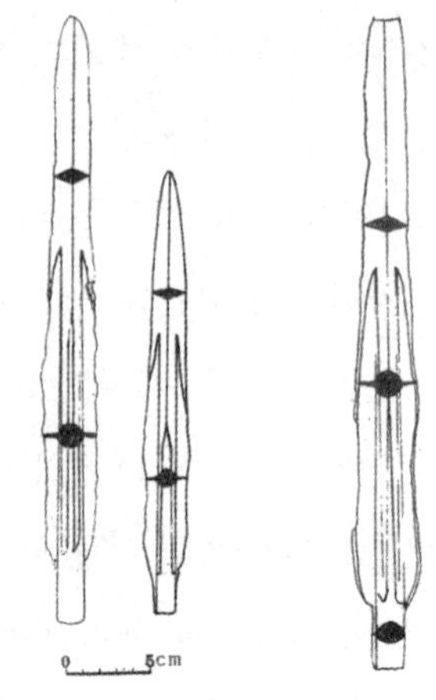

그림 14. 대련지역 출토 세형동검

Ⅵ. 맺음말 : 요동지역의 문화 교류

요동지역에서 형성된 문화가 주변지역과 어떤 교류관계를 지니고 있었는가 하는 문제는 이 지역의 문화특색을 이해하는데 중요한 의미를 지닌다. 앞에서 언급한 것처럼 요동지역의 돌무지무덤, 고인돌, 비파형 동검 문화는 주변의 산동, 요서, 요북, 한반도와 서로 교류하면서 독특한 문화상을 마련하게 되었다.

문화의 교류는 여러 요인에 의하여 이루어질 수 있지만, 1차적으로는 인구집단의 이동이 태표적인 사례가 될 것이다. 이 경우는 정치나 군사적인 상황에 의하여 일어날 수 있는 것인데 서로의 문화교류나 전파에 있어서는 확실한 증거가 된다. 다음으로는 교역이나 전쟁에 의한 것이 있으며, 이것은 상호교류나 일방적인 전파관계에 놓일 수 있다.

47) 中國社會科學院 考古研究所, 앞의 책, 1996, p.131.

48) 許明綱, 「大連市近年來發現青銅短劍及相關的新資料」『遼海文物學刊』1, 1993, p.11.

49) 郭大順 · 張星德, 김정열 옮김, 『동북문화와 유연문명』하, 동북아 역사재단, 2008, p.928.

요동지역의 문화교류에 있어서는 먼저 산동반도와의 관계를 살펴볼 필요가 있다. 두 지역의 지리적인 위치와 주변의 환경을 보면 상당히 일찍부터 교류가 이루어 졌을 가능성을 시사하고 있다. 신석기시대 이후 이루어진 다양한 교류는 바다를 통한 접촉에 의한 것으로 여겨진다. 이곳의 지리적인 관계를 보면 두 지역사이에는 대장산열도와 장도열도가 있어 섬으로 연결이 되었을 것 같다.

쌍타자 1기 문화의 토기 기형에서 산동 용산문화와의 관련성을 이해할 수 있으며, 곽가촌 하층의 규(實足鬹), 소주산 유적의 삼족기가 봉래 자형산, 대흑산도 북장유적에서 출토된 것도 서로 연관이 있다. 또한 사평산 돌무지 무덤에서 출토된 규(猪形鬹)가 대문구문화에 속하는 교현 삼리하 무덤출토품과 비교되는 것도 두 지역의 문화교류 양상을 보여 준다. 특히 사평산 유적의 산꼭대기쪽에 있는 35호 · 36호 · 37호에서 출토된 손잡이 달린 잔, 제기, 항아리가 요동반도의 같은 시기 유적에서는 출토된 예가 드물고 제작수법이 이전 단계보다 발달한 점에서 용산문화와 관련있는 것으로 해석하면서 요관장 유형과 비교하는 견해는 주목된다.

한편 사평산 돌무지무덤가운데 대형에 속하는 무덤의 출토유물과 연관시켜 묻힌 사람을 산동 용산문화의 이주민으로 해석하는 의견도 있다.

요서지역과의 교류에 있어서는 조양 십이대영자유적과의 관련성이다. 대릉하의 중류지역에 자리한 십이대영자유적에서는 영성 남산근유적에서 보이는 중원이나 북방 초원계의 무기는 출토되지 않아 재지적인 성격이 강한 것 같으며 이른 시기의 비파형 동검과 여러 꼭지 달린 거친무늬 청동거울 등이 나와 요동지역의 관련유적과 비교된다. 요동지역에서 이러한 유물이 출토된 유적은 심양 정가와자와 본계 양가촌 그리고 대련 강상 무덤이 있다. 특히 정가와자유적에서 출토된 다양한 청동기는 십이대영자 유적과의 교류 가능성을 강하게 시사한다.

요동반도와 요북지역과의 문화교류에서는 태자하유역의 석회암동굴에서 발달한 마성자 문화와의 관련성이다. 마성자문화의 돌널무덤과 미송리형토기를 통하여 요동지역과의 접촉 가능성을 살펴볼 수 있다. 본계지역을 중심으로 한 마성자문화의 무덤가운데에는 축조방법으로 볼 때 매우 간단하게 만든 이른 시기의 돌널무덤이 조사되었는데 이것은 요남지역 돌널무덤의 기원문제를 검토할 때 시사하는 점이 많다. 또한 타두 돌무지무덤에서 나온 줄무늬토기와 요동지역 돌널무덤에서 출토된 미송리형 토기는 본계 장가보 A동굴 34호 무덤의 이른시기 토기와 비교되며 서로의 관련성을 검토해 볼 수 있을 것이다.

요동지역과 한반도와의 문화교류는 신석기시대부터 꾸준하게 이루어지고 있다. 청동기시대에 들어와 상당히 다양한 분야에서 서로의 연관성을 짐작해 볼 수 있는데 고인돌, 돌널무덤은 물론 이러한 유적에서 출토된 비파형동검, 미송리형토기 등은 한반도지역 고대문화의 형성배경을 이해할 수 있는 자료이다. 특히 이 시기에 한반도의 북부 지역과 요동지역을 같은 문화권으로 설정하여 이해하고 있는 것은 서로의 밀접한 관계를 잘 보여주고 있다.

참고문헌

김용간, 「미송리 동굴유적 발굴중간보고(II)」『문화유산』2, 1961.

김정배, 「韓國과 遼東半島의 支石墓」『先史와 古代』7, 1996.

김정희, 「東北아시아 支石墓의 硏究」『崇實史學』5, 1988.

박진욱, 「비파형단검 문화의 발원지와 창조자에 대하여」『비파형단검 문화에 관한 연구』, 과학백과사전출판사, 1987.

송호정, 『한국 고대사속의 고조선사』, 푸른역사, 2003.

송호정, 「요하유역 고대문명의 변천과 주민집단」『중국 동북지역 고고학 연구현황과 문제점』, 동북아 역사재단, 2008.

오강원, 『비파형동검문화와 요령지역의 청동기 문화』,청계, 2006.

윤무병, 「遼寧地方의 靑銅器 文化」『韓國上古史의 諸問題』, 한국정신문화연구원, 1987.

이청규, 「중국 동북지역과 한반도 청동기문화 연구의 성과」『중국 동북지역 고고학 연구 현황과 문제점』, 동북아 역사재단, 2008.

조중공동고고학발굴대, 「강상유적」『중국 동북지방의 유적 발굴보고 : 1963~1965』, 사회과학출판사, 1966.

조중공동고고학발굴대, 「누상」『중국 동북지방의 유적 발굴보고 : 1963~1965』, 사회과학출판사, 1966.

조중고고학발굴대, 「장군산」『중국 동북지방의 유적 발굴보고 : 1963~1965』, 사회과학원출판사, 1966.

하문식, 『東北亞細亞 고인돌 文化의 硏究』, 숭실대 박사학위논문, 1997.

하문식, 「中國 東北地域 고인돌의 分布와 構造」『古文化』51, 1998ㄱ.

하문식, 「고인돌의 장제에 대한 연구(Ⅰ)」『白山學報』51, 1998ㄴ.

하문식, 『古朝鮮 地域의 고인돌 硏究』, 백산자료원, 1999.

황기덕, 「황해북도 황주군 심촌리 긴동 고인돌」『고고학자료집』3, 1963.

高芳 · 華陽 · 霍東峰, 「老鐵山 · 將軍山積石墓淺析」『內蒙古文物考古』1, 2009.

顧玉才, 「金牛山遺址發現的用火遺蹟及相關的幾個問題」『東北亞舊石器文化』, 1996.

靳楓毅, 「論中國東北地區含曲刃靑銅短劍的文化遺存(上)」『考古學報』4, 1982.

錦州市博物館, 「遼寧興城縣楊河發現靑銅器」『考古』6, 1978.

丹東市文化局文物普查隊, 「丹東市東溝縣新石器時代遺址調查和試掘 」『考古』1, 1984.

木易, 「東北先秦火葬習俗試析」『北方文物』1, 1991.

符松子, 「遼寧省新發現兩座石棚」『考古通訊』2, 1956, pp.30~31

傅仁義,「渤海灣北岸古人類舊石器文化及與東亞的關系」『遼海文物學刊』11, 1991.
傅仁義,「遼寧丹東前陽人的發現及體質特征」『東北亞舊石器文化』, 1996.
徐子峰,「紅山文化積石冢與遼東半島石墓文化」『大連海事大學學報(社會科學版)』5-3, 2006.
徐知良,「中國的巨石文化與石棺葬介紹」『人文雜志』2, 1958.
孫福海・靳維勤,「石棚考略」『考古』7, 1995.
瀋陽市文物管理辨公室,「瀋陽新樂遺址試掘報告」『考古學報』4, 1978.
瀋陽市文物管理辨公室・瀋陽故宮博物館,「瀋陽新樂遺址第2次發掘報告」『考古學報』2, 1985.
瀋陽新樂遺址博物館,『新樂文化論文集』, 2002.
呂遵諤,「金牛山遺址 1993, 1994年 發掘的收穫和時代的探討」『東北亞舊石器文化』, 1996.
遼寧省博物館・旅順博物館・長海縣文化館,「長海縣廣鹿島大長山貝丘遺址」『考古學報』1, 1981.
遼寧省博物館・旅順博物館,「大連市郭家村新石器時代遺址」『考古學報』3, 1984.
遼寧省博物館・本溪市博物館,『廟後山 - 遼寧省本溪市舊石器文化遺址』, 文物出版社, 1986.
旅大市文物管理組,「旅順老鐵山積石墓」『考古』2, 1978.
旅順博物館・遼寧省博物館,「大連于家砣頭積石墓址」『文物』9, 1983.
旅順博物館,「遼寧大連新金縣碧流河大石蓋墓」『考古』8, 1984.
吳青雲,「遼寧大連市土龍子青銅時代積石塚群發掘」『考古』9, 2008.
王冰・萬慶,「遼寧大連市王寶山積石墓試掘簡報」『考古』3, 1996.
王嗣州,「遼東半島積石冢研究」『旅順博物館館刊』1, 2006.
李曉鐘,「瀋陽新樂遺址 1982～1988年發掘報告」『遼海文物學刊』1, 1990.
張森水 等,「金牛山舊石器遺址綜合研究」『中國科學院古脊椎動物與古人類研究所集刊』19, 1993.
張鎭洪 等,「遼寧海城小孤山遺址發掘簡報」『人類學學報』4-1, 1985.
張翠敏,「于家村砣頭積石墓地再認識」『東北史地』1, 2009.
曺桂林・許志國,「遼寧法庫縣灣柳街遺址調查報告」『北方文物』2, 1988.
中國社會科學院考古研究所,『雙砣子與崗上』, 科學出版社, 1996.
陳大爲,「試論遼寧“石棚”的性質及其演變」『遼海文物學刊』1, 1991.
肖兵,「示與‘大石文化’」『遼寧大學學報』2, 1980, pp.63～64.
華陽・霍東峰・付珺,「四平山積石墓再認識」『赤峰學院學報』2, 2009.
華玉冰・王瑽・陳國慶,「遼寧大連市土龍積石墓地1号積石塚」『考古』3, 1996.
華玉冰,『中國東北地區石棚硏究』, 吉林大學博士學位論文, 2008.
黃慰文 等,「海城小孤山的骨制品和裝飾品」『人類學學報』5-3, 1986.
許明綱・許玉林,「遼寧新金縣雙房石盖石棺墓」『考古』4, 1983.

許明綱,「大連市近年來發現青銅短劍及相關的新資料」『遼海文物學刊』1, 1993.
許玉林・傅仁義・王傳普,「遼寧東溝縣後窪遺址發掘概要」『文物』12, 1989.
許玉林・崔玉寬,「鳳城東山大石盖墓發掘簡報」『遼海文物學刊』2, 1990.
許玉林,「遼寧盖縣伙家窩堡石棚發掘簡報」『考古』9, 1993.
許玉林,『遼東半島石棚』, 遼寧科學技術出版社, 1994
澄田正一・秋山進午・岡村秀典,「1941年四平山積石墓的調査」『考古學文化論集』4, 1997.
三上次男,『滿鮮原始墳墓の硏究』, 吉川弘文館, 1961.
田村晃一,「遼東石棚考」『東北アシアの考古學』2(槿域), 1996.
Boehm, Christopher, "Egalitarian Behavior and Reverse dominance hierarchy", Current Anthropology 34-3, 1993.
Gejvall, Nils-Gustaf, "Cremations", Science in Archaeology (N.Y. : Praeger Publishers), 1970.
Hassan, F. A., Demographic Archaeology (Academic Press), 1981.
郭大順・張星德, 김정열 옮김,『동북문화와 유연문명』하, 동북아 역사재단, 2008.

The Origin and Mutual Exchanges of the Civilization around Liaodong Region

HA Moon-Sig

This study analyzes the origin and mutual exchanges of the civilization around Liaodong region. Stone mound tombs, dolmens, Bipa-type bronze daggers and misongni-type pottery are examined about the origin of the civilization.

It has been proved that there are some exchanges around Liaodong region. The mutual exchanges between Liaodong region and Shandong peninsula have existed through the sea since the neolithic age. First of all, two regions are near geographically. The pottery of Shuangtuozi No. 1 culture is closely related with that of Shandong Longshan culture. The features and techniques of making cups, alter pottery and pots in Sipingshan site are similar to those of Shandong peninsula.

Chaoyang Shiertaiyingzi site proves that there exist exchanges between Liaodong region and Liaoxi region. Arms belonging to central district and northern plain of China have not been excavated in Chaoyang Shiertaiyingzi site. Bronze mirrors and Bipa-type bronze daggers excavated in some sites of Liaodong region are also excavated in Chaoyang Shiertaiyingzi site. The artifacts of Chaoyang Shiertaiyingzi site is similar to those of Shengyang Zhengjiawazi site, Banxi Liangjiacun site and Dalian Gangshang site.

Machengzi culture developed in Taizihe valley shows that there are exchanges between Liaodong region and Liaobei region. The stone cist and misongni-type pottery play an important role in understanding the mutual exchanges between them.

The mutual exchanges between Liaodong region and the Korean Peninsula had steadily continued since the neolithic age. Dolmens, stone cists, Bipa-type bronze daggers and misongni-type pottery prove that there are also mutual exchanges between them in the bronze age. These facts prove that the ancient civilization of the Korean Peninsula is closely related with that of Liaodong region.

[Key words] Liadong region, civilization, stone mound tomb, dolmen, bipa-type, bronze dagger, misongni-type pottery

송눈평원지역의 문명 기원과 교류

이 종 수

이종수(李鍾洙)

단국대학교 역사학과 졸업. 길림대학 고고학 및 박물관학과 대학원 졸, 역사학박사. 현) 단국대학교 역사학과 조교수

주요논저 : 『송화강유역 초기철기문화와 부여의 문화기원』, [서단산문화 석관묘의 기원과 특징](『선사와고대』 28), [시간적 추이에 따른 요동지역 청동기의 변화양상 검토](『백산학보』 83호), [무덤의 변화양상을 통해 본 부여사 전개 과정 고찰](『선사와고대』 30), [발해 서고성의 발굴현황과 그 의의](『고구려,발해연구』 34), [고고자료를 통해 본 부여의 대외교류 관계 검토](『선사와고대』 33)

Ⅰ. 머리말

문명(文明)이란 인간이 발전시킨 고도의 문화와 사회를 의미하며, 그 필수 요소로서 문자의 발생·금속의 발생·도시의 출현 등을 들 수 있다. 이밖에도 농업생산력의 증가에 따른 인구증가와 부의 축적, 그리고 직업의 분화, 치수(治水), 토기와 직물의 제작 등도 함께 동반한다.[1]

이 필수요소를 중국의 고고학문화에 대입해 보면 이리두문화 및 상대 이리강과 안양 은허유적에서부터 문명의 시작을 찾을 수 있다. 그러나 1970년대 들어 "구계유형론(區系類型論)"이 등장하면서 문명의 시작을 다른 각도에서 보려는 시도가 이루어지고 있다.[2] 즉 중국에서는 문명의 요소를 기존의 3요소가 아닌 고문화(古文化)·고성(古城)·고국(古國)으로 설정하고, 이를 통해 중국 문명의 시작을 1000년 정도 앞당겨 기원전 3000년경까지 올리려는 시도가 국가적으로 진행되고 있다. 결국 그 노력의 일환으로 중원지역에서는 이 시기에 해당하는 고고문화를 찾을 수 없어 동북의 요하지역에 눈을 돌리게 된 것이다.[3]

중국이 요하문명론을 주창하는 이유는 홍산문화의 고고학적 성과를 바탕으로 중국문명의 기원을 서요하 유역으로 끌어올리고, 중원지역에 국한되던 역사 범위를 동북지역까지 넓히고자 하는데 있다. 이를 위해 그들은 요하문명의 핵심인 홍산문화와 하가점하층문화의 선진성과 더불어 두 고고학문화가 당시 동북지역 전체에 커다란 영향을 미치고 있다는 점을 강조하고 있다.

그렇다면 과연 중국이 주장하는 것처럼 동북아 지역에 고대문명이 존재하는가? 라는 질문에 대해 현재 학계에서는 긍정적인 답변을 내놓지 않고 있다. 본 논문에서 다루고 있는 송눈평원(松嫩平原)지역 역시 서구에서 정의한 문명의 존재는 확인되지 않는다. 다만 이 지역은 신석기시대부터 그들만의 독특한 문화적 특징을 함유한 유

1) 최몽룡, 『인류문명발달사』, 주류성출판사, 2007, 11~12쪽.

2) 蘇秉琦, 『蘇秉琦考古學論述選集』, 文物出版社, 1984.

3) 郭大順, 『紅山文化』, 文物出版社, 2005.

적들이 발견되고 있다는 점에서 "문화적 독립구"라 정의 할 수 있다.

이 지역의 신석기시대는 기원전 5500년에서 기원전 2000년경까지 지속되고 있으며, 눈강하류의 앙앙계문화(昻昻溪文化)와 제이송화강 하류의 좌가산문화(左家山文化)를 대표로 하고 있다. 청동기시대는 기원전 2000년부터 기원전 600년까지로 기원전 2000년경에서 기원전 1400년까지는 소랍합문화(小拉合文化)로 대표되며, 기원전 1400년에서 기원전 600년까지는 백금보문화(白金寶文化)를 대표로 한다.

이 글은 송눈평원지역에 과연 문명이 존재하는가? 라는 의문에서 출발하여 이 지역 문화의 특징과 이들 문화에 내재되어 있는 외래문화 요소를 분석해 봄으로써 주변지역과의 교류 관계를 파악해 보고자 하는데 그 목적이 있다. 이를 위해 먼저 송눈평원의 자연지리적 특징과 지금까지 진행된 조사 및 연구현황에 대해 정리해보도록 하겠다. 또한 이 지역 신석기시대와 청동기시대 문화내용상의 특징을 살펴보고, 이들 문화에 내재되어 있는 문화요소를 주변지역과 비교분석해 봄으로써 이들 간에 보이는 교류양상을 검토해 보도록 하겠다.

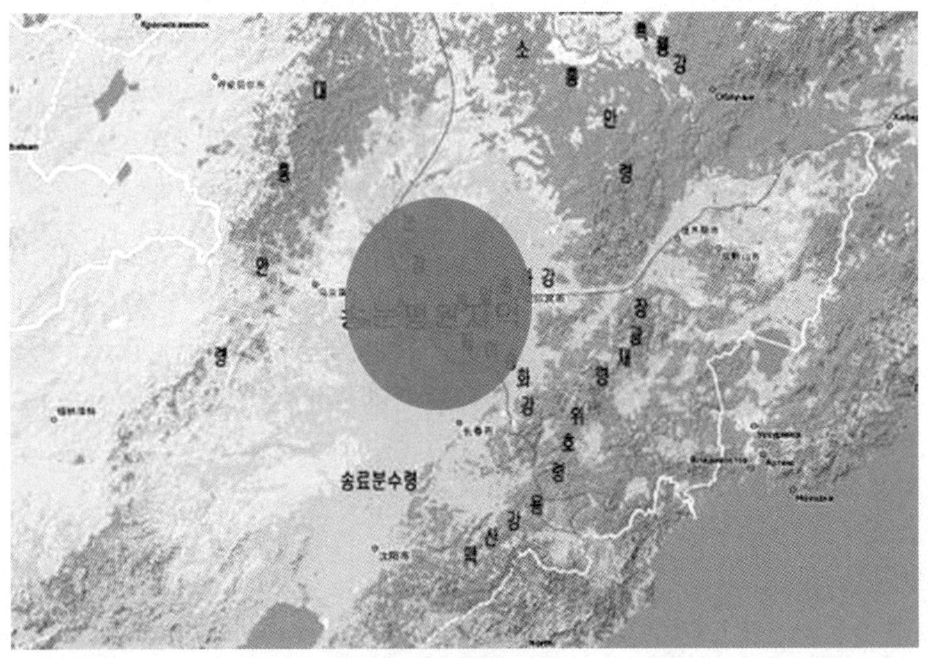

【그림 1】 송눈평원지역 지형도

Ⅱ. 자연지리적 특징 및 연구현황 검토

1. 자연지리적 특징

송눈평원은 동북지역에서 가장 큰 평원으로 지형적으로 동 · 서 · 북쪽으로 높은 산맥에 둘러싸여 있으며, 남쪽은 나지막한 구릉으로 요하지역과 경계를 이루고 있다. 즉 서쪽으로는 대흥안령(大興安嶺)이 북방초원지대와 경계를 이루고 있으며, 북으로는 소흥안령(小興安嶺)이, 동으로는 심양에서 하얼빈을 연결하는 철로를 중심으로 이동지역의 산악지형과 경계를 이루고 있으며,[4] 남쪽은 송요분수령(松遼分水嶺)이 요하유역과 경계를 형성하고 있다.

송원평원내의 주요 수계(水系)로는 눈강(嫩江), 제일송화강(第一松花江), 제이송화강(第二松花江)을 들 수 있다. 눈강은 총 길이가 1,089km로 대흥안령과 소흥안령 사이에 위치한 이륵호리산(伊勒呼里山) 남록에서 발원하여 대흥안령 동록을 따라 남류하다가 길림성 대안시(大安市) 일대에서 동쪽으로 꺾인 후, 길림성 송원시(松原市) 삼차하(三岔河) 부근에서 제이송화강과 합류하여 제일송화강을 이루고 있다. 눈강 우안에는 대흥안령 동록에서 발원한 7개의 지류가 본류에 유입되고 있으며, 강 좌안에는 소흥안령 서록에서 발원한 3개의 지류가 본류에 유입되고 있다. 제이송화강은 백두산에서 발원하여 북류하다가 눈강과 합류하고 있는데, 강 하류 일대만 송눈평원 범위에 속한다. 눈강과 제이송화강이 만나 형성된 제일송화강은 다시 동쪽으로 흘러 흑룡강에 유입되고 있다. 제일송화강의 지류로는 북안에 호란하, 남안에 랍림하가 유입되고 있다.

행정구역상으로는 흑룡강성 치치하얼시(齊齊哈爾市)지구, 대경시(大慶市)지구, 수화시(綏化市)지구, 하얼빈시(哈爾濱市)지구가 포함되며, 길림성은 백성시(白城市)지구, 송원시(松原市)지구, 장춘시(長春市)지구 일부가 이 범위에 포함된다.

이처럼 송눈평원은 지세가 평탄하여 초원이 광활하게 펼쳐져 있을 뿐만 아니라

4) 동쪽은 장광재령(張廣才嶺)과 길림합달령(吉林哈達嶺)을 경계로 한다.

토지가 비옥하고 수원이 풍부하여 선사시대 주민들이 농업 · 목축업 및 어렵 활동을 모두 할 수 있는 이상적인 장소라 할 수 있으며, 이는 후대의 기록을 통해서도 일부 확인할 수 있다.[5]

2. 조사현황 및 연구사 검토

지금까지 송눈평원지역에 대한 대규모의 유적 조사는 모두 7차례에 걸쳐 이루어졌다. 조사결과 지금까지 확인된 신석기시대 유적은 대략 150여 곳에 이르고 있으며, 청동기시대 유적은 그 수가 정확하게 확인되지 않으나, 대략 신석기시대 보다 많은 것으로 추정된다.

이 지역에 대한 유적조사가 처음 이루어진 것은 1930년대로 양사영(梁思永)에 의해 앙앙계유적이 발굴되면서 부터이다.[6] 1950년대에는 조원(肇源) 망해둔유적(望海屯遺蹟)[7]이 시굴되었는데, 당시 유적에서 출토된 홍의도(紅衣陶), 비점기하문(篦點幾何紋) 토기, 기대(器臺), 력족(鬲足), 구멍이 뚫린 골제(骨製) 갑옷 편 등이 출토되면서 기존의 눈강유역 앙앙계문화와는 다른 문화가 존재한다는 것을 처음으로 인식하게 되었다. 1960년대 들어서는 이 지역에 대한 대규모 정밀 지표조사가 이루어지면서 망해둔유적과 동일한 문화내용을 가진 다수의 유적이 확인되면서, 이들 유적들을 '망해둔유형(望海屯類型)' 이라 명명하게 되었다.[8]

1970년대 들어 백금보유적과 한서(漢書)유적이 발굴되면서 송눈평원지역의 청동기시대 연구는 커다란 진전을 보게 된다. 즉 백금보유적 발굴을 통해 이 지역을 대표하는 청동기문화를 확인할 수 있게 되었고, 이 유형의 유적들을 '백금보문화' 라 명명하였다. 또한 한서유적 발굴을 통해서는 청동기시대와 초기철기시대 문화층을 구

---

5) 이러한 내용은 후세의 기록인 『三國志』〈魏志〉東夷傳에 "多山陵,廣澤,於東夷地域最平敞. 土地宜五穀,不生五果."라는 내용을 통해서 확인할 수 있다.

6) 梁思永, 「昂昂溪史前遺址」, 『梁思永考古論文集』, 科學出版社, 1959.

7) 丹化沙, 「黑龍江肇源望海屯新石器時代遺址」, 『考古』10, 1961.

8) 丹化沙 · 譚英杰, 「松花江中游和嫩江下游的原始文化遺址」, 『東北考古與歷史』第一輯, 1982.

분할 수 있게 되었으며, 이를 통해 초보적으로나마 송눈평원지역 청동기문화의 발전서열을 수립할 수 있게 되었다. 1980년대에는 백금보유적을 포함한 주요 유적에 대한 연차 발굴과 더불어 새로운 자료들이 지속적으로 확보되자, 백금보문화와 관련유적의 귀속문제, 한서이기문화와의 관련성 등에 대한 심도있는 연구가 진행되고 있으며,[9] 더불어 기대 등 세부 유물에 대한 검토도 함께 이루어지고 있다.[10]

1990년대 들어서는 소랍합유적에 대한 발굴이 이루어져 이른 시기 청동기문화의 실체를 확인할 수 있게 되었고, 이를 통해 이 지역 문화의 발전과정상 공백을 메울 수 있게 되었다. 또한 이 시기에 송눈평원지역 청동기문화의 발전과정에 대한 기본틀을 제시한 연구,[11] 백금보문화의 분기와 계통을 밝혀내려는 연구,[12] 세부유물에 대한 비교 분석을 통해 주변지역과의 교류관계를 파악하려는 연구[13] 등 이 지역 청동기문화에 대한 체계적이고 심도 있는 연구가 이루어지고 있다. 이러한 연구 경향은 2000년대에도 계속 이어지고 있으며,[14] 2009년에는 백금보유적에 대한 발굴보고서가 40여년 만에 발간되어,[15] 이 지역의 청동기문화를 연구하는데 많은 도움을 주고 있다. 최근에는 일부 유적 예를 들면 앙앙계유적과 백금보유적의 경우 지방자치단체에서 관광자원으로 개발하려는 작업의 일환으로 국제학술대회 개최 등 다양한 방면에서 활발한 연구가 진행되고 있다.

---

9) 郝思德, 「白金寶文化初探」, 『求是學刊』5, 1982.
賈偉明, 「關于白金寶類型分期的探索」, 『北方文物』4, 1986.

10) 思 晉, 1986, 「松嫩平原古代的陶支脚」, 『北方文物』1, 1886.

11) 楊志軍 · 許永杰 等, 1997, 「二十年來的黑龍江區系考古」, 『北方文物』4, 1997.

12) 朱永剛, 「松嫩平原先白金寶文化遺存的發現與研究」, 『北方文物』1, 1998.
李學來, 「白金寶文化研究」, 『青果集』, 知識出版社, 1998.

13) 喬梁, 「松嫩平原陶鬲研究」, 『北方文物』2, 1993.

14) 趙賓福, 「松嫩平原早期青銅文化的發現與認識」, 『邊疆考古研究』1輯, 科學出版社, 2002.
趙賓福 · 關强, 「白金寶遺址四期說與白金寶文化三段論」, 『慶祝張忠培先生七十歲論文集』, 科學出版社, 2004.
朱永剛, 「肇源白金寶 · 小拉哈遺址陶器刻劃符號初識」, 『北方文物』3, 2006.
趙賓福, 「白金寶文化的分期與年代」, 『邊疆考古研究』7輯, 科學出版社, 2008.

15) 張忠培 主編, 『肇源白金寶-嫩江下游一處青銅時代遺址的揭示』, 科學出版社, 2009.

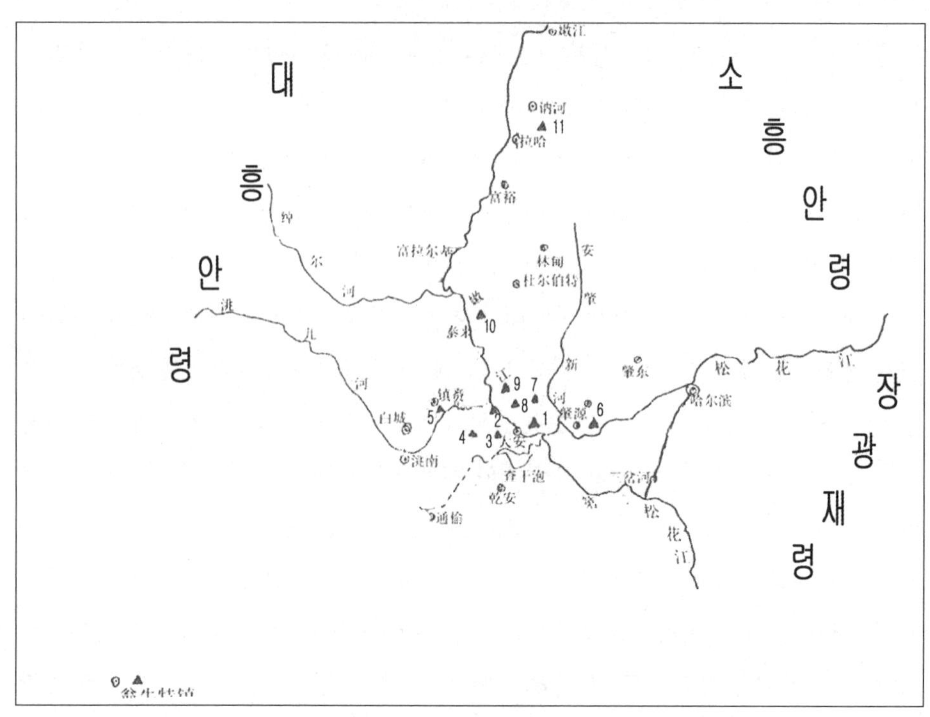

1. 肇源 白金寶 2. 大安 漢書 3. 大安 東山頭 4. 大安 大架山 5. 鎭賚 坦途西崗子
6. 肇源 望海屯 7. 肇源 小拉哈 8. 肇源 臥龍 9. 肇源 古城 10. 杜爾伯特 官地 11. 訥河 二克淺

【그림 2】 송눈평원지역 신석기 · 청동기시대 유적 분포도

Ⅲ. 신석기 · 청동기시대 문화의 특징

1. 신석기시대

송눈평원지역에서 확인된 신석기시대 유적은 대략 150여 곳에 이르며, 이 중 10여 곳은 이미 발굴조사가 이루어졌다. 이들 유적에서는 주거지 8기, 무덤 13기, 수혈 26기, 소성유구 2기 등 대략 50여기가 조사되었다. 송눈평원지역의 신석기문화는 현재 지역적 차이에 따라 눈강하류지역의 앙앙계문화와 제이송화강하류지역의 좌가산문화로 나누고 있다.

1) 눈강하류지역의 앙앙계문화

눈강하류지역에서 확인된 신석기시대 유적으로는 앙앙계유적, 등가강자(縢家崗子)유적, 승리삼대일호(勝利三隊一號)유적, 이극천(二克淺)고분군, 소랍합유적, 이가강(李家崗)유적, 파산(靶山)고분군, 요정자(腰井子)유적, 황가위자(黃家圍子)유적, 오포산(傲包山)유적 등이 있다. 이 중 이 지역을 대표하는 신석기시대 문화는 앙앙계문화로 제제합이 앙앙계 오복(五福) C지점 무덤을 지표로 한다. 이 문화에 속하는 유적은 발견된 예가 많으나, 대부분 지표조사 과정에서 유물이 수습되거나,[16] 소규모 시굴을 통해 확인된 유적들이다.[17] 앙앙계문화의 분포범위는 눈강 연안을 중심으로 흑룡강성의 치치하얼, 안달(安達), 조원(肇源), 하얼빈 일대이며, 길림성 경내는 백성(白城)지구 일대이다.[18]

송눈평원지역 신석기문화의 특징을 살펴보면, 주거지의 경우 요정자유적에서 7기가 확인되었다. 평면 형태는 말각장방형과 타원형 두 종류가 보이며, 규모는 대형이 18㎡, 소형이 6㎡내외이다. 주거지 내부에는 중앙에 직경 5~10cm 정도인 노지가 설치되어 있고, 가장자리에는 주공이 확인되고 있으며, 바닥면은 황토다짐을 하고 있다. 출입시설은 주로 남쪽을 향해 있다.

무덤은 앙앙계 2기 · 이극천 1기 · 파산 5기 · 요정자 2기 · 오포산 3기 등 모두 13기가 확인되었다. 모두 관곽을 사용되지 않은 순수토광묘로, 평면 형태는 장방형이며, 머리는 대부분 서쪽 혹은 서북쪽을 향해 있다. 장식은 대부분 단인일차장(單人一次葬)에 앙신직지(仰身直肢)이며, 소수이지만 다인합장(多人合葬)과 이차장(二次葬)도 보인다. 유물은 주로 두개골 주변으로 배치되어 있으며, 일부는 두개골과 하지골 하단 쪽에 나누어 안치하고 있다. 부장유물의 조합은 골기+석기 위주이며, 앙앙계유적에서만 토기 매납이 확인되고 있다.

---

16) 黑龍江省博物館, 「嫩江沿岸細石器文化遺址調査」, 『考古』10, 1961.
　黑龍江省博物館, 「昂昂溪新石器時代遺址的調査」, 『考古』2, 1974.
17) 李 龍, 「昂昂溪勝利三隊一號遺址淸理簡報」, 『黑龍江文物叢刊』1, 1981.
18) 張忠培, 「白城地區考古調査述要」, 『吉林大學社會科學學報』1, 1964.

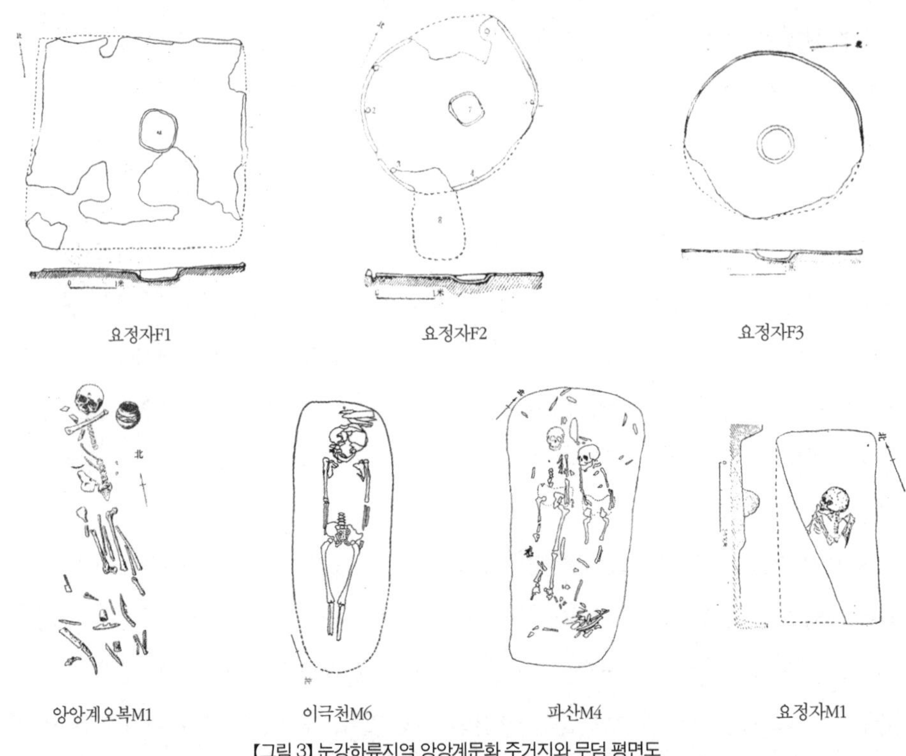

【그림 3】 눈강하류지역 앙앙계문화 주거지와 무덤 평면도

토기는 유적에 따라 차이를 보이고 있다. 앙앙계는 기종이 직구관 · 원복환저관 · 대류발 등으로 단순한 편이며, 기하문 · 돌대문 · 점열문 등이 시문되어 있다. 요정자는 통형관 · 고복관 · 발 · 사구기(斜口器) 등이 대표적이며, 능형문 · 돌대문 · 돗자리문 · 평행선문 · 곡선문 · 인자문(人字紋) · 지자문(之字紋) · 연점문(連點紋) 등 다양한 종류의 문양이 나타나고 있다. 소랍합 제일기 갑조층은 소량의 토기편만 확인되고 있어 정확한 기종을 파악할 수 없으나. 대략 직구 · 얇은 기벽 · 평저 · 두껍지 않은 구순을 특징으로 하고 있다. 출토된 모든 토기에 문양이 시문되어 있으며, 제일기 을조층에 속한 토기는 직구에 보편적으로 돌대문이 시문되어 있어 앙앙계에서 출토된 것과 유사하다.

골기는 이 지역을 대표하는 가장 특징적인 유물로 모든 유적에서 확인되며, 매우 정교하게 제작되어 있다. 가장 특징적인 기물로는 한쪽 방향으로 바늘이 거꾸로 달려 있고, 상단부에 구멍이 뚫려 있는 작살(單排倒刺穿孔魚鏢)과 굽은 손잡이가 달린 작살(曲柄骨槍頭), 측면에 오목하게 홈을 파 돌을 끼워 사용하던 뼈로 만든 칼 손잡이(骨刀柄) 등을 들 수 있다.

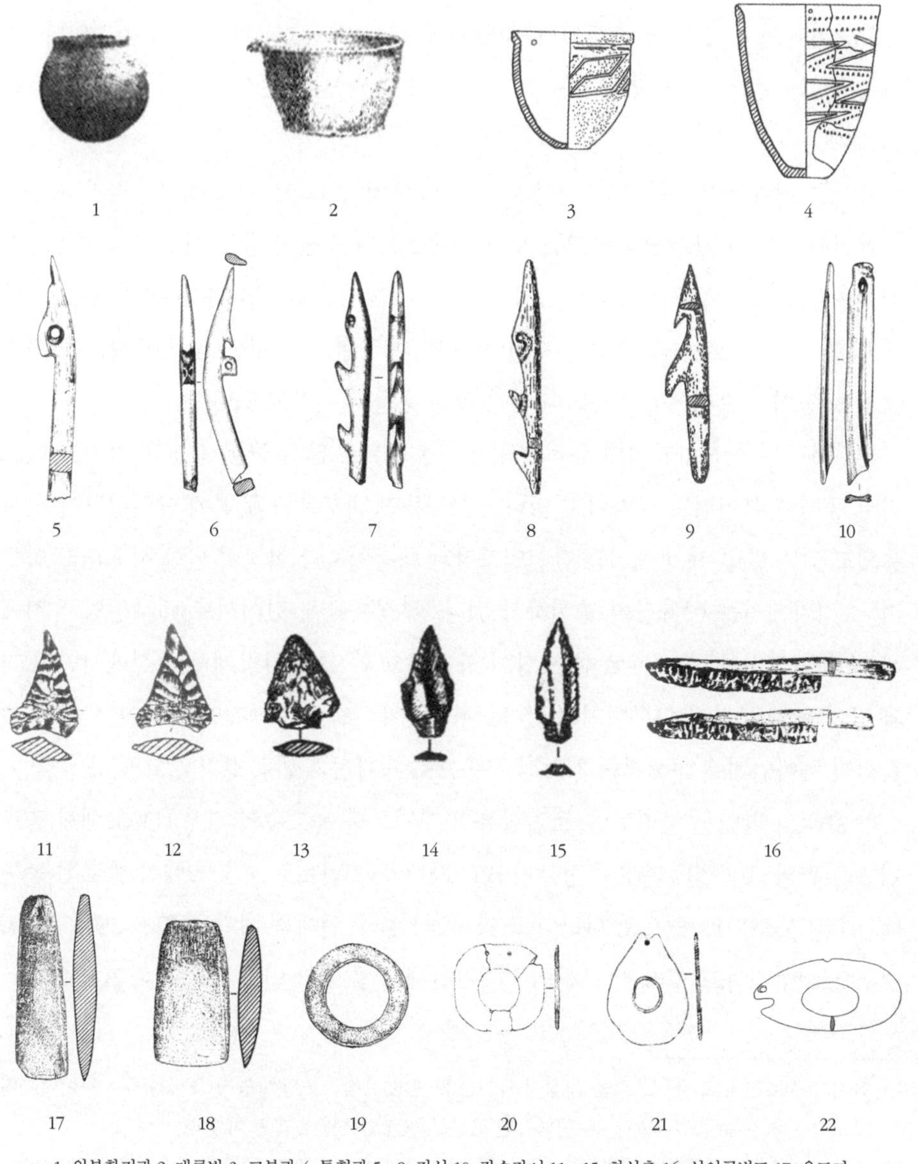

1. 원복환저관 2. 대류발 3. 고복관 4. 통형관 5~9. 작살 10. 칼손잡이 11~15. 화살촉 16. 석인골병도 17. 옥도끼 18. 옥자귀 19. 옥환 20~22. 어형기 (1~2. 앙앙계 3~4. 요정자 5~6. 소랍합 7~8. 앙앙계 9. 요정자 10. 파산 11~12. 소랍합 3~15. 앙앙계 16. 이가강 17~19. 오유이하대교 20~21. 이가강 22. 요정자)

【그림 4】 눈강하류 지역 신석기유적 출토유물(축척부동)

석기는 세석기가 대부분을 차지하지만, 소량의 마제석기도 보이고 있다. 종류로는 화살촉·창·긁개·찌르개·조각기·숫돌·몸돌·격지 등이 있다. 이 중 가장 특징적인 것은 화살촉과 석인골병도(石刃骨柄刀)를 들 수 있다. 화살촉은 평저 혹은 삼각만입식이 가장 많이 출토되며, 앙앙계에서는 일단경식 석촉도 보이고 있다. 석인골병도는 날카롭고 예리한 날을 가진 석도에 뼈로 만든 손잡이를 장착하여 사용하고 있다.

옥기는 지금까지 모두 13곳에서 42점이 출토되었다. 이 중 요정자유적과 이가강유적에서 출토된 예를 제외하고는 모두 지표조사나 수습을 통해 확인된 것들이다.[19] 재질은 기본적으로 수암옥(岫岩玉)계통으로 볼 수 있으며, 대다수가 예기(禮器) 계통에 속한다. 종류로는 도끼(斧)·자귀(錛)·벽(璧)·환(環)·구슬(珠)·관(管)·어형기(魚形器) 등이 있으며, 이 중 옥벽이 가장 많은 수를 차지하고 있다.[20]

눈강하류지역 신석기시대 유적은 문화내용상으로 많은 공통 속성을 가지고 있으면서 동시에 차이점도 나타나고 있다. 예를 들면 대부분의 무덤에 단인일차장이 사용되고 있는 반면, 파산에서는 단인일차장과 더불어 다인합장이 함께 사용되고 있으며, 요정자에서는 이차장이 출현하고 있다. 부장유물에 있어서도 대부분의 유적에서 골기와 석기를 한 세트로 한 조합이 확인되고 있으나, 앙앙계와 파산에서만 토기와 방기(蚌器) 부장이 이루어지고 있다. 이러한 차이점이 지역적인 차이인지, 혹은 시간적인 차이인지에 대해서는 자료의 부족으로 정확하게 밝혀지지 않고 있다.

각 유적의 편년을 살펴보면, 소랍합유적 일기문화 을조층의 경우 H3062에서 출토된 토기편의 C14 절대연대 측정값이 B.P 4000±360년으로, G3002에서 출토된 동물뼈가 B.P 3688±104년으로 나타나고 있어, 이 층의 연대를 대략 기원전 2500~2000년경으로 추정하고 있다.[21] 파산의 경우 M1에서 출토된 인골 측정값이 B.P 4870±

19) 옥기가 출토된 주요 유적으로는 대경시 와리둔(臥里屯)유적·조원현 농장(農場)유적·두이백특현 모도서나둔(毛都西那屯)유적·두이백특현 구산문촌(九扇門村)유적 등이 있다.

20) 孫長慶·殷德明·于志耿,「黑龍江古代玉器文化問題的提出與硏究-兼論黑龍江古代文明的起源」,『探頤索隱集』, 黑龍江人民出版社, 1993. ; 于建華,「黑龍江省出土的新石器時代玉器及相關問題」,『北方文物』4, 1992.

80년, M4에서 출토된 인골이 B.P 4630±95년으로, 대략적인 연대는 기원전 3500~3000년경으로 파악되고 있다.[22]

기타 유적의 경우 정확한 절대연대 측정값이 없어, 주변유적과의 문화내용상 비교를 통해 상대연대를 추정하고 있다. 예를 들면 소랍합 일기문화층 갑조층의 경우 출토된 토기의 빗살문이 좌가산 하층에서 출토된 토기의 빗살문과 유사하다는 점을 들어 그 연대를 대략 기원전 4500~4000년으로 추정하고 있다. 요정자의 경우도 토기의 형식과 문양이 좌가산 하층과 중층에서 출토된 토기와 거의 유사하다는 점을 들어 연대를 기원전 4000년경으로 파악하고 있다. 파산은 무덤의 장식과 부장유물이 다른 유적과 차이를 보이고 있다는 점과 작살의 끝부분에 구멍이 나 않지 않다는 점을 고려해 앙앙계보다 빠른 것으로 파악하고 있다.[23] 앙앙계는 토기의 종류와 문양이 비교적 단순한 점, 단배도자천공어표 · 골창두 · 골도병 등의 유물을 특징으로 하며 일단경식 석촉이 출현하고 있다는 점 등을 들어 대략 소랍합 일기문화 을조층과 비슷한 시기로 추정하여 기원전 2500~2000년경으로 보고 있다.[24]

이상의 내용을 종합해 보면, 송눈평원지역의 가장 이른 시기 신석기시대유적은 소랍합 일기문 갑조층이며, 그 연대는 대략 기원전 4500~4000년, 다음이 요정자로 기원전 4000년경, 다음은 파산으로 기원전 3500~3000년경, 앙앙계가 가장 늦은 기원전 2500~2000년경에 존속했던 것으로 파악하고 있다. 그러나 이러한 편년 결과는 각 유적에 대한 세밀한 분석과 주변지역 유적과 비교할 수 있는 상대편년 자료가 너무 빈약하다는 점에서 많은 보충자료가 요구된다. 이후에 많은 자료가 수집되면 더 체계적인 연구결과가 나올 것으로 기대한다.

---

21) 黑龍江省文物考古研究所 · 吉林大學考古學系, 「黑龍江省肇源縣小拉哈遺址發掘簡報」, 『考古學報』 1, 1998.

22) 吉林省文物考古研究所, 「吉林白城靶山墓地發掘簡報」, 『考古』 12, 1988.

23) 인근 러시아지역 신석기유적에서 확인된 바에 의하면, 구멍이 없는 낚싯바늘은 구멍이 있는 낚싯바늘에 비해 연대가 이른 것으로 파악되었다.
馮恩學, 「我國東北與貝加爾湖周圍地區新石器時代文化交流的三個問題」, 『遼海文物學刊』 2, 1997.

24) 趙賓福, 『東北石器時代考古』, 吉林大學出版社, 2003.

2) 제이송화강하류지역의 좌가산문화

제이송화강하류지역에서 확인된 신석기시대 유적으로는 농안(農安) 좌가산(左家山)유적, 원보구(元寶溝)유적, 덕혜(德惠) 대청취(大靑嘴)유적, 이도취(二道嘴)유적 등이 있다. 이 지역을 대표하는 신석기시대 문화는 좌가산문화로 명명되며, 길림성 농안현 제이송화강의 지류인 이통하(伊通河) 연안의 하안단구에 위치한 좌가산유적을 지표로 하고 있다. 이 유적은 1984년 길림대학 고고학과에서 실시한 농안 일대 지표조사 과정에서 처음 확인되었으며, 1985년 처음 발굴이 이루어져 주거지 1기와 소성유구 2기, 저장구덩이 20여기가 조사되었다. 이 유적에서는 모두 3개의 문화층이 확인되었는데, 하층의 연대는 대략 기원전 5000~4500년, 중층은 기원전 4500~4000년, 상층은 기원전 3500~2500년경으로 추정하고 있다.[25] 좌가산문화의 분포범위는 대략 송눈평원 동부와 제이송화강 하류일대에 해당된다.

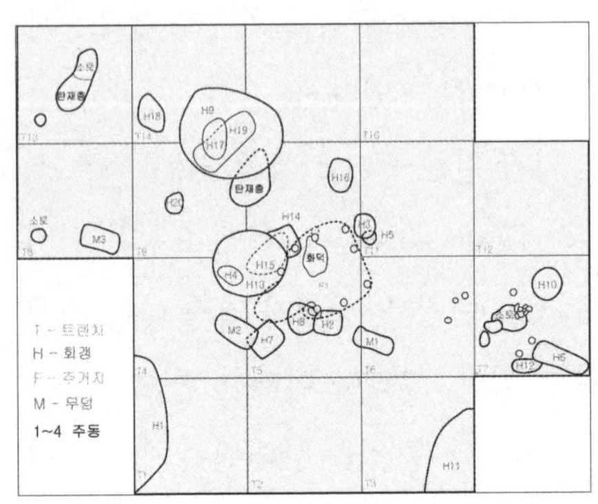

1. 좌가산유적 유구 평면도

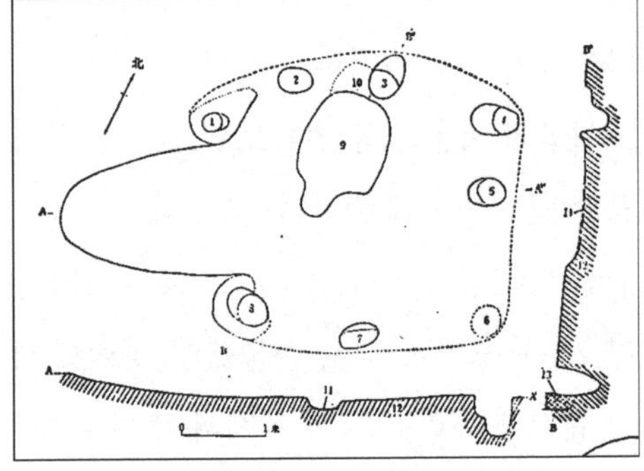

2. 좌가산유적(하층) F1 주거지 평면도

【그림 5】 좌가산유적 유구 및 주거지 평면도

좌가산문화 주거지는 좌가산유적 하층에서 1기가 확인되었다. 주거지 평면 형태는 방형이며, 반수혈식에 주거지 내부 가장자리에 주공이 설치되어 있다. 주거지 중앙에 철자형의 노지가 확인되며, 출입문은 서남쪽을 향해 있다.

출토유물의 특징을 살펴보면, 토기는 하층유적의 경우 회갈색과 황갈색 위주이며, 소량의 흑도(黑陶)와 홍도(紅陶)도 보이고 있다. 대부분의 토기에 모래 혹은 조개껍질

25) 趙賓福, 위의 책, 327~339쪽.

이 혼입되어 있으며, 기종은 대부분 심복통형관(深腹筒形罐) 위주이고, 소량의 고복관(鼓腹罐), 발(鉢) 등이 확인된다. 문양은 일반적으로 구연부에서 기체의 중간 혹은 2/3 정도 되는 곳까지 시문되어 있으며, 종류로는 각획(刻划)된 능형문(菱形紋), 현문(弦紋), 석문(席紋), 평행선문(平行線紋), 인자문(人字紋), 뉴곡문(扭曲紋), 착압(戳壓)된 연점선문(連点線紋), 지자문(之字紋), 비점지자형문(蓖点之字形紋) 등이 있다.

중층의 토기 기종은 여전히 심복통형관 위주이나, 직복통형관이 새롭게 출현하고 있으며, 두꺼운 입술을 가진 토기가 사라지고 있다. 문양은 전 시기와 달리 기신 전체에 시문되고 있다. 상층 단계에서는 기존의 심복통형관과 더불어 사구기(斜口器), 루두형기(漏斗形器) 등새로운 기종이 출현하면서 다양화가 이루어지고 있다. 문양에서는 무문토기가 다수를 차지하고 있으며, 문양이 시문된 토기일지라도 구연부 혹은 기신 상부에만 나타나고 있다. 문양의 종류도 망격문(网格紋), 착인어린문(戳印魚鱗紋), 지갑문(指甲紋), 화변구연(花邊口沿) 등이 새롭게 출현하고 있다.

석기는 화살촉, 석창, 긁개, 첨두기, 가늘고 긴 석편과 석핵 등의 세석기와 도끼, 자귀, 끌, 연석, 공이와 어망추 등의 마제석기가 출토되고 있는데, 시기별 특징적인 변

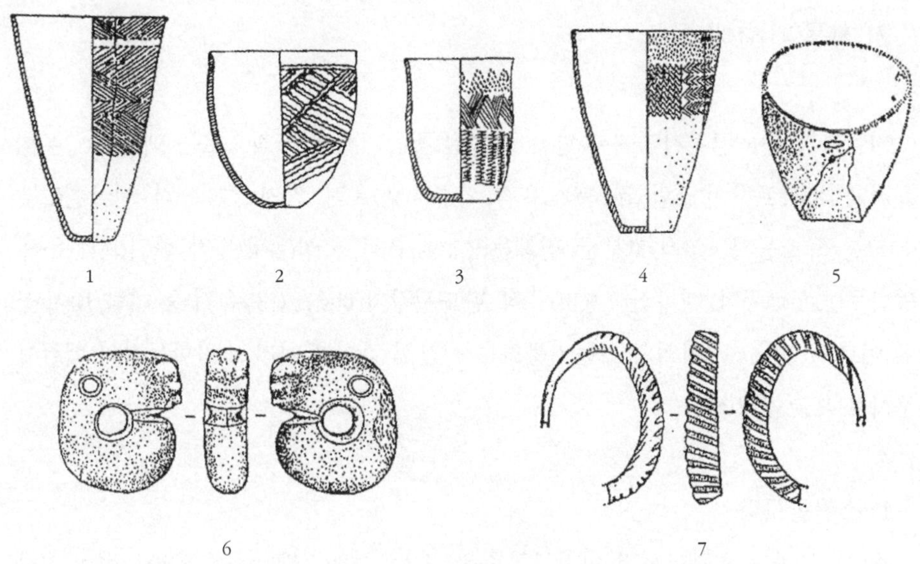

1~4. 관, 5.사구기, 6.석룡, 7.방이환(1.3~7. 좌가산 2. 원보구)

【그림 6】 좌가산문화 출토유물(축척부동)

화양상은 확인되지 않는다. 옥기는 옥벽, 옥관, 옥촉, 옥조각기, 물고기형태 장식품, 옥패 등이 있으며, 중기에서 보이는 석룡(石龍)의 경우 홍산문화의 저룡(猪龍)과 형태면에서 매우 유사하다는 점에서 저룡을 모방하여 제작한 것으로 파악할 수 있다. 골기로는 동물의 뼈와 뿔을 사용. 송곳, 침, 비녀, 숟가락, 끌, 북, 칼손잡이, 화살촉, 낚시바늘 등이 있다.

제이송화강하류지역과 눈강하류지역의 신석기문화와 비교해 보면, 좌가산 하층 출토 토기의 문양이 소랍합 일기문화 갑조층에서 출토된 토기의 문양과 유사한 점, 요정자 역시 토기의 문양이 하층 혹은 중층 출토 토기와 유사하다는 점 등에서 두 지역간의 문화교류를 확인할 수 있다. 특히 요정자유적의 경우 눈강하류와 제이송화강하류의 중간이라는 지리적 위치와 문화내용상에 두 지역의 속성이 모두 나타나고 있다는 점 때문에 일부에서는 앙앙계문화에 편입시키고 있으며, 다른 일부에서는 좌가산문화에 편입시키고 있다. 이러한 점을 통해 볼 때, 두 지역의 문화내용상 경계가 모호하다는 것을 알 수 있다. 전체적으로 두 지역의 문화내용을 비교해 보면, 하나의 문화권으로 설정하는 것이 바람직할 것으로 판단된다.

2. 청동기시대

지금까지 송눈평원지역에서 발굴 조사된 청동기시대 유적으로는 백금보(白金寶) 유적을 대표로 하여 소랍합(小拉哈)유적, 와룡(臥龍)유적, 관지(官地)유적, 이극천(二克淺)고분군, 소등과(小登科)고분군, 망해둔(望海屯)유적, 고성(古城)유적, 한서(漢書)유적, 동산두(東山頭)유적, 대가산(大架山)유적, 탄도서강자(坦途西崗子)유적 등 대략 10여 곳에 이르고 있다. 이 지역의 청동기문화는 시간적 차이에 따라 소랍합문화와 백금보문화로 나눌 수 있다.

1) 소랍합문화

소랍합문화는 소랍합유적 이기문화층을 대표로 하며, 백금보(白金寶)유적 일기층 역시 이에 속한다. 소랍합유적은 흑룡강성 조원현 의순몽고족향(義順蒙古族鄕) 동의 순촌(東義順村) 소랍합둔 사구(砂丘)상에 위치해 있다. 이 유적은 1978년 처음 발견되어 이듬해 수습조사와 표본시굴조사가 이루어졌으며, 1991년과 92년에는 흑룡강성 문물고고연구소와 길림대학 고고학과 연합발굴팀에 의해 대규모의 발굴이 이루어졌다. 조사결과 무덤, 주거지, 수혈유구 등 대략 165기의 유구가 확인되었고, 450여 점의 유물이 출토되었다.[26]

소랍합문화 주거지는 평면이 방형 혹은 말각방형이며, 면적은 일반적으로 10㎡내외이다. 실내에 주공과 화덕시설이 갖추어져 있으나 정형성은 보이지 않는다. 바닥과 벽면은 수리를 거치지 않고 그대로 사용하고 있으며, 출입시설은 대부분 서쪽을 향해 있다. 무덤은 장방형의 순수토광묘이며, 관곽은 사용되지 않고 있다. 장식은 단인일차장으로 측와신전장(側臥伸展葬)과 측와굴신장(側臥屈身葬)이 사용되고 있으며,

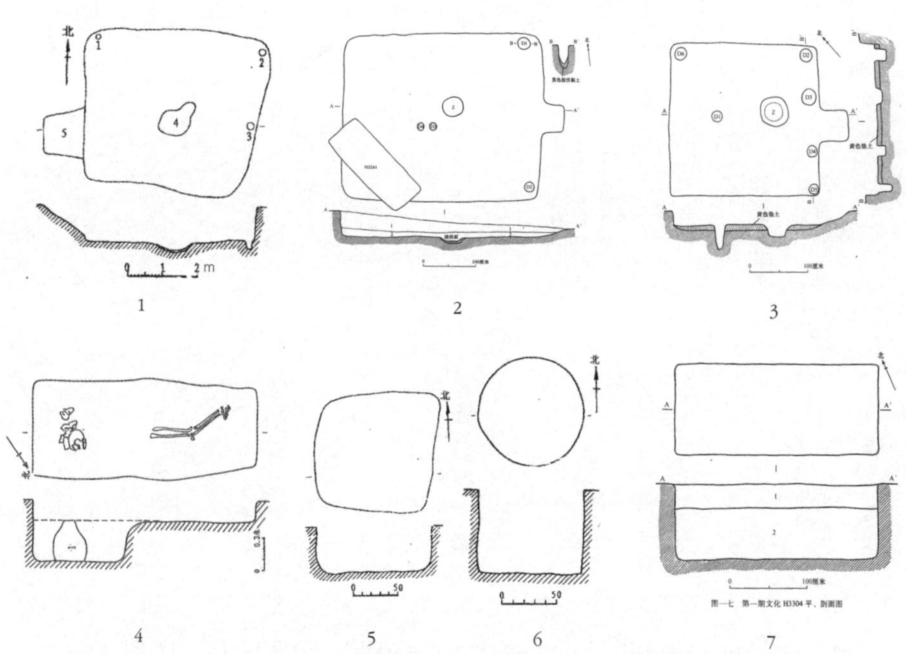

1. F2001, 2. F3035, 3. F3041, 4. M1001, 5. HG2029, 6. H3055, 7. H3304 (1.4.5.6.소랍합유적, 2.3.7.백금보유적)

【그림 7】 소랍합문화 주거지, 무덤, 수혈 평 · 단면도(축척부동)

26) 黑龍江省文物考古硏究所 · 吉林大學考古學系, 「黑龍江省肇源縣小拉哈遺址發掘簡報」, 『北方文物』 1, 1997.

두향은 대략 130° 이다. 상반신 아래로 깊이 약 40cm 정도의 구덩이를 파고 구덩이 안에 관(罐) 1점을 뒤집어 그 위에 두개골을 올려놓는 매우 특징적인 매장풍속이 보이고 있다. 수혈의 경우 평면 형태는 장방형·방형·원형·타원형·불규칙형 등이 나타나고 있으며, 내부 구조는 대부분 수직 형태를 보이고 있다.[27]

소랍합문화 토기는 대부분 무문계통이며, 소량의 토기에 화변부가퇴문 혹은 기하학문이 장식되어 있다. 또한 손잡이 혹은 끈으로 묶을 수 있는 역할을 하는 부가적인 장식들이 많이 보이고 있다. 기종은 관(罐)·호(壺)·배(杯)·완(碗)·우(盂)·발(鉢) 등 비교적 단순한 편이며, 화변형태의 구연, 호형(弧形)의 복부, 대각의 저부 등을 기

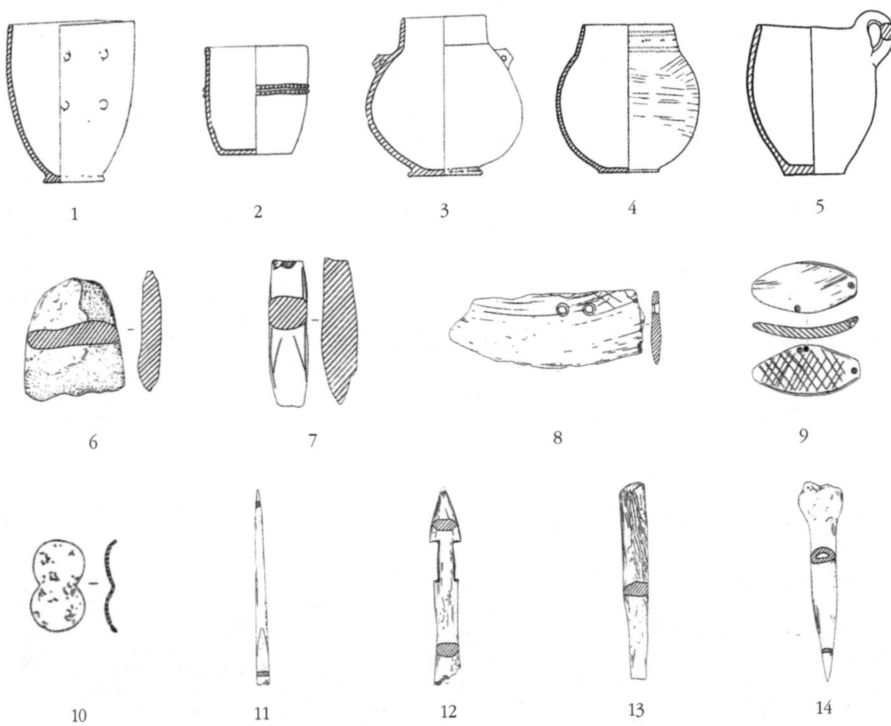

1. 대저관(H2002:5), 2. 평저관(H3010:1), 3. 호(F2001:9), 4. 우(G3001:26), 5. 배(H3079:3), 6. 석부(T132③:2), 7. 석착(H0002:1), 8. 방도(H2012:2), 9. 유어기(T333③:6), 10. 쌍연포식(H3079:2), 11. 골잠(H3044:3), 12. 골표(T241③:2), 13. 골착(H2015:1), 14. 골추(H3016:6) (4.5. 백금보유적, 기타 소랍합유적)

【그림 8】 소랍합문화 출토유물(축척부동)

---

27) 이종수, 「송눈평원과 요서지역의 문화교류 양상에 대하여-신석기문화와 이른 시기 청동기문화를 중심으로」, 『요하유역의 초기 청동기문화』, 동북아역사재단, 2009, 229~230쪽.

형상의 특징으로 들 수 있다. 이밖에도 대각을 갖춘 토기 중 일부는 저부 바닥면에 기하학문이 시문되어 있으며, 일부는 대저완의 바닥면 한 측을 오목하게 파낸 후 바깥쪽에서 안쪽으로 경사지게 두 개의 구멍을 뚫고 있다.

석기는 상대적으로 수량이 적은편이며, 모두 마제이다. 종류로는 부 · 분 · 착 · 산 · 숫돌 등이 있다. 방기는 수량이 많지 않으며, 방도(蚌刀)와 물고기를 유인하는데 사용하는 유어기(誘漁器)가 대표적이다. 청동기는 쌍련포식(雙聯泡飾) 1점이 유일하게 확인되고 있다. 골기는 모두 마제이며, 대부분 동물의 사지골을 가공하여 만들고 있다. 종류로는 송곳 · 착 · 표 · 산 등이 있다.

2) 백금보문화

백금보문화는 백금보유적 이기문화층과 삼기문화층을 대표로 한다. 이 유적은 흑룡강성 조원현 민의향(民意鄕), 대묘촌(大廟村) 백금보둔 북쪽 눈강 좌안의 대지상에 위치해 있다. 1964년 흑룡강성 박물관에 의해 처음 발견되었으며, 1974년,[28] 1980년, 1986년[29] 3차례에 걸쳐 흑룡강성 문물고고연구소와 길림대학 고고학과 연합발굴팀에 의해 발굴이 이루어졌다. 조사결과 주거지 57기, 수혈 374기, 구상유구 3기, 터널유구 3기, 요지 1기 등 440여기가 확인되었다.

주거지는 백금보유적, 한서유적, 소랍합유적 등에서 조사되었다. 백금보의 경우 발굴조사에서 31기의 주거지가 확인되었으나, 발굴 규모가 한정되어 정확한 수량은 파악되지 않았다. 다만 이전에 진행된 두 차례의 발굴 자료를 통해 분포 밀집도를 계산해 보면, 유적 전체에 대략 250~300기에 달하는 주거지가 분포할 것으로 추정하고 있다.[30]

백금보유적 이기층에서 확인된 주거지는 평면 형태가 장방형 혹은 말각장방형이며, 규모는 20㎡ 내외의 중대형이 대부분이다. 주거지 바닥면은 정제된 황토를 깔고,

28) 黑龍江文物考古工作隊, 「黑龍江肇源白金寶遺址第一次發掘」, 『考古』4, 1980.

29) 黑龍江省文物考古研究所 等, 「黑龍江肇源白金寶遺址1986年發掘簡報」, 『北方文物』4, 1997.

30) 張忠培 主編, 앞의 책, 2009, 205~216쪽.

중앙에 노지가 배치하고 있으며, 벽면은 소성을 통해 매우 견고하게 다지고 있다. 기둥구멍은 노지 주변에 2개와 가장자리에 소형 주공을 돌려 견고한 지붕을 만들고 있다. 삼기층에 들어서면 주거지의 면적이 30㎡ 내외로 대형화되고 있다. 특징적인 점은 주거지 중앙에 위치한 기둥구멍의 경우 장방형의 수혈을 파고 그 안에 두 개의 대형 기둥구멍을 배치하고 있는데, 이러한 기둥구멍의 형태는 송국리형 주거지의 중앙에 설치된 기둥구멍과 형태와 유사하다고 할 수 있다. 이밖에도 실내의 저장시설은 입구가 타원형인 구덩이를 파고 다시 안쪽으로 길게 굴을 파서 사용하고 있다.

무덤은 동산두유적 · 한서유적 · 이극천고분군 · 관지유적 · 소등과고분군 등에서 확인되고 있다. 무덤의 형식은 장방형의 순수토광묘이며, 매장방법은 주로 앙신직지의 다인이차장이 사용되고 있다. 일부에서는 머리 방향을 서로 반대로 하여 매장하는 전도장(顚倒葬)과 화장 현상이 확인된다. 부장품은 청동기 · 석기 · 골기 등 다양한 종류의 유물이 매납되고 있으며, 일부 무덤에서 청동단검 등의 위신재가 출토되고 있어 당시 사회에 계급 분화가 나타나고 있음을 확인할 수 있다.

수혈은 백금보유적의 경우 이기층에 들어 내부가 직벽과 더불어 자루형이 나타나고 있다. 삼기층에서는 수혈의 수량이 크게 늘어나고, 내부 구조 역시 다양하게 발전하고 있다. 일부 수혈의 경우 내부에서 인골 및 짐승 골격과 기둥구멍, 터널 등이 확인되고 있다. 이밖에도 주변의 수혈과 수혈 혹은 주거지와 주거지를 연결한 터널유구(隧道)가 출현하고 있다.

토기의 특징을 살펴보면, 백금보유적 이기문화층의 경우 대표 기종은 대구심복관이며, 이밖에도 단이배(單耳杯), 호, 발, 완, 분, 옹 등이 출토되고 있다. 토기 표면은 대부분 마연되어 있으며, 문양은 무문 위주이고, 일부에만 승문 · 비점문 · 부가퇴문 · 지갑문 · 착인문 등이 시문되어 있다. 이밖에도 대다수의 토기 구연부에 대칭의 돌기와 기벽에 구멍을 뚫어 봉합하는 현상이 보편적으로 나타나고 있다.

삼기문화층 토기의 기종으로는 력(鬲) · 관 · 발 · 배 · 호 · 분 · 완 · 증 · 옹 · 잔 · 기대 등이 있으며, 이 중 통복력(筒腹鬲) · 통형관(筒形罐) · 절복발(折腹鉢) · 단이배 등이 전체의 60% 정도를 차지하고 있다. 이 시기에 들어 문양이 장식된 토기의 비중이 크게 늘어나고 있다. 주로 승문과 비점문이 사용되고 있으며, 소량이기는 하나 지갑

1. F3012, 2. F30014, 3. M1, 4. 85FXM102, 5. M424, 6. H3112, 7. H3220, 8. H3101, 9. H3089,
(1.2.6~9. 백금보유적, 3. 동산두유적, 4. 소등과고분군, 5. 이극천고분군)

【그림 9】 백금보문화 주거지, 무덤, 수혈 평 · 단면도(축적부동)

문, 착인문, 부가퇴문 등 다양한 문양들이 확인되고 있다. 문양의 도안은 기하학문과 동물문이 유행하고 있다. 이밖에도 기대 · 도범(陶范) · 그물추 · 숫돌 · 탄환 · 방추차 · 첨상기 · 문양이 시문된 장식품 및 짐승 혹은 신발모양의 투우 등의 토제품이 출토되었다.

청동기는 그 수량이 극소수에 불과한데, 종류로는 청동단검 · 소도(小刀) · 화살촉·포(泡)·단추(扣)·귀걸이(耳環)·연주식(連珠飾) 등이 있다. 이들 청동기는 일부 유적과 무덤에서 도범과 석범(石范)이 출토되고 있는 점으로 미루어 보아 현지에서 직접 제작한 것으로 추정된다. 그러나 그 전체적인 제작 수준은 같은 시기 동북지역

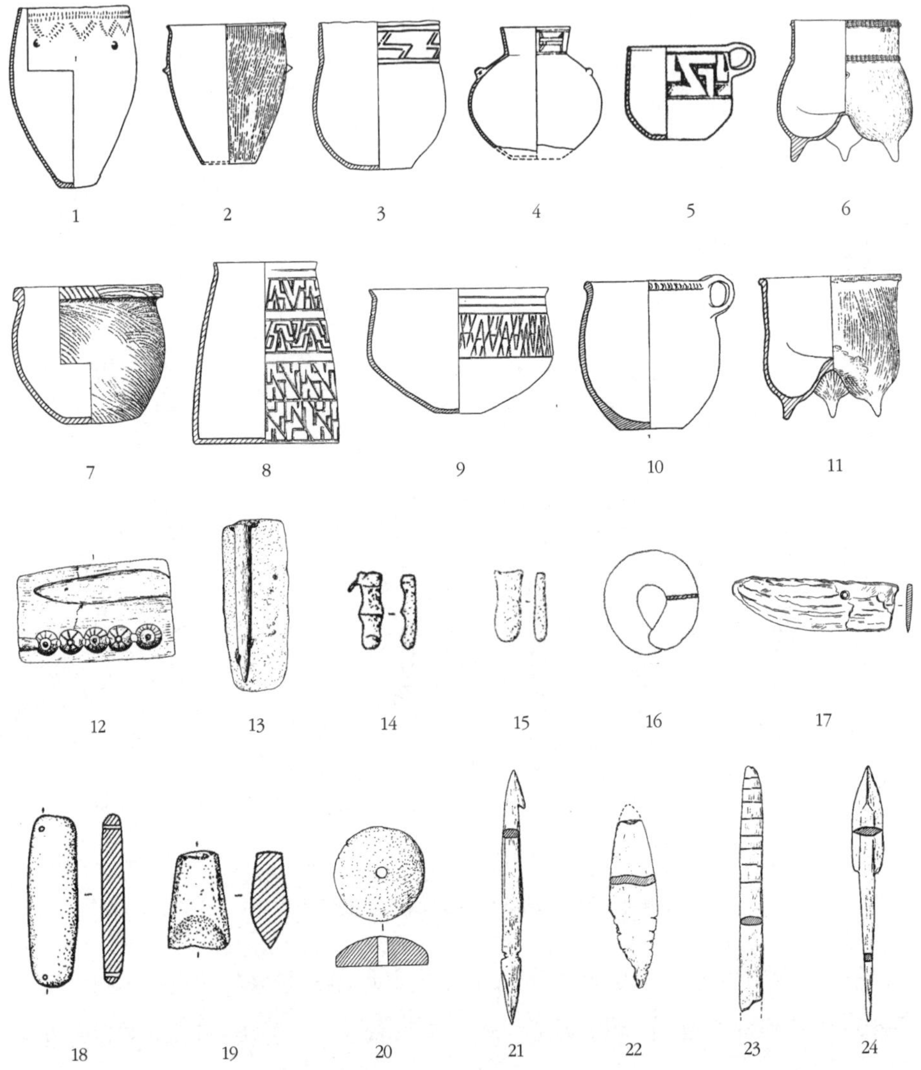

1.2. 심복관(F3012:29, F3049:2), 3. 고령관(H3296:1), 4. 호(F3012:17), 5. 배(F3012:19), 6. 력(H3086:1), 7. 고복관(H31222:2), 8. 통형관(H3342:5), 9. 절복발(F3017:15), 10. 배(3124:1), 11. 력(F3017:1), 12. 소도·연주식범(F3010:5), 13. 추범(F3010:20), 14. 동절상식(T1941④:1), 15. 동식(H3313:5), 16. 동환(F3010:22), 17. 방도(H3281:2), 18. 그물추(H3248:1), 19. 석착(T2241④:1), 20. 방륜(H3198:3), 21. 골작살(T2342④:2), 22. 골창(F3012:21), 23. 각문골기(F3029:3), 24. 골촉(H3066:1) (백금보 출토)

【그림 10】 백금보문화 출토유물(축적부동)

기타 청동기문화에 비해 많이 뒤떨어져 있다.

이밖에도 뼈(骨), 뿔(角), 조개껍질(蚌) 등을 이용한 끌·화살촉·창·송곳·대롱·표·촉·방도 등의 생산공구가 확인되고 있는데, 이들 생산공구는 송눈평원지역 청동기문화를 대표하는 또 다른 특징이라 할 수 있다. 이들 공구는 대부분 어렵과 관련된 도구들이며, 농업 생산공구는 거의 확인되지 않고 있다.

3) 문화내용상의 변화 양상 검토

송눈평원지역 청동기시대 유적의 편년은 백금보유적 발굴을 통해 종합 정리되었다. 가장 이른 시기의 청동기문화인 소랍합문화는 소랍합유적 이기문화층과 백금보유적 일기문화층을 대표로 하며, 연대는 대략 기원전 2000년경에서 기원전 1600년경으로 파악하고 있다. 다음 단계인 백금보문화는 두 시기로 구분할 수 있는데, 1기는 백금보유적 이기문화층을 대표로 하며 연대는 대략 기원전 1600~기원전 1000년경으로, 2기는 백금보유적 제삼기문화층을 대표로 하며 연대는 기원전 1000년~기원전 600년 내외로 상정하고 있다. 그러나 이러한 연대 설정은 다분히 발굴자 자의적인 면이 있어, 이 후 더 많은 자료를 통해 검증되어야 할 것으로 판단된다. 필자가 백금보 보고서의 시대 구분 중 제이기와 제삼기의 경우 발굴된 유구와 출토유물을 세부적으로 검토해 본 결과 문화내용상에 그다지 큰 차이를 보이지 않는 것을 확인할 수 있었다. 이는 단지 하나의 문화에 나타나는 시간적인 차이로 보는 것이 타당할 것으로 판단되어 본문에서는 이 두 문화층을 하나의 문화로 규정토록 하겠다.

송눈평원지역 청동기문화는 시간적 차이에 따라 문화내용상에 뚜렷한 변화양상이 나타나고 있다. 즉 주거지의 경우 평면 형태가 방형에서 장방형으로 변화하고 있으며, 규모 역시 소형에서 대형으로 발전하고 있다. 주거지 내부시설 역시 단순시설에서 복잡하게 변화하는 양상을 확인할 수 있다. 수혈의 경우 평면형태가 장방형에서 원형으로 변화하고 있으며, 내부 구조도 단순한 구조에서 복잡 다양하게 변화하고 있다. 무덤은 모두 순수토광묘가 사용되고 있으나, 장례방법에서 측신의 단인일차장에서, 앙신직지의 다인이차장으로 변화하고 있다. 부장유물 역시 박장(薄葬)에서 후장(厚葬)으로 변화하고 있는 양상을 확인할 수 있다.

토기의 경우 소랍합문화 단계에서는 무문토기가 주를 이루고, 소수에서만 부가퇴문 혹은 기하학문이 나타나고 있는 반면, 다음 단계로 발전해 갈수록 절대다수의 토기에 문양이 시문되고 있다. 기종에서도 소랍합문화 단계에서는 대각이 달린 토기 위주로 단순한 반면에, 백금보문화 단계에서는 이기층의 경우 대구심복관과 더불어 고령력(高領鬲), 단이배, 고령관 등의 새로운 기종이 나타나고 있다. 삼기층에서는 력을 중심으로 한 삼족기가 주를 이루고 있으며, 이밖에도 다양한 종류의 토기가 출현하고 있다.

다음으로 사회구조 양상을 분석해 보면, 백금보유적 삼기문화층의 경우 퇴적층이 두껍고, 유적의 중복관계가 매우 복잡한데, 이는 이 문화층의 사용 기간이 비교적 길었다는 것을 설명해 주고 있다. 이 문화층에서 발견된 다량의 수혈유구와 지하 터널로 연결된 주거지 등은 이 유적이 눈강하류 일대를 지배하던 세력이 거주하던 취락유적이었음을 설명해 주고 있다. 또한 백금보유적에서 출토된 동물 골격을 분석해 본 결과 포유류로 소·개·산양·노루·돼지·사슴·말 등과 더불어 조류, 어패류 등도 함께 확인되고 있으며, 97% 이상의 골격에서 인공적인 흔적이 확인되고 있어,[31] 당시 목축, 어렵, 사냥 등의 경제활동이 이루어지고 있음을 추정할 수 있다.

이상의 내용을 통해 당시의 생활상을 복원해 보면 유적내에서 출토된 규칙적으로 배열된 다량의 주거지와 대형 토기 등은 당시 백금보문화를 영위하던 주민들이 정착생활을 하고 있음을 설명해 주고 있다. 또한 유적내에서 출토된 생산공구를 분석해 본 결과 주로 뼈로 제작된 생활용구와 어렵공구를 쉽게 발견되고, 특히 포획용의 그물에 사용되던 어망추와 작살이 대량 출토되고 있어 어렵이 당시 생업 중에 중요한 지위를 차지하고 있음을 알 수 있다. 이밖에도 정교하게 만들어진 골촉이 대량 출토되고 있는 점으로 미루어 보아 수렵 역시 매우 중요한 경제형태 임을 확인할 수 있다. 그러나 농업생산에 사용되던 도구는 전혀 확인되지 않고 있어 그 당시 이 지역에서 농업이 차지하는 비중이 그리 높지 않았음을 알 수 있다.

31) 陳全家,「白金寶遺址(1986年)出土的動物遺存硏究」,『北方文物』4, 2004.

Ⅳ. 신석기 · 청동기시대 문화교류 양상 검토

1. 신석기시대

1) 눈강하류지역 앙앙계문화

눈강하류지역은 서쪽에 대흥안령이라는 커다란 자연장애물이 존재하고 있고, 동쪽의 송화강유역과 남쪽의 요하유역은 평원으로 이어져 비교적 쉽게 접근할 수 있는 자연지리적 요건을 갖추고 있다. 그로 인해 이들 지역과의 문화적 교류가 이루어졌을 가능성이 매우 높다고 할 수 있다.

먼저 대흥안령 서북쪽의 호륜패이(呼倫貝爾)지역과 문화적 교류가 있는지 살펴보도록 하겠다. 호륜패이지역은 넓은 초원과 더불어 다수의 하천과 호수가 자리하고 있어 송눈평원지역과 유사한 자연환경을 갖추고 있다. 이 지역에서 확인된 신석기시대 유적은 대략 20여 곳에 이르며, 이들 유적을 합극문화(哈克文化)[32] 혹은 단결문화(團結文化)[33]라 부르고 있다.[34] 연대는 대략 기원전 6000~4000년경으로 파악된다.

현재까지 조사된 문화내용을 통해 보면, 옥기와 골기를 제외한 기타 유물에서는 별다른 공통점이 확인되지 않고 있다. 다만 이 지역 역시 송눈평원지역과 같이 평원지형에 호수와 강이 많다는 점에서 목축과 어렵이 주 생활수단일 가능성이 매우 높기 때문에, 어렵과 관련하여 문화적 유사성이 확인될 가능성이 있다.

비교적 접근이 쉬웠을 것으로 예상되는 요서지역의 경우 눈강하류 지역과 동시기에 존속했던 신석기문화는 홍산문화와 소하연(小河沿)문화를 들 수 있다. 두 지역 문화를 비교해 보면, 먼저 주거지의 경우 그 형태나 바닥면 다짐, 노지의 설치 등에서 일부 공통요소가 확인된다. 다만 주거지 규모가 요서지역의 경우 100㎡를 넘고 있는 반면에 눈강하류지역의 경우 18㎡가 가장 큰 규모로 규모면에서 많은 차이를 보이고 있

32) 趙 越, 「哈克文化硏究」『呼倫貝爾文物』6, 2001.

33) 中國社會科學院考古硏究所內蒙古工作隊 等, 「內蒙古海拉爾市團結遺址的調査」, 『考古』5, 2001.

34) 본문에서는 현재 중국에서 통용되고 있는 합극문화라는 명칭을 사용토록 하겠다.

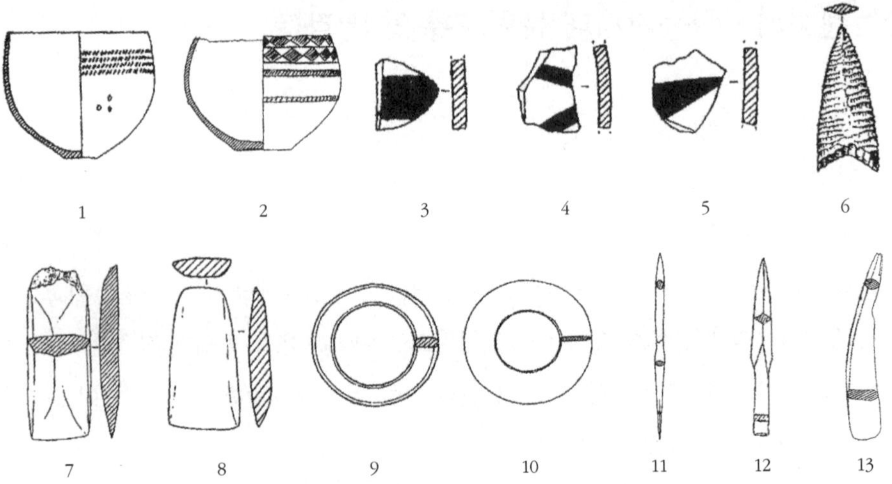

1. 발 2. 관 3~5. 채색토기편 6. 석촉 7.8. 옥부 9. 옥환 10. 옥벽 11. 양단첨상골기 12. 골모 13. 골도병
(1~10. 단결(團結)유적, 11~13. 동오주이(東烏珠爾)고분 출토)

【그림 11】 호륜패이지역 합극문화 출토 유물(축척부동)

다. 또한 요서지역의 경우 환호를 두른 대형취락이 형성되어 있었던 반면, 눈강하류 지역은 이러한 대형취락이 확인되지 않고 있다는 점에서 차이를 보이고 있다.

무덤에서는 두 지역의 문화적 차이를 극명하게 보여주고 있는데, 눈강하류지역이 순수 토광묘만 사용하고 있는 반면, 홍산문화는 석실분 혹은 적석총, 소하연문화는 터널형 토광묘가 사용되고 있다. 부장유물에 있어서도 골기와 석기를 기본조합으로 하여 일부에서만 토기와 방기 부장현상이 나타나고 있는 반면, 홍산문화의 경우 옥기 한 종류만 매납하고, 소하연문화는 다양한 종류의 유물들이 부장되고 있다는 점에서 차이를 보이고 있다.

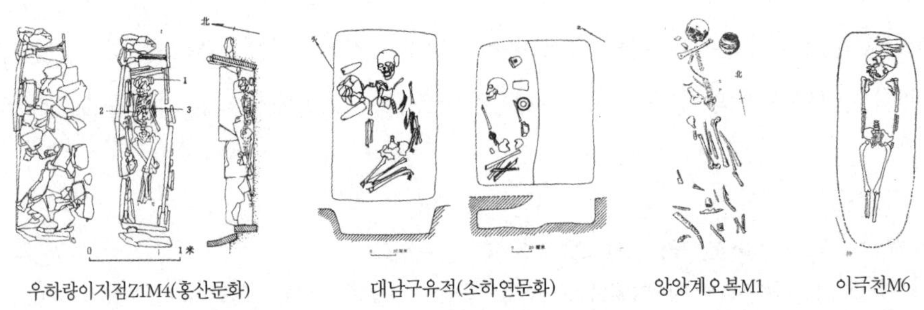

【그림 12】 요서와 송눈평원 지역 신석기시대 무덤 비교

토기의 경우에도 제작방법, 기형, 문양 등에서 차이를 보이고 있다. 석기의 경우도 요서지역은 석기의 종류가 다양하고 수량이 풍부한 반면, 눈강하류지역은 종류와 수량에서 매우 빈약한 차이를 보이고 있다. 다만 요서지역과 지리적으로 가까운 요정자유적의 경우 석기의 종류가 다양해지고, 수량 역시 눈강하류일대 보다는 약간 늘어나고 있다는 점이 특징적이라 할 수 있다. 반면에 골기는 요서지역의 경우 그 종류와 수량이 빈약한 반면, 송눈평원지역에서는 이 지역 문화를 대표할 수 있는 가장 특징적인 유물이라고 할 수 있을 만큼 수량이 풍부하고 종류가 매우 다양하다. 특히 단배도칙천공어표·골창두·골도병 등과 같은 송눈평원지역의 가장 특징적인 유물이 요서지역에서는 발견되지 않고 있어 골기에서도 두 지역간의 문화교류 현상이 확인되지 않는다.

옥기는 동북지역 신석기문화를 대표하는 가장 특징적인 유물이며, 홍산문화를 대표하는 유물이기도 하다. 두 지역 출토 옥기를 비교해 보면, 옥벽의 형태가 대부분 원각방형이라는 점, 쌍련벽과 삼련벽의 경우 벽 가장자리와 구멍 가장자리를 갈아서 마치 칼날과 같이 예리하게 만든 제작기법 등은 홍산문화의 옥기와 일치하고 있다. 또한 의란현(依蘭縣) 왜긍합달(倭肯哈達) 동굴에서 출토된 기형옥황의 제작기법은 홍산문화의 고리 구름문양의 옥패와 거의 유사하다고 할 수 있다. 결과적으로 옥기에서는 두 지역 간에 일정한 문화교류 현상을 확인할 수 있다. 다만 홍산문화에서는 주로 용이나 거북이 등이 묘사된 반면, 눈강유역에서는 물고기 형태를 모방한 어형기

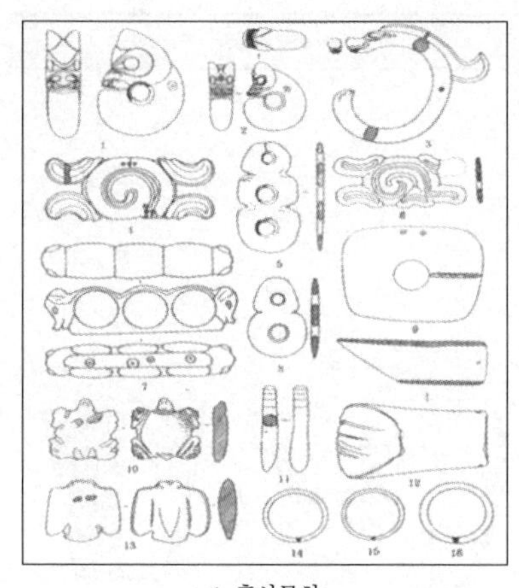

1. 홍산문화

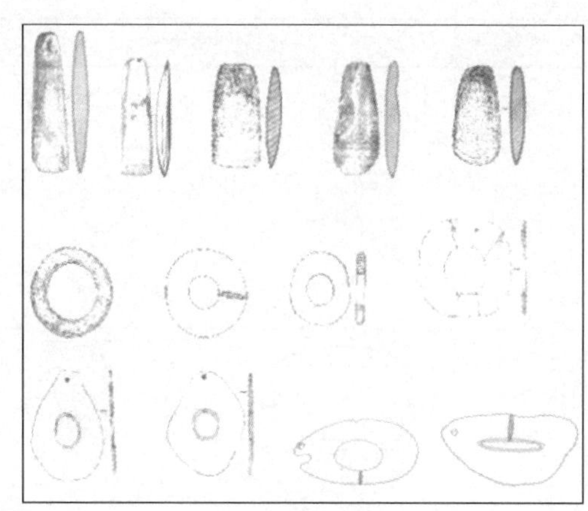

2. 송눈평원지역

【그림 13】 요서지역과 송눈평원지역 출토 옥기 비교

가 유행하고 있다는 점에서 차이를 보이고 있다.

2) 제이송화강하류 지역 좌가산문화

제이송화강하류는 지리적으로 서요하와 동요하가 합류하는 하요하유역과 인접해 있어 두 지역간의 문화교류가 이루어졌을 가능성이 매우 높다. 하요하 유역의 신석기문화는 신락(新樂)하층문화로 대표된다. 이 유적은 심양시 북부 용하와 혼하 사이의 구릉상에 위치해 있다. 1973년부터 1988년까지 4차례에 걸쳐 심양시 문물관리판공실에 의해 조사가 이루어져 주거지 28기가 확인되었으며, 이 중 20기가 발굴조사 되었다. 주거지 평면은 말각방형 혹은 장방형이며, 규모는 10㎡ 내외의 소형에서 90㎡ 좌우의 대형가지 다양하게 나타나고 있으며, 주거지간의 중복관계는 확인되지 않는다.

토기의 경우 홍갈색과 회흑색 위주이며, 황갈색은 극소수에 불과하다. 태토는 대부분 협사계통이며, 니질계통도 일부 확인되고 있다. 기종은 심복통형관, 권족발, 완, 사구기(斜口器) 등이 있다. 문양은 기신 전체에 시문되어 있는데, 종류로는 지자문, 현문(弦紋) 중심이며, 소량의 비점문, 인자문(人字紋), 사선문, 추자문(錐刺紋), 방점능형문(方点菱形紋) 등이 확인되고 있다. 이밖에도 동일 토기상에 복합문(複合紋)이 많이 시문되어 있는 특징을 보이고 있다.

종류	좌가산문화	신락문화
주거지		
토기	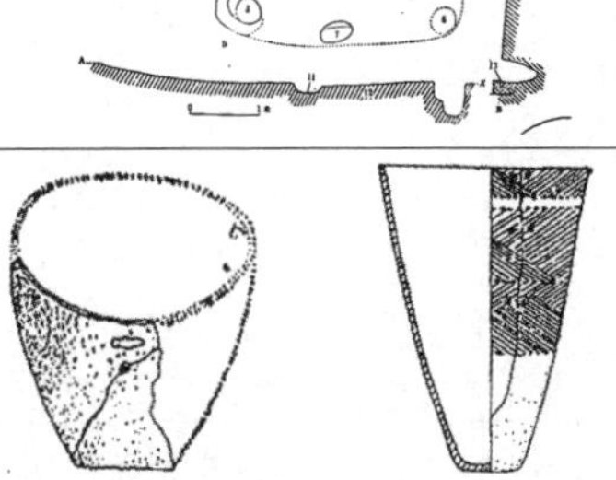	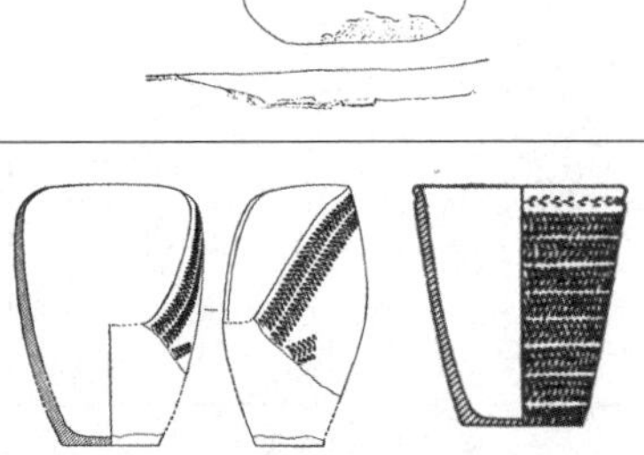

【그림 14】 좌가산문화와 신락문화 주거지, 토기 비교

좌가산문화와 비교해 볼 때, 하층 주거지와 신락문화 주거지의 형태가 유사하고, 상층에서 출토된 사구기의 경우 신락하층에서 출토된 사구기와 유사한 형태를 보이고 있어 두 지역간의 교류 관계를 확인할 수 있다.

이밖에도 제이송화강 중류의 서단량산(西斷梁山)유적과도 문화내용상 유사성이 확인되고 있어 일부에서는 이 유적을 좌가산문화에 편입시키고 있으나,[35] 토기의 기형상에서 많은 차이를 보이고 있어 이 유적과의 연관성에 대해서는 차후 좀 더 많은 연구의 필요성이 요구된다.

2. 청동기시대

1) 소랍합문화

송눈평원지역의 가장 이른 시기 청동기문화인 소랍합문화 단계에 요서지역은 하가점하층문화가 융성하고 있었다. 이들 두 지역의 문화내용을 비교해 보면, 주거지의 경우 축조방법에서 가장 큰 차이를 보이고 있다. 소랍합문화의 경우 신석기시대 전통을 그대로 이어받아 말각방형의 반수혈식 주거지가 계속 사용되고 있는 반면, 하가점하층문화에서는 괴석과 굽지 않은 벽돌을 이용해 담을 친 형태의 지상식 주거지가 축조되고 있다. 특히 주거지 주변에 부락단위로 호를 파고, 성을 만들고 있어 국가단계로 진입한 것으로 파악할 수 있다.

무덤의 경우, 두 지역 모두 동일하게 장방형의 수혈토광묘가 사용되고 있으나, 요서지역의 경우 장구로 목재나 석판이 사용되고 있는 반면, 소랍합문화는 곽관을 사용하지 않은 순수토광묘만 확인되고 있다는 점에서 차이를 보이고 있다. 장식은 모두 단인일차장이 사용되고 있으며, 매장방법으로 측와신전장이 사용되고 있다는 점에서는 일치하고 있다. 부장유물의 경우 요서지역은 다양한 종류의 부장품이 매납되는 반면, 소랍합문화는 관 1점만 매납하고 있어 양자 간에 뚜렷한 차이를 보이고 있다.

---

35) 趙賓福, 위의 책, 2003, 334~336쪽.

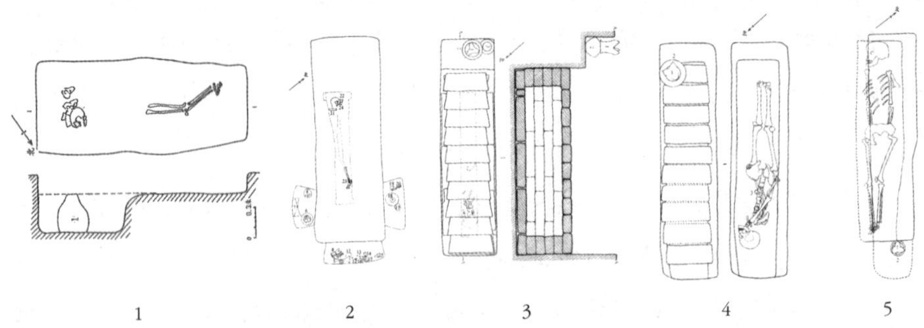

1. 소랍합M1001, 2. 대전자M726, 3. 대전자M1144, 4. 대전자M1164, 5. 대전자M441

【그림 15】 소랍합문화와 하가점하층문화 무덤 형식 비교

두 지역 유물을 비교해 보면, 토기의 경우 문양에서 가장 큰 차이점을 보이고 있다. 하가점하층문화의 경우 토기 동체부에 다양한 형식의 문양이 시문되어 있는 반면, 소랍합문화는 무문이 대부분을 차지하고 있다. 기종에서도 하가점하층문화는 력언(鬲甗)·통복력(筒腹鬲)·권형정(罐形鼎)·절복존(折腹尊)·쌍세대구분(双鋬大口盆)·치구옹(侈口瓮) 위주여서 소랍합문화와 많은 차이를 보이고 있다. 청동기는 하가점하층문화의 경우 다양한 종류의 청동기와 더불어 거푸집이 출토되고 있는 점으로 미루어 보아 청동기를 직접 제작할 수 있는 단계까지 발전하고 있었던 반면에, 소랍합문화는 확인된 청동기가 3점에 불과하다는 점에서 청동기 제작 수준을 확인할 수 있다. 이상의 내용을 통해 볼 때, 당시 두 지역간에는 문화적 교류가 발생하지 않았음을 확인할 수 있다.

하요하유역의 경우 소랍합문화와 동일시기 청동기문화는 고태산(高台山)문화를 들 수 있다. 고태산유적은 동고태(東高台), 요고태(腰高台), 서고태(西高台) 등의 작은 산으로 구성되어 있다. 1973년 요고태산에 대한 수습조사를 시작으로 1974년, 1976년, 1979년에서 1980년까지 모두 4차례에 걸쳐 발굴이 이루어져, 고분 140여기를 비롯한 다량의 유구가 확인되었다. 지금까지 발굴이 이루어진 고태산문화 유적으로 신민(新民) 고태산·장무(彰武) 평안보(平安堡)·부신(阜新) 평정산(平頂山)·총음지(匆飲池)·강평(康平) 백사구(白沙溝) 등이 있다.

고태산문화의 문화내용을 소랍합문화와 비교해 볼 때, 지상식 주거지와 굴지장이 사용되고 있는 무덤 등에서는 차이를 보이고 있다. 다만 토기의 대부분이 무문토기

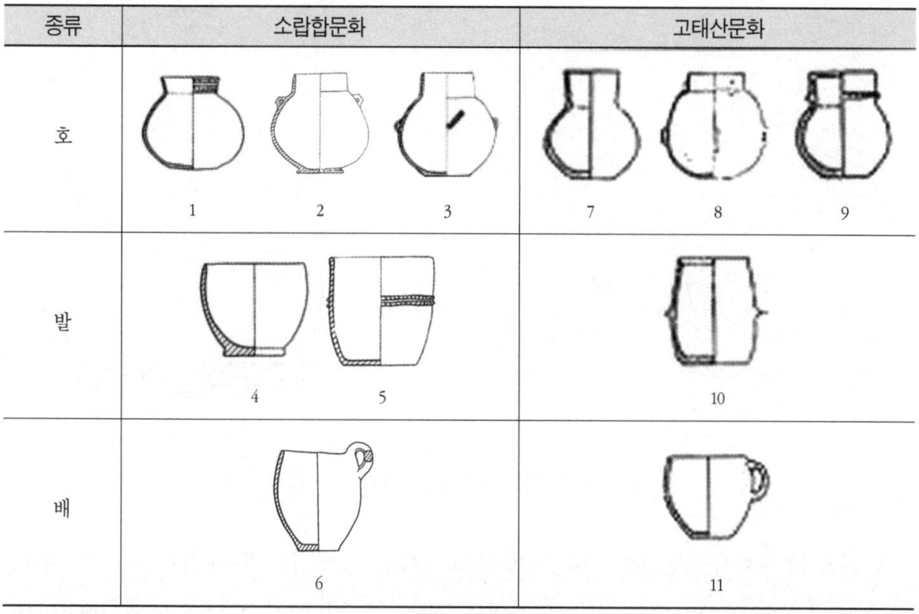

종류	소랍합문화	고태산문화
호	1 2 3	7 8 9
발	4 5	10
배	6	11

1. 백금보(H3036:1), 2. 소랍합(F2001:9), 3. 소랍합(H2031:1), 4. 백금보(F3023:3), 5. 소랍합((H3010:1), 6. 백금보((H3079:3), 7. 고태산(76M1:2), 8. 동고태산(76T1H1:1), 9. 고태산(76M2:1), 10. 평정산(H3074:1), 11. 평정산(G1003:4)

【그림 16】 고태산문화와 소랍합문화 토기 비교

라는 점, 고태산문화를 대표하는 호와 권족발 등의 경우 소랍합문화에서도 유사한 기형들이 확인되고 있다는 점에서 두 지역 간의 문화 교류 현상을 확인할 수 있다.

2) 백금보문화

백금보문화와 동일시기 요서지역 청동기문화는 하가점상층문화를 대표로 한다. 먼저 두 지역의 주거지를 비교해 보면, 규모면에서 백금보문화는 대부분 30㎡에 이르는 대형인 반면, 하가점상층문화는 직경이 3~5m 내외의 소규모가 대부분을 차지하고 있다. 평면형태 역시 장방형과 원형으로 차이를 보이고 있으며, 구조면에서도 백금보의 경우 수혈식 구조를 갖추고 있는 반면, 하가점상층문화 주거지는 수혈식과 더불어 지상식이 나타나고 있으며, 주거지 벽면을 돌이나 흙을 쌓아 담장을 만들고 있다는 점에서 차이를 보이고 있다.

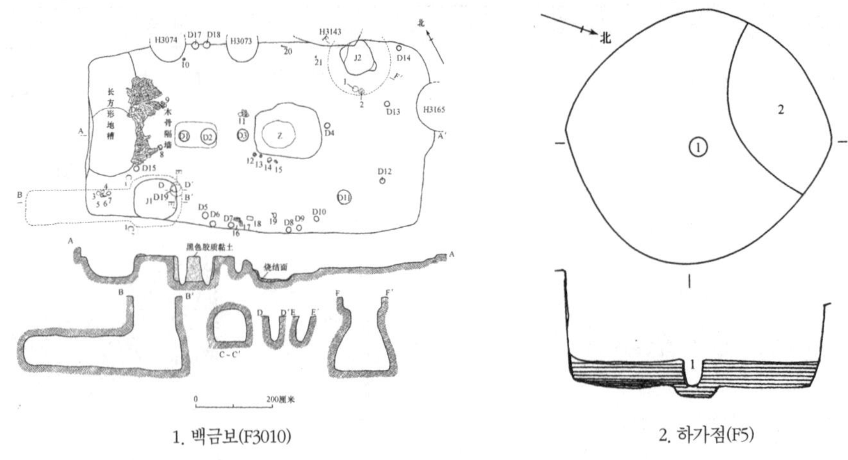

1. 백금보(F3010)　　　　2. 하가점(F5)

【그림 17】 백금보문화와 하가점상층문화 주거지 비교

무덤은 하가점상층문화의 경우 장방형의 토광묘와 석곽묘 두 종류이며, 일부 무덤에서 목질 잔해가 남아 있는 것으로 보아 관곽이 사용되었을 가능성 높다. 매장방법은 대부분 앙신직지에 단인장이며, 남녀합장 혹은 기타 형식도 일부 나타나고 있다. 무덤 안에 개를 순장하는 현상이 보편적으로 나타나고 있으며, 소수의 무덤에는 시신에 마포 혹은 조개껍데기를 이용하여 얼굴은 덮는 풍속이 나타나고 있다.[36] 백금보문화의 무덤 특징과 비교해 보면, 매장 형식과 장속, 부장품의 종류 등에서 분명한 차이를 보이고 있다.

출토유물의 경우 토기를 제외한 기타 유물의 경우 수량이 많지 않아 비교에 어려움이 있다. 특히 청동기의 경우 하가점상층문화는 청동기의 종류가 많을 뿐만 아니라 형식면에서도 매우 다양해 당시 동북지역 청동기 주조의 최고 수준을 대표하고 있는 반면, 백금보문화는 대부분 생활용구와 장신구가 주를 이루고 있으며, 전체적인 제작 수준이 같은 시기 동북지역의 기타 청동기문화에 비해 떨어지고 있어 하가점상층문화와 비교가 어렵다고 할 수 있다.

앞에서 살펴 본 바와 같이 주거지, 무덤, 청동기 등에서는 두 지역의 문화교류 양상이 확인되지 않고 있다. 다만 토기의 경우 두 지역 문화를 대표하는 가장 특징적인

36) 中國社會科學院考古研究所內蒙古工作隊, 「內蒙古敖漢旗周家地墓地發掘簡報」, 『考古』5, 1984.

기종인 력에서 공통점이 확인되고 있다. 하가점상층문화의 력은 고복력과 통복력 두 종류를 기본형식으로 하고 있다. 이 중 통복력의 경우 구연 바깥쪽에 겹입술이고, 직복에 대족이 직립된 실족근으로 이루어졌다는 점에서 형태상 백금보문화의 직복력과 유사하다고 할 수 있다. 다만 백금보문화의 직복력의 승문과 무문 두 종류가 나타나고 있으며, 초기에는 통복고당에, 심대족이었다가 만기에는 통복저당에 천대족으로 발전하고 있는 반면, 하가점상층문화 통복력은 모두 무문에 기벽에 방형의 판이가 부착되어 있고, 대족이 비교적 얇고 당이 낮은 편이라는 점에서 차이를 보이고 있다.[37]

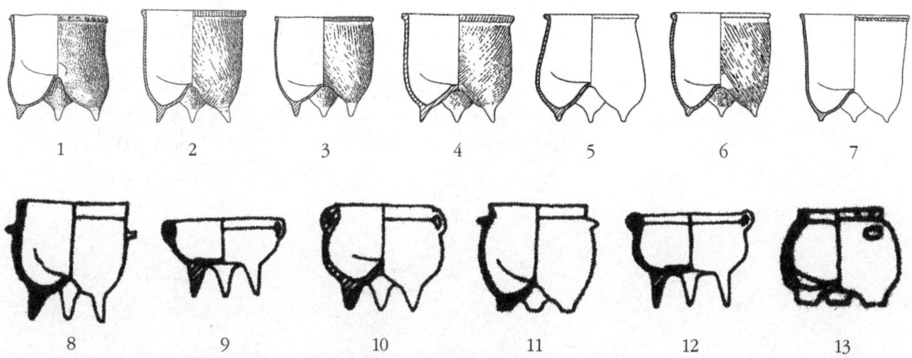

1. 백금보(F3017:2), 2. 백금보(F3001:35), 3. 백금보(H3275:1), 4. 백금보(H3004:1), 5. 백금보(S3001:1), 6. 백금보(F3021:1), 7. 백금보(H3063:3), 8. 용두산II(H6:1), 9. 용두산II(T0701), 10. 용두산II(T0402②:3), 11. 하가점(T1②:7), 12. 용두산II(H40:15), 13. 지주산(H:1)

【그림 18】 백금보문화와 하가점상층문화 출토 력 비교

제이송화강유역은 백금보문화와 동일시기에 서단산문화가 존속하고 있었다. 먼저 두 문화의 주거지를 비교해 보면 서단산문화의 주거지는 수혈식의 말각방형 형태가 주를 이루고 있으며, 산비탈과 인접한 벽면은 돌을 쌓아 담을 만들고 있다. 바닥면은 수차례 불에 구워 단단하게 다지고 있고, 실내 중간에 판석을 둘러 노지를 만들고 있으며, 가장자리에 저장 움이 설치되어 있다. 일부 주거지 내부에서는 관(罐) 혹은 다리를 떼어 낸 정(鼎)을 사용하여 아동의 시체를 담은 옹관묘가 발견되고 있다. 이상의 내용을 백금보문화 주거지와 비교해 보면, 주거지의 형태와 구조 내부시설

37) 李學來, 위의 논문, 1998, 221~223쪽.

등에서 많은 차이점을 확인할 수 있다.

다음은 무덤에 대한 분석을 시도해 보면, 서단산문화 무덤은 석관묘가 주를 이루고 있으며, 매장방법은 단인일차장 위주이고, 극소수의 다인이차장이 나타나고 있다. 장식은 앙신직지 위주이며, 굴지장 · 측신장 · 부신장 등도 일부 보이고 있다. 백금보문화의 무덤과 비교해 볼 때, 묘제가 석관묘와 토광묘라는 점, 장식이 일차장과 이차장이라는 점 등에 차이를 보이고 있어, 두 문화 간의 계통적 차이를 확인할 수 있다.

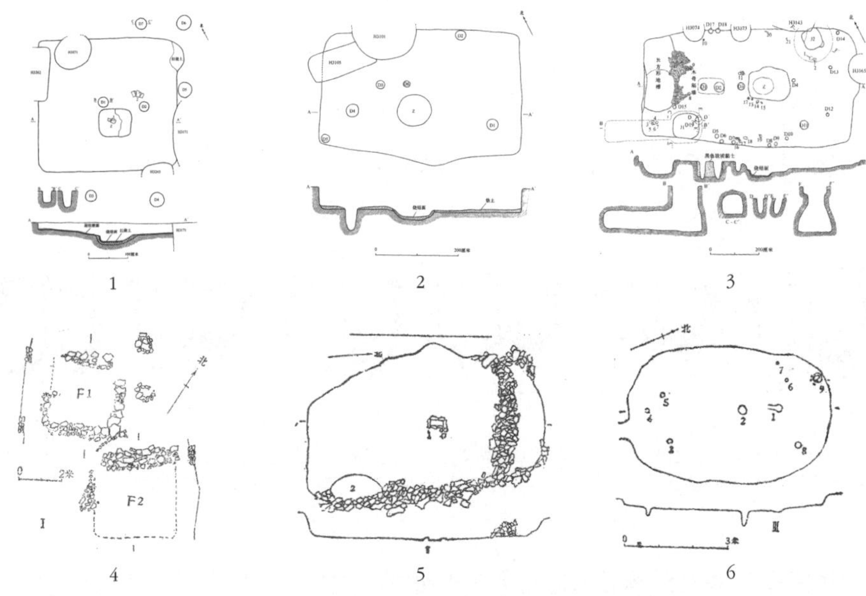

1. 소랍합문화(백금보F3028) 2. 백금보이기문화층(백금보F3015) 3. 백금보문화(백금보F30102)
4. 서단산초기(성성초F1) 5. 서단산중기(후석산76F1) 6. 서단산후기(양둔대해맹79F4)

【그림 19】 백금보문화 주거지와 서단산문화 주거지 비교

서단산문화의 특징이 가장 잘 반영되어 있는 토기는 주거지와 무덤에서 대량으로 출토되고 있다. 서단산문화 토기는 무문에 협사 계통의 홍갈색 토기가 주를 이루고 있으며, 토기 표면에 마연한 흔적이 확인되며, 다양한 형태의 손잡이가 확인되고 있다. 서단산문화 토기의 특징 중에 하나로 주거지와 무덤에서 출토된 토기의 양상이 서로 다르다는 점을 들 수 있다. 즉 무덤의 부장품으로 사용된 토기는 횡교이호(横橋耳壺) · 관 · 우상파수발(疣狀把手鉢) · 완 등을 기본 조합으로 하고 있다. 생활유적에

서 출토되는 토기 조합은 정 · 력 · 관 · 호 · 완 · 두 등이 있다. 이 중 심복환저정(深腹圜底鼎)은 단계적으로 그 특징이 잘 나타나고 있어 생활유적을 대표하는 표지적 유물로 볼 수 있다. 두 지역 토기를 비교 분석해 보았을 때, 공통적인 문화 요소가 나타나지 않고 있어 이 역시 다른 계통의 문화로 파악할 수 있다. 이밖에도 서단산문화에서 200여점의 청동기가 출토되었는데, 백금보문화 역시 청동기의 종류와 수량이 극히 적다는 점에서 일치하고 있으나, 서단산문화에 비해 청동 주조술이 더욱 뒤떨어진 것으로 파악할 수 있다.

백금보문화와 서단산문화는 자연지리적으로 대흑산산맥(大黑山山脈)에 의해 가로막혀 교통에 방해요소가 있지만, 제이송화강이 북류하여 눈강과 합류하고 있어 양자간의 교통에는 별다른 장애가 없었을 것으로 판단된다. 그럼에도 불구하고 두 지역 간에 문화교류 양상이 확인되지 않는 것은 두 지역의 자연지형에 따른 경제형태의 차이에 의한 것으로 추정할 수 있다.

서단산문화의 경우 낮은 구릉과 넓은 충적평야를 배경으로 정주생활과 더불어 농업위주의 경제활동이 이루어지고 있는 반면, 백금보문화는 주로 어업위주의 경제활동이 이루어지고 있다는 점에서 두 지역의 문화내용상 차이점이 발생할 수밖에 없는 요인으로 작용하였다. 그러나 문화내용상의 차이점을 통해서 두 지역 간에 교류 관계가 없다고 단정하기에는 어려움이 있으며, 이후에도 두 지역에 대한 조사가 지속적으로 진행되어 그 성과들이 하나둘씩 모여지면, 두 지역 간에 교류 관계를 확인할 수 있는 새로운 자료가 나타날 것으로 기대한다. 이는 두 지역의 후대 우리역사에 등장하는 부여와 밀접한 관련이 있는 곳으로 두 지역간에는 이른시기부터 일정한 교류관계가 있었을 것으로 추정되기 때문이다.

최근에 동요하 하류의 쌍료일대에서 후태평유적에 대한 발굴이 이루어졌는데,[38] 이 고분유적에서는 특이하게도 백금보문화 요소와 더불어 서단산문화, 양천문화 요소가 동시에 내포되어 있다. 이를 통해 보면, 이 지역이 송눈평원지역, 제이송하강유역, 하요하유역의 문화를 모두 유입되는 문화 교차 지점이었음을 확인할 수 있다.

---

38) 吉林省文物考古研究所 等, 2009, 「吉林雙遼市後太平青銅時代墓地」『考古』5.

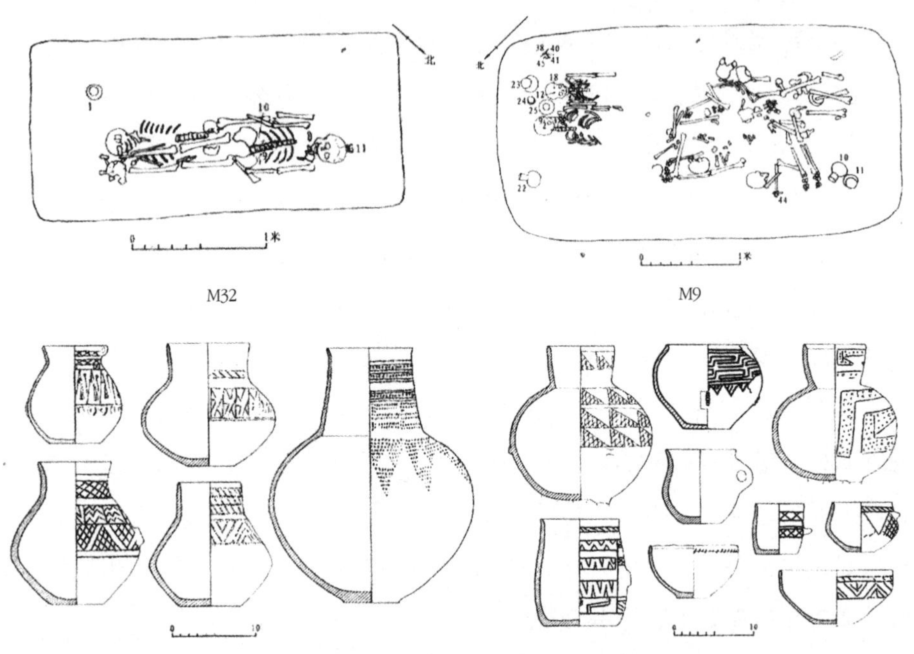

【그림 20】 후태평유적 무덤 평면도 및 출토 토기

Ⅴ. 맺음말

이상으로 송눈평원지역 신석기시대부터 청동기시대에 이르는 고고학문화의 특징과 주변지역과의 문화교류 양상에 대해 살펴보았다. 송눈평원지역의 신석기시대 문화는 눈강하류지역의 앙앙계문화와 제이송화강하류지역의 좌가산문화를 대표로 하며, 청동기문화는 이른 시기의 소랍합문화와 백금보문화로 대표된다.

주변지역과의 문화교류 관계를 살펴 본 결과 신석기시대는 앙앙계문화의 경우 주변의 호륜패이맹지역과 요서지역은 취락과 주거지, 무덤과 출토유물 등에서 이들 지역 간의 직접적인 문화교류 관계는 확인되지 않았다. 좌가산문화의 경우 하요하유역의 신락문화와 일부 문화내용상 유사성이 확인되고 있다. 두 문화 모두 옥기에서는 교류양상이 확인되고 있다. 즉 옥기의 형태와 제작기법상에서 유사성을 보이고 있어 장신구(위신재)를 통한 문화교류 양상이 확인되고 있다. 최근 중국학계에서는 이러한 점을 들어 요서지역의 홍산문화와 송눈평원지역을 포함한 동북지역 전체의 신석기시대 문화를 하나의 큰 문화구계에 속하는 것으로 파악하고자 하는 시도가 활발하게 연구되고 있으나, 두 지역 간에 확인되고 있는 문화교류 양상은 일부 옥기에 한정되고 있어 하나의 문화권으로 포함시키기에는 어려움이 있다. 이는 신석기시대 후기 옥기를 대표로 하는 홍산문화가 소멸되면서 점차 옥과 관련된 문화현상이 유행을 잃어 가게 됨으로써, 장신구(위신재)를 통한 주변지역과의 교류 역시 단절된 것으로 파악할 수 있다.

청동기시대에 들어서는 문화교류 양상이 복잡한 양상을 보이고 있다. 이른 시기의 소랍합문화 단계에서는 하요하유역의 고태산문화와 일부 교류양상이 확인되고 있는 것을 제외하고 주변지역과의 문화교류는 단절되고 있다. 주변지역과의 교류는 백금보문화 단계에서 활발하게 진행되고 있다. 백금보문화의 특징적인 문화요소인 직복력과 비점기하문 등이 서요하일대의 하가점상층문화와 하요하일대 등 문화 접경지역에서 확인되고 있어 이들 지역 간의 문화교류 양상을 확인할 수 있다.

반면, 서단산문화와는 직접적인 문화교류 양상이 확인되지 않는다. 이러한 차이점은 경제형태상으로도 송눈평원지역, 서요하 지역, 송요분수령 지역은 모두 평원지역으로 목축과 어렵위주의 생활을 영위하고 있어 동일한 문화요소가 나타나고 있는 반면, 서단산문화 지역은 낮은 구릉과 하안 충적평원이 넓게 펼쳐진 지역으로 농업위주의 경제생활을 영위하고 있어 문화내용상 차이가 나타나는 것으로 판단된다.

이상의 내용을 통해 볼 때, 당시 동북지역에 위치해 있던 종족집단은 각각의 자연지리적 환경과 정치경제적 여건에 따라 그들 각자에게 알맞은 고고학 문화를 형성·발전시켜 나가고 있으며, 지리적으로 교통이 용이한 주변지역과 활발한 문화교류를 진행하고 있다.

참고문헌

최몽룡, 『인류문명발달사』, 주류성출판사, 2007.

이종수, 「송눈평원과 요서지역의 문화교류 양상에 대하여-신석기문화와 이른 시기 청동기문화를 중심으로」『요하유역의 초기 청동기문화』, 동북아역사재단, 2009.

이종수, 「송눈평원지역 청동기문화의 특징과 교류양상 검토-백금보문화를 중심으로」, 『요하문명의 확산과 중국 동북지역의 청동기문화』, 동북아역사재단, 2010.

賈偉明, 「關于白金寶類型分期的探索」, 『北方文物』4, 1986.

郭大順, 『紅山文化』, 文物出版社, 2005.

喬梁, 「松嫩平原陶鬲研究」, 『北方文物』2, 1993.

吉林省文物考古研究所, 「吉林白城靶山墓地發掘簡報」, 『考古』12, 1988.

吉林省文物考古研究所, 「吉林雙遼市後太平青銅時代墓地」, 『考古』5, 2009.

丹化沙, 「黑龍江肇源望海屯新石器時代遺址」, 『考古』10, 1961.

丹化沙 · 譚英杰, 「松花江中游和嫩江下游的原始文化遺址」, 『東北考古與歷史』第一輯, 1982.

思 晉, 1986, 「松嫩平原古代的陶支脚」, 『北方文物』1, 1886.

蘇秉琦, 『蘇秉琦考古學論述選集』, 文物出版社, 1984.

孫長慶 · 殷德明 · 于志耿, 「黑龍江古代玉器文化問題的提出與研究-兼論黑龍江古代文明的起源」, 『探頤索隱集』, 黑龍江人民出版社, 1993.

梁思永, 「昻昻溪史前遺址」, 『梁思永考古論文集』, 科學出版社, 1959.

楊志軍 · 許永杰 等, 1997, 「二十年來的黑龍江區系考古」, 『北方文物』4, 1997.

于建華, 「黑龍江省出土的新石器時代玉器及相關問題」, 『北方文物』4, 1992.

李龍, 「昻昻溪勝利三隊一號遺址淸理簡報」, 『黑龍江文物叢刊』1, 1981

趙賓福, 「松嫩平原早期青銅文化的發現與認識」, 『邊疆考古研究』1輯, 科學出版社, 2002.

趙賓福, 『東北石器時代考古』, 吉林大學出版社, 2003.

趙賓福, 「白金寶文化的分期與年代」, 『邊疆考古研究』7輯, 科學出版社, 2008.

趙賓福 · 關强, 「白金寶遺址四期說與白金寶文化三段論」, 『慶祝張忠培先生七十歲論文集』, 科學出版社, 2004.

趙 越, 「哈克文化研究」, 『呼倫貝爾文物』6, 2001.

朱永剛, 「松嫩平原先白金寶文化遺存的發現與研究」, 『北方文物』1, 1998.

朱永剛, 「肇源白金寶 · 小拉哈遺址陶器刻劃符號初識」, 『北方文物』3, 2006.

中國社會科學院考古研究所內蒙古工作隊, 「內蒙古敖漢旗周家地墓地發掘簡報」, 『考古』5, 1984.

中國社會科學院考古研究所內蒙古工作隊,「內蒙古海拉爾市團結遺址的調查」,『考古』5, 2001.
陳全家,「白金寶遺址(1986年)出土的動物遺存研究」,『北方文物』4, 2004.
張忠培,「白城地區考古調查述要」,『吉林大學社會科學學報』1, 1964.
張忠培 主編,『肇源白金寶-嫩江下游一處青銅時代遺址的揭示』, 科學出版社, 2009.
馮恩學,「我國東北與貝加爾湖周圍地區新石器時代文化交流的三個問題」,『遼海文物學刊』2, 1997.
郝思德,「白金寶文化初探」,『求是學刊』5, 1982.
黑龍江文物考古工作隊,「黑龍江肇源白金寶遺址第一次發掘」,『考古』4, 1980.
黑龍江省文物考古研究所 · 吉林大學考古學系,「黑龍江省肇源縣小拉哈遺址發掘簡報」,『北方文物』1, 1997.
黑龍江省文物考古研究所 等,「黑龍江肇源白金寶遺址1986年發掘簡報」,『北方文物』4, 1997.
黑龍江省文物考古研究所 · 吉林大學考古學系,「黑龍江省肇源縣小拉哈遺址發掘簡報」,『考古學報』1, 1998.
黑龍江省博物館,「嫩江沿岸細石器文化遺址調查」,『考古』10, 1961.
黑龍江省博物館,「昂昂溪新石器時代遺址的調查」,『考古』2, 1974.

A study of Songnun Plain Neolithic Age · Bronze Age Culture Features and Exchanges

LEE Jong-Su

In Songnun Plain, Neolithic Age represent the Zuojiashan Culture and Yangyangxi Culture and Bronze Age represent the Xiaolaha Culture and the Baijianbao Culture. The culture intercourse is able to verify through the type and method of jade jewellery. However, the intercourse through the jade jewellery broken off by diminishing the Hongsan culture and disappearing the jade culture.

The Godaesan culture in the west of Liaohe river influenced on the Xiaolaha Culture of Bronze age, and it was impossible to find any cultural intercourse in this area. The Baijianbao Culture was one of great cultural exchange between the west of Liaohe river and its periphery areas. But the cultural exchange between this area and the Xituansan Culture in the midstream of the Songwha river can be found because of the economic difference of the stock-farming and the agriculture.

Therefore, the Songnun Plain was regarded as "cultural boroughs" that formed their specific culture according to the geographical environment and the political-economic condition. These areas promoted the qualitative development of culture through the transportation convenience and the vigorous intercourse of culture among periphery areas.

[Key words] Songnun Plain, Zuojiashan Culture, Yangyangxi Culture, Xiaolaha Culture, Baijianbao Culture, Xiajiadianshangceng Culture

Part 3, 동북아시아 지역의 문명 기원과 교류

연해주 지역의 고대문화

- 문명으로의 길 -

클류예프. 엔.아.

클류예프 니꼴라이(Klyuev Nikolai. A.)

1987년 러시아과학아카데미 극동분소 역사고고학민속학 연구소 박사학위취득. 현) 러시아과학원 역사 고고학 민속학 연구소

주요논저 :『Археология юога дальнеого востока россии в xix-xx вв』(클류예프 2003, 19세기~20세기의 러시아 남극동의 고고학),『Синие Скалы – археологический комплекс: опыт описания многослойного памятника』(클류예프 2002, 시니예 스깔르이),「Поселение Шекляево-7 – новый неолитический памятник в Приморье // Россия и АТР」(클류예프 2008, 연해주 신석기시대 유적 셰클랴예보-7),「Поздний неолит и ранний палеометалл Приморья: критерии выделения и характеристика археологических комплексов // Российский Дальний Восток в древности и средневековье: открытия, проблемы, гипотезы」(얀쉬나・클류예프 공저 2005, 연해주의 신석기 후기와 고금속기시대 시작)

Ⅰ. 머리말

연해주의 선사는 러시아의 동쪽 끝에 위치하고 있지만, 한편으로는 동아시아의 역사일부이다. 특히 몇 세기는 이 지역의 민족들이 발전해서 국가단계로 이행하게 하는 중요한 시간들이었다. 물론, 연해주는 이들 국가에서 주변부였지만, 이러한 점이 정치발생에서 중요한 위치를 차지하지도 않고, 그렇게 생각하는 것은 옳지 않다. 즉 연해주 주민들은 중세시대의 발해와 여진의 구성원이었다는 점이 이를 뒷받침한다. 발해의 탄생은 러시아 연해주 역사에서 아주 중요한 위치이다. 이 단계는 연해주 주민의 모든 생활면에서 큰 변화를 가져왔다. 경제적으로는 집약적인 농사활동을 기반으로 해서 발전했고, 무역과 상업을 통한 도시화를 가속화 하였다. 이데올로기는 중국문헌의 확산으로 몇 몇의 엘리트 중심의 문화 뿐 만 아니라 민중문화가 모두 발전하는 계기가 되는데, 특히 불교와 유교는 종교와 철학을 형성하게 하였다(크라딘 2005).

문명은 이미 잘 알려져 있듯이 농경의 발달, 교역, 계급화, 국가, 도시화, 상업화 등을 수반한다. 이러한 단계는 고대사회에서 이는 단번에 형성되지 않았고, 이를 위해서는 아주 오랜 기간 동안 필요조건들이 있다. 연해주에서는 어떠한 과정을 거쳐 왔을까?

Ⅱ. 연해주 선사 · 고대의 고고연구 자료 및 방법

기본적으로 본고에서는 필자가 발굴한 신석기시대, 고금속기시대와 연해주의 이른 중세시대 유적을 자료로 해서 본고의 주제에 다가고자 한다.

농경의 발생에 관한 문제는 노보셀리쉐-4, 크로우노프카-1, 레티호프카 등에서 출토된 곡물자료가 중심이 된다. 연해주의 금속기에 관한문제는 드보랸카-1, 바라바쉬-3 유적등이 그 대상유적이다. 마지막으로 중세의 연해주 발해에 관해서는 콕샤로프카-1 유적이 중요한 고고자료이다.

이들 유적은 기본적으로 유형학, 지형학, 토층학 고고학적인 분석과 식물동정학, 금속분석학, 탄소연대측정 등 자연과학적인 방법을 바탕으로 연구되었고, 획득 된 자료들은 연구관점에 많은 영향을 미쳤다. 특히 콕샤로프카-1 유적의 발굴에서는 지하물리탐사측정(그림 4)은 건축구조물을 미리 대략적으로 파악할 수 있었고, 고고학자들의 연구조사 범위를 정하는 데 많은 중요한 부분을 제시하였다.

Ⅲ. 연해주 선사 · 고대문화의 제 문제

1. 농경 발생

우선, 현재 연해주 고고학에서 가장 활발한 연구활동 분야 중에 하나는 농경에 대한 연구(세르구쉐바, 보스토레초프, 브로댠스키, 클류예프)일 것이다. 연해주에서 농경은 5000 B.P.에 남만주지역에서 자이사노프카 문화를 형성시킨 주민이 함께 도입한 것이라는 연구결과가 있다(보스트레초프 2005). 이 과정은 2번에 걸치는데, 그 두 번째는 2300 B.P.로 주민생계활동에 점차 퍼져갔다(보스트레초프 2005). 이 단계에서 연해주에 초기철기시대문화인 크로우노프카 문화(중국문헌-옥저)가 형성된 것으로 알려졌다. 연해주의 농경대상물은 기장을 중심으로 한 잡곡농경인데, 밀과 보리 또한 농경의 대상물 이었다. 또한 발해는 주요한 경제활동으로 농사를 기반으로 하였다.

2. 연해주의 금속기 출현

그리고 또 하나의 연해주 고대사회 발달의 촉매제는 철이었다. 이는 동아시아에서 아주 드문 경우이다. 연해주에서 청동과 철은 기원전 천년기 전반에 거의 비슷한 시기에 발생한다. 최근까지 두 금속 모두 수입된 것으로 생각되었다. 그러나 연해주에서 청동제품은 모두 30개 정도로 확인되었다(그림 1). 이 청동제품의 분석결과 제

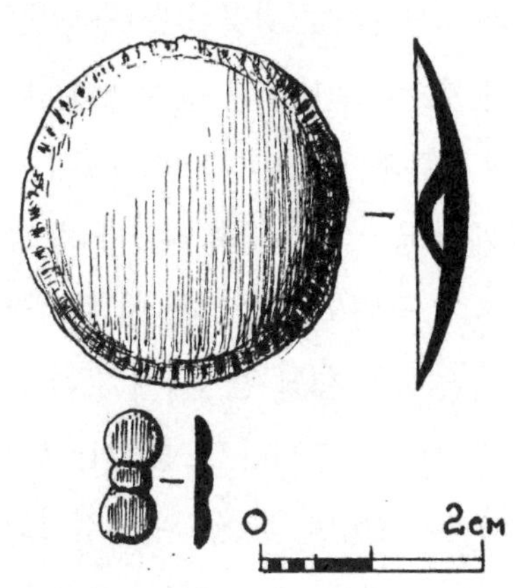
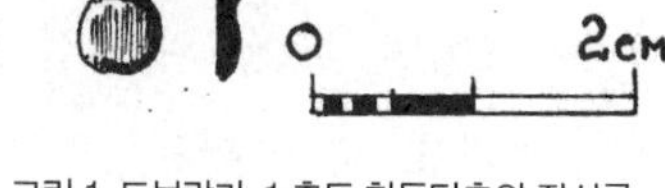

그림 1. 드보랸카-1 출토 청동단추와 장신구

그림 2. 드보랸카-1 유적의 석관묘

품들은 중국 청동의 모양을 하고 있지만, 그 성분은 시베리아의 카라숙 문화의 것으로 알려졌다. 즉 연해주의 청동기시대는 도래된 것이다. 이는 금속제품 뿐만 아니라 토기의 특징도 이러함을 증명하고 있다(토기 태토에 조개껍질을 혼입한 것). 또한 새로운 무덤도 생겨났는데, 필자가 집적 발굴한 드보랸카-1 유적의 석관묘가 그 예이다(그림 2). 이 석관묘는 연해주에서만 확인되는 것이 아닌 한국과 중국에서는 특징적인 요소이다.

이 석관묘는 현무암과 석회암 자연석으로 직경 10m 가량으로 돌무더기가 둥글게 쌓여 있었고 높이는 약 30cm가량이다. 이 개석을 제거 후, 밝은 회갈색의 사질토가 50cm가량 두텁게 덮혀 있었다. 석관묘는 구지표를 바닥으로 건조되었는데, 이 바닥에서 무문양의 구연부편이 출토되었다. 묘제의 남쪽 부분에서는 2차장으로 보이는 인골들이 확인되었다. 석관바닥은 작은 돌을 쌓아서 만들어졌는데, 1.2×0.6m 정도이다. 인골은 8개의 이, 1개 무릎뼈, 몇 개의 손가락 뼈 등이다. 인골 옆에는 토기편이 돌 아래에서 확인되었다. 또한 그림 1의 청동제 단추와 펜던트가 출토되었다. 이들 유물은 모두 석관의 바닥에서 출토된 것이다. 또다른 석관묘는 석관의 형태를 완전하게 갖춘 것이다. 여러 가지 크기의 돌이 놓여 있는 것인데, 큰 돌 사이에 작은 돌을 끼워 넣은 것이다. 큰 돌은 수직으로 높이를 쌓았다면, 작은 돌은 큰 돌을 지탱하도록 건조되었다(그림 2). 석관묘의 크기는 장방형으로 210×70cm, 높이는 30cm 이다. 무덤의 장축방향은 북서방향(320°)이다. 이 석관 내부에서도 인골이 출토되었는데, 무질서하게 흩틀어진 상태로, 적어도 3명은 되는 것으로 판단된다. 모두 130개의 인골과 인골뼈가 확인되었데, 10개의 이, 8개의 6개 무릎뼈, 5개의 대퇴골, 3개의 8개의 척추뼈, 3개의 무릎관절뼈 등이다. 늑골과 두개골 등은 확인되지 않았다. 부장품은 먼저 소개한 석관묘에서 출토된 것과 유사한 토기 구연부편이 있다. 이 토기는 이중구연으로 기형은 발형이다. 석관묘의 바닥은 작은 돌로 넓고 편평하게 깔려 있었다. 이 석관묘는 신석기시대 폐기된 주거지 수혈을 이용한 것이다. 또한 석관묘의 남동 모서리에는 노란색 흔적이 있었는데, 이는 수혈로 보이며, 석관묘와 직접적으로 관계된 것으로 생각된다. 석제 구조물만 남아 있는 석관묘 1기가 확인되었는데, 상기한 석관묘에서부터 남동쪽으로 2m 떨어진 곳에 위치한다. 인골, 금속기 등은 출토되지 않았다.

발굴조사는 복원을 가능케 했다. 석관묘는 이차장 이었지만, 아마도 일차장때부터 무덤은 축조된 것으로 생각된다. 왜냐하면 석관묘 내부는 흙으로 채워졌지만, 그 위는 개석으로 덮혀 있었고, 석관 아래의 수혈은 일차장이 행해졌던 것으로, 석관은 그 후 2차장이 행해진 것을 증명하고 있기 때문이다.

연해주의 무덤 부장품은 아주 드문데, 이른 중세시대에는 전부 7개 정도이다. 그 이전 시기의 무덤 부장품도 아주 적은 편이다. 그런데 드보랸카-1 유적의 무덤 부장품과 같은 중세시대의 무덤 부장품은 어디에서도 확인되지 않았다. 그런데 체르냐찌노 유적의 무덤에서는 유사한 예가 확인되었다. 역시 무덤 부장품이 아주 적어서 양자를 비교분석하는 것이 아주 힘들다. 하지만 드보랸카-1 유적에서 확인된 토기 구연부 편은 확실히 중세시대의 것과는 거리가 먼, 금속기시대의 그것과 형식학적, 제작적인 면에서 아주 유사하다. 확실하게 드보랸카-1 유적의 무덤은 인접한 중국 동북지방과 한반도와 비교할 수 있을 것으로 생각된다.

연해주 철기시대의 발생에 관해서는 최근에 중요한 발굴조사가 이루어져서 이를 뒷받침하며, 아주 오래된 오클라드니코프의 연구관점을 증명할 수 있다.

거의 50년 전에 러시아 고고학의 위대한 학자로써, 페스찬느이 반도 발굴에서 처음으로 철기시대 얀콥스키 문화의 유적에서 철제품을 발굴하였다(오클라드니코프

1963). 이러한 결과는 문화특징의 발달단계를 살펴볼 수 있을 뿐만 아니라 동아시아의 다른 지역에 비해서도 빠른 철기시대가 시작되었음을 보여주는 것이다. 러시아 고고학자들에게는 다른 얀콥스키 문화 유적에서도 철제품의 확인되는 것은 아주 극명한 사실이다(올레니 A, 올레니 B, 말라야 포두쉐치카 등)(브로댠스키 2001, 안드레예바 1977). 이들 유적에서 나오는 탄소연대 측정들도 기원전 천년기 전반에 얀콥스키 주민이 이곳에서 살았던 것으로 보여주고 있다. 그러나 그 때까지 풀리지 않은 의문점이 있었는데, 얀콥스키 주민은 직접 철을 생산하거나 철가공을 했는지, 아니면 다른 곳에서 들여온 것인가 하는 문제였다. 오랫동안 전자의 의견은 증명될 수 없었는데, 철기제작자와 철기제작방법의 존재가 묘연했기 때문이다. 후자가 휠씬 더 설득력이 있었다. 왜냐하면 연해주에 이웃한 중국에서는 훨씬 발달된 금속제작 기술을 가지고 있었고, 이러한 사실은 이미 《дальневосточный(극동)》이 (알렉산드로프 아.베. 1982)라는 책을 통해서 러시아연구자들에게 잘 알려져 잇던 사실이다.

그런데 2007~2010년도 부경대학교와 공동발굴 한 바라바쉬-3 유적에서 기원전 천년기 전반의 철 제작이 직접 이루어진 것을 증명할 수 있었다. 유적에서는 철 제작에 직접 사용된 용광로와 노가 확인되었고, 주철과 철제품이 20점 이상 확인되었다(그림 3). 한국에서 금속분석을 한 결과 이 제품들은 동시대의 중국 것과는 차이가 나는 것으로 밝혀졌다.

이 철기 제작소는 3.5×3.6m 크기로, 폐기된 주거지의 서쪽 부분을 그대로 사용하였는데, 이는 이 부분만 목재기둥이 불타서 새까맣게 넘어진 채로 바닥에서 확인되었기 때문이다. 이런 정황으로 보아서 이 철기 제작소는 폐기된 주거지의 벽과 그 내부에 다시 철기 제작소가 지어져서 두 겹의 벽으로 되어 있었던 것으로 생각된다. 일반적인 주거지와 달리 동쪽의 문방향으로 4개의 기둥구멍이 확인되었는데, 통로 시설이 있었던 것으로 추정된다. 이 철기 제작소 내에는 아주 심하게 불맞은 흙과 돌의 존재로 보아 로(爐)가 있었던 것으로 생각된다. 이 노의 남쪽 부분에는 검댕이가 잔뜩 묻은 통로가 있었는데, 아마도 노로 공기가 들어가도록 설치된 것으로 생각된다. 철기 제작소의 전체 바닥은 작은 목탄으로 뒤덮혀 있었다. 그런데, 철기 제작과 관련된 도구는 하나도 확인되지 않았고, 철제품만 모두 7점 확인되었다.그 중에는 평면

형태 장방형, 단면 방형의 철부도 출토되었다.

2008년도 발굴에는 철기 제작에 관련된 노 주변에서 10점의 철기가 확인되어 철기제작에 관련된 중요성을 더욱 높였다. 그 중에는 철부가 2점 확인되었는데, 앞서 출토된 것과 거의 유사한 형태이다(그림3). 즉, 세 개의 철부 모두 가장자리에 결함이 있다는 공통점이 있다.

그 중 4개의 철제품을 한국에서 성분분석을 하였는데, 모든 제품은 주철제로 확인되었다. 아마도 주철제를 만들기 위해서 천천히 식힌 것으로 생각된다. 이러한 기술은 이웃한 중국의 금속제작기법과는 차이가 있는 것으로 생각된다.

이 철제제작소로부터 확인된 숯으로 얻어진 절대연대는 2415±45 (COAH-7267), 2435±90 (COAH-7268), 2180±60 (SNU07-R080), 2220±60 (SNU07-R081)으로 대체적으로 기원전 5~3세기 경으로 판단된다. 이 연대로 판단컨대, 바라바쉬-3유적은 얀콥스키 문화 중에서도 늦은 단계에 속하는 것으로 생각되며, 유적에서 직접 철기가 제작되었다는 것을 증명한다.

당연히 이러한 이른 철의 발생은 지역 주민 발달에 촉매제가 된 것은 사실이다. 이

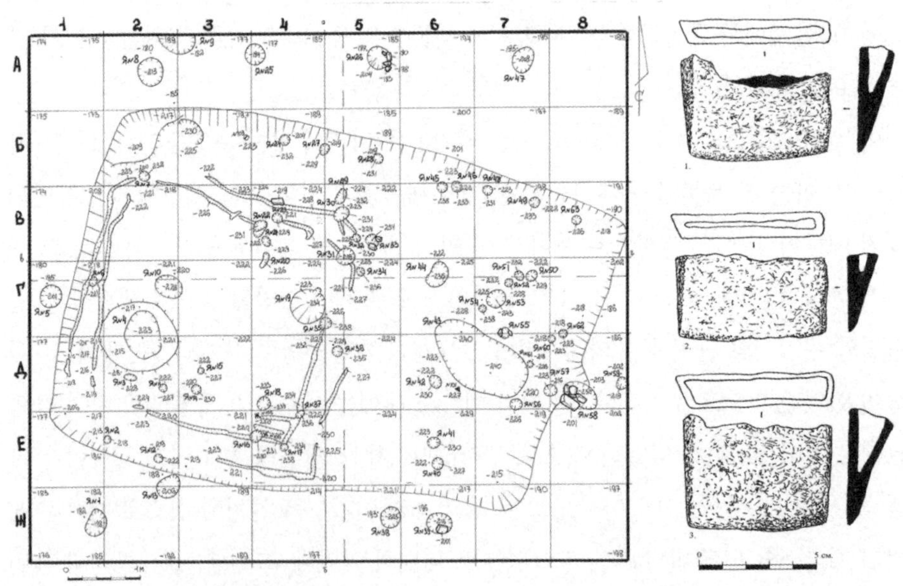

그림 3. 연해주 바라바쉬-3 유적의 철기 제작장과 출토된 철부

들 문화에 후속하는 것이 올가문화와 말갈문화인데 이미 국가단계에 들어선 것으로 보고 있다. 이 때 철 제품은 경제활동 도구로써 농사와 전쟁에서 사용될 수 있도록 아주 날카롭게 연마되었다.

3. 사회계층 발달

고고학을 통해서 사회계층을 복원하는 것은 아주 복잡하다. 연해주에서는 이러한 문제가 다른 지역에 대한 연구 부족으로 인해서 더욱 힘든 상황이다. 특히 무덤에 대한 연구가 아주 부족하다. 그러나 최근에는 철기시대 무덤이 조사되어 이러한 점을 부족하지만 보충하고 있다.

취락고고학을 통해서 크로우노프카 유적을 조사한 결과, 이 문화의 사회발달 정도가 불균등하고 계급적이라고 한다(보스트레초프, 1986; 1987). 그런데, 이러한 모습을 보여주는 것이 크로우노프카 문화의 석관묘에서 확인된 세형동검과 거울이다(오클라드니코프, 샤프쿠노프 1960, 브로댠스키 1987). 좀 더 발전적인 모습은 수분하 강가에서 크로우노프카 유적이 100개 이상으로, 14개의 소지역으로 나누어진다. 이러한 유적을 지도에 표시해 본 결과 유적들로 이 지역 구분을 할 수 있었다(니키틴 2000).

또 하나 다른 예는 연해주 중부 우수리스크 부근에 위치한 말갈문화 유적들이다. 이 지역에는 모두 40개 이상의 유적들이 분포하고 모두 5개로 나눌 수 있다. 여기서 세 그룹(미하일로프스카야, 라코프스카야 , 라코프스코-바라크시예프스카야)은 계급화 된 취락이다. 또 하나의 이런 성격을 뛰는 취락은 보리소프스카야 유적인데, 두 개의 취락을 둘러싸서 방어적인 기능을 하는 환호가 이 유적에 존재한다(메젠체프 2000). 이 그룹들에서 각각 취락은 계급화된 것으로 볼 수 있다. 이론적으로 시간적 병행하는 유적들이라는 조건에서는 가장 중심적인 취락은 하나로 볼 수 있다. 유일한 의문점은 이들 유적의 정확한 편년인데, 발해가 존재한 기간과 상기한 유적들이 일부 병행하는 점도 간과할 수 없는 사실이다(크라딘 2010).

4. 발해연구의 새로운 성과

마지막으로 필자는 연해주 고고학에 있어서 가장 중요한 성과를 러시아와 한국 고고학자들과 함께 이루어 낸 것으로 보여주고자 한다. 아마도 이 유적의 연구는 발해연구에 있어서 가장 중요한 것 중의 하나로 발해의 동쪽경계에 관한 새로운 논점을 밝힌 것으로 본다. 이 유적은 콕샤로프카-1 유적으로 연해주의 중부에 위치하고, 발해의 가장 변방인 곳이었다. 발굴은 2008년부터 시작되었는데, 대한민국의 국립문화재연구소와 함께 공동 조사한 곳이다. 발굴조사한 구역은 유적에서 북쪽으로, 宮地과 같은 중요한 건물지가 있었던 곳이다(사진1). 전체 발굴면적은 현재까지 1806㎡이고, 한 건물 중에서 7개의 방에서 모두 5개가 조사되었다(그림4). 이 방은 평면형태 장방형으로 10×12m정도의 크기에 석제 구조물이 있는 점으로 보아 알 수 있다. 이러한 석제 구조물 사이는 1m에 달하고 그 사이에는 너비 40m의 석벽이 있다.

이 석벽은 큰 돌과 점토로 구축된 것이 일부 잔존한다. 벽은 내부 구조물에 회칠을 칠한 목질 흔적이 남아 있는 것으로 보아서 목채 위에 색칠을 한 것으로 생각된다. 벽을 따라서는 기둥구멍이 잔존하는데, 초석으로 보이는 큰 돌도 잔존한다. 이러한 초석은 6~8개로 많지는 않다. 건물지의 남쪽 벽에는 너비 2m의 문지로 보이는 시설이 보인다. 각 방의 북쪽 부분은 이 고래의 'ㄷ'자형 온돌이 지나간다. 고래와 벽은 아주 밀접하고 붙어서 지나가는데,

사진 1. 연해주의 콕샤로프카-1 유적의 궁지

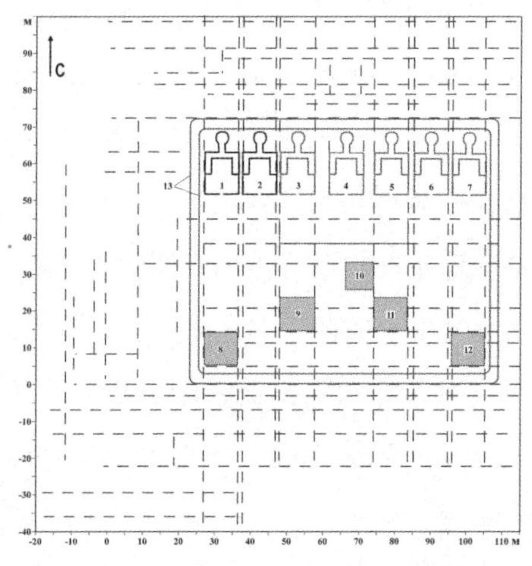

그림 4. 연해주의 콕샤로프카-1 유적의 물리탐사 측정 결과

벽과 고래가 거의 일직선으로 평행한다. 온돌의 너비는 2m, 길이는 18~20m가량이다. 온돌은 작은 자갈돌과 그 사이를 진흙으로 메꾸어서 만든 형태이다. 각 온돌은 각 끝에 2개의 화덕자리가 있다. 각 방의 북쪽으로 굴뚝이 돌아간다. 평면형태 방형으로 굴뚝의 기반만 남은 시설물이 남아 있는데, 이 굴뚝의 기반은 반수혈 시설물로 남아 있다.

성내에서는 흥미로운 고고학 유물이 많이 출토되었다. 그 중에서도 가장 중요한 유물은 토기이고, 철제와 주철제 유물도 확인되었다. 기본적으로 토기는 2010년에 건물지의 방 가운데서 확인되었는데, 일반적인 토기 이외에도 특이한 토제품이 출토되었다(사진 2). 확인된 유물 가운데는 한 점을 제외하고는 발해토기의 특징을 기본적으로 보여주는 것이다.

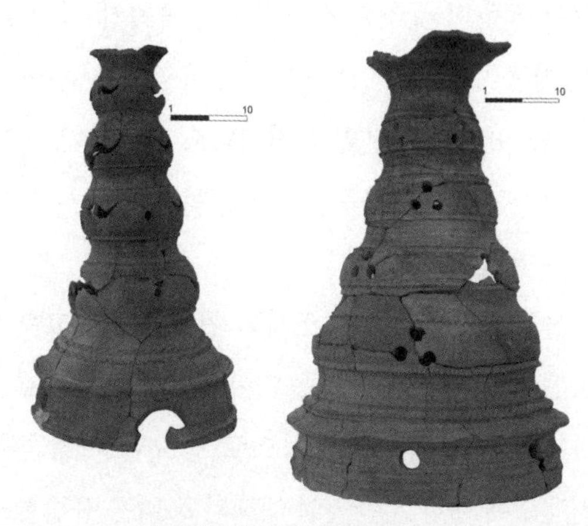
사진 2. 콕샤로프카-2 유적 출토 토기 기대

콕샤로프카-1 유적에서 출토된 토기는 그 토기제작방법에 있어서 발해의 중심부와 비교적 가까운 곳에 위치한 연해주의 다른 발해 유적의 토기와 비교해서 질적으로 결코 떨어지지 않는다. 그 방법은 태토를 점토띠로 만들어 녹로위에서 회전시키는 것과 토기 기형의 성형, 물손질, 문양 등 모두 그러하다. 특히 문양은 9~10세기 전반에 걸쳐서 유행한 것으로 발해의 특징적인 문양이다. 그런데, 콕샤로프카-1 유적에서는 아직 토기가 많이 확인되지 않았기 때문에 토기의 기형과 특징들이 많이 다양하지는 못하다. 하지만 다른 발해유적의 토기특징을 보이는 토기의 구연부, 횡대상 파수, 저부 등은 매해 계속해서 발굴되고 있다.

도자기는 이 유적에서 토제품 가운데 아주 중요한 위치를 차지한다. 출토된 도자기들은 당나라 定州窯와 越州窯에서 만들어진 제품이 발해 영역까지 들어왔던 것을 증명한다.

특히 도자기의 존재는 발해와 동북아시아의 교역 관계뿐만 아니라 성내에서 출토되는 토기의 편년을 알 수 있게 하는 중요한 단서가 된다.

콕샤로프카-1 성(160,000㎡)로 중앙에 중요한 건물이 존재했을 것이다. 평면형태나 그 규모로 보아서 이 건물은 궁전 같은 건물지가 있었을 것으로 추정하고 있다. 남쪽으로 문이 나 있고 그 내부에 온돌이 설치되었으며, 북쪽으로는 온돌과 연결되어 방형의 굴뚝이 설치된 장방형의 건물지가 일렬로 줄을 이루고 있는 것이 연해주 발해의 건물지임이 확인되었다. 이 유적과 같은 시설물은 중경성의 서고성의 궁성과 비슷하고 상경용천부의 침전지와도 유사하다.

이러한 연구조사는 극동고고학에 있어서도 유래가 없는 것으로 2011년에도 이 발굴은 계속될 것이다.

한국에서 이제까지 소개된 연해주의 고고학 자료들이 어떠한 주제를 중심으로 발표된 것이라면 이번에는 '문명' 이라는 주제로 발표를 하게 되어, 국가 탄생이 있기까지의 전 과정을 개괄적으로, 중요한 시점들을 중심으로 간략하게 소개해 보았다. 연해주에 대한 전반적인 이해와 흥미를 유발했으면 하는 바램 이다.

Ⅳ. 맺음말

앞서 언급한 내용을 분석해 보면, 연해주지역은 사회적 발달과 경제적 발달(농경발생, 금속제작, 사회계층화)을 충분히 거치면서 안으로 밖으로 발전해서, 문명으로 다달았던 것 같다. 연해주의 이른 중세시대는 발해의 영역에 포함되면서 또 다른 발전단계를 이루게 되면서 문명화과정을 종결시켰다.

먼저 필자는 한국에서 발표할 기회를 준 동양학연구소의 서영수 소장님을 비롯해서 학회 관계자 여러분에게 감사의 말을 전합니다. 이번 글은 러시아와 한국의 제 동료들이 없었다면 완성하지 못했을 것입니다. 겔만, 보스트레초프, 세르구세바, 크라딘, 베스소노바, 강인욱 등 여러 선생님의 자료들 덕분에 필자가 모든 것을 역량화할 수 있었습니다. 또한 대한민국의 국립문화재연구소와는 연해주의 고금속기시대부터 중세시대까지 공동프로젝트를 통해서 많은 연구결과를 내고 있고, 본고에도 반영되어 있습니다. 지면을 들어 감사의 인사를 드립니다. 마지막으로 본고를 번역해 준 김재윤에게도 고마움을 표시합니다.

참고문헌

Александров А.В. 1982. "Дальневосточный очаг древней металлургии (Археологическое изучение). В кн", *Палеометалл северо-западной части Тихого океана. Бродянский Д.Л., редактор. Владивосток:* Издательство Дальневосточного университета. С. 18-66.(알렉산드로프 1982, 「극동의 고대금속제작 爐」)

Андреева Ж.В. 1977. "Приморье в эпоху первобытнообщинного строя". *Железный век (1 тыс. до н.э. - VIII в. н.э.).* Москва: Наука. 240 с. (안드레예바 1977,「선사시대의 연해주」, 『철기시대』)

Бродянский Д.Л. 1987. *Введение в дальневосточную археологию. Владивосток:* Издательство Дальневосточного университета. 276 с. (브로댠스키 1987,『연해주고고학개론』)

Бродянский Д.Л. 2001. "Палеометалл Приморья: итоги и проблемы. В кн.": *Древняя и средневековая история Восточной Азии. К 1300-летию образования государства Бохай*: Материалы международной научной конференции. Артемьев А.Р., редактор. Владивосток: Дальневосточное отделение Российской академии наук. С. 332-51.(브로댠스키 2001,「연해주 금속기시대 연구 결과와 제 문제」, 『발해건국 1300년 기념학술대회-동아시아의 선사와 고대』

Вострецов Ю.Е. 1986. "Метод ландшафтного анализа (на примере поселений кроуновской культуры железного века в Приморье). В кн.", *Проблемы археологических исследований на Дальнем Востоке СССР.* Андреева Ж.В., редактор. Владивосток: Дальневосточный научный центр. С. 135-47.(보스트레초프 1986,「연해주 철기시대 크로우노프카 문화 유적의 경관분석」『소련 극동 고고학의 제문제』)

Вострецов Ю.Е. 1987. *Жилища и поселения железного века юга Дальнего Востока СССР (по материалам кроуновской культуры):* Автореферат диссертации кандидата исторических наук. Ленинград. 20 с.(보스트레초프 1987,『소련 극동의 철기시대 유적과 주거지』, 박사학위요약본)

Вострецов Ю.Е. 2005. "Взаимодействие морских и земледельческих адаптаций в бассейне Японского моря. В кн.", *Российский Дальний Восток в древности и средневековье: открытия, проблемы, гипотезы.* Андреева Ж.В., редактор. Владивосток: Дальнаука. Часть 2, глава 1.

С. 159-86.(보스토레초프 2005,「일본해의 해양적응과 농경」,『러시아 극동의 선사와 고대』)

Крадин Н.Н. 2005. "Становление и эволюция средневековой государственности. В кн.", *Российский Дальний Восток в древности и средневековье: открытия, проблемы, гипотезы. Андреева Ж.В.*, редактор. Владивосток: Дальнаука. Часть 4, глава 1. С. 439-48.(크라딘 2005,「중세국가의 발생과 발달」,『러시아 극동의 선사와 고대』)

Крадин Н.Н. 2010. Вождества в первобытной археологии Приморья. В кн.: Приоткрывая завесу тысячелетий : *к 80-летию Жанны Васильевны Андреевой*. Клюев Н.А., Вострецов Ю.Е., редакторы. Вдадивосток: ООО «Рея». С. 210-23. (크라딘 2010,「연해주의 고고학에서 본 계급화」『천년으로 가는 길』)

Мезенцев А.Л. 2000. "Мохэские памятники в окрестностях Уссурийска и Южно-Уссурийское городище. В кн.", *Арсеньевские чтения*: Материалы международной научно-практической конференции. Владивосток. С. 195(메젠체프 2000,「우수리성곽과 유즈노우수리성곽 부근의 말갈 유적」,『아르시네프 기념논문집』)

Никитин Ю.Г. 2000. "Исследование памятников кроуновской культуры в долине р. Суйфун. В кн.", *Вперед … в прошлое: К 70-летию Жанны Васильевны Андреевой*. Клюев Н.А., Вострецов Ю.Е., редакторы. Владивосток: Дальнаука. С. 286-94.(니키틴, 2000,「수분하 유역의 크로우노프카 유적 연구」『안드레예바 일흔 기념 논문집』)

Окладников А.П., Шавкунов Э.В. 1960. "Погребение с бронзовыми кинжалами на р. Майхэ (Приморье)", *Советская археология. 3*: 282-8.(오클라드니코프·샤프쿠노프 1960,「마이헤 강의 청동검과 무덤」,『소련고고학 3』)

Окладников А.П. 1963. Древнее поселение на полуострове Песчаном у Владивостока. Материалы и исследования по археологии СССР. 112: 1-355.(오클라드니코프 1963,「피샨느이 반도의 고대유적」,『소련 고고학』)

중국어

Людиншань и Бохай чжэнь. Остатки кладбища аристократии и столичного города государства Бохай эпохи Тан. 1997. Пекин: изд-во Чжунго дабай кэ цюаньшу чубаньшэ, 1997. 257 с. (на китайском языке).(中國社會科學院考古研究所 編著,『六頂山與渤海鎮-唐代渤海國的貴族墓地與都城遺址-』中國田野考古學報告輯 考古學專攻 丁種 56號, 中國大百科全書出版社)

Сигучэн: отчет об археологических полевых исследованиях остатков Средней столицы Сяньдэфу государства Бохай . 2007. Пекин: Вэньу чубаньшэю. 381 с. (на китай ском языке).(中國文物出版社, 2007,『西古城』)

Древнее Приморье: на пути к цивилизации

Н.А. Клюев

В статье, в основу которой вошли новейшие материалы, полученные по первобытной археологии Приморья, акцентируется внимание на анализе основных поворотных моментов древней истории населения региона на их пути к цивилизации.

Первый из них–появление и распространение земледелия. На фактическом материале установлено, что земледелие в Приморье появилось около 5 тыс. л.н. вместе с носителями зайсановской археологической культуры – выходцами из Южной Маньчжурии. Выделяется 2 этапа в распространении земледелия в Приморье и только на втором, начавшемся примерно 2300 л.н. этот вид хозяйства становится доминирующим в системе жизнеобеспечения населения.

Второй момент – появление металла в Приморье. Установлено, что бронза была привозной и появилась практически одновременно с железом – в 1 половине 1 тыс. до н.э. Среди важнейших открытий следует подчеркнуть получение доказательств местной металлообработки на памятнике раннего железного века Барабаш–3, исследования которого ведет автор.

Третий момент – усложнение социальной организации в период железного века и возникновение вождеств у носителей кроуновской и мохэской культур.

В заключении статьи приводятся данные о новом открытии в бохайской археологии Приморья. Раскопки здания дворцового типа на городище Кокшаровка–1 позволяют по-новому ставить вопрос о северо-восточных границах этого государства.

[Key words] Приморье, Земледелие, Бронзовый век, Железный век, Мохэская культура, Кроуновская культура, Бохайский

일본열도의 문명 기원과 교류

미야모토 카즈오

미야모토 카즈오(宮本一夫)

京都大學 문학부와 동 대학 대학원 석사과정 졸업. 愛媛대학 부교수 역임. 현) 九州大學 人文科學研究院 敎授.

주요논저 : 『農耕の起源を探る』(吉川弘文館, 2009.), 『中國初期青銅器文化の研究』(白雲翔 공저, 九州大出版部, 2009.)

Ⅰ. 머리말

일본열도의 문명은 농경사회 개시기부터 기원한다. 관개농경이 시작된 야요이(弥生)사회 이후, 사회진화가 가속화되고 고대국가로의 태동이 구축되어 간다. 따라서 곡물농경 시작이야말로 일본열도의 문명기원이고, 그 기원은 동북아시아 농경화라는 인간집단 교류를 바탕으로 한다. 여기에서는 동북아시아 농경화 3단계설을 설명하고, 나아가서 야요이사회를 창출한 동북아시아 농경화 제4단계를 설명하고자 한다.

Ⅱ. 동북아시아 농경화 3단계

동북아시아 곡물농경은 자립적으로 생성된 것이 아니다. 기본적으로는 중국대륙에서 성립한 곡물농경이 전파되어 성립한다. 죠몽(縄文)시대의 피는 차치하고서, 이 지역에서 재래의 야생종을 순화(馴化)시켜 재배화한 예는 없기 때문이다.

중국대륙의 농경은 크게 두 가지로 나누어진다. 황하유역에 출현하는 조・수수농경과 장강중・하류역에 출현하는 도작농경이다(宮本 1999, 甲元 2001). 기원전 6000년경의 배리강(裴李崗)・자산(磁山)문화에 조・수수농경문화가 출현하였음은 익히 알려져 있지만, 그 이전에 어떠한 과정을 거쳐 조・수수가 재배화되었는가라는 증거는 아직 분명하지 않다. 한편, 장강중・하류역에 재배벼는 거의 1만년전에 출현하다고 한다(宮本 2000b). 최근, 장강하류역 상산(上山)유적에서는 약 1만년까지 소급될 가능성이 있는 벼가 발견되어(Jiang & Liu 2006), 점점 그 가능성이 높아지고 있다. 적어도 형태적으로 재배벼라고 인정되는 가장 오래된 예는 7000~6600년의 하남성(河南省) 무양현(舞陽縣) 가호(賈湖)유적(河南省文物考古研究所 1999)에서 출토되었다. 이처럼 중국대륙에서 자립적으로 출현한 재배곡물 즉 농경이 어떻게 확산되었는지가 문제이다.

동북아시아에서 농경화 과정은 크게 세 단계로 나누어 볼 수 있다(宮本 2005a・2007c・2009a). 이 세 전파과정〈도 1〉은 앞서 이야기한 중국대륙에서 시작된 두 가지

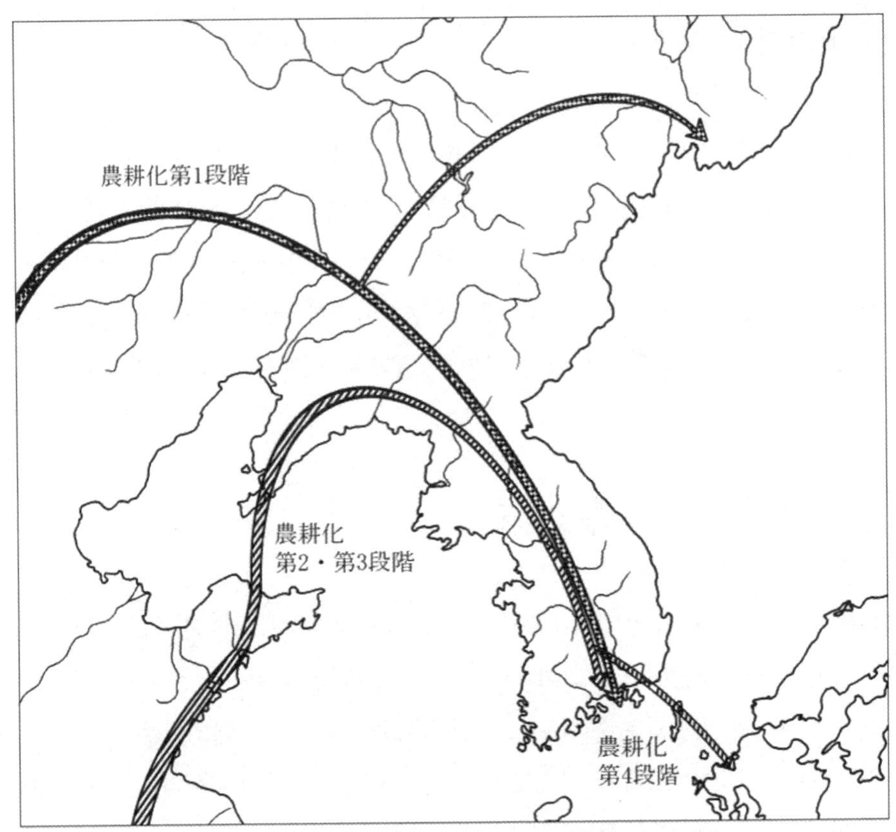

〈도 1〉 동북아시아 농경전파의 4단계

농경화 과정이 융합되어 가는 연장선상에 있다고 볼 수 있다.

약 1만년전 황하중 하류역에서는 조 · 수수가, 장강중 · 하류역에서는 벼가 재배화 되었다. 중국 동북에서는 기원전 6000~5500년 흥륭와(興隆窪)문화단계의 흥륭구(興隆溝)유적에서 다량의 수수가 발견되었고, 그 형태가 비교적 작은 야생적 특징을 지니고 있어 수수 재배화가 황하중하류역과는 별도로 요서에서 시작되었을 가능성도 있지만(趙志軍 2005), 현시점에서는 야생종에서 어떠한 과정으로 조와 수수가 출현하였는지 불분명하므로 조 · 수수를 포함하여 화북(華北)의 재배식물로 보는 것이 바람직할 것이다. 그러나 야생종에서 재배종으로의 변화는 이것이 야생종 단계에 인류의 식량획득 전략의 하나로 포함되었다는 점에서 중요하다. 장강중 · 하류역의 벼도 갱신세 말에서 완신세 초기에 걸쳐 야생벼 채집이 활발히 이루어졌을 가능성이 높다. 이 단계에 화북에서도 신석기시대에 특징적인 탈곡 · 분식구(粉食具)인 마반과 마봉이 산서성(山西省) 길현(吉縣) 시자(柿子)유적S9지점 유적에서 출토되었는데, 이미 야생종 탈곡과 분식이 시작되었고, 야생곡물 채집이 생업의 중요한 부분이 되었음을 보여준다. 이러한 야생곡물 채집활동이 성행한 갱신세 말에서 완신세 초기란 바로 동아시아 각지에서 토기가 출현하는 시기이다. 즉 기후가 점차 온난화되어 가는 고환경의 큰 변동기로 이러한 채집 전략과 토기제작이라는 인류의 환경적응에 따른 큰 변동기에 해당한다. 고환경 변동은 안정된 것이 아니라, 몇 번인가의 요동이 있었다. 그것이 약 1만1천년전의 일시적인 한랭 · 건조화기인 어린 드리아스기(Younger Dryas)이다. 이 시기에 야생곡물의 생태 경계지역에서는 생육에 큰 지장이 발생하였다. 이 감산기(減産期)에 인류가 야생곡물을 보호하고 순화시킨 것이 곡물재배의 기원이라고 생각된다(宮本 2000 b). 서아시아의 밀과 보리 재배화는 일반적으로 이 환경변이를 계기로 하여 생겨났다고 생각되고, 동아시아의 재배벼 출현도 동일한 논리로 해석되는 경우가 많다. 조 · 수수의 재배화 과정이 생물학적으로 실증되지 않아, 수수께끼에 쌓여 있지만, 상황증거로 보면, 상기한 것과 같은 재배화 시나리오가 가장 이해하기 쉬울 것이다.

어린 드리아스기(Younger Dryas)를 거친 완신세 초단계는 점차 온난 · 습윤화로 향한다. 일본에서도 죠몽해진기라 불리는 기원전 약 4300년경은 해수면이 가장 높은 고해수면기였고, 이를 전후한 시기인 기원전 6000년~기원전 3000년은 온난 · 습윤기로 힙시서멀기(hypsithermal, 기후최적기) 라고도 한다. 이 단계야말로 어린 드리아스기(Younger Dryas)를 사이에 두고 탄생한 재배곡물이 적합한 생태조건 하에서 생육이 더욱 연장되고, 그 연유로 인류가 농경으로 집중되어 가는 단계이다. 즉 중국대륙의 농경개시 지역에서 더욱 가속적으로 농경으로 생업 의존이 심화되고 이에 따라 농경에 대한 집약적 노동투하와 사회의 복잡화가 진행된다. 아울러 생태조건이 좀 더 고위도지대로 확대됨에 따라 재배곡물이 확산된다. 그 하나가 조 · 수수 농경의 북상이고, 또 하나가 재배벼의 북상이다. 이들은 지역에 따라 단계적인 시간차를 동반하며 전파된다.

1. 동북아시아 농경화 제1단계

동북아시아 전체양상은 이러한 농경 전파과정을 통하여 더욱 선명해진다. 먼저 동북아시아로 농경이 전파되는 것은 황하중 · 하류역에서 탄생한 조 · 수수농경이다. 특히 수수 등 내한성이 뛰어난 재배곡물은 요서보다 북쪽지역에서 재배화되었을 가능성이 있지만, 수수와 조는 요서와 요동을 거쳐 한반도 등의 동북아시아로 확산된다. 한반도 남단에 위치하는 신석기시대 중기의 부산시 동삼동 1호주거지에서는 조 75립과 수수 16립이 발견되었고, 남강유역의 경상남도 진주시 상촌리유적과 진주시 어은유적에서도 수수 · 조가 발견되었다. 동삼동1호주거지 출토 조는 AMS 연대측정에 따라 3360BCcal이라는 측정치가 나왔다(Crawford & Lee 2003). 또한 이 시기는 점이적으로 한반도 서부 대동강유역에서 남부의 한강 · 금강유역으로, 남해안의 남강유역에서 부산으로 조 · 수수농경이 전파되었을 뿐만이 아니라, 그 외의 문화적 특징인 농경석기와 토기양식이 결합하여 한반도 서해안을 따라 북에서 남으로 전파되는 단계이다. 이 경우의 농경석기란 화북 신석기시대 전중기의 조 · 수수농경지대에 특징적으로 나타났던 마반 · 마봉 등의 탈곡 · 분식구와 기경구인 괭이(石鍬) 세트이다〈도 2〉.

발표자는 이들 석기세트를 화북형농경석기로 부른다(宮本 2003 b). 화북형농경석기만이 아니라, 마제의 유엽형석촉과 즐문토기라는 토기양식(宮本 1986)이 조합되고 점이적으로 북에서 남으로 지역적인 변용을 동반하면서 전파된다. 이러한 농경전파의 확산을 동북아시아 농경화 제1단계로 부른다(宮本 2005 a · 2007 c · 2009 a). 다만, 주의해야할 것은 농경에 대한 생업 비중이 그다지 높지 않고 특히 북에서 남으로 전파됨에 따라 그 비중은 더욱 객체적이며, 수렵채집 비율이 높다는 점이다. 소위 수렵채집사회가 농경기술을 보조적으로 도입한 단계이다. 브루스 스미스(Bruce Smith)가 말하는 저레벨 식량생산단계(Low level food production)에 해당한다(Smith 2001).

이러한 동북아시아 농경화 제1단계는 한반도에 한정된 것은 아니다. 근년에는 동시기에연해주 남부로 농경이 확산되었을 가능성이 높아지고 있다. 지금까지 재

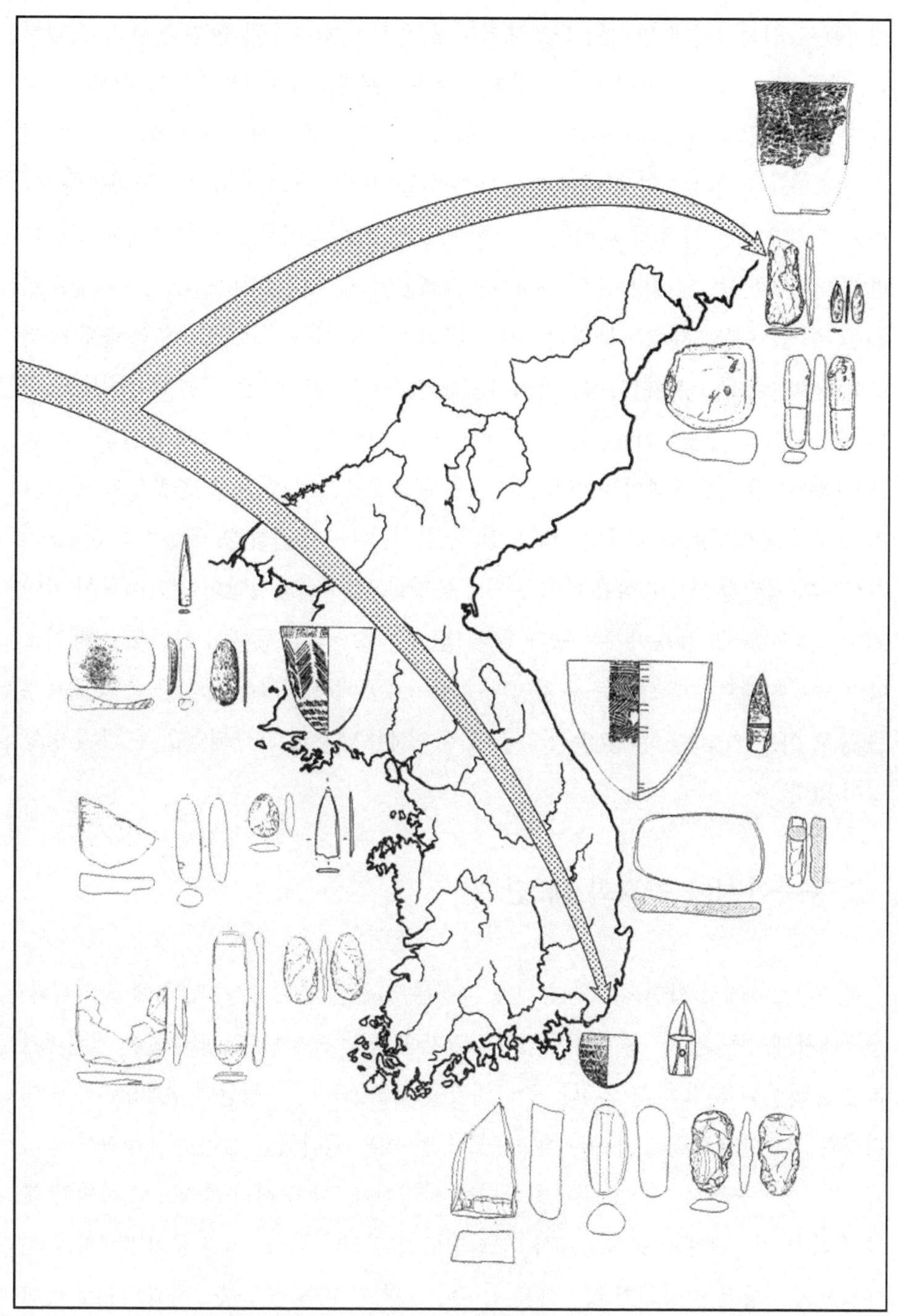

〈도 2〉 동북아시아 농경화 제 1 단계의 화북형농경석기 유엽형마제석촉 토기양식의 확산

배곡물로 신석기시대 말기의 노보세리시에4유적에서 수수가 발견된 예가 있었지만, 연대가 더 이른 기원전 3500년경의 크로우노프카 1 유적 4호주거지에서는 수수와 조 탄화곡물이 발견되어(Komoto & Obata et al. 2004), 농경개시기가 올라갈 가능성이 생겼다. 이 연대는 바로 한반도 남부까지 농경이 확산되는 시기와 일치한다. 그리고 크로우노프카1유적에 이어 기원전 3200년경의 자이사노프카7유적에서는 다량의 마반 · 마봉, 괭이와 같은 화북형농경석기가 출토되었다(Komoto & Obata et al. 2005). 이 단계부터 화북형농경석기가 보급되었음을 시사하고, 조 · 수수 출토 예를 포함하여 크로우노프카1유적~자이사노프카 7 유적 단계에 연해주 남부에도 농경이 확산되었을 가능성이 있다. 이 단계에는 화북형농경석기 이외에 승선문토기(繩線文土器)와 유엽형마제석촉이라는 새로운 문화요소도 확인되고 한반도와 마찬가지로 문화 복합체로서 농경이 전파되었다. 자이사노프카문화 초기에 스이훈(suifun) 가상류와 목단강(牡丹江)상류 내륙부에서 농경화 된 수렵채집민의 집단이동이 확인된다(宮本 2008 b). 동북아시아 농경화 제1단계는 요서 · 요동에서 한반도 서해안을 따라 남부지역으로 확산되는 움직임과 요서 · 요동에서 길장(吉長)지구 등의 내륙부를 통해 아포력(亞布力)유형(한서1식)을 거쳐 연해주남부로 확산되었을 두 가지 방향성이 있다.

2. 동북아시아 농경화 제2단계

동북아시아에서 확인되는 농경전파 과정은 기원전 2500~2000년경에 확인된다. 중국대륙에서는 온난 · 습윤기인 힙시서멀기에 장강중 · 하류역에 출현한 재배벼가 북으로 확산된 흔적이 확인된다. 중국대륙을 회하(淮河) · 태령산맥(秦嶺山脈)과 같이 지형과 기후환경적으로 화북과 화중으로 구분 짓는 동서선을 넘어 재배벼가 확산된다. 조 · 수수농경지대로 도작이 확산되는 시기이다. 이 단계의 특징으로 사회와 문화가 다른 지역간에의 문화접촉이 어느 정도 인정되나, 결코 벼가 문화전체와 함께 화산되는 경향은 인정되지 않는다는 점이다. 게다가 벼는 황하중 · 하류역으로 확산되지만, 벼를 재배가능한 생태조건에서는 고토대지(高土台地) 등 건조 · 한랭지대로는 확산되지 않는다.

장강중·하류역에서 동북쪽 산동반도로 벼가 확산되는데, 산동반도 동단에 해당하는 산동성(山東省) 서하현(棲霞縣) 양가권(楊家圈)유적의 용산문화기 홍소토(紅燒土)에서 탄화미와 벼의 식물규산체(plant opal)이 발견되었다. 용산문화기에 재배벼가 이 지역까지 전파되었음은 확실하다. 최근에 산동반도 용산문화기에 재배벼가 출토하는 유적 사례가 증가하고 있다. 그리고 산동반도의 황해연안지역인 산동반도 남동부지역에 사례가 집중한다. 이는 원래 조·수수농경지대인 산동반도 신석기시대 후기 용산문화에 황해연안을 거쳐 장강하류역에서 재배벼가 확산됨을 말해준다.

더구나 흥미로운 것은 동일한 산동에서도 태산(泰山)을 중심으로 구분한 경우, 그 남동부의 황해연안지역과 북서부의 황하유역에서는 농경작물이 다르다는 점이다. 부유법을 실시한 결과, 황해연안의 양성진(兩城鎭)유적은 벼가 49%, 조가 36%, 황하유적의 교장포(教場鋪)유적에서는 조가92%로 재배식물 비율이 다르다(欒 2004). 이러한 경향은 용산문화기의 흑도 안정동위체분석을 통해서도 확인되었다. 안정동위체인 C13비율에 따라 C4식물인지 C3식물 즉 조·수수와 벼 어느 쪽에 생업주체가 있었는지 알 수 있다. 이 경우는 민속 예 등을 참고로 흑도를 제작하는 단계의 최종공정에서 토기에 탄소를 부착시킬 때 곡물껍질을 사용하는 점을 착안한 것으로, 곡물껍질이 C4식물 즉 조·수수인지 그렇지 않으면 C3식물인 벼인지를 나타냄으로써 당시 지역별로 재배식물을 추측하는 것이다(三原외 2006). 이 분석을 통해서도 부유법에 의한 재배곡물의 정량분석과 동일한 결과가 도출되어 산동의 황하유역에서는 조·수수가 주체이고, 산동의 황해연안지역에서는 벼가 주체임이 확실해졌다. 따라서 산동 용산문화기에는 벼가 장강하류역에서 황해연안으로 북상하여 산동반도의 조·수수농경지대로 전파되면서 벼에 대한 생업 의존이 높아지는 형태로 전파되었다고 할 수 있다. 그 연대는 늦어도 기원전 2500~2000년이다.

이 시기 한반도의 한강하류역과 금강유역의 중남부지역에서는 저습지에서 탄화미가 채집되었다. 그리고 이 지역 신석기시대 후기의 토기내부에서도 벼의 식물규산체가 검출되었다. 게다가 충청북도 옥천군 대천리유적의 주거지 내부에서는 조·수수와 함께 벼가 발견되었다. 주거지내부의 탄화물 연대는 3502calBC~2658calBC

로 오래되었지만, 출토된 토기는 신석기시대 후기에 해당하는 기원전 2500년경의 것이다. 거의 동시기로 봐도 좋다. 다만, 이러한 자료는 저습지유적과 마찬가지로 이후 시대의 교란 즉 오염가능성이 언제나 따라 붙는다. 한반도 남해안의 경상남도 진주시 어은유적에서는 청동기시대 주거지내에서 탄화미가 출토되었고, 그 연대가 1950calBC로 추정된다(Crawford & Lee 2003). 이 유적 청동기시대 주거지 하부에서 신석기시대 말기 토기가 출토되었고, 탄화미 연대는 이 시기와 일치하므로 모순되지 않는다. 적어도 탄화미 자체연대로 볼 때, 기원전 2000년경 한반도 남부에는 벼가 존재하였음을 증명한다. 산동반도 남부의 조 · 수수농경에 벼가 들어온 것과 마찬가지로 한반도 남부의 조 · 수수농경에 벼가 추가되는 단계라고 볼 수 있을 것이다. 그러나 이는 수전 등의 관개농경을 동반하는 집약적 농경단계는 아니었다. 자연농법에 가까운 것이었을 것이다. 이러한 기원전2500~2000년경 조 · 수수농경에 부가하여 재배곡물로서 벼가 추가되는 단계를 동북아시아 농경화 제2단계로 부를 수 있을 것이다.

이러한 초기농경이 수로와 수전 둑 등의 관개기술을 갖춘 것은 아니다. 벼 재배는 용수지 등의 자연지역을 이용한 천수전(天水田) 단계이고, 수확량도 매우 한정되었다. 따라서 벼는 주요 식량이라기보다는 제사활동 등의 특별한 행사에 사용되는 식물이었을 가능성이 높다. 술 등의 원료가 되었을 가능성도 있다. 생업으로서 재배곡물에 대한 의존이 낮은 단계에서 좀 더 집약적 농경이 가능하게 된 것은 관개농경이 시작된 단계이다. 한반도에서는 무문토기시대 단계부터이다. 이 단계에 연해주남부를 포함하는 동북아시아에서는 이삭수확구인 반월형석도와 벌채구인 요동형석부, 목공구인 편평편인석부 · 주상편인석부가 출현하는 단계이다. 이보다 앞서 이상의 석기군이 결합하여 나타나는 곳은 요동반도이다. 그러나 이들 석기군은 요동반도에서 출현한다고 보기 어려운데, 인접하는 산동반도에서도 확인되기 때문이다. 어떻든 이들 석기군은 요동보다 이른 단계에 요동반도 동단부 연대(烟台)지구인 교동반도(膠東半島)에서 출현하여, 요동반도로 전파되었다고 생각된다.

3. 동북아시아 농경화 제3단계

그런데 수로와 둑을 가진 수전은 한반도 남부 무문토기시대부터 일본열도의 야요이(弥生)시대에 확인되는데, 그 기원지는 어디일까? 한대 부장명기를 통해 이들 수전이 중국대륙 한대(漢代)에 존재함은 확실하지만, 신석기시대에는 명확하게 확인된 예가 없다. 호북성(湖北省) 풍현(澧縣) 성두산(城頭山)유적에서 둑이 있는 계단식 수전이 확인되었지만, 둑으로 둘러싸여진 수전 단위는 없다. 그리고 강소성(江蘇省) 오현(吳縣) 초혜산(草鞋山)유적도 토광연결식 수전으로 둑을 가진 수전과 다르다. 신석기시대 중기에서 한대 사이에 그 원형이 완성되었음은 틀림없지만, 아직 명확한 자료가 없다. 그러나 한대의 중국대륙에 존재하는 것을 보면, 그 이전의 중국대륙에 기원을 구해야 할 것이다.

한편, 신석기시대 후기 황해연안의 산동용산문화는 조 · 수수농경에 도작이 부가되어 발달하였다고 서술하였는데, 강소성(江蘇省) 연운항시(連雲港市) 등화락(藤花落)유적에서 수로를 동반하는 수전이 발견되었다. 안타깝게도 둑을 가진 수전인지는 불명이다. 최근, 산동반도 선단에 위치하는 양가권(楊家圈)유적에서는 보링조사를 통해 다량의 벼 식물규산체가 기반층 직상에서 검출되었고, 둑상의 두둑도 발견되어(宮本 2009a) 용산문화기에 수전이 존재하였을 가능성이 높다. 게다가 용산문화기의 산동성 교주시(膠州市) 조가장(趙家莊)유적에서는 두둑으로 둘러싸인 부정형 수전이 발견되었다(靳ほか 2007). 두둑을 갖춘 수전이 용산문화기에 산동반도에서 출현하였을 가능성이 높아졌다고 볼 수 있다.

더구나 한반도 무문토기시대에는 수전만이 아니라, 밭이 많이 발견되었다. 무문토기시대밭은 이랑을 이용한 것이다. 밭유구에서는 고랑과 두둑의 요철이 평행하게 이어지는데, 이는 고랑열에 작물을 심기 때문이라고 생각된다(大庭 2005). 이러한 밭유구는 보습으로 땅을 일구어 두둑을 만들고, 두둑 사이에 고랑이 형성되면서 밭유구를 구성한다. 이 두둑제작용으로 생각되는 보습이 산동반도 용산문화와 악석(岳石)문화에서 확인되었다. 석산(石鏟)이라 불리는 것이다(도 3-1~3). 이 석산은 편인이고, 사용에 따른 선상흔이 인부에 대하여 수직 방향으로 확인되고, 좌우가운데 한 방향의 면, 특히 좌면이 마멸되어 더욱 예리한 경향이 있다. 이는 석산은 일반적으로 오른손잡이의 경우, 사용자가 오른쪽방향에서 사선으로 내리꽂는 삽처럼 사용된 것으로 이해된다. 즉 두둑을 만들 때, 흙을 퍼내기위해 사용한 보습임을 추정할 수 있다. 편인인 점도 보습의 전후 사용방향과 일치하고, 표면과 뒷면의 마모가 다른 점도 사용면이 일정함을 증명한다. 이 경우, 인부 좌단의 마멸이 두드러지는데, 이는 오른손잡이 사람이 두둑이 이어지는 방향에 대하여 좌측에서 두둑을 만들기 위해 흙을 파낼 때와 같은 연속적인 행위에 의해서만 형성되는 것이다. 즉 용산문화·악석문화의 석산은 두둑만들기 전용도구로 사용되었을 것으로 생각된다. 또한 무문토기문화 밭유구의 식물을 심기 위한 고랑열도 이러한 석산에 의한 작업흔일지도 모른다. 물론 석산은 수전 둑을 만들 때에 사용될 수도 있다.

이러한 점으로 미루어 보면, 산동반도의 용산문화·악석문화에 두둑을 만든 밭이 존재하였을 가능성이 높다. 소위 야요이시대 목제보습의 원형은 이 악석문화 석산이었던 것이 아닐까? 그리고 산동반도 석산이 마제이고, 편인이며 정형화된 형태이다. 대문구(大汶口)문화 병행기까지는 보이지 않는 것으로 용산문화에서 악석문화단계에 특수한 용도의 전용구로 개발된 석기라고 생각된다. 이 점에서도 두둑만들기와 수전 둑을 만들 때 사용되는 전용구로 생각된다. 하지만 이들 석기는 요동반도에까지 보이지만, 한반도 무문토기문화에서는 확인되지 않는다. 어떻든 한반도 밭유구에 사용된 보습의 구체적인 예는 불분명하지만, 목제품일 가능성이 있고, 악석문화 석산과 한반도 밭유구를 연결 짓는다면, 이러한 두둑을 가진 밭과 수전 둑 제작기술도 산동반도에서 요동반도로 확대되고, 나아가서 한반도로 전파되었을 가능성을 상정할 수 있다. 적어도 산동반도와 요동반도에서는 악석문화가 산동측에서 확산되고, 석산도 그 중의 하나이다. 두둑이 있는 밭을 이용한 전작도 이렇게 확산되었을 것으로 생각된다.

마찬가지로 관개농경이 시작되는 북부구주 야요이문화 조기에는 목제 괭이가 존재한다. 이러한 목제농구는 원래 한반도 무문토기문화에서 전파된 것으로 보는 것이 보통이다. 그러나 야요이시대 조기에 해당하는 선송국리식 혹은 이보다 앞서는 전기 무문토기문화단계의 목제농구 존재는 여전히 불분명하다. 목제농구가 전파된

지역에서 확인된 실체를 통해 기원지에 있었을 것으로 상상할 수밖에 없는 상황이다. 그러나 발상을 역전시켜보면, 만약 농경전파 발신지로서 산동반도를 고려할 경우, 악석문화의 석산이 한반도에서 목제품으로 전환된 것이 목제보습이라고 상정할 수 있다. 마찬가지로 악석문화의 농경석기로 생각되는 것에는 석제 곡괭이(石钁)가 존재한다(도 3-4 · 5). 방형으로 단측면이 인부로 이용될 수 있고, 중앙에서 약간 상방에 방형 구멍이 있다. 이 구멍에 목제 손잡이가 삽입되었을 것으로 생각되는데, 구멍 단면 방향에서는 보면 곡괭이(石钁)의 장축에 대하여 수직이 아니고, 사선방향으로 손잡이가 끼워졌을 것으로 판단된다. 게다가 손잡이 단부가 약간 두꺼워져 있는 것으로 보아 스토퍼 역할을 하였으며, 곡괭이에 대한 병부의 삽입방향이 일정했음이 그 흔적(도 3-5)과 공의 수직단면형에서도 쉽게 파악할 수 있다. 이러한 곡괭이는 밭을 일구거나 수전을 일구는 등의 기경구로 사용된 괭이였음을 쉽게 알 수 있다. 게다가 그 형태만이 아니라, 중앙 공의 형태와 그 단면형 등이 야요이 조기의 목제괭이와 유사하다. 양자는 기능적으로 동일한 것이었다고 이해되고, 그것이 소재를 달리한 것일 뿐이라고 생각된다. 악석문화의 돌곡괭이야말로 한반도 무문토기문화의 목제괭이의 조형이라고 생각된다. 따라서 악석문화에서 사용된 돌곡괭이가 괭이로, 석산이 보습으로써 밭과 수전용 농구로 특화되었던 것이 한반도 무문토기문화 밭유구와 수전유구의 두둑만들기와 기경구로서 석제괭이 · 보습이 목제소재로 전환되었다고 생각된다. 이와 같이 생각하면 밭 · 수전과 그 농경구(괭이, 보습, 반월형석도)가 복합하여 산동반도에서 요동반도를 경유하여 한반도로 기술이 전파된 것이고, 그 선상에 북부구주 야요이 조기가 존재하는 것이다(宮本 2008 c).

한반도 무문토기문화는 수전과 전작이 특징인데, 초기농경으로서 관개농경이 시작된 단계이다. 이러한 2종류의 곡물생산을 공유하는 지역은 한반도 인접하는 지역으로 산동반동서만 존재한다. 그것도 산동반도 남부에서 산동반도 동단부의 교동반도(膠東半島) 지역이다. 게다가 이들 지역에서 반월형석도를 포함한 마제석기군이 요동반도로 전파된다. 또한 석산(石鏟)이라는 두둑만들기용 괭이도 산동반도에서 요동반도로 확산되었다. 즉 수전과 밭이라는 관개농경과 함께 마제석기군, 석산과 반월형석도라는 공구가 산동반도에서 요동반도로 전파된다. 이들 확산은 점차적이었던

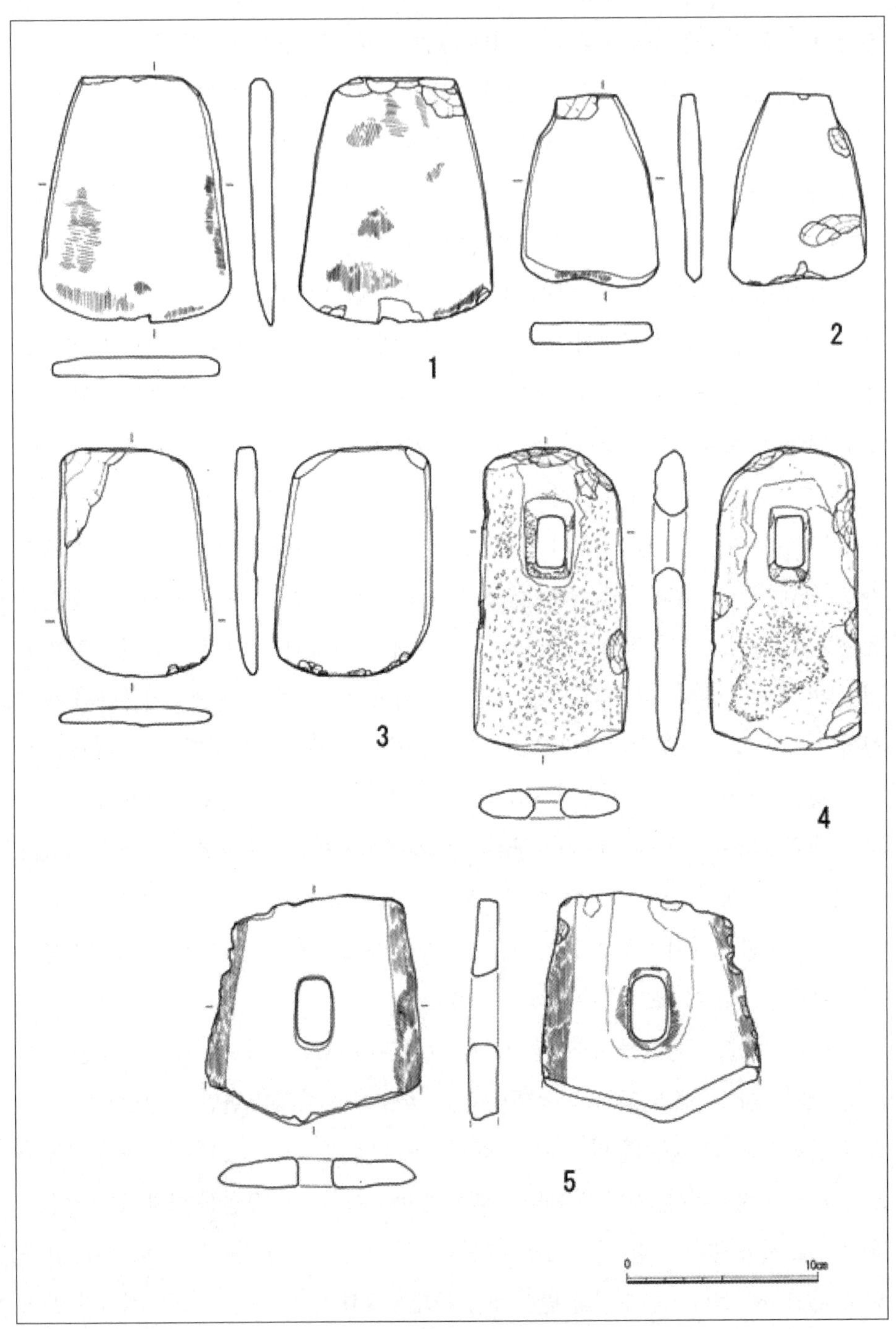

〈도 3〉 석산(石鏟)과 석제 곡괭이(石钁)

것으로 생각되지만, 적어도 이들 모두가 갖추어지는 것은 산동의 악석문화단계일 것이다. 또한 이러한 마제석기군과 반월형석도가 요동반도에서 한반도 무문토기문화로 점이적으로 확대되고, 이에 따라 반월형석도 형태가 변하는 것은 많은 연구자들(下條 1988, 安 1998)에 의해 논증되었다. 그리고 다른 지역에서 마제석기군은 요동에서 길장지구를 거쳐 연해주 남부로 확산된다. 연해주의 얀콥스키문화 · 크로우노프카문화 등이 그에 해당한다. 수전 확산은 이 지역에서 생태적으로 불가능하지만, 마제석기군으로서는 편평편인석부와 주상편인석부 등만이 아니라, 요동형벌채석부도 확산된다(下條 2000). 이 점에서도 앞서 서술한 토기 기종구성 확산과 마찬가지로 동북아시아세계로서 공통된 문화 현상으로 여겨진다.

이상과 같이, 관개농경이 산동반도 동단의 교동반도(膠東半島)에서 요동반도로 확산되는 시기는 악석문화(쌍타자2기)단계이고, 이것이 한반도로 확산되는 시기는 반월형석도 형태변화로 상정해 보면, 요동반도의 쌍타자(双坨子)3기 이후일 것으로 생각된다. 기원전 2000년기 후반의 현상으로 생각된다. 바로 이 관개농경의 전파과정이야말로 동북아시아농경화 제3단계라고 할 수 있다. 본격적인 농경화를 받아들이는 동북아시아 농경화 제3단계가 동북아시아 농경사회형성기라고 볼 수 있다. 동북아시아 제1 · 제2단계가 수렵채집사회의 저레벨 식량생산단계이고, 식량생산이 생업의 주된 비중을 차지하지 않는 단계이다. 그 의미에서 동북아시아 농경화 제3단계는 본격적인 농경사회로 이행한 단계라고 할 수 있다.

한편, 가축이 생업상 어느 정도 이용되었는가라는 점이 흥미롭다. 요동반도에서는 동북아시아 농경화 제3단계 이전의 소주산(小珠山)중층과 소주산상층에 이미 돼지가 확인된다. 대련시(大連市) 곽가촌(郭家村)유적 소주산중층기에는 사슴이 주체이지만, 소주산상층기에는 돼지가 사슴보다 증가하는 경향이 있다(傅 1984). 하지만 돼지와 멧돼지를 형태적으로 엄밀하게 구별한 袁靖의 감정에 의하면, 동일한 요동반도 문가둔(文家屯)패총에서는 오가촌기(吳家村期)~소주산상층기에는 돼지가 없고, 모두 멧돼지라고 한다(袁靖 2002). 동북아시아 농경화 제3단계 이후의 쌍타자(双坨子)3기에 해당하는 요동반도 대취자(大嘴子)유적에서는 돼지가 동물유존체 중에서 가장 많다. 이렇게 보면, 쌍타자 2 기 동북아시아 농경화 제3단계 이후는 확실하게 돼지사육이 생업주체였지만, 동북아시아 농경화 제2단계의 소주산상층기는 수렵에서 돼지사육으로의 이행기로 위치 지을 수 있을 것이다. 혹은 요동반도에서 먼저 초기농경사회에 구조변화가 있었을 가능성도 있다. 한편, 동북아시아 농경화 제1단계에 연해주 남부로 직접적인 자극을 부여한 스이훈강 상류와 목단강(牡丹江)상류지역에서 돼지사육이 성행하는 점은 돼지 등의 동물 소상(塑像)이 눈에 띄는 홍성(興城)문화의 앵가령(鶯歌嶺)상층(黑龍江省文物考古工作隊 1981) 등의 기원전 2000년기 후반 이후이고, 역시 동북아시아 농경화 제3단계 이후라고 볼 수 있다. 한반도 내륙부에서도 돼지사육이 사슴 수렵보다 양적으로 우세한 것은 청동기시대 이후이다(甲元 2007). 가축이라는 면에서도 본격적인 농경화를 이차적 농경지대인 동북아시아가 수용하는 것은 동북아시아 농경화 제3단계 이후라고 할 수 있다.

이상으로 동북아시아 제1 · 제2단계가 수렵채집사회의 저레벨 식량생산단계이고, 동북아시아 농경화 제3단계 이후가 동북아시아에서 본격적인 농경화 즉, 초기농경사회를 형성하였다고 볼 수 있다. 그리고 또 동북아시아 농경화 제3단계는 청동기사회 출현도 다소 시기차를 가지면서 호응하는 움직임을 보여준다. 그리고 이 관개농경 전파과정의 연장으로서 한반도 남부에서 북부구주로의 관개농경 전파가 있다. 거기에는 물론 산동반도 동부(膠東半島)에서 요동반도로 농경이 전파하는 단계와는 당연히 시간적 격차가 존재함은 두말할 필요도 없다.

Ⅲ. 농경 전파와 그 메카니즘

동북아시아에는 이상과 같은 3가지 농경전파 과정이 있었다고 생각된다. 이 경우, 동북아시아 농경화 제1단계와 제3단계에는 농경기술 전파만이 아니라, 화북형농경석기와 반월형석도를 포함한 마제석기군 혹은 토기양식의 확산이라는 복합적 농경 전파과정를 보여준다. 또한 동북아시아 농경화 제2단계에도 요동반도에서는 산동반도의 영향을 받은 형태로 토기양식의 큰 변화가 생겨났고, 호형토기양식이 요동에서 대동강유역의 한반도 서북에까지 도달한다. 이처럼 농경화의 각 단계는 단순히 농경곡물이 전파되어 재배화가 확대된 것만이 아니라, 문화요소와 문화양식 변화를 수반한다고 할 수 있다. 이는 단순히 문화전파라기보다는 거기에 인간의 왕래를 가늠할 수 있다. 인간 교류가 없으면 이러한 농경기술이 전파되지 않았을 것이다. 이들 문화양식과 문화요소의 확산은 서에서 동으로 북에서 남이라는 한 방향으로의 백터를 보여주는데, 이는 상호교류 속의 인간 교류라기보다는 한 방향으로의 인간 움직임이라고 이해된다. 즉 인간집단 이동으로 이해하는 것이 가장 합리적이라 생각된다. 이에 관련하여 주목할 점은 이러한 농경화 3단계 획기와 기후변동 시기가 거의 일치한다는 점이다.

〈도 4〉는 수월호(水月湖) 호저의 퇴적물에서 나타난 과거 8830년간에 걸친 기후변동을 보여준다(福澤 1995). 점호퇴적물(粘縞堆積物)은 연륜처럼 일년마다 퇴적되고, 일연마다의 퇴적물내의 황철광과 능철광의 양비를 분석함으로써 호수가 담수화되었는지 기수화되었는지 알 수 있다. 이들은 해퇴기와 해진기를 나타내고 고기후의 미묘한 변화를 나타내는 것이다. 동일한 점호퇴적물은 동향호(東鄕湖)에서도 보링조사를 통해 확인되었고, 동일한 해면변동결과가 나왔다.

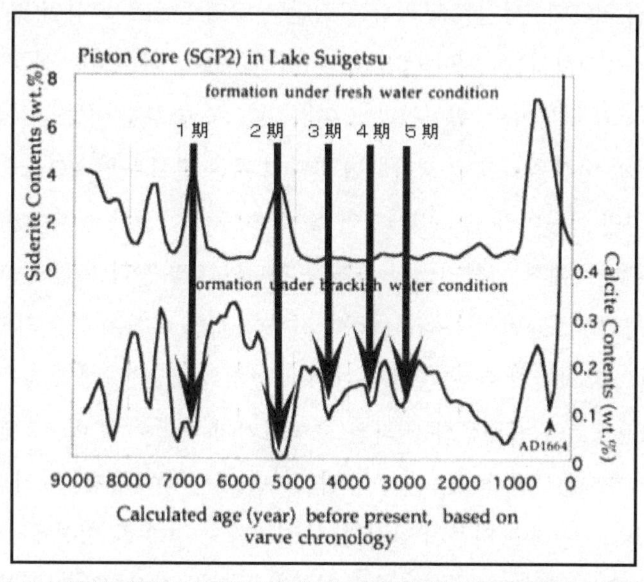

〈도 4〉 수월호(水月湖)의 과거 8830년간의 연호퇴적물로 본 해퇴시기(福澤1995에서 수정전제)

수월호(水月湖) 점호퇴적물(粘縞堆積物)에는 〈도 4〉에 나타낸 것과 같은 과거 8830년간 최대 고해면기 이후 크게 네 번의 해퇴기인 2기에서 5기의 해퇴기가 존재한다. 즉 일시적인 한랭기에 해당한다. 일시적 한랭기의 연대가 거의 앞서 설명한 동북아시아 농경화의 각 단계와 일치한다. 한랭기와 농경전파기가 일치하는 점은 코모토 마사유키(甲元眞之)에 의해 야요이조기에 이르는 죠몽시대 쿠로카와식기(黑川式期)에 한랭화되었던 사실을 통해, 한반도에서 도래민이 북부구주로 가경지를 찾기 위해 이동하였다고 지적하였다(甲元 2005). 일시적인 한랭화가 농경민 이동을 부추겼을 가능성이 있다. 원래 농경사회에 의존한 사람들은 그 의존도가 높으면 높을수록 인구증가를 일으키고, 일시적인 한랭화 등으로 그 인구를 유지하기 어려운 경우에는 집단 일부가 이동하여 새로이 농경에 적합한 지역를 찾는다고 생각된다. 즉 분촌하여 일부 집단이 이주함으로써 모집단(母集團) 인구를 유지할 수 있다. 이처럼 농경민 이동은 단순히 북부구주에서 야요이 조기 도래인의 이주를 설명해줄 뿐만 아니라, 동북아시아 농경화의 각 단계를 유도한 현상으로 이해할 수 있다.

현재의 민족 예 등을 보면, 기본적으로 농경민과 수렵채집민이 서로 섞이는 경우는 없다. 소위 농경민과 수렵채집민이 혼합하여 새로운 민족 집단을 만들어 내는 현상은 확인되지 않는다. 생업을 달리하는 집단은 교역 등으로 교섭이 있었다고 해도 수렵채집민이 농경화하는 경우는 없다고 이해된다(Bellwood 2005). 농경화로의 과정은 농경민 자체의 확산이 큰 원인이라고 여겨진다. 즉 농경민 이동을 분촌이라는 농경사회측에서의 면적 확대로 농경화되어 간다고 보는 편이 무난하다.

그러한 농경민 이동이라는 측면에서만 볼 경우, 동북아시아 농경화 3단계는 특히 제1단계와 제3단계에서는 석기군의 구조적 전파와 토기양식 확산 등이 확인되고, 농경이라는 생업시스템만이 아니라, 문화 전반에 걸친 확산이 확인되므로 인간 이동에 의한 것으로 봐야할 것이다. 동북아시아 농경화 제2단계에도 교동반도(膠東半島)에서 요동반도로의 흑도문화 전파와 호형토기의 확산이 보이고, 제1 · 제3단계 정도는 아니라고 해도 인간 이동이 중층적이었을 가능성이 높다. 그러므로 이들 동북아시아 농경화 3단계란 바꾸어 말하면, 농경민과 농경화 한 수렵채집민의 확산이 원인이 되어 농경과 함께 그것에 부가된 사회와 문화가 확산되는 단계라고 할 수 있을 것이다. 그리고 그 농경민과 농경화 한 수렵채집민의 확산 혹은 이주 · 이동이라는 현상은 기후 한랭화 등의 일시적 환경악화현상에 기인하는 현상이었을 것으로 볼 수 있다.

이들 이동은 계통적인 이동이라기보다 인간집단의 비교적 단거리 이동과 정착, 나아가서는 연쇄적이고, 결과적으로 혹은 문화 현상적으로는 일련의 띠상으로 확대된 현상으로 인식된다. 이 경우, 문제가 되는 것이 이주와 재래민의 결합이다. 당연히 재래 수렵 채집민과 이주한 농경민과의 교배 중에 점차 인적 결합과 동화현상이 일어났음을 상상하지 않을 수 없다. 그와 함께 문제되는 것이 농경으로의 생업 의존도 차이에 따라 본격적인 농경민 단계와 유사농경인(擬似的 農耕民)단계에서는 농경민 확산이 사회적인 정체성을 수반하는 형태로 나타나는 단계와 그렇지 않은 단계가 존재할 것이다. 상대적으로 본 경우, 농경화의 전업도가 취약한 동북아시아 농경화 제1 · 제2단계에는 문화의 급격한 변화는 상대적으로 적다. 그 의미에서도 동북아시아 농경화 제1단계에서 제2단계와 동북아시아 농경화 제3단계 사이에는 농경민 자체의 질적 변화가 있고, 그 이동에 동반하는 이주지에서 문화변화와 문화변화현상이 더욱 두드러졌던 것이 된다. 게다가 현재 민족예에서 보이는 농경민과 수렵채집민이 물과 기름처럼 섞이지 않는 것은 이러한 농경민의 아이덴터티가 확립된 이후 단계라고 할 수 있다.

지금까지 문제 삼지 않았지만, 동북아시아 농경화 제4단계라고 볼 만한 것이 북부구주에서 야요이 문화 성립 시기이다. 전술한 수월호(水月湖)의 점호퇴적물(粘縞堆積物) 분석에서도 제 5기의 한랭기가 존재하였다. 이것이 甲元眞之가 주장하는 쿠로카와식기(黑川式期) 한랭기이다. 실연대에 관해서는 기원전 1000년에 해당하지만, 동일한 분석가의 데이터에서는 기원전 800년경이라는 수치도 확인되었다(福澤 1996). 그 실연대가 어떻든 이러한 한랭기가 계기가 되어 한반도 남부에서 도래민이 북부구주로 이동하여 관개농경을 시작한 것이 야요이 문화 개시라고 할 수 있을 것이다. 이점에서 이 시기를 동북아시아 농경화 제4단계라고 할 수 있을 것이다. 필자는 북부구주 야요이 개시 연대는 요녕식 동검 연대를 통해 기원전 8세기경이라고 생각한다(宮本 2008 a).

최근에 야요이 문화성립기에 도래인의 북부구주로의 도래와 문화변용을 설명할 때, 죠몽만기 쿠로카와식기(黑川式期)의 한랭화와 그에 수반하는 한반도 남부에서 도래인의 존재를 인정하는 설이 지지를 얻고 있다. 그리고 이러한 도래인의 고향이 한반도 남부 남강유역이고 금강유역의 송국리문화인들의 이주로 인해 남강유역 무문토기 중기문화가 형성되고 그것이 파급된 것이 북부구주의 야요이 문화라는 설(端野 2003, 端野 2006)도 있다.

한편, 이 북부구주에 야요이 문화가 도래하는 시기는 선송국리식기에 해당한다. 이미 한반도 남부지역에서도 수전과 밭 등의 관개농경이 시작되었고, 환호취락이 존재하며, 나아가서 지석묘에 보이는 것과 같은 사회집단의 군과 집단간의 계층차가 출현하기 시작하는 단계이다. 더욱 고도화한 농경민 사회로 전환되었다고 할 수 있을 것이다. 따라서 이러한 농경민이 한랭화에 의해 분촌 · 이주하는 경우에는 이주처의 문화현상은 그 아이덴터티를 확인할 수 있는 복합적 문화 변화를 초래하게 된다. 그것이 수전 등의 관개농경이고, 환호취락 등의 취락형태, 지석묘 등의 묘제, 마제석기군과 토기양식 등 생활에 밀착한 도구에 이르기까지의 문화 전반을 들여오고 그것이 변용한 것이라고 할 수 있을 것이다(宮本 2009ｂ).

Ⅳ. 맺음말

이상과 같이, 도래인을 계기로 시작되는 관개농경을 동반한 야요이 사회 출현은 이차적 농경지대인 동북아시아로의 농경확산현상의 백터선상에 있었음을 이해할 수 있었다. 이는 크게 보면, 북에서 남 혹은 서에서 동으로의 문화 파급이고, 수렵채집사회로 단계적으로 농경민과 농경화 한 수렵채집민이 확산되어 교배한 결과로 인한 문화변용이었다고 할 수 있을 것이다.

동북아시아 농경화에는 크게 4단계가 존재한다. 제1단계는 기원전 3500년경에 보이는 한반도 중서부에서 남해안과 동해안지역으로의 토기양식 확산현상이 인정된다. 동시에 스이훈강 · 목단강 상류역에서 연해주 남부 해안부로 토기양식이 확산된다. 이 단계는 단순히 토기양만이 아니라, 화북형 농경석기와 유엽형 마제석촉 나아가서는 조 · 수수 재배곡물이 복합된 문화복합체로서 확산된다. 이러한 문화현상은 소지역을 잇는 연쇄적인 인간 이동과 이주와 재래민과의 교배 결과라고 생각된다. 한반도 중서부와 스이훈강 · 목단강상류역의 수렵채집민은 화북의 조 · 수수농경사회의 일부인 요동 · 요서 농경사회와의 접촉으로 재배곡물을 수용하고, 기원전 4000년경에는 농경화한 수렵채집사회를 형성하였다. 그들의 생업은 이 단계에는 재배곡물을 주로한 농경사회에 달하진 않았고, 저레벨 식량생산단계에 있었다. 이처럼 농경화한 수렵채집민이 기후의 한랭화에 기인하여 이주를 동반하면서 확산되어 간다.

동북아시아 농경화 제2단계는 기원전 2500년~2000년경에 보인다. 장강중 · 하류역에서 약 1만 년 전에 시작된 도작농경은 점차 북방으로 확산된다. 원래 조 · 수수농경사회였던 산동반도에도 벼가 확산된다. 이 연대는 아마 대문구(大汶口)만기~용산문화기일 것이다. 적어도 용산문화기에는 도작이 산동반도 남안의 황해연안쪽으로 산동반도 동단의 양가권(楊家圈)유적까지 전파된다. 조 · 수수농경에 도작농경이 합체한 형태로 점차 한반도로 확산되어 간다. 현상적으로 보면, 한반도 신석기시대 벼 검출 례는 탄화미와 토기태토의 벼 식물규산체 검출 례가 한반도 중 · 남부 이남에 한정되어 있다. 그리고 그 연대는 기원전 약2000년경이다. 그러나 이 시기의 흑도 안정동위체 분석에서 벼는 용산문화기에 요동반도까지 확산되었을 가능성이 높다. 문가둔(文家屯)패총 주거지의 홍소토(紅燒土)에서도 벼의 식물규산체가 검출된 사례가 있었지만(岡村編 2002), 오가촌기(吳家村期)~소주산상층기에 해당하는 문가둔패총에 벼가 존재하는 점은 흑도의 안정동위체분석과 모순되지 않는다. 용산문화 전기의 요동반도 사평산(四平山) 적석총 분석에서도 이 단계에 산동반도의 동단인 교동반도(膠東半島)에서 요동반도로의 집단 이주가 있었을 것으로 이해된다(澄田 · 小野山 · 宮本 2008). 소주산상층기에 요동반도에서 토기조성 변혁으로 옹이 출현하지만, 특징적인 호만이 요동반도, 요동, 압록강 하류역을 거쳐, 한반도 서부까지 형식적인 유사성을 보여준다. 교류의 증거가 호에서만 나타나지만, 벼도 황해를 직접 횡단하여 전해졌다기보다는 요동반도에서 한반도 중 · 서부라는 흐름에서 전파되었을 가능성이 높다. 어떻든 이 동북아시아 농경화 제2단계는 조 · 수수 재배곡물에 더하여 벼가 산동반도를 거쳐 한반도남부까지 확산되는 단계이다. 다만, 조 · 수수에 추가된 벼도 그 집약성이 낮아, 아직 저레벨 식량생산단계에 머물렀던 농경화된 수렵채집단계이다. 이 단계의 전파 연장선으로 교역을 통해 재배곡물이 구주 죠몽사회에 전해졌을 가능성이 높다.

동북아시아 농경화 제3단계는 기원전 1500년경에 보인다. 산동반도에서 요동반도로 나아가서는 한반도 전체에 걸쳐 밭과 수전 등의 관개농경과 함께 편평편인석부, 주상편인석부, 요동형석부 등의 공구와 벌채부, 나아가서는 반월형석도 등의 농구가 문화복합체로서 점이적으로 북에서 남으로 확대된다. 또한 석산(石鏟) 등의 농구도 적어도 산동반도에서 요동반도로 확산되고, 아울러 산동의 악석문화 토기가 요동반도로 확산되어 간다. 산동반도에서 요동반도로의 문화파급은 토기를 포함한 긴밀한 유대 관계가 보이는데, 인간 이주를 동반하는 것이었음을 쉽게 이해할 수 있다. 산동반도의 악석문화기는 기후의 한랭기에 해당하고, 사회불안이 존재하였다고 지적되었지만(方輝 2006), 요동반도로의 집단이주도 이와 관련될 것이다. 이 농경화 제3단계는 한반도에서도 관개농경을 포함하는 문화복합체를 지역간에 점이적으로 수용하는 단계이고, 나아가서는 토기양식의 커다란 전환기인 신석기시대에서 무문토기시대로의 이행기에 해당한다. 이 단계는 농경화한 저레벨 식량생산단계에서농경을 주로 한 초기농경사회로 한반도 전체가 전환된 단계이기도 한다. 동일하게 목단강상류역에서 두만강유역은 홍성문화로의 이행기에 해당하는데, 이 시점은 반월형석도 보급으로 인해 농경으로의 의존도가 높아지는 단계이다. 한반도 내륙부와 홍성문화는 돼지를 중심으로 한 가축동물이 점차 사슴 등의 야생동물보다 주된 단백질원이 되어가는 단계이기도하다.

동북아시아 농경화 제4단계는 한반도 남해안지역의 선송국리식기에 수전 등을 포함하는 관개농경문화가 북부구주로 전파된 단계이다. 야요이 시대의 도래이고, 북부구주로는 환호취락, 지석묘, 수전, 대륙계 마제석기, 목제농구, 마제석검 등의 새로운 문화요소가 한반도로부터 유입되어, 야요이 토기양식이라는 토기양식의 큰 전환을 맞이하게 된다. 한편, 거의 동일한 단계에 연해주 남부에서는 얀콥스키 문화를 맞이한다. 요동형 벌채석부와 마제석층 등 새로운 문화요소가 인정되는 단계이고,

이 지역에서도 본격적인 초기농경을 맞이하는 단계에 해당한다.

이상의 동북아시아 농경화 제1단계에서 제4단계는 단계적으로 농경화가 진행됨과 동시에 일련의 변화는 동북아시아 전체를 포괄한 일체화된 움직임이라 볼 수 있다. 일본열도 야요이 시대에 이르는 초기농경사회로의 움직임도 이러한 움직임 속에 필연적으로 나타난 것이다. 게다가 이러한 단계적 변화에는 거의 동시기의 한랭기에 해당하고, 한랭화가 계기가 되어 농경민과 농경화한 수렵채집민의 이주가 그 한 역할을 담당한 것으로 이해할 수 있을 것이다. 야요이 문화 형성에 그 역할 일부를 담당한 도래인도 이러한 움직임 내에 위치 지을 수 있을 것이다.

그리고 이 관개농경사회의 성립이야말로 일본열도의 문명화를 초래하는 필요조건이 된 것이다. 야요이 사회의 성립이야말로 일본열도의 문명기원이고, 그것은 동북아시아 교류 속에 나타나는 것임은 틀림없다.

참고문헌

安承模,『東アジア先史時代の農耕と生業』, 學研文化社, 1998.

袁靖,「動物遺存体の鑑定」,『文家屯 1942年遼東先史遺跡發掘調査報告書』, 遼東先史遺跡發掘報告書刊行會, 2002.

岡村秀典編,『文家屯 1942年遼東先史遺跡發掘調査報告書』, 遼東先史遺跡發掘報告書刊行會, 2002.

大庭重信,「無文土器時代の畠作農耕」,『待兼山考古學論集-都出比呂志先生退任記念』, 2005.

河南省文物考古研究所,『舞陽賈湖』, 科學出版社, 1999.

黑龍江省文物考古工作隊,「黑龍江寧安縣鶯歌嶺遺址」,『考古』6, 1981.

甲元眞之,『中國新石器時代の生業と文化』, 中國書店, 2001.

________,「砂丘の形成と考古學資料」,『文學部論叢』86, 熊本大學文學部, 2005

桂雲・燕生東・宇田津哲朗・蘭玉富・王春燕・佟佩華,「山東膠州趙家莊遺址4000年前稲田的植硅体証据」,『科學通報』52卷18期, 2007.

下條信行,「日本石包丁の源流-弧背弧刃系石包丁の展開」,『日本民族・文化の生成』, 六興出版社, 1988.

________,「遼東形伐採石斧の展開」,『東夷世界の考古學』, 青木書店, 2000.

澄田正一・小野山節・宮本一夫 編,『遼東半島四平山積石塚の研究』, 柳原出版社, 2008.

端野晋平,「支石墓伝播のプロセス-韓半島南端部・九州北部を中心として」,『日本考古學』16, 2003.

________,「水稲農耕開始期における日韓交涉-石庖丁からみた松菊里文化の成立・擴散・変容のプロセス」,『日韓新時代の考古學』, 九州考古學會・嶺南考古學會 第 7 回 合同考古學大會, 2006.

傅仁義,「大連郭家村遺址的動物遺骨」,『考古學報』3, 1984.

福澤仁之,「天然の「時計」・「環境変動検出計」としての湖沼の年縞堆積物」,『第四紀研究』34:3, 1995.

________,「稲作の擴大と氣候変動」,『季刊考古學』56, 1996.

方輝, 川村佳男 譯,「岳石文化の衰退に關する一試論」,『亞州學誌』3, 2006.

三原正三・欒豊實・小池裕子・宮本一夫,「海岱龍山文化黑陶碳素的穩定同位素分析」,『東方考古』三, 科學出版社, 2003.

宮本一夫,「朝鮮有文土器の編年と地域性」,『朝鮮學報』121, 1986.

________,「中原と辺境の形成-黃河流域と東アジアの農耕文化」,『食糧生産社會の考古學』, 朝倉書店, 1999.

________, 「縄文農耕と縄文社會」, 『古代史の論点 1 環境と食料生産』, 小學館, 2000a.

________, 「農耕起源理論と中國における稲作農耕の開始」, 『日本中國考古學會會報』10, 2000b.

________, 「大友支石墓の変遷」, 『佐賀縣大友遺跡 弥生墓地の發掘調査』(考古學資料集16), 九州大學大學院人文科學研究院考古學研究室, 2001.

________, 「膠東半島と遼東半島の先史社會における交流」, 『東アジアと『半島空間』-山東半島と遼東半島』, 思文閣出版社, 2003a.

________, 「朝鮮半島新石器時代の農耕化と縄文農耕」, 『古代文化』55: 7 , 2003b.

________, 「總論 東アジアの土器の出現」, 『考古學ジャーナル』8月号(519), 2004a.

________, 「北部九州と朝鮮半島南海岸地域の先史時代交流再考」, 『福岡大學考古學論集-小田富士雄先生退職記念』, 2004 b .

________, 『中國の歴史01 神話から歴史 神話時代 夏王朝へ』, 講談社, 2005a.

________, 「園耕と縄文農耕」, 『韓・日新石器時代の農耕問題』(第 6 回 韓・日新石器時代共同學術大會發表資料集), 2005b.

________, 「漢と匈奴の國家形成と周辺地域-農耕社會と遊牧社會の成立」, 『九州大學 21世紀COEプログラム 東アジアと 日本: 交流と変容 統括ワークショップ 報告書』, 2007a.

________, 「沿海州南部新石器時代後半期の土器編年」, 『東北アジアの環境変化と生業システム』, 熊本大學文學部, 2007b.

________, 「中國・朝鮮半島の稲作文化と弥生の始まり」, 『弥生時代はどう変わるか』, 學生社, 2007c.

________, 「遼東の遼寧式銅劍から弥生の年代を考える」, 『史淵』145, 2008 a .

________, 「沿海州南部における初期農耕の伝播過程」『下條信行先生退任記念論文集』愛媛大學法文學部, 2008 b .

________, 「弥生時代における木製農具の成立と東アジアの磨製石器」『九州と東アジアの考古學 九州大學考古學研究室50周年祈念論文集』, 2008 c .

________, 『農耕の起源を探る イネの來た道』(歴史文化ライブラリ-276), 吉川弘文館, 2009a.

________, 「直接伝播地としての韓半島農耕文化と弥生文化」, 『弥生時代の 考古學1 弥生文化の輪郭』, 同成社, 2009 b .

山崎純男, 「西日本縄文農耕論」, 『漢・日新石器時代の農耕問題』(第 6 回 韓・日新石器時代共同學術大會發表資料集), 2005.

欒豊實, 濱名弘二 譯, 「海岱地區先史農業の生成, 發展及び關連する問題」, 『東アジアと日本 交流と変容』創刊号, 2004.

李榮文, 『韓國支石墓社會研究』, 學研文化社, 2002.

Bellwood, Peter, FIRST FARMERS: The Origins of Agricultural Societies, Malden: Blackwell, 2005.

Crawford, Gary W. & Lee, Gyoung-wa, "Agricultural origins in the Korean Peninsula", In Antiquity 77(295), 2003, 87~95쪽.

Jiang, Leping. & Liu, Li., "New evidence for the origins of sedentism and rice domestication in the Lower Yangzi River, China", In Antiquity 80(308), 2006, 355~361쪽.

Komoto M., Obata H. et al., Krounovka 1 Site-Excavation in 2002 and 2003, Kumamoto University, Japan, 2004.

Komoto M., Obata H. et al., Zaisanovka 7 Site-Excavation in 2004, Kumamoto University, Japan, 2005.

Smith, Bruce D., "Low-Level Food Production", In Journal of Archaeological Research, 9(1), 2001, 1~43쪽.

日本列島の文明起源と交流

宮本一夫

日本列島の文明の起源は、灌漑農耕の始まりに起因する。その灌漑農耕も、韓半島南部と北部九州の交流によってもたらされている。文化接触と灌漑農耕の内的な発展の中で、日本列島での社会進化が始まっていくのである。

このような北部九州での灌漑農耕の始まりは、東北アジアの農耕化の流れの中にある。それは、寒冷期における農耕民の移住とその移住地での狩猟採集民との交配による農耕化の動きである。こうした農耕化は、北部九州の灌漑農耕の歩みに至るまでの4段階としてまとめることができる。本稿では、韓半島に関係する東北アジア農耕化3段階をまず説明した。

東北アジア農耕化第1段階は、紀元前3500年頃にアワ・キビとともに磨盤・磨棒や石鋤が韓半島南部や沿海州南部へ拡散する段階である。これは韓半島南部の新石器時代中期初頭に相当する。東北アジア農耕化第2段階は、紀元前2500～2000年頃に山東半島煙台地区から遼東半島へイネや遼東形石斧・石包丁などが拡散する段階であり、その流れの中に韓半島新石器時代後・晩期にイネが拡散する可能性のある段階である。これら第1・第2段階の韓半島南部は、ともに穀物栽培が食料の中で主となる段階ではなく補助的なものとして存在し、依然として狩猟採集に重きを置く段階にある。東北アジア農耕化第3段階は、紀元前1500年頃、山東半島に生まれた畦畔水田を持った灌漑農耕が遼東半島を経由して韓半島に流入する段階である。その段階には、韓半島においても遼東形石斧、扁平片刃・柱状片刃石斧、石包丁、木製農具などが伝播し、次第に変容していく段階である。そして、第2・第3段階の農耕化の延長として、九州の縄文時代後・晩期にはごく僅かな穀物栽培を伴う成熟園耕期に移行していく。

そして、灌漑農耕の韓半島での成立が無文土器社会の成立を意味するものであり、これによって韓半島無文土器社会が次第に人口増加などの社会進化を果たしていく。こうした中に一時的な寒冷化の中で先松菊里式段階に北部九州へ渡来人が灌漑農耕文化をもたらし、縄文人との融合の中に弥生文化が生まれていく。これが東北アジア農耕化4段階である。そして、この灌漑農耕社会こそが、その後の古代国家成立に至るまで、すなわち文明成立までの必須条件となるのである。

[主題語] 灌漑農耕, 弥生文化, 無文土器社会, 東北アジア農耕化, 畦畔水田

동북아시아의 고고학적 인종에 대한 인류학적 검토

투먼 D.

투멘 다쉬베렉 (Tumen Dashvereg)

모스크바대학교 대학원 인류학과 졸, 이학박사. UC Berkeley 방문교수, 실크로드 재단(Silkroad Foundation) 순회강사 역임. 현) 몽골국립 울란바타르대학교 고고인류학과 교수.

주요저서 : "Old World Sources of the First New World Human Inhabitants: a Comparative Craniofacial View", "Craniofacial Comparative Study of Ancient Populations of Mongolia", *Archaeology of the Mongolian Period: A Brief Introduction*.

Ⅰ. 역사 및 고고학적 배경

고고학적 연구에 의하면 동북 아시아의 선사시기(신석기, 청동기, 철기 시대 및 이후 역사 시대)에 다양한 문화의 인종이 아시아 지역 영토에 거주하였으며, 이들이 지역을 넘나들며 광범위하게 이주하여 인종간의 문화적 교류가 집중적으로 발생하였다.

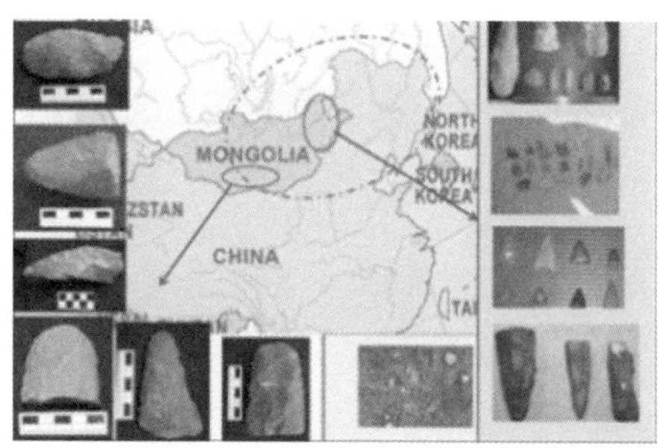

도 1. 신석기 시대, 동부 및 남부 몽골지역의 인공유물들

신석기 시대에는 두 개의 상이한 문화가 존재했는데, 바이칼 및 러시아 극동 지역에 거주하는 유목 수렵민, 채집민과 내몽골 및 만주 지역에 거주하는 농경민으로 구분된다. 그러나, 접점이자 핵심 지역인 동부 몽골에서 바이칼 지역의 유목 수렵민과 채집민, 동북 내몽골과 만주 지역의 농경민들이 광범위하게 혼합되었다.(Okladnikov, 1970; Larichev, 1959, 1960; Dorj 1971).

고고학 연구를 통해 청동기 및 초기 철기시대(3000-BC 3세기)에 서부와 동부 몽골 지역간에 상당한 문화적 차이가 존재했음을 알 수 있다.(Volkov 1967, 1981; Novgorodova 1987; 1989, Erdenebaatar 2002) 서부 몽골 지역에는 쿠르간 적석분, 녹석 유적, 암석화와 연관된 문화가 광범위하게 분포되어 있다.

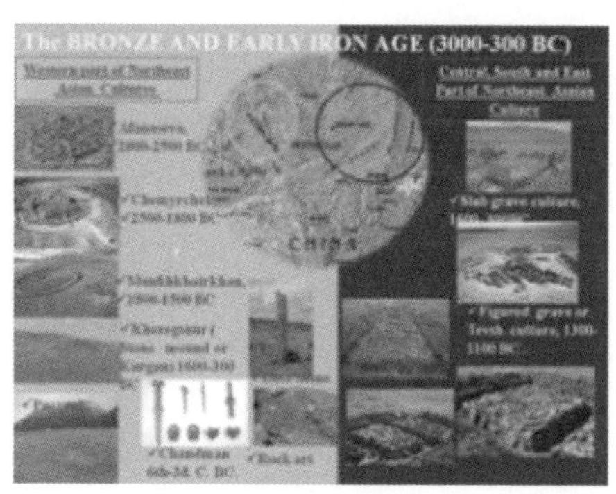

도 2. 청동기 시대. 무덤 및 기타 유적의 지표 건축물

서부 몽골 지역의 청동기 및 초기 철기 시대 문화는 남부 시베리아의 청동기, 철기 시대의 알타이-사얀 변형에 속한다. (Tseveendorj, 1980, Tseveendorj, 등 2003; Erdenebaatar, 2002; Volkov, 1967; Novgorodova, 1987). 이 시기에 몽골, 바이칼, 남부 시베리아 지역의 서부와 동부 사이에 문화적 혼합이 광범위하게 이루어졌다. 그러나, 동부 및 중앙 몽골 지역의 청동기 및 초기 철기 시대 유물은 소위 널무덤 문화의 특징

을 보인다: 널무덤은 가장자리에 석판으로 직사각형 봉입을 세운 것인데, 때로는 공동묘지처럼 무리지어 있다.

널무덤 문화는 동부 및 중앙 몽골 전역뿐만 아니라, 서쪽의 항가이 산에서 동쪽의 만주, 북쪽 바이칼호 지역에서 남쪽의 오르도스 까지 주변 지역으로 널리 퍼져 있었다. 이렇게 널리 퍼져있음에도 불구하고, 널무덤 문화의 유적은 표층과 표층 아래 건축양식 및 연관된 물질 문화에 있어서 동일하다.(Navaan 1975; Tsybekhtarov 1998; Erdenebaatar 2002) 몽골의 고고학자들은 널무덤 문화와 관련된 인종이 흉노의 직계 선조라고 주장한다. (Sukhbaatar 1980).

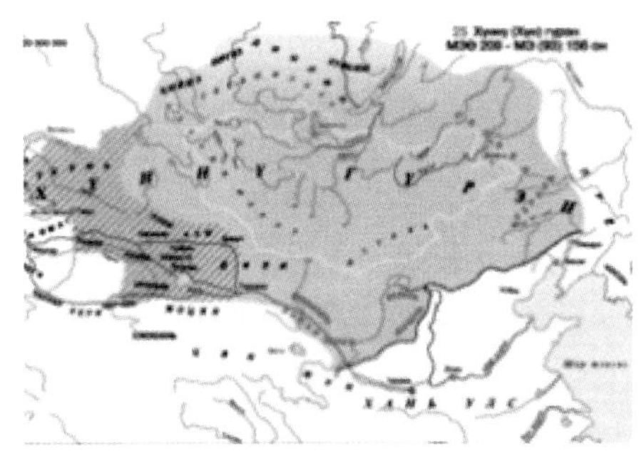
도 3. 흉노 군장지역 (BC 3세기-AD 2세기)
(국립 몽골 지도, 2009)

최근 몇 년 동안 몽골-러시아의 합작 프로젝트인 "중앙 아시아 유적 2002-7"의 결과로, 서부 몽골의 알타이 산맥 지역에서 지금까지 알려지지 않았던 초기 청동기 시대 유적이 발견되었다. 이 유적은 남부 시베리아의 아파나세브 문화(BC 2800-2500)와 북서부 중국의 체무르첵 문화(BC 2500-1800)가 연속적으로 혼합된 결과이며, 이후 서북부 몽골의 뭉크 하이르항 문화(BC 1800-1500), 몽골과 러시아 알타이 산맥 지역의 바이탁 문화(BC 1500-1200), 남서부 및 남부 몽골 지역의 텝스 문화(BC 1300-1100)로 이어진다.(Erdenbaatar와 Kovalev 2006; 2007)

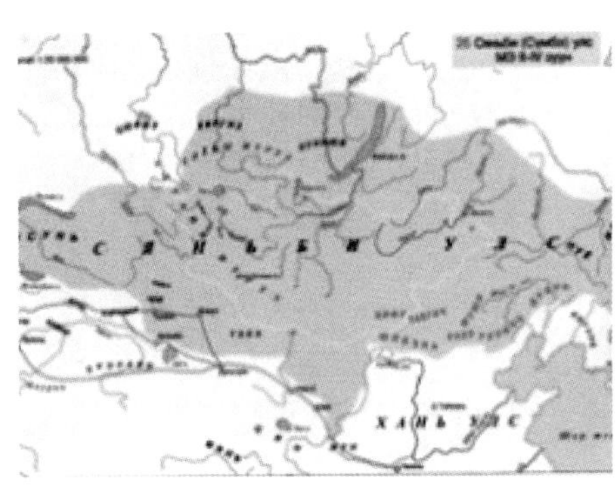
도 4. 흉노 군장지역 (AD 3-5세기) (국립 몽골 지도, 2009)

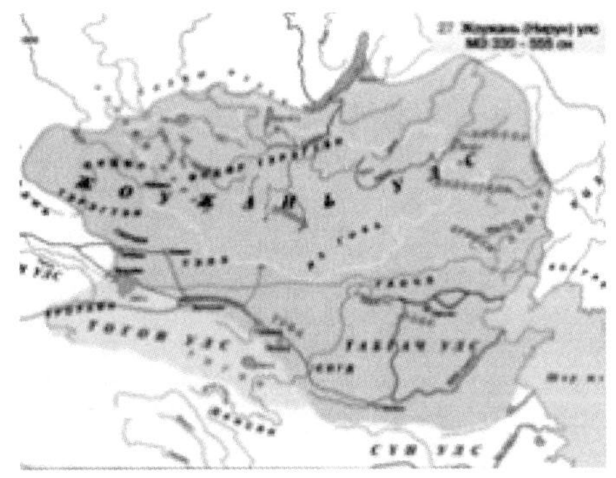
도. Joujan (AD 3-6세기) (국립 몽골 지도, 2009)

역사적 자료와 연구에 의하면, (Ser-Odjav, 1970, 1977; Sukhbaatar, 1978, 1980; 1992, 2000, 2001; Khandsuren, 2005; Perlee, 1959; Batsaikhan, 2002, Batsuren, 2009) 기원전 일천년 말부터 기원 후 일천년(초기 몽골 시대)까지 내륙 아시아내에 흉노(BC 3세기-AD2세기), 선비족(AD 2-3세기), Joujan(AD 4-5세기), 튀르크(AD 6-8세기), 위구르(AD 8-9세기), 거란(AD 10-12세기)과 같은 여러 부족의 연합 혹은 군장 지역과 국가가 존재했다. 본문의 군장 지역 지도는 국립 몽골 지도(2009)에서 차용하였다. 그러나 고고학적 가치가 있는 유적, 특히 무덤과 관련된 유적은 튀르크와 위구르 시대를 제외하고는 연구가 제대로 이루어지지 않았다.

흉노족은 서부와 동방으로 이주한 다수의 부족과 연합하였고 대부분의 부족들은 자신들의 땅에 머물렀다. 중국 학자들은 흉노의 민족 정체성을 논할 때, 서양의 학자들과 마찬가지로, 흉노족과 튀르크족, 몽골, 핀-우그리아족, 혹은 인도 유럽민족 계열과의 연관성에 대해서 논쟁을 벌인다. 상기 민족들이 몽골 혈통이라는 것이 주된 의견이지만, 논란의 여지가 많다. 몽골 학자들은 오랫동안 흉노가 최초의 몽골 인종이라고 주장해왔고 몽골의 역사적 기원을 흉노를 통해 추적한다. 초기 몽골의 공식적인 역사 기록학에 의하면, 훈(흉노)가 사회적 발전단계, 관습, 문화 등 퉁구스 집단의 최초 몽골 민족과 매우 흡사하다. 훈 족이 몽골인의 기원[sic]이었을 가능성은 매우 크지만, 그 이후 훈족이 '서부 영토' (동부 투르케스탄, 중앙 아시아)를 점유한 이후에는 대부분 튀르크 종족에 동화되었다. (Nicola Di Cosmo, 2002).

대부분의 몽골 역사학자와 고고학자들은 제 3의 학설을 지지한다. (Dorjsuren, 1961, 1966; Delgerjargal, 2004, 2007; D.Navaan, 2000; Sukhbaatar, 1970, 1974, 1980; Tseveendorj, 1993, 2002, 2007; Turbar, 2004 and Batsaikhan, 1994, 2002, 2003, 2005; Tsybektarov, 1996).

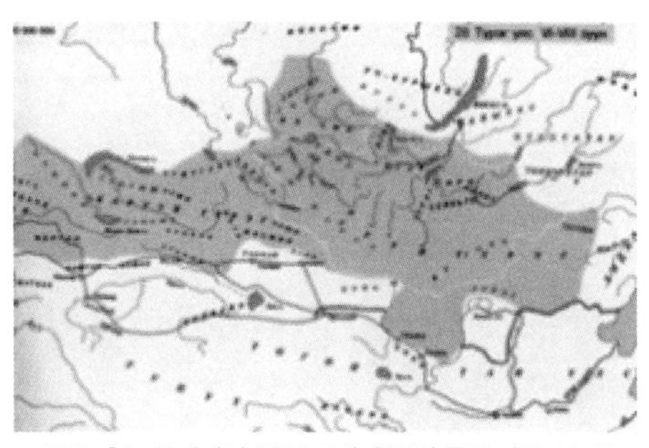

도 5. 흉노 군장지역 (AD 6-8세기)(국립 몽골 지도, 2009)

고고학 연구에 따르면 흉노의 유적과 무덤이 크기나, 지면 및 지면 아래 무덤 건축 양식, 연관된 물품에 있어서 매우 다양하다. 이러한 차이점은 사회적 지위에 따른 고

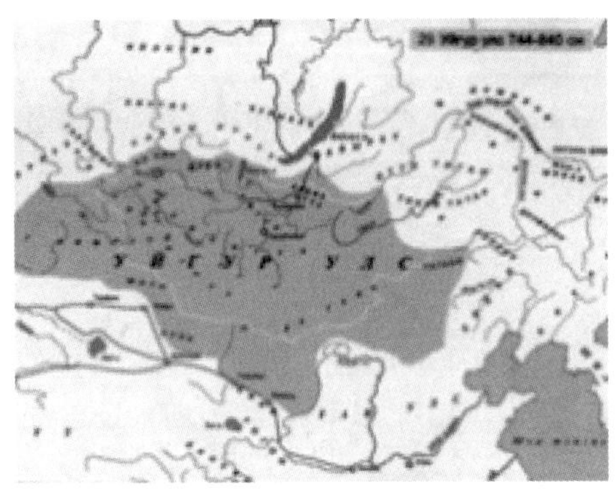
도 6. 위구르 군장지역(AD 8-9세기)(국립 몽골 지도, 2009)

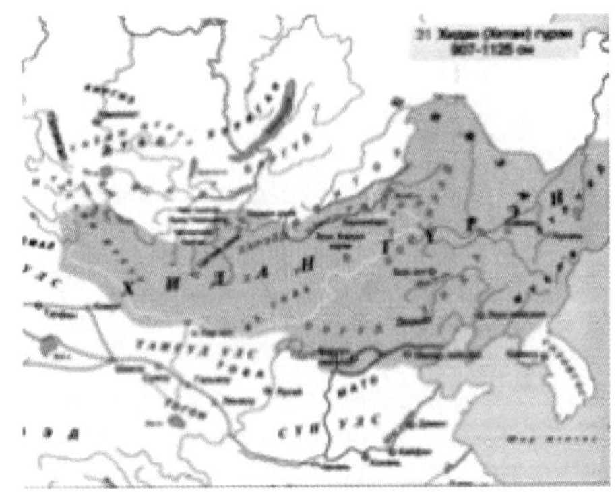
도 7. 거란 군장지역(AD 10-12세기)(국립 몽골 지도, 2009)

위층과 서민간의 확연한 대비를 보여주는 것으로 해석되어왔다.(Tseveendorj 1987; Batsaikhan 2002; Turbat 2004; Davydova 1995, 1996; Konovalov 1999). 러시아 고고학자 Davydova AB.(1995, 1996)는 흉노의 무덤 건축물을 1-내부 매장 건축물이 없는 무덤; 2-관이 없는 평평한 무덤; 3-얇은 통나무로 골격으로 만든 관; 4-석관; 5-관; 6-통나무를 통째로 사용한 관; 7-이중 공간으로 구성된 매장 등 7가지 형태로 나눌 수 있다고 주장한다.

고고학자와 역사학자 대부분은 흉노가 초기, 중세, 현대 몽골인들의 직접적인 선조라고 주장한다.(Dorjsuren 1961, 1966; Navaan 1975; Sukhbaatar 1978, 1980a.b., Tseveendorj 1987; 1993; Ser-Odjav, 1956, 1964, 1977; Batsaikhan 2002; Turbat 2004; Delgerjargal, 2005).

튀르크와 위구르 시대의 주요 고고학적 유적은 석인(의인화된 석재부조/조각상), 룬 문자 비석, 제물 유적, 정착지 잔해, 무덤 등을 포함한다. 대략 400개의 튀르크, 위구르 시대의 석인이 몽골에서 발견되었으며 대부분 서부와 중앙 지역에서 발견되었다.(Bayar 1985, 1987, 1995).

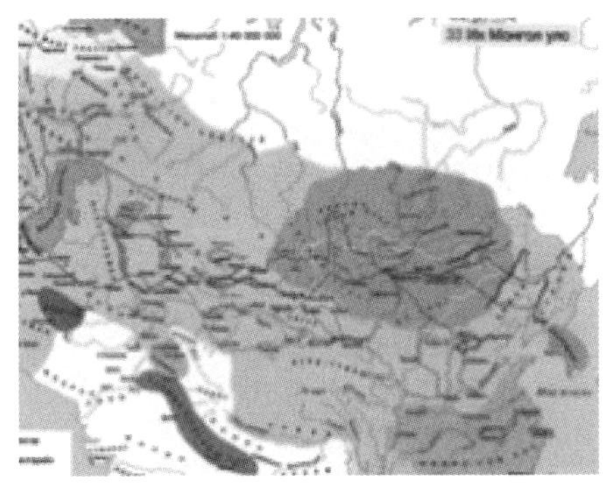
도 8. 몽골 부족(AD 9-12세기)(국립 몽골 지도, 2009)

AD 12-15세기 몽골은 역사적 관점에서 봤을 때 가장 연구가 잘 된 시기로 다수의 문서와 페르시아어, 중국어, 아랍어, 및 여러 다른 언어로 기록된 중세시기의 역사적 자료가 이를 뒷받침한다.(Yuan Shi, 번역, Dy Den 와 Ulziit, Beijing, National Press Committee of China, 1987; Marco Polo, 마르코 폴로의 탐험(The Travels of Marco Polo), 번역 Roland Latham, London: Penguin, 1958; Rashid al-Din, 징기스칸의 후예(The Successors of Genghis Khan), 번역 John Andrew Boyle, NY, Columbia University Press, 1971; Carpini, Friar Giovanni Di Plano, 타타르라 불리는 몽골 이야기 (The Story of the Mongols Whom We Call the Tatars). 번역 Erik Hildinger, Boston; Branding Publishing, 1999; Juvaini, Ata-Malik. Genghis Khan: 세계정복자 이야기 (The History of the World Conqueror). 번역 J.A.Boyle. Seatle: University of Washington Press, 1977).

주요 역사 자료 중 하나는 AD 13세기에 기록된 작자 미상의 "몽골 역사의 비밀"이다. 주변 영토뿐만 아니라 몽골에서 진행된 고고학 조사를 통해 정착기, 정판공, 비석, 암석화, 무덤을 포함한 역사학적으로 의미 있는 다수의 유적지를 발견하였다. 몽골 및 브리아트에서 발굴된 무덤은 300개에 이른다. 일반적으로 이 무덤들은 2-3개 혹은 5-10개로 모여 있으며 지면에 연결되어 있고 종종 무덤 봉합으로 양의 경골을 사용한다.

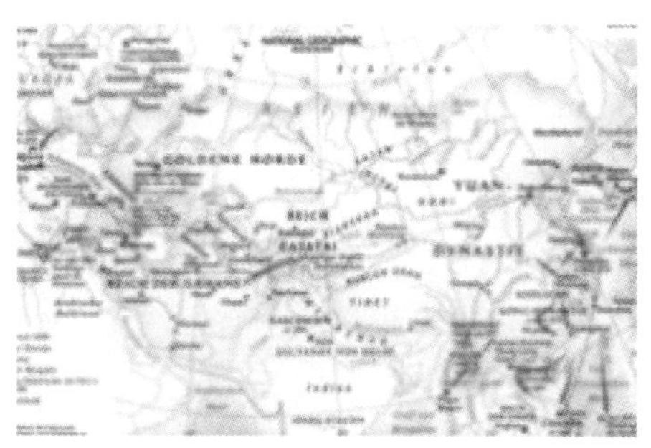

도 9. 몽골 제국 (AD 13-14세기) (내셔널 지오그래피, 1996)

Ⅱ. 내륙아시아의 고고학적 인종에 대한 인류학적 연구

남부 시베리아, 알타이 산맥 지역, 바이칼 호 지역, 내몽고, 몽골의 선사시대에 속한 인간의 유해는 다음과 같은 학자들에 의해 연구되어 왔다.

G.F. Debets(1948), M.G Levin(1958), I.I. Gokhman(1960, 1967), T.A. Chikisheva(2000a, 2000b, 2003), T.A. Chikisheva와 D.V.Pozdnyakov(2000), V.V. Ginzburg와 T.A. Trofimova(1972), O. Ismagulav(1970), D.V.Pozdnyakov(2001, 2006),

D.V.Pozdnyakov와 S.A.Komissarov(2007), A.I. Buraev(2006), A.N.Popov(1997) 등, Jang Qijin(1989), Zhu Hong과 Zhang Quan-chao(2003, 2007), Zhang Quan-chao(2005), Zhang Quan-chao(2006) 등, D. Tumen(1978, 1985, 1987, 1992, 1995, 2002, 2003, 2007), V.P. Alexseev(1984, 1980) 등, N.N. Mamonova(1979), M.V. Kruykov(1978) 등, A.N. Baghashev (2000).

학자들은 이 지역의 고대 인종이 인류학적 특성에 있어서 상당한 이질성을 보이고 있다고 결론지었다. 코카서스인의 형태학적 특징을 가지고 있는 사람들은 중앙아시아, 알타이 산 지역, 시베리아 남부, 몽골 서부에 거주했던 반면, 발달된 몽골인종의 특성을 가지고 있는 인종은 바이칼 호 지역, 아무르 강 유역, 러시아 극동, 내몽고, 중앙 및 동부 몽골을 점유하였다. 그러나 알타이 산 및 시베리아 남부 지역의 청동기 시대 코카서스 인종은 이전 시대에 보인 것 보다 더욱 확연한 몽골인종의 형태학적 특징을 나타낸다. 이는 초기 청동기 시대에 현지 코카서스인과 몽골인 사이의 집중적인 혼합이 발생한 내륙 아시아의 서부 지역으로 이동했다는 특징을 보여주고 있다고 가설을 제기할 수 있다.

동북아시아의 각기 다른 역사적 시기에 속해 있는 인간 유해에 대한 인류학적 연구의 목적은 다음과 같다. 1) 아시아 지역의 각기 다른 역사적 시기의 인간 유해의 두개안면 연구를 수행하기 위해서 이다. 2) 동북아시아의 선사시대 인종들의 두 개안면을 비교 연구 하여 동북아시아의 선사시대 인종들의 문화적, 역사적 관계를 명확하게 하고 신석기 시대부터 중세 혹은 몽골 시대에 이르기 까지 고대 아시아 인종들의 지역 횡단 이주에 대한 몇몇 논쟁이 되는 문제를 설명하고자 함이다.

본 논문은 동북아시아의 고고학적 인종을 두개안면 인류학에 따라 비교 연구한 주요 결과이다.

Ⅲ. 자료 및 방법

2008년 중국 창춘 지린 대학교의 중국 변경 고고학 연구센터(Research Center for

Chinese Frontier Archaeology) 인류학 연구실, 노보시비르스크 러시아 과학원(Russian academy of Sciences) 시베리아 지부의 고고학 및 민족학 연구원 내 인류학 분야, 러시아 울란 우데 러시아 과학원 시베리아 지부의 몽골 연구, 불교학, 티벳학 연구소 중앙아시아 역사, 문화학과를 방문 하였을 때, 각기 다른 역사 시대에 속해 있는 시베리아 남부, 부리아트, 내몽골(중국)의 고고학적 인종의 인간 두개골 모음인 두개안면 인류학 연구를 수행하였다. 인간 유해 연구에 대한 상세한 정보는 중국, 중앙아시아, 바이칼 호 지역, 시베리아 서부 및 남부 지역의 인간 유해 연구를 위한 두개안

〈표 1〉 이미 연구된 동북아시아 고고학적 인종의 특성

역사시기	샘플 크기	유적	발굴 기관
중국 내몽골			중국, 장춘, 길림대학 중국 변방 인류학 연구소 인류학 실험실
구석기	4	허베이	
청동기	20	장준거우	
초기 철기	38	니러커	
전국 시대(403~221BC)	33	다샨치안, 투천지	
선비	51	바거우, 후룬부이르-자란누르, 랴오닝-조양-자르타이, 얀저, 자유후지, 산도반, 자유후지 울란자프, 울란자프-산두-둔다지, 자유준지-치란산	
거란	26	알루추르친-옐유, 랴오닝-파쿠-이모타이, 산두-치안-하이지, 시리인 호트-둔산, 울란하드-치평-닝-산주이지 우뉴지	
원(몽골)	34	청푸지, 전지산	
남 시베리아 및 부리아트			
구석기	8	에두찬카, 마카로보, 만주르카, 마린투이, 오보이, 올리혼	러시아, 노보시비르스크, 러시아 과학 아카데미 시베리아 지소 고고학 및 인종학연구소 인류학 분과
초기 철기 파지리크	40	알라-가일 및 알라-가일 2, 발리크-소옥, 바라탈-2, 비케-3, 보르 부르가지-1, 2 및 3, 보로탈-2, 부라티-8, 졸린-2, 카라테네쉬 말탈루 및 말탈루-80, 울란두리크-1 및 울란두리크-2	
흉노-사르마트 시기	21	카라-봄-11	
투르크 시기	22	졸린-1, 유스티드-12	
몽골 시기	17	엔호르, 키야, 올리혼, 오논티차, 울란하드	러시아, 울란-우데, 러시아 과학아카데미 시베리아 지소, 몽골학-불교학-티벳학연구소, 중앙아시아 역사 문화과
계	314		

면 비교에 근거를 제공하는 데 사용되는 두개골 연속표에 나와 있다. 두개골 연속표는 신석기 시대(8000~6000BC)에서 몽골시대(13세기 AD)에 이르기까지의 시기를 포함하며 20개의 신석기 시대 견본, 26개의 청동기 및 초기 철기시대 견본, 29개의 흉노시대 견본, 22개의 현대 견본으로 구성되어 있다. 비교용 자료는 몽골시대의 선사시대 인종에 대한 두개안면 자료를 포함했다.(투먼, 1977, 1985, 2006a, 2007), 중앙아시아, 남부 시베리아, 러시아 극동, 중국, 한국, 일본(Alexseev와 Gokhman, 1983;, Buraev, 2006; Chikisheva, 2000, 2003; Kruykov 등, 1978; Popov 등, 1997; Pozdnyakov, 2000, 2006; Rykushina, 1976; 1978; Wu와 Olsen, 1985, Zhang, 2007, Zhu Hong, 2007) 비교 연구는 각 역사 시대별로 수행되었다. 계층 집단 분석이 비교분석을 위해 사용되었으며 두 인종 사이의 평균적인 상이함에 대한 세정밀 실제 측정은 유클리드 거리로 계산되었다.(Knusmann, 1992) 집단 분석은 SPSS(version 15) 통계학 소프트웨어를 사용하여 처리하였다.

Ⅳ. 결과 및 토론

1. 신석기 시대 인종

알타이 산, 부리아트, 내몽골 중국 신석기 시대의 인간 유해의 두개안면 형태학의 연구는 역사 시대의 인종들 사이에 형태학적 특성에 있어서 상당한 이질성을 보여주고 있다. 두개안면 자료에 의하면, 알타이 산의 신석기 아파나세브 인종은 코카서스 인종의 인류학적인 특징을 띠고 있는 반면 내몽골, 바이칼 호 지역의 신석기시대 인종은 전형적인 몽골인종의 인류학적 특징을 띠고 있다. 그럼에도 불구하고 알타이 산 아파나세브 문화의 카로골 지역의 일부 두개골의 대부분의 분류학적 특성은 몽골인종의 특징을 보여주고 있다. 이는 동아시아 몽골인종의 이주에 의해 설명되어질 수 있는 사실로, 알타이 산의 신석기 시대 아파나세브 인종은 인류학적으로 이질적이라는 것을 보여 준다고 할 수 있다

유클리드 거리 분석과 집단 분석〈도 11〉은 비교된 동북아시아의 신석기 인종이 두 개의 주요 군으로 나뉜다는 사실을 보여준다. 집단들 중 한 집단은 여러 개의 하부 집단을 포함한다. 바이칼 호 지역과 몽골 동부의 신석기 인종은 모두 하나의 하부 집단으로 포함된다. 놀랍게도, 유스틸-이샤, 이트쿨리 지역, 알타이 산의 신석기 시대 인종은 하부 집단에서 바이칼 호 지역의 세르보, 키토이 시대의 신석기 시대 인종과 합쳐진다. 두 번째 하부 집단은 중국 중앙(반포 인종)과 트란스바이칼 [파포노브 지역]의 신석기 인종, 한국의 신석기 인종을 포함한다.〈도 11〉 아무르 강 유역, 중앙 야쿠트의 신석기시대 인종은 세 번째 하부집단에 속한다. 그러나, 중국 동부의 다벤코우 인종은 첫 번째 집단에 분리되어 위치해 있다.

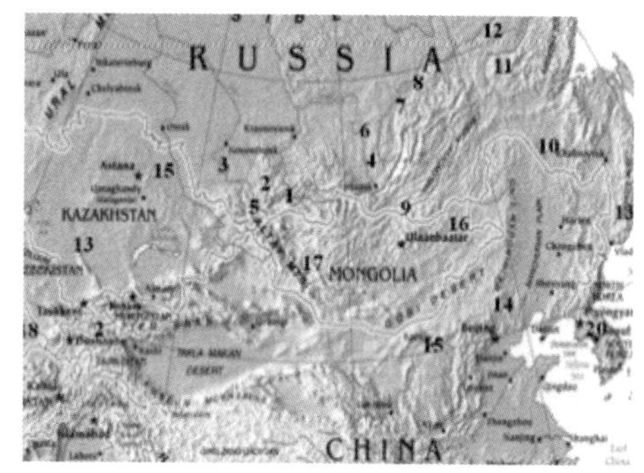

도 10. 동북아시아의 신석기 시대 인종의 지리학적 위치

두 번째 집단은 몽골 서부, 카자흐스탄 동부, 알타이 고산맥(아파나세브 문화),투르크메니스탄 남부 인종을 포함한다. 이 지역출신의 모든 비교된 인종 집단은 두 번째 집단에 속한다고 결론지을 수 있다. 두 번째 집단의 모든 인종은 인류학적으로 코카서스인종의 특징을 띠고 있다. 그러나, 프리모레 지역의 신석기 시대 인종은 집단 내에서 별도의 위치를 점유하고 있다.〈도 11〉

형태학적으로 하나의 집단에 속하는 모든 인종은 다른 집단의 인종보다 더 유사하다. 이러한 집단 부석의 결과는 몽골 동부 신석기 시대 인종은 바이칼 호 지역의 신석기 시대 인종에 가까운 표현적 관련성을 공유하고 있다는 사실을 확인해준다. 이는 인종들의 생물학적 관련성에 신빙성을 더해준다. 러시아 인류학자 Ya. Ya. 로진스키(Roginskii)(1978)는 이러한 바이칼 지역의 신석기 시대 인종의 인류학적 형태를 최초의 몽골인 형태라고 지칭하였으며 G. F. 드비츠(1948), V. P. 알렉세예브(1987)는 몽골 본토의 바이칼 인류학 형태라고 지칭하였다. 이러한 사실에 의거하면, 몽골 동부와 바이칼 지역의 신석기 시대 거주인들 사이에는 매우 밀접한 생물학적 관련성이 있었다.

고고학적 증거는 이러한 시기에 몽골 동부 지역과 바이칼 호 지역(Dorj, 1975)에 공

통의 신석기시대 문화가 있었다는 것에 신빙성을 더해준다. 몽골 서부 지역 신석기 시대 인종은 시베리아 남부, 알타이, 중앙 아시아의 코카서스 인종과 동일한 집단에 포함되며, 이는 이러한 인종들이 밀접한 관련성을 가지고 있을 수 있으며 초기에는 공통의 조상을 가지고 있었다는 것을 의미한다. 놀랍게도 알타이 산맥의 이트쿨리(Itkuli)와 우스틸-이샤(Usti-Isha)지역의 신석기 시대 인종은 바이칼 호 지역의 신석기 시대 인종과 동일한 하부 집단에 속한다. 이러한 현상은 인종 간의 혼합을 초래한 신석기 시대 인종의 지역을 횡단하는 이주를 보여줄 수 있다.

* 계층적 집단 분석 *

거리 집단 복합을 측정한 그룹간의 평균 관련성을 사용한 계통도

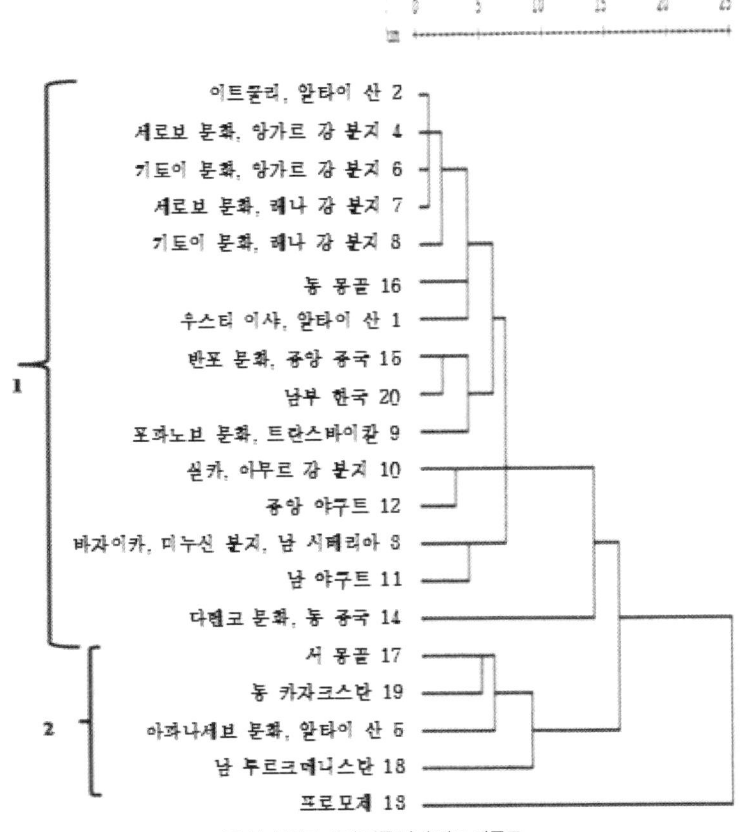

도 11. 신석기 시대 인종 관계 비교 계통도

2. 청동기 및 초기 철기 시대

알타이 산맥의 청동기 및 초기 철기 시대의 아파나세브, 파지리크 두개골, 브리아트의 글라즈코브 두개골, 흉노의 니러커 두개골, 내몽골의 전국 시대 두개골의 두개안면학 연구의 결과는 상기 지역의 청동기 및 초기 철기 시대의 인종이 형태학적 특성에 있어서 상당한 이질성을 드러내고 있다는 것을 보여준다.

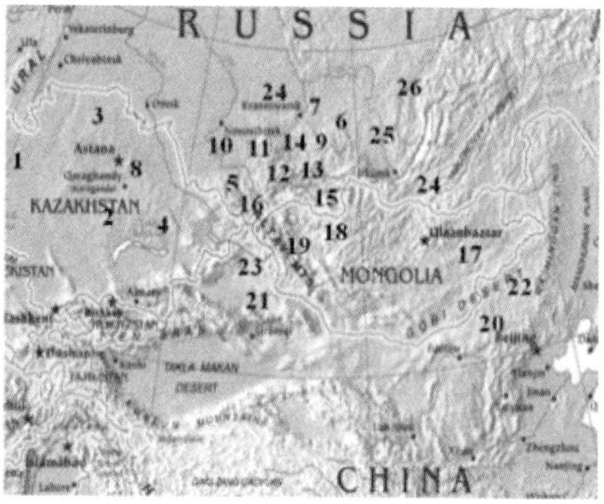

도 12. 동북아시아의 청동기 및 초기 철기시대 인종의 지리학적 위치

코카서스 인종과 혼합된 형태학적 특징을 가지고 있는 인종은 신장의 알타이 산에 거주했던 반면, 발달된 몽골인종 특성을 가지고 있는 인종은 부리아트 지역(글라즈코브 문화인종)과 내몽골의 전국시대 지역을 점유하였다. 그러나 알타이 산의 후기 청동기와 초기 철기 시대 사이의 두개골들은 이전 시대에 보다 뚜렷한 몽골인종의 형태학적 특징을 보여준다.

아시아 청동기와 초기 철기 시대 인종간의 유클리드 거리 비교 분석은 아시아의 비교 인종이 여러 개의 집단으로 나눠진다는 것을 보여준다. 비교 인종이 여러 개의 집단으로 구분되는 것은 의심의 여지없이 아시아 지역의 청동기 및 초기 철기 시대 인종이 인류학적으로 매우 이질적이라는 연구결과를 보여준다. 〈도 13〉

첫 번째 집단은 씨스바이칼[글라즈코브 문화, 레나 강 및 앙가르 강 유역], 몽골 동부의 널무덤 문화, 내몽골(전국시대)의 인종들이 결합되어 있다.

두 번째 집단은 여러 개의 하부 집단으로 나뉘어 있다. 미니순 분지, 시베리아 남부(오쿠네이 문화), 알타이 산맥 지역의 스키타이인과 서부 몽골의 소장품 없는 문화의 인종은 하나의 하부 집단에 속한다. 두 번째 하부 집단은 중앙 및 카자흐스탄 북부, 시베리아 남부 미니선 유역의 안드로브 인종과 알타이 산맥 계곡 지역과 시베리아 남부 미니선 유역의 아파나세브 인종을 포함한다. 〈도 13〉 초기 철기 시대 몽골 서부의 챈드맨 문화, 신장의 차우크호 문화, 시베리아 남부 미누신 유역의 타가르,

타슈튀크, 카라수크 문화, 알타이 산 지역의 파지리크 문화, 투바의 스키타이인, 서부 시베리아의 인종은 세 번째 하부집단에 속한다. 〈도 13〉

* 계층적 집단 분석 *

거리 집단 복합을 측정한 그룹간의 평균 관련성을 사용한 계통도

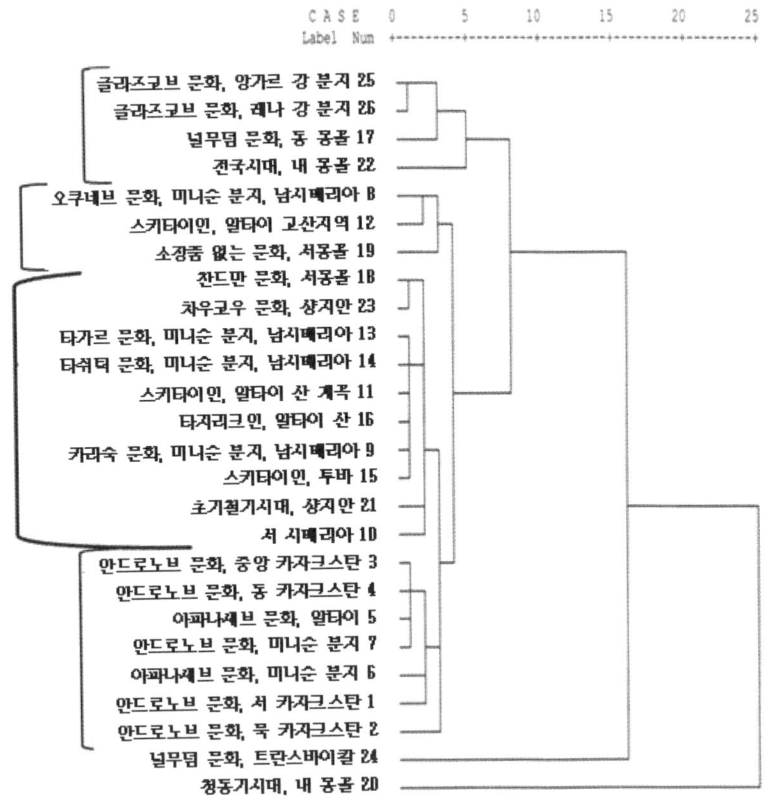

도 13. 청동기 및 초기 철기시대 아시아의 인종간 관계 계통도

동북아시아의 청동기 및 초기 철기 시대 인종의 여러 개의 집단 및 하부 집단으로의 분리는 광범위하면서도 집중적인 지역 횡단 이주와 이러한 역사 시기 동안의 코카서스 인종과 몽골인종 사이의 혼합에 의해 설명될 수 있다.

V.P. 알렉시브(1983)와 O.이스마굴로브(1970)에 의하면, 중앙 아시아(카자흐스탄, 키르기스스탄)와 시베리아 남부에서의 몽골 인종과 코카서스 인종의 혼합은 신석기 시

대 말기와 청동기 시대 초기의 시작과 함께 점차적으로 증가한다. 또한 학자들은, 널무덤 문화를 가지고 있는 트란스바이칼, 시스바이칼, 청동기 및 초기 철기 시대 인종은 짧고 폭이 넓은 두개골(brachycrany), 중간 높이의 넓고 납작한 얼굴, 낮은 콧대(Alexseev, 1983)를 특징으로 하는 몽골인이라고 주장하였다. 연구 학자들의 결론에 의하면 알타이 산맥 지역, 시베리아 남부지역의 청동기 및 초기 철기 시대 인종에는 동몽골인종의 혼합이 있었다. 시베리아 남부와 알타이 산맥 지역의 고고학적 무덤 비석 발굴지에서 발굴된 공예품 다수의 공통된 장식요소와 고고학적 결과에 근거하여 러시아의 고고학자 E. L. 모브고로도바(1970, 1987, 1989)와 V.V. 볼코브(Volkov)(1967, 1981), 츠비크타로브(Tsebyktarov)(2006)는 시베리아 남부와 알타이 산맥 지역의 오쿠베브, 파지리크, 타가르, 카라수크 문화의 기원은 몽골 및 내몽골의 청동기 시대 문화와 일련의 관련이 있다는 사실을 주목하였으며 청동기 시대에 시베리아 남부, 몽골, 중국 북부에 대규모의 지역 횡단 이주가 발생하였다고 결론지었다.

3. 흉노 시기

알타이, 부리아트의 흉노 두개골의 두개안면 연구의 결과는 연구대상이 된 인종이 인류학적으로 전혀 동일하지 않다는 것을 보여준다. 결과에 따르면, 알타이의 흉노 견본은 부리아트의 흉노 견본보다 더욱 명확한 코카서스 인종의 특징을 보여준다.

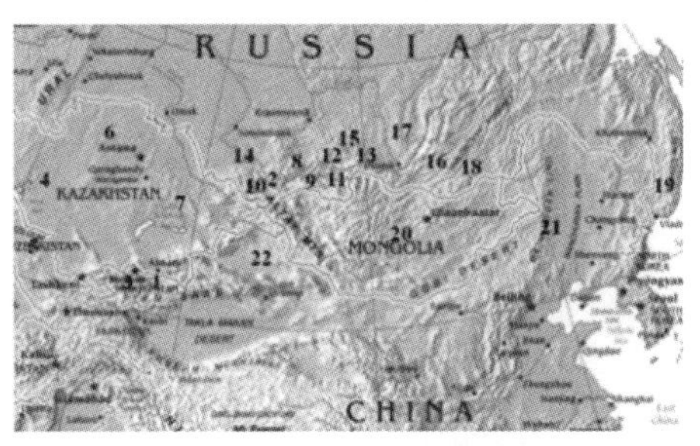

도 14. 흉노 시기 인종의 지리학적 위치

흉노와 그 이후 아시아의 역사적 시기의 거주 인종에 대한 두개안면 자료의 비교분석에 적용된 유클리드 거리 방법은 아시아의 이러한 역사적 시기의 인종들은 여러 개의 주요 집단들로 분포된다는 것을 보여주고 있다. 〈도 15〉

첫 번째 집단은 세미레키야(중앙 아시아) 및 카자흐스탄 동부의 우수니아 인, 알타이 고산의 흉노-사르마트 인, 투바의 투르크족을 포함한다. 〈도 15〉 키르기스스탄,

투바 중앙과 서부의 흉노, 추이 강 유역, 알타이 산의 흉노-사르마트인, 카자흐스탄 서부의 사르마트 인, 카자흐스탄 북부의 우수니아 인, 시베리아 서부의 투르크족이 두 번째 집단에 속한다. 세 번째 집단은 티아니-샤니(Tyani-Shani) 산맥 지역의 우수니아 인, 페르간 계곡, 타지키스탄, 투르크메니스탄 서부의 흉노-사르마트 시기의 인종을 포함한다. 신장, 몽골, 알타이 산의 모든 흉노 인종은 네 번째 집단에 속한다. 다섯번째 집단은 프리모레의 모케 인종, 내몽골과 트란스 바이칼의 선비족, 트란스 바이칼과 시스 바이칼의 흉노를 포함한다. 추코트카 흉노시대의 인종은 흉노 시대의 아시아 인종들 사이에 관계를 보여 주며 여러 집단에 분포하고 있다.

내륙 아시아의 흉노 인종의 집단화는 흉노 인종이 인류학적으로 매우 이질적이라는 사실을 명백하게 보여주고 있으며 흉노 인종에는 최소한 6개의 인류학적 형태가 존재했다. 몽골, 알타이 산맥 지역, 신장(차우코우 견본)의 흉노 인종은 동일한 집단에 속한다. 이는 이들의 인류학적 형태의 유사성을 명백하게 보여준다. 러시아 인류학자 D.B. 포즈드냐코브(Pozdnyakov)와 C.A. 코미소르브(Komissrov)(2007)는 차우코우의 두개골을 연구하였다.

학자들의 결론에 따르면 차우코우 두개골은 코카서스 인종과 몽골 인종의 인류학적 특징을 혼합하였다. 이 지역의 초기 역사 시대의 현지 코카서스 거주인종과 관련된 코카서스인의 형태학적 특성과 몽골인의 특성은 북아시아 본토의 이주자들과 유전적으로 관련되어 있을 수 있다. 러시아 인류학자 B.A. 드레모브(Dremov)(1990), B.P. 알렉시브(Alexseev)(1984), T.A. 치키쉐바(Chikisheva)(2000) 등은 알타이 산맥의 흉노-사르마트 두개골이 코카서스 인종과 몽골 인종의 혼합된 인류학 형태를 띠고 있는 인종에 속한다고 결론 지었으며 여성의 두개골이 남성의 두개골 보다 더 몽골인종의 특징을 보이고 있다는 것에 주목하였다. 학자들의 결론에 의하면 몽골인종의 특성은 청동기 및 초기 철기 시대의 인종과 몽골 및 바이칼 호 지역의 흉노 인종으로부터 기원 되었다.

바이칼 호 지역의 선비족과 흉노인, 극동 지역의 모케 인종은 동일한 집단에 속하며 이는 공통의 인류학적 특징을 띠고 있는 인종이라는 것을 의미한다.〈도 15〉. 러시아 인류학자 G.F. 드비츠(Debets)(1948, 1951)과 B.P. 알렉시브(Alexseev)(1984)는 트란스 바이칼과 시스 바이칼의 흉노인들은 북아시아 몽골 인종의 인류학적 특징을 보이고 있다고 주장하였다. 중국의 인류학자 주홍(Zhu Hong)과 장 촨차오(Zhang Quan-chao)는 내몽골 여러 지역의 선비족 두개골을 연구를 통해 선비족 두개골이 현대 북아시아 몽골인종과 밀접하게 관련된 인종 형태를 띠고 있으며 선비족의 두개골의 물리적 특징 중 일부는 현대 몽골과 중국 북부의 고대 인종과 유사하다는 인류학적 특징을 발견하였다. 이와 같은 결과에 부합되게 바이칼과 내몽골 지역의 흉노와 선비족 견본은 형태학적으로 몽골 북부의 중앙아시아 변종에 속한다.

V.P. 알렉세예브(Alexseev)와 I.I. 고크만(Gokhman)(1983)은 몽골에서 알타이와 투바를 거쳐 서쪽으로 이동한 흉노의 이주가 해당 지역의 인류학적 구조뿐만 아니라 민족유전학 과정에 있어서 중요한 역할을 한다고 결론지었다. V.P. 알렉세예브(Alexseev)와 I.I. 고크만(Gokhman)은 해당 지역의 현지 코카서스인종에게 몽골 인종의 인류학적 구성 요소가 증가 되는 것에 주목하였다. 후기 청동기 시대와 흉노 시기 몽골의 이주자들과 관련된 현상은 몽골과 바이칼 초원에서 흉노민족 통합의 형성과 남부와 서부에 미치는 흉노의 영향의 확장과 동시에 발생한다(알렉세예브, 고크만, 1984). 러시아 인류학자 G.F. 드비츠(Debets)(1948), I.I. 고크만(Gokhman)(1960, 1967), N.N. 마모노바(Mamonova)(1979)는 바이칼 지역과 극동의 흉노 두개골을 연구했으며 이 시기 인종의 인류학적 구조에 있어 코카서스 인종과 극동 몽골 인종의 뚜렷한 혼합을 주장했다. 이러한 두 가지 사실은 인류학 자료와 문서화된 중국어 원본에 잘 드러나 있다.(알렉세예브, 고크만, 1983).

최근의 역사학적, 고고학적 연구(Konovalov, 1999; Tsybektarov, 1998)에 따르면 흉노(Xiongnu)는 인종학적으로나 언어학적으로 동일하지 않았다. 몽골의 흉노(Xiongnu)에 대한 고고학적 연구 결과에 따르면, Ts. 투르바트(2004)는 흉노 문화가 청동기시대 슬라브 무덤 문화와 중국 북부의 초기 유목 문화의 혼합 및 조합을 기본으로 하여 창조되었다고 주장하였다. 이러한 과정은 기원전 3~4세기 동안 발전되었다.(Turbat, 2004)

연구된 흉노의 고고학적 유적에 따르면 Z. 바츠사이크한(Batsaikhan)은 기원전 3세기 초에 중앙아시아의 경계를 넘어서 인도 유럽 집단의 이주가 여러 단계를 걸쳐 진행되었다고 주장하였다. 이러한 이주는 몽골의 민족 문화의 발전뿐만 아니라 중앙아시아의 인종에 중요한 영향을 끼쳤으며, 그 시대의 세계적인 진행 상황의 중요한 특징을 보여주고 있다. 다른 한편으로는 중국 북부 지역에서 동북아시아로의 집단이동이 발생하였으며 고고학적 증거에 의하면, 이러한 인류는 몽고와 시베리아 남부의 경계로부터 발생되었다고 알려진 널무덤 문화 단지를 설립하였다.(Batsaikhan, 2002)

* 계층적 집단 분석 *

거리 집단 복합을 측정한 그룹간의 평균 관련성을 사용한 계통도

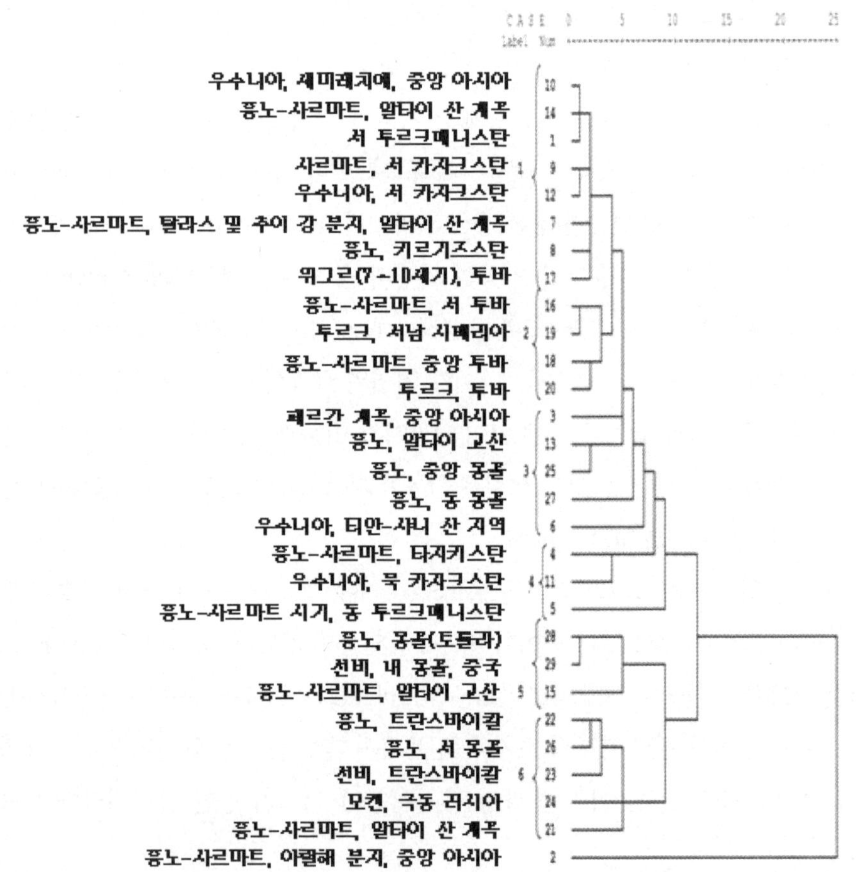

도 15. 흉노시기 및 기원후 천년간 아시아의 인종들의 역사적 관계도

4. 초기 중세 및 몽골 시대

초기 중세(투르크 시대)와 알타이 산, 바이칼 지역의 몽골 시기의 두개골 및 내 몽골의 거란 및 원(元)제국 시대의 두개골의 두개안면 연구는 이들 지역의 모든 인간 유해가 북아시아 몽골 인종의 형태학적 특징을 띠고 있다는 것을 보여준다.

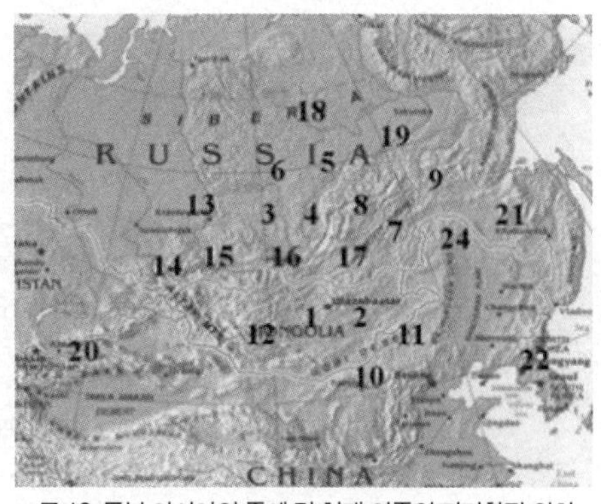

도 16. 동북 아시아의 중세 및 현대 인종의 지리학적 위치

초기 중세 시대 및 몽골 시기와 현대 아시아 인종 집단간의 비교 분석은, 비교된 인종들이 다양한 집단으로 분리된다는 것을 보여준다. 〈도 17〉는 중세 시대(12~14세기)의 시스 바이칼 인종이 이 집단 중 하나에 속한다는 것을 입증한다. 그러나 초기 중세(Burkhutai site-6~10세기), 몽골이전 시대(10~14세기), 중세 (12~14세기) 트란스바이칼 시기, 현대 몽골인의 모든 견본은 동일한 집단에 속해 있다. 〈도 17〉 놀랍게도 몽골 시대(12~15세기)의 몽골인과 알타이 산맥과 서부 시베리아 중세 시기의 인종은 동일한 군에 속한다. 세 번째 군은 동부 부리아트(에라-벤 유적 견본)의 몽골시대 인종, 현대 순록 에벤키족과 오로치 인종을 포함한다. 〈도 17〉의 계통도는 거란과 원 시대의 인류와 현대 한국인이 동일한 군에 속한다는 것을 명백하게 보여준다. 그러나 부리아트 시기의 후기 몽골인 운두젠(Undugen) 표본은 집단 여러 곳에 분포되어 있다. 〈도 17〉 내륙 아시아의 중세 및 현대 인종의 집단을 근거로 하여 동일한 집단의 고대와 현대 인종은 역사적으로나 유전적으로 친밀한 관련이 있다고 결론지을 수 있다. 현대 한국인과 거란과 원제국 시대의 인종이 서로 매우 관련되어 있는 것을 예로 들을 수 있다. 투빈족, 퉁크 부리아트, 트란스바이칼 부리아트, 키르기즈, 야쿠츠는 시스바이칼의 12~14세기 중세 인종과 역사적으로 매우 밀접하게 관련되어 있을 수 있다.

* 계층적 집단 분석 *

거리 집단 복합을 측정한 그룹간의 평균 관련성을 사용한 계통도

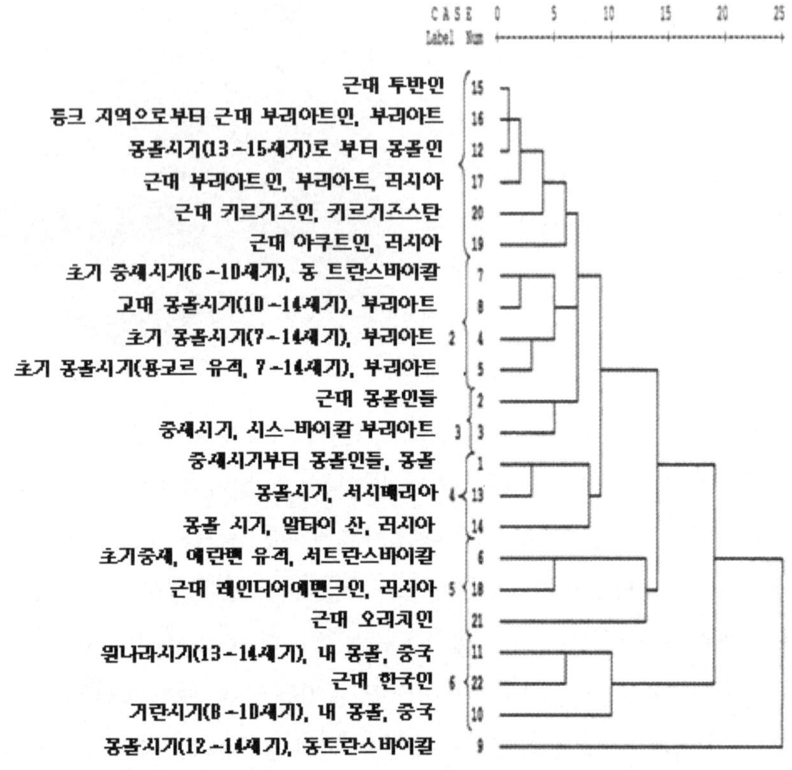

도 17. 중세 초기 및 몽골시대와 근대 시기 인종간 역사적 관계 계통도

Ⅴ. 결론

신석기 시대부터 중세 혹은 몽골 시대에 이르기까지 내륙 아시아의 고고학적 인종에 대한 동시대적 두개안면 인류학적 비교 연구는, 상기에 언급한 역사적 시대의 인간 유해에 대한 연구가 내륙 아시아의 역사적 시대들의 인종 간에 형태학적 특성에 있어 상당한 이질성이 있다는 것을 보여준다. 신석기 및 초기 청동기 시대와 흉노 시대에 알타이 산, 신장 및 몽골 서부에는 코카서스인 혹은 몽골과 코카서스인이 혼

합된 형태학적 특징을 가지고 있는 인종이 거주하는 반면, 바이칼 지역, 몽골 동부, 내 몽골은 발달된 몽골의 인류학적 특징을 가지고 있는 인종이 점유하였다.

내륙 아시아의 고고학적 인종간 두개안면 비교 분석 결과에 의하면, 동부에서 서부로의 몽골인 이주와, 내륙 아시아 내 서부에서 동부로의 코카서스인의 이주의 첫 번 째 변동은 신석기 시대 말엽에 발생한 것으로 예상된다. 인종의 이동은 이후 이어지는 역사 시대에도 지속되었으며 중세 혹은 몽골시기까지 지속되었다. 내륙 아시아의 고고학적 인종의 지역 횡단 이주는 역사, 문화, 민족 유전, 아시아 지역 인종의 인류학적 구조에 있어서 중요한 역할을 했다.

참고문헌

Alexseev V.,P., Debets G.F., 1964. Craniometriya. Moscow.(in Russian)

Alexseev V.P., 1966, Osteometriya. Moscow. (in Russian)

Alexseev V.P., Gohman I.I., Tumen D., 1987. Paleoanthropology of Central Asia: "Archaeology, Ethnography and Anthropology of Mongolia" Press "Science" Novosibirsk. Russia. (in Russian).

Alexseev V.P., 1980.Materialii po kraniologii mohe //Paleoanthroplogiya SSSR. Moscow

Alexseev V.P., 1984. Kratkoe izlojeniye paleoanthropologii Tuvi v svyzi s istoricheskimi voprosami //Anthropo-ekologicheskie issledovaniya v Tuve. M.: Nayka, c.6-75

Allard F. ERdenbaatar D.,Batbold N., Miller B.A. 2002., A Xiognu cemetery found in Mongolia.//Antiquity 76.

Baghashev A.N., 2000. Paleoanthropologiya Zapadnoi Sibiri:Lesostepi v epohy rannevo jeleza. Novosibirsk. Nayka. C.374

Bass W.M., 1987. Human Osteology: A laboratory and field manual. Third edition.

Batsaikhan Z. 1994. Dornod Suynnuuiin tuukhiin zarim asuudal. SH. Tom. XXVII-XXVIII, Fasc.1, Ulaanbaatar, pp. 25-35

Batshaikhan Z. 2002. Hunnu (Xiongnu). Ulaanbaatar: Printing House of the National University of Mongolia.

Batsaikhan, 2003, Nuudelchdiin niigmiin khariltsaany tuukhiin asuudal. Procceedings of National University of Mongolia. Seria-II: History, No-211(20). Pp.

Batsaikhan Z. 2005. Dornod Mongolin ert, dundad ueiin tuukh. Mongolian Journal of Anthropology, Arcaheology and Ethnology. Vol.1., No-1(242). Pp.1-14

Batsuren. B. 2009. Under teregtenuud ba ertnii turguud (6th-9thc.AD). Ulaanbaatar. Printinghouse" Munkhiinuseg".

Bayar D. 1985. Kamennye izvayaniya iz Sukh-Batorskogo aimaga. In '"Drevnie kultury Mongolii", Novosibirsk, pp.148-158.

Bayar D. 1987. Dornod Mongolyn khun chuluu Mongolyn dundad ueiin tuukhend kholbogdokh ni. Archaeologyn sudlal (SA). Pp.110-147.

Bayar D. 1995. Mongolchuudyn chuluun khureg. Ulaanbaatar.

Bernshtein A.N., 1950. Ocherk istorii gunnov. Leningrad. USSR. In Russian.

Brothwell, D.R., 1965. Diging Up Bones. Trustees of the British Museum(Natural History).

London.

Chard, CH. S. 1974. Northeast Asia in Prehistory. The University of Wisconsin prcss, USA

Buraev A.I., 2006. Anthropologiya pribaikaliya I zabaikaliya /drevnosti I srednevekovie/

Chikisheva T.A., 2000a. Novie dannie ob anthropologicheskom sostave naselenie Altaya v epohi neolita-bronzii- //Archaeologiya, etnografiya I anthropologiya Evrazii. Novosibirsk. No. 1., 139-148

Chikisheva T.A., 2000b. voprosy o formirovanii anthropologicheskovo sostava naseleniya Zapadnoi Sibiri v epohy pozdnei bronzii (interpretatsiya paleoanthropologicheskovo materiala iz mogilnika Starii Sad v Tsentralnoi Barabe) // Archaeologiya, etnografiya I anthropologiya Evrazii. Novosibirsk, No.2. -131-147.

Chikisheva T.A., 2003. Naselenie Gornogo Altai v epohu rannego jeleza po dannym anthropologii.// in book. "Naselenie Gornogo Altai v epohu rannego jeleznego veka kak etnokulitumii fenomen: proisxojdenie, genesis, istoricheskie sudiby. Novosibirsk. Russia

Dashibalov, 1995. Archaeologicheskie pamyatniki Kurkykan I Hori. Ulan-Ude, Buryatia

Dashibalov, 1989. Namongolo-turkskom pogranichie: Ethnokuliturnie procesi v Ugo-Bostochnoi Asii. Ulan-Ude, Buryatia.

Davydova A.B., 1995.Ivolginskii archeologicheskii kompleks. Ivolginskii mogil' nik. Saint-Petersburg, Russia.

Davydova A.B., 1996. Ivolginskii archeologicheskii kompleks. Ivolginskii mogil' nik. Saint-Petersburg, Russia.

Debets G.F., 1948. Paleoanthropologiya USSR. Moscow. (in Russian)

Delgerjargal P. 2004. Mongol nutagt tur uls uussen tuuhiin asuudals. SN.Tom.XXXV, Fasc.2. Ulaanbaatar, Press of Mongolian Academy of Sciences, pp.12-27

Delgerjargal P. 2005. Mongolchuudyn ugsaa garval. Ulaanbaatar,

Dorj D., 1971. Neolithic Vostochnoi Mongolia. Ulaanbaatar. Press of Mongolian Academy of Sciences. (in Russian)

Dorjsuren Ts., 1961. Umard Hunnu. Archeologiin sudlal.Ulaanbaatar. (in Mongolian)

Howells W.W., 1973. Cranial variation in Man: A Study by Multivariate Analysis of Patterns of Difference Among Recent Human Populations. Harvard University Press. USA.

ErdenebaatarD. 2002. Mongolin durveljin bulsh ba kheregsuuriin soel (Slab Grave and Heregsuur Culture of Mongolia). Ulaanbaatar: "Soembo" printing house.

Erdenebaatar D, Kovalev A. 2006. Report of Mongolian-Russian joint archaeological expedition "Central Asian Archaeology". Annual archaeological fieldwork reports achieves, Deparment of Archaeology, Ulaanbaatar University.

Erdenebaatar D, Kovalev A. 2007. Mongol Altain bus nutgiin archeologiin soel (Archaeological culture of Mongolian Altai). Mongolian Journal of Anthropology, Archaeology and Ethnology, vol. 3, No1(287). Pp.35-51

Gokhman I.I. 1960. Anthropologichaya kharakteristika cherepov Ivolginskogo gorodisha. Trudy Buryatskogo kompleksnogo nauchno-issledovateliskogo institute, SO AN SSSR. Vol3.

Gokhman I.I. 1967. K voprosu ob antropologicheskih osobennostyah drevnego skotovodov Zabaikaliya. Sovetskaya Etnograpiya. No-6.

Gumelev., 1960. Hunnu (Xiongnu). Moscow. USSR. (in Russian)

Gunchinsuren. Ch., 2000. Tamsagbulagiin shune chuluun zevsgiin suuringiin on tsagiig dahin avch uzeh ni. Archeologiin sudlal. Vol. 20. Ulaanbaatar.

Imenokhoev N.B., 1989. K voprose o kuliture rannih mongolov (po dannym archeologii). Novosobirsk, Russia

Ismagulov. O. 1970., Drevnie naselenie Kazakhstana. Alma-Ata.

Ismagulov.O. 1970.,Naselenie Kazakhstanaotepohibronziidosovremennosti (paleoanthropologicheskoeissledovanie). Alma-Ata.Izd-voAHkazCCR, C-239.

Kavelev A.A, Erdenbaatar D., 2003. Research report of archaeological fieldwork. 2002, 2003.

Khandsuren Ts. 2005. Joujany khaant uls ba tuukhiin sudalgaa.

Konovalov P.B., 1974.,Raskopki kurganov xiongnuskogo znati v IL' movoi padi, Ulaan-Ude

Konovalov P.B., 1976. Xiongnu Zabaikalia, Ulan-Ude, Buryatia

Konovalov P.B., 1999. Ethnicheskie aspekti istorii Central Asia. (Drevnosti i srednevekovie). Ulaan-Ude.

Konovalov P.B., 2008. Usypalinitsa xiongnu knyazya v Sudji, Ulan-Ude, Buryatia

Kovychev E.V., 1989. Ethnichesaya istoriya Vostochnogo ZAbaikaliya v epohu srednebekoviya. Novosibirsk.

Kruykov M.V., Sofronov M.V., Cheboksarov N.N., 1978. Drevnie Khitaitsy: Problemy ethnogeneza (Ancient Chinese: the problem of ethnogenes). Moscow.

Larichev E.B. 1959. Neolith Dunbai I ego svyazi s kuliturgbi Severovoctochnoi Asia . Archaeologicheskii sbornik, 1. BKNII, SO. USSR Academy of Sciences.

Larichev B.E., 1960. K problem o microlithiceskom charakterictike neolithickogo kulturin Central Asia, Pabaikalii I Dunbai. TRudi BKNII, SO. USSR Academy of Sciences.

Levin M.G., 1958. Etnicheskaya anthropologiya I problemi etnogeneza narodov Dalinovo Vostoka. TIE. H.ser.T. XXXYI. Moskow

Marco Polo, 1958. The Travels of Marco Polo, Trans. Roland Latham, London: Penguin

Miller B.K. Allard F. Erdenebaatar D., Lee C.A., 2006. Xiongnu tomb Complex: Excavations in GOl Mod-2 Cemetery, Mongolia.(2002-2005)// Mongolian Journal of Anthropology, Archaeology and Ethnology-Vol.2.

Mamonova.N.N., 1979. Drevnee naselenie Mongolii po dannim paleoanthropologii: Archaeologiya, anthropologiya and ethnographiya of Mongolii" Novosibirsk. (in Russian)

Minyaev C.C. 1979.Kul' tury skifskogo vremeny Central' noi ASii I slojenie plemennogo souyza Xiognu. // v book Problemi skifo-sibirskogo kuliturno-istoricheskogo edinstva. Kemerov.

Minyaev C.C. 1985. K topographii kurganoykh pamyatnikov xiongnu. // Kratkii ocheik Vyp. 184. Jeleznii vek Kavkaza, Crednii ASii I Sibirii.

Minyaev C.C. 1998. Derestuisii mogil' nik. Saints Petersburg, Russia

Minyaev C.C. I Sakhorovskaya L.M. 2007. Elitnii kompleks zakhoronenii xiongnu v padi Tsaram., // Rossiskaya Archaeologiya. No-1

Mongolian National Atlas, 2009.

Namsrainaidan.L., 1975. Tamsag bulgaas oldson neolitiin uein khunii bulshnii tukhai. Studiya Archaeologii. Vol.10. fasc.6. Ulaanbaatar. (in Mongolian)

Navaan D., 1975. Dornod Mongoliin Khurel (Bronze age of Eastern Mongolia). Ulaanbatar

Navaan D., 1980. Ertnii Mongoliin tuukhiin dursgaluud (Historical monuments of Mongolia). Ulaanbaatar. (in Mongolian)

Nicola Di Cosmo, 2002. Nicola Di Cosmo. 2002. Ancient China and Its Enemies: The Rise of Nomadic Power in East Asian History. University of Canterbury and Christchurch, New Zealand

Novgorodova E.A. 1970. Central' naya Azia I karasukskaya problema.

Novgorodova E.A., 1987. Ancient Culture of Mongolia. Moscow. Science Press (in Russian)

Novgorodova E.A., 1989. Drevnyaya Mongoliya. Moscow. (in Russian)

Okladnikov AP., 1963. Archeologicheskoe issledovanie v Mongolii 1961-1962 gg. Proceeding of Siberian Branch of Russian Academy of Sciences. Series: Social sciences. Vol.1. Novosibirsk. (in Russian)

Okladnikov AP., 1964. Pervobytniay Mongolia. Studiya Archeologii. Vol.III. fasc.3-13.

Ulaanbaatar.

Penrose, L.S., 1954. Distance, Size and Shape. Annals of Eugenics, 18: 337-343.

Perlei H., 1959. Hyadan nar, tednii mongoltoi holbogdson ni. Tuuhiin sudlal. Fasc. 1. Ulaanbaatar. (in Mongolian)

Polos' mak, 1990.Nekotorie analogi pogrebeniyam v mogil' nike u der. Daodu' tszi I prblemi proishojdeniya xiognuskoi kul' turi. In Book 'Kitai v epohu drevnosti"

Pozdnyakov D.V., 2001. Formirovanie drevneturkskovo naseleniya Gornovo Altaya po dannim anthropologii // Archeologiya, etnografiya I anthropologiya Evrazii. No.3. C.142-154

PozdnyakovD.V., 2006. Paleoanthropologiya naseleniya yvo zapadnoi sibiri epohi srednevekobiya (vtoraya polovina I, pervaya polovina II tis.n.e.

Popov A.N., and et al., 1997. Boismanskaya archeologicheskaya kultura Yujnovo Primoriya.Novosibirsk

Rashid al-Din, 1971. The Successors of Genghis Khan, Trans, John Andrew Boyle, NY, Columbia University Press

Roginskii Ya.Ya., 1978. Anthropologiya. Moscow.

Rykushina G.V., 1976. Anthropologija epochi en-olita-bronzy Krasnoyarskogo kraya: Nekotorie problemi etnogeneza i etnichesoi istorii narodov mira. Moscow.

Ser-Odjav N., 1956. Mongol orni neolit (Neolithic of Mongolia). Jour. Shinjlekh Ukhaan ba amidral. Vol.1. Ulaanbaatar. (in Mongolian)

Ser-Odjav N., 1970. Ertnii turguud. Ulaanbaatar. Printing house of Mongolisn Academy of Sciences. (in Mongolian)

Ser-Odjav N., 1977. Mongolin ertnii tuukh. Ulaanbaatar. (in Mongolian)

Sukhbaatar Ts. 1970. Hunnugiin tuukhend kholbogdokh khereglegdekhuun. Mongolin Shinjlekh Ukhaani Akadeiin medee. No-3. Ulaanbaatar. Pp. 15-21

Sukhbaatar Ts. 1974. Hunnu narin ugsaa khamaadalin tukhai asuu;laas. SH. Tom. X. Fsc. 11. Ulaanbaatar. Pp. 145-195.

Sukhbaatar Ts. 1978. Xianbei. Ulaanbaatar: Press of Mongolian Academy of Sciences.

Sukhbaatar G 1980. Mongolchuudyn ertnii uveg (Hunnu naryn aj akhui, hiigmiin baiguulal, soel, ugsaa garval. MEU.IV-ME II zuun). Ulaanbaatar.

Sukhbaatar G. 1992. Mongol Nirun Uls (330-555 year. AD.) . Ulaanbaatar: Press of Mongolian Academy of Sciences.

Sukhbaatar G. 2000. Mongolchuudin tuukh sudlal, MOngolchuudin ertnii uveg. Ulaanbaatar:

Press of Mongolian Academy of Sciences.

Sukhbaatar G. 2001. Mongolchuudin nen ertnii tuukh sudlal/ nen ertnii ueees m.e. 4th zuun hurtel. Sukhbaatar G. 2000.

Tseveendorj D. 1980. Chandmany soel. Archaeologyn sudlal. T-IX, F.3. Ulaanbaatar. Press of Mongolian Academy of Sciences.

Tseveendorj.D. 1987. Hunnugiin archaeology (Xiongnu Archaeology). Mongoliin Archaeology, Archeologyn sudlal (SA), tom. XII. Ulaanbaatar. Pp.58-81

Tseveendorj Ts. 1993. Hunnu naryn orshuulgyn zan uil ba ugsaa hamaadlyn zarim asuudal. Mongol, Solongos ulsyn hamtrasan erden shinjilgee-2. Seoul, pp.208-218

Tseveendorj D., Bayar D., Tserendagva YA., Ochirkhuyag Ts., 2002. Mongolyn archaeology.Ulaanbaatar.

Tseveendorj TS. 2007.Hunnugiin dursgalyn sudalgaany toim. Xiongnu, the First Empire of the Steppes: Archaeological research of the its Tombs. International Symposium in celebration of the 10thanniversaryofMON-SOLProject.Seoul.Pp.48-73.

Tsybektarov. A.D., 1988. O datirovke kherekhsurov v Uyjnoi Buryatia.// Chronology, I kul' turnaya

prinadlejennosti pamyatnikov kamennego I bronzovogo bekov Uyjnoi Sibirii. Barnaul, Russia.

Tsybektarov.A.D., 1996, KhereksuuriBuryatia,SevernoiICentralMongolii.//KulituryI

pamyatnikov bronzogo I rannego jeleznogo vekov Zabakaliya I Mongolii. Ulan-Ude. Russia

Tsybektarov. A.D., 1998. Kul' tura plitochnih mogil Mongolii i Zabaikaliya. Ulan-Ude. (in Russian)

Tsybektarov. A.D., 2002. Mogil' niki afanasevskogo tipa Mongolii I Tuvi (boprosikul' turnoi prinadlejennosti I datirovki)., in book "Central Asia and Pribaikalie v drebnosti" Ulan-Ude, Russia

Tsybektarov. A.D., 2003. Cerntralinaya Asia v epokhu bronzi I rannego jeleznogo vekov (problem etnokuliturnoi istorii Mongolii I Uyjnogo Zabaikalia seredini II I tysyache letiya BC)

Tsybektarov. A.D., 2006.Central Asia na zare bronzovogo veka, Ulan-Ude, Buryatia, Russia

Tumen D., 1976. Paleoanthropology Zapadnoi Mongolii. Jour. Study archaeology. T-7. fasc.7. MAS.

Tumen D., 1977. Nekotorie voprosi anthropologicheskogo issledovaniy Bostochnoi Mongolia. Trudi Instituta Obshei I Experimentalnoi Biologii. N.2. Ulaanbaatar. (in

Russian)

Tumen D., 1979.PaleoanthropologicheskienakhodkiinKhar-Khorin.Studyofarchaeology,T-8.fasc.10.MAS.

Tumen D., 1985. Voprosi etnogeneza mongolob v sveta dannie paleoanthropologii. Trudi Mejdunarodnogo Kongressa Mongolovedov. Ulaanbaatar. 1985. (in Russian)

Tumen D., 1987. Anthropologicheskaya kharakteristika Hunnu Mongolii: In: Drevnaya kulitura Mongolii. Novosibirsk. (in Russian)

Tumen D., 1992.Anthropologiya sovermennogo naseleniya Mongolii . Science Doctor Thesis. Moscow. (in Russian)

Tumen D., 1996. Craniofacial morphology of ancient population from Eastern Mongolia. In:Procceding of Mongolian-Korean Joint Research Project "Eastern Mongolia' Vol. 5. Souel. South Korea.

Tumen D., 2002. Paleoanthropological study of Hunnu from Mongolia. Scientific J. National University of Mongolia. Series: Archaeology, anthropology and Ethnology. Vol.187(13). Ulaanbaatar, Printing House of NUM.

Tumen D., 2003. Craniofacial morphology of human remains from ancient burials of Tsuvraa mountain in Uguumur area, Khulenbiur sum, Dornod aimag, Mongolia. Scientific J. National University of Mongolia. Series: Archaeology, anthropology and Ethnology. Vol.210(19). Ulaanbaatar, Printing House of National University of Mongolia.

Tumen D. 2006. Craniofacial comparative study of ancient populations of Mongolia. Mongolian Journal of Anthropology, Archaeology and Ethnology, Vol. 1. ISSN-1810-5025

Tumen D. 2007. Ancient populations of Mongolia. Toronto studies in Central and Inner Asia, No.8. University of Toronto. Asian Institute. Canada

Turbat Ts., 2004. Hunnugiin jiriin irgediin bulsh. Ulaanbaatar. (in Mongolian)

Trofimova and Ginzburg 1972. Paleoanthropologiya Srednei Azii.M., Nayka. C-371

Volkov V.V., 1967. Bronzovyi i rannii jeleznyi vek Severnoi Mongolii. Ulaanbaatar. (in Russian)

Volkov V.V., 1981.OlennyekamniMongolii.Ulaanbaatar.(inRussian)

Wu Rukang and John W.Olsen., 1985. Paleolithic and Paleoanthropology of China. Academic press, INC. Orlando Sandirgo, New York, London.

Zhu Hong and Znang Quan-chao., 2007. A Research on the Ancient Humqn Bones Unearthed from the Jinggouzi Cemetery in Linxi County, Inner Mongolia. Acta

anthropologica sinica. 26(2):97-106
Yuan Shi. 1987. Trans, Dai Dan and Ulziit, Beijing, National Press Committee of China.

ANTHROPOLOGY OF ARCHAEOLOGICAL POPULATIONS FROM NORTHEAST ASIA

Tumen Dashvereg

Archaeological investigations show that during the prehistoric period (Neolithic, Bronze and Iron age and subsequent historical periods) of Northeast Asia the territory of the Asian region was inhabited by multicultural populations and occurred cross regional extensive migration resulted cultural exchange between the multicultural populations. Anthropological comparative studies of the archaeological populations from Northeast Asia through of time from Neolithic up to medieval period show that the prehistoric populations from region were great heterogeneity of anthropological traits. In the Neolithic and Early Bronze age, Xiongnu period the territory of Kazakhstan, Altai mountain, South Siberia, Xinjiang and Western Mongolia was inhabited by people with Caucasoid or Mongoloid and Caucasoid mixed anthropological features while the Baikal region, East Mongolia and Inner Mongolia were occupied by populations with developed Mongoloid anthropological traits.

Obtained results of anthropological comparative analysis between archaeological populations from the Northeast Asia show that the first wave of mongoloids migration from east to west and Caucasoid populations from west to east of Northeast Asia likely took place at the end of Neolithic period. The populations migrations continued during the subsequent historical periods and lasted up to medieval or Mongolian period. The cross regional migration of archaeological populations from Northeast Asia played noticeable role in history, culture, etnogenesis and anthropological structure of populations from the region of Asia.

[Key words] Neolithic age, Bronze age, Iron age, Xiongnu, cross regional migration, Caucasoid, Mongoloid